经济学原理与中国实践

（多语版）

Principles of Economics and China's Practice

(Multilingual Edition)

主　编 / 许　劲　邹小勤
刘宏青
副主编 / 翟浩淼　党文娟

翻　译 / 申义兵（西班牙语）毛卫兵（日语）韦宏丹（越南语）
谢莉珠（越南语）许春华（英语）

重庆大学出版社

图书在版编目（CIP）数据

经济学原理与中国实践：多语版 / 许劲，邹小勤，刘宏青主编. --重庆：重庆大学出版社，2024.11
（四川外国语大学新文科建设系列丛书）
ISBN 978-7-5689-4075-7

Ⅰ. ①经… Ⅱ. ①许…②邹…③刘… Ⅲ. ①经济学—英语—高等学校—教材②中国经济—英语—高等学校—教材 Ⅳ. ①F0②F12

中国国家版本馆CIP数据核字（2023）第153457号

经济学原理与中国实践（多语版）
JINGJIXUE YUANLI YU ZHONGGUO SHIJIAN（DUO YU BAN）

主　编　许　劲　邹小勤　刘宏青
策划编辑：牟　妮
责任编辑：罗　亚　　版式设计：罗　亚
责任校对：刘志刚　　责任印制：赵　晟

*

重庆大学出版社出版发行
出版人：陈晓阳
社址：重庆市沙坪坝区大学城西路21号
邮编：401331
电话：（023）88617190　88617185（中小学）
传真：（023）88617186　88617166
网址：http：//www. cqup. com. cn
邮箱：fxk@cqup. com. cn（营销中心）
全国新华书店经销
POD：重庆新生代彩印技术有限公司

*

开本：720mm×1020mm　1/16　印张：24.75　字数：458千
2024年11月第1版　2024年11月第1次印刷
ISBN 978-7-5689-4075-7　定价：69.00元

“四川外国语大学新文科建设系列丛书”编委会

总　序

交叉融合，创新发展

——四川外国语大学新文科建设系列教材总序

四川外国语大学校长　董洪川

四川外国语大学，简称“川外”（英文名为 Sichuan International Studies University，缩写为 SISU），位于歌乐山麓、嘉陵江畔，是我国设立的首批外语专业院校之一。古朴、幽深的歌乐山和清澈、灵动的嘉陵江涵养了川外独特的品格。学校在邓小平、刘伯承、贺龙等老一辈无产阶级革命家的关怀和指导下创建，从最初的中国人民解放军西南军政大学俄文训练团，到中国人民解放军第二高级步兵学校俄文大队，到西南人民革命大学俄文系、西南俄文专科学校，再到四川外语学院，至 2013 年更名为四川外国语大学。学校从 1979 年开始招收硕士研究生，2013 年被国务院学位委员会批准为博士学位授予单位，2019 年经人社部批准设置外国语言文学博士后科研流动站。学校在办学历程中秉承“团结、勤奋、严谨、求实”的优良校风，弘扬“海纳百川，学贯中外”的校训精神，形成了“国际导向、外语共核、多元发展”的办学特色，探索出一条“内涵发展，质量为先，中外合作，分类培养”的办学路径，精耕细作，砥砺前行，培养了一大批外语专业人才和复合型人才。他们活跃在各条战线，为我国的外交事务、国际商贸、教学科研等各项建设做出了应有的贡献。

经过七十三年的发展，学校现已发展成为一所以外国语言文学学科为主，文学、经济学、管理学、法学、教育学、艺术学、哲学等协调发展的多科型外国语大学，具备了博士研究生教育、硕士研究生教育、本科教育、留学生教育等多形式、多层次的完备办学体系，主办了《外国语文》《英语研究》等有较高声誉的学术期刊。学校已成为西南地区外语和涉外人才培养以及外国语言文化、对外经济贸易、国际问题研究的重要基地。

进入新时代，“一带一路”倡议、“构建人类命运共同体”和“中华文化‘走出去’”等国家战略赋予了外国语大学新使命、新要求和新任务。随着“六卓越一拔尖”计划 2.0（指卓越工程师、卓越医生、卓越农林人才、卓越教师、卓越法治人才、卓越新闻传播人才教育培养计划 2.0 和基础学科拔尖学生培养计划 2.0）和“双万”计划（指实施一流专业建设，建设一万个国家级一流本科专业点和一万个省级一流本科专业点）的实施，“新工科、新农科、新医科、新文科”建设（简称“四新”建设）成为国家高等教育的发展战略。2021 年，教育部发布《新文科研究与改革实践项目指南》，设置了 6 个选题领域、22 个选题方向，全面推进新文科建设研究和实践，着力构建具有世界水平、中国特色的文科人才培养体系。为全面贯彻教育部等部委系列文件精神和全国新文科建设工作会议精神，加快文科教育创新发展，构建以育人育才为中心的文科发展新格局，重庆市率先在全国设立了“高水平新文科建设高校”项目。而四川外国语大学有幸成为重庆市首批“高水平新文科建设高校”项目三个入选高校之一。这就历史性地赋予了我校探索新文科建设的责任与使命。

2020 年 11 月 3 日，全国有关高校和专家齐聚中华文化重要发祥地山东，共商新时代文科教育发展大计，共话新时代文科人才培养，共同发布《新文科建设宣言》。这里，我想引用该宣言公示的五条共识来说明新文科建设的重要意义。一是提升综合国力需要新文科。哲学社会科学发展水平反映着一个民族的思维能力、精神品格和文明素质，关系到社会的繁荣与和谐。二是坚定文化自信需要新文科。新时代，把握中华民族伟大复兴的战略全局，提升国家文化软实力，促进文化大繁荣，增强国家综合国力，新文科建设责无旁贷。为中华民族伟大复兴注入强大的精神动力，新文科建设大有可为。三是培养时代新人需要新文科。面对世界百年未有之大变局，要在大国博弈竞争中赢得优势与主动，实现中华民族复兴大业，关键在人。为党育人、为国育才是高校的职责所系。四是建设高等教育强国需要新文科。高等教育是兴国强国的“战略重器”，服务国家经济社会高质量发展，根本上要求高等教育率先实现创新发展。文科占学科门类的三分之二，文科教育的振兴关乎高等教育的振兴，做强文科教育，推动高教强国建设，加快实现教育现代化，新文科建设刻不容缓。五是文科教育融合发展需要新文科。新科技和产业革命浪潮奔腾而至，社会问题日益综合化、复杂化，应对新变化、解决复杂问题亟需跨学科专业的知识整合，推动融合发展是新文科建设的必然选择。

进一步打破学科专业壁垒，推动文科专业之间深度融通、文科与理工农医交叉融合，融入现代信息技术赋能文科教育，实现自我革故鼎新，新文科建设势在必行。

新文科建设是文科的创新发展，目的是培养能适应新时代需要、能承担新时代历史使命的文科新人。川外作为重庆市首批“高水平新文科建设高校”项目三个入选高校之一，需要立足“两个一百年”奋斗目标的历史交汇点，准确把握新时代发展大势、高等教育发展大势和人才培养大势，超前识变，积极应变，主动求变，以新文科理念为指引，谋划新战略，探索新路径，深入思考学校发展的战略定位、模式创新和条件保障，构建外国语大学创新发展新格局，努力培养一大批信仰坚定，外语综合能力强，具有中国情怀、国际化视野和国际治理能力的高素质复合型国际化人才。

基于上述认识，我们启动了“四川外国语大学新文科建设系列丛书”编写计划。这套丛书将收录文史哲、经管法、教育学和艺术学等多个学科专业领域的教材，以新文科理念为指导，严格筛选程序，严把质量关。在选择出版书目的标准把握上，我们既注重能体现新文科的学科交叉融合精神的学术研究成果，又注重能反映新文科背景下外语专业院校特色人才培养的教材研发成果。我们希望通过丛书出版，积极推进学校新文科建设，积极提升学校学科内涵建设，同时也为学界同仁提供一个相互学习、沟通交流的平台。

新文科教育教学改革是中国高等教育现代化的重要内容，是一项系统复杂的工作。客观地讲，这个系列目前还只是一个阶段性的成果。尽管作者们已尽心尽力，但成果转化的空间还很大。提出的一些路径和结论是否完全可靠，还需要时间和实践验证。但无论如何，这是一个良好的开始，我相信以后我们会做得越来越好。

新文科建设系列丛书的出版计划得到了学校师生的积极响应，也得到了出版社领导的大力支持。在此，我谨向他们表示衷心的感谢和崇高的敬意！当然，由于时间仓促，也囿于我们自身的学识和水平，书中肯定还有诸多不足之处，恳请方家批评指正。

2023 年 5 月 30 日

写于歌乐山下

前言

本书得益于四川外国语大学全校通识核心课程“经济学原理”的四年教学实践，由担任该课程教学的教师在现有课程提纲和讲义的基础上扩展、深化而成。

经济学原理通识课程教学组成员都是从事经济学教学多年的专业教师，教学过程中，一直在思考如何才能更好地针对语言类院校的语言类专业学生和非商科类专业学生组织经济学通识课教学。课程教学组成员也通过多项教学改革研究项目从不同视角进行着探索和尝试，试图回答以下问题：首先，经过几百年的发展，经济学已经演化成一门知识体系庞大且纷繁复杂的学科，形成了适切于不同教学层次、不同培养阶段、不同培养体系的课程体系，资料汗牛充栋，选择什么样的内容、以什么样的深度和难度来对大多数没有高等数学基础的文科生组织教学，显然是第一个要解决的问题。其次，目前的经济学教科书大多数根植于西方经济学体系，原理和案例也多是源于西方经济世界，如何让学生对中国经济理论与实践发展获得体验感，以期增强其家国情怀和认同感，这是第二个问题。最后，作为一个语言类学校的学生，学习了经济学课程之后，是否能用自己所学的语言较为清晰地对外讲述中国的经济故事，这是第三个问题。基于以上思考与探索，再结合通识课程教育的初衷，四川外国语大学国际金融与贸易学院的经济学原理通识课程教学组积极组织了多种形式的对外学习交流，如与南京师范大学从事经济学通识与专业课程教学 30 余年的李政军教授、北京大学从事宏观经济学教学数十年的苏剑教授以及西安交通大学从事经济学通识课程教学 10 余年的俞炜华教授等的研讨交流。随后，经济学原理通识课程教学组多次开展学生调研和课程组研讨，精选内容体系、咨询专家意见、改进教学提纲，并主动增加了中国经济实践专题以及对经济学专业术语的多语种解释这两个特色内容，最终形成了本书。

编写过程中，我们努力尝试：①将西方经济学的一般理论与中国经济实践相结合，以便让学生在了解源自西方国家经济实践的现有经济学理论的基础上，同时理解中国经济对其部分原理的践行和补充完善；②将经济学思想与语言相融合。先用汉语理解经济学思想，再掌握经济学专业术语的英语、西班牙语、越南语和日语等多语种表达，以期实现对外讲述中国经济故事的目的。

内容编排上，本书精选微观经济学和宏观经济学的核心基础知识，形成了一个精简的“经济学总体认识—微观市场原理及政策—宏观经济描述及政策—开放经济及政策”的内容逻辑体系；每章先介绍一些基本的经济学原理，然后提供一个与本章原理内容相关的中国经济实践专题；每章的专业术语采用了文中括注和脚注英文注释、文后集中对专业术语进行多语种解释的方式；每章内容后附有小结和相应的综合练习。

本书共十二章，编者分工如下：第一章、第二章、第六章和第十章由许劲编写，第三章由党文娟编写，第四章、第五章由翟浩淼编写，第七章、第十二章由刘宏青编写，第八章、第九章由邹小勤编写，第十一章由翟浩淼和许劲合作编写。其中，全书统稿由许劲负责，全书内容审核由邹小勤负责，全书的修改由许劲和刘宏青负责。全书的经济学术语解释由学校相应语言专业教师承担，具体分工如下：西班牙语由申义兵翻译，日语由毛卫兵翻译，越南语由韦宏丹和谢莉珠翻译，英语由许春华翻译。因此，全书的编写充分发挥了川外“专业＋外语”的资源优势。

在本书的构思和编写过程中，我们得到了一些前辈的帮助和指导。南京师范大学李政军教授从“经济学原理”通识课程教学文件的阅读、教学大纲的制订、平时教学答疑解惑到邀请课程组跟学一学期他的“经济学基础”在线课程，再到对教材编写大纲提出宝贵建议，进行了全过程、全方位的指导和帮助，在此表示特别感谢！北京大学苏剑教授对本书编写大纲的建议以及他的中国特色宏观调控体系相关论著、东南大学邱斌教授的《经济学英文教学中的语言、专业与艺术》讲座、西安交通大学俞炜华教授的《如何建设好一门经济类通识课程》讲座都对本书的编写具有很大的指导意义，在此对三位教授表示由衷感谢！

在本书的编写中，我们同时得到了一些同事、朋友的帮助，吸纳了国内外同行的教材和相关著作中的内容和观点，在此向这些同事、朋友及作者表示感谢！感谢重庆大学出版社的编辑们对本书的编辑加工和校对！

由于编者水平有限，书中难免存在一些不足。因此，诚望各位读者不吝赐教。

编写组

2024 年 6 月

内容简介

本书构建了“一般原理介绍＋实践案例分析＋核心术语多语种注释＋综合练习强化知识点吸收”的撰写模式，尤为强调经济学一般理论的本土化解读、实践案例的中国化诠释，以培养学生的经济学分析能力为核心，引导学生用经济学思维辩证地认知现实世界，并能够用不同语言讲述中国的经济故事。

本书共十二章，内容布局遵循从微观到宏观再到开放经济的逻辑，第一章至第七章为微观部分，第八章至第十一章为宏观部分，第十二章则把宏观部分的理论分析延伸到了开放经济领域。具体地说，第一章介绍了古今中外对经济和经济学的理解，并在此基础上引出经济学的基本假设问题、研究方法以及中国经济学的发展。第二章基于资源配置的市场化逻辑，介绍了供给、需求以及均衡价格的形成，分析了市场机制的应用以及中国经济的市场化进程。第三章从消费者的视角，解读了消费者理性选择、消费者剩余、生活成本指数以及中国消费者行为的变化趋势等。第四、五、六章从生产的视角，阐释了企业、生产、成本等核心术语，分析企业如何借助这些工具来做利润最大化的决策，并解析了不同市场结构的市场效率以及在生产决策过程中中国的企业改革、产业改革和经济效率提升等本土化问题。第七章介绍了市场失灵、政府如何修正或减弱市场失灵的影响以及中国对稀土等公共资源的管理。第八章介绍了 GDP、失业与通货膨胀等衡量宏观经济的基本数据指标以及中国宏观经济的数据结构。第九章讨论了 AD-AS 模型及如何用其来解释经济波动，并解读了中国经济波动的特征及原因。第十章介绍了宏观经济政策及其运用效果，以及如何以中国宏观调控政策实践为例实现理论的落地应用与改进。第十一章从长期的视角讨论了经济增长、经济发展、促进政策以及中国经济的绿色低碳发展实践。第十二章介绍了开放的宏观经济以及中国的对外开放。

本书主要采用通俗易懂的文字、直观清晰的图形表格等撰写，较少采用数学公式，因此全书简明易懂，既可用作经济类通识课程的教材、语言专业的学习用书，也可以用于对数理基础要求不高的其他专业的经济学教学，还可以作为经济学课程思政类教材。

目录 Contents

第一章 导论

经济学，一提到这个词，似乎无人不知、无人不晓。那到底什么是经济学呢？它有哪些基本假设，又要解决什么样的基本问题？微观经济学与宏观经济学有什么不同？如何研究经济学？作为本书的第一章，我们将对以上问题做出回答。

第一节 什么是经济学？

在正式学习经济学的具体内容之前，我们可以先从中文和英文两个视角来了解一下经济学（economics）的字面意思。

一、经济

1. 中文视角的“经济”

据考证，“经济”一词很早就在中国文字中出现了，但对出现的具体时间却存在不同的说法：一是中国社会科学院研究员叶坦在《“中国经济学”寻根》中认为：4 世纪初的西晋最早记载和使用了“经济”一词[1]；二是复旦大学教授叶世昌在《经济学译名源流考》中认为：“经济”一词最先见于隋代[2]。不管上述两种观点哪种正确，“经济”一词在唐代成为了流行语。此后，我国许多古代诗词歌赋中也出现了“经济”一词，如：唐朝白居易的“万言经济略，三策太平基”；唐朝杜甫的“古来经济才，何事独罕有”；宋朝包恢的“况为公与卿，不思大经济”。不过，古代诗文中的“经济”一词，是“经邦”和“济民”，“经国”和“济世”，以及“经世济民”等词的综合和简化，含有“治国平天下”的意思。

从说文解字的角度来看，我国古代“经”“济”的含义是什么呢？“经”即古代繁体字“經”的简写，本意是织机上的纵线，与“纬”连起来表示纵横交错的纹理[3]。在现代汉语中，“经”字的引申含义很多，如：经书、经商、经过、经费、曾经，等等。“济”则是古代繁体字“濟”的简写，本意是古时候一条河的名字，或者说叫“济水”，它源于今天河南省，流经山东省汇入渤海[4]。后来“济”被引申为“渡河”“救济”等意思。在明白了“经”“济”二字的古代繁体字含义以后，李政军将古汉语“经济”一词的一般含义定义为：“组织社会、救济民众。或者说，组织社会生产、解决百姓生计[5]。”根据日本文字和中日文化交流的历史可知，我国古汉语“经济”一词有可能是在唐朝传入了日本[6]。

而《现代汉语词典（第7版）》[7]对“经济”的解释是：①经济学上指物质生产和再生产的活动；②国民经济的总称，也指国民经济各个部门，如农业经济、工业经济；③属性词，对国民经济有价值、有影响的，如经济作物、经济昆虫；④个人生活用度，如他家经济比较宽裕；⑤形容词，耗费较少而获益较大，如经济实惠家用型轿车、非常经济的笔墨；⑥经世济民、治理国家。而现代汉语中的“经济”则来源于日本，其含义则是英文中的“economy”。

2. 英文中的“经济”（economy）

《牛津高阶英汉双解词典（第9版）》[8]对“economy”的解释有三种：

（1）（often the economy）［C］the relationship between production, trade and the supply of money in a particular country or region（经济；经济情况；经济结构）。这个含义本质上是把经济描述为一种社会关系，即特定国家或地区中生产、贸易和货币供给之间的关系。这是一种中观层面的界定，李政军认为第一个解释的意思，准确地讲，是指组织一个国家生产、交换、分配和消费活动的制度。

（2）［C］a country, when you are thinking about its economic system（国家；经济制度）。这是宏观视角上的含义，指当你从经济体制（系统）的角度思考时所面对的一个国家，如：China is currently the second largest economy in the world.（中国目前是世界上的第二大经济体。）

（3）［C, U］the use of the time, money, etc. that is available in a way that avoids waste（节约；节省；节俭）。这是从微观层面来界定“economy”，指合理使用时间、金钱等资源的方式，即：以避免浪费的方式使用可用的时间、金钱等，如日常生活中听到的“经济实惠”“做这个生意不经济”“经济舱”等。

从词源上来说，英文单词“economy”来自希腊语的单词“oikonos”，它的意思是“管理一个家庭的人”，因为家庭和社会具有许多共同点。

二、经济学

从中文字面上来看，对经济学的最简单的理解就是：“经济＋科学”，即关于经济的科学。这是从研究的角度来说的。而《现代汉语词典（第7版）》对“经济学”的解释是：①研究国民经济各方面问题的学科，包括理论经济学、部门经济学、应用经济学；②指政治经济学。

"经济学"对应的英文是"economics",《牛津高阶英汉双解词典(第9版)》对"economics"的解释有两种：①［U］the study of how a society organizes its money, trade and industry（经济学），这是从学科的角度来说的，主要是对一个社会的货币、贸易和工业的组织方式的研究；②［pl., U］the way in which money influences or is organized within an area of business or society（经济情况，经济因素，经济意义），其本质上的意思是资源影响或者被组织的方式，即：在商业或社会领域内金钱影响或被组织的方式。

而经济学家关于"经济学"的定义，基于不同的考量和视角，也存在多种说法：曼昆将经济学定义为"社会如何管理其稀缺资源的研究"[9]；萨缪尔森（Paul Samuelson）和诺德豪斯（William Nordhaus）的定义是"研究一个社会如何利用稀缺资源生产有价值的商品，并将它们在不同的个体之间进行分配"[10]；丹尼·罗德里克也认为，可以"在两种意义上使用'经济学'一词：一种定义基于具体研究领域，即经济学是研究经济如何运行的社会科学；另一种定义基于方法，即经济学是一种运用特定工具研究社会科学的方式"[11]；克鲁格曼等人的定义是"经济学就是在个人层面和整个社会层面研究经济的科学[12]"。

本书将采用曼昆和萨缪尔森对经济学的定义，从资源的配置和利用的视角来考查经济学，将经济学（economics）[1]定义为研究在一定的经济体制下稀缺资源的配置与利用的科学。

第二节 经济学的基本假设与基本问题

一、经济学的基本假设

1. 稀缺性

人类社会的基本问题是生存与发展，生存与发展就是不断地用物质产品和服务来满足人们日益增长的需求。需求源于人类追求幸福的欲望，而欲望是一种缺乏的感受与求得满足的愿望。人的一种欲望满足了，又会产生另一种更高程度的、

---

1 economics: the science that studies the allocation and utilization of scarce resources under a certain economic system

更大的欲望，例如，基本的衣食住行解决了，又想吃得更好、穿得更好，还想获得公平正义、受人尊重，因此人类的欲望是无限的。

人所有的欲望满足都必须借助资源生产出的各种物质产品或服务，这些需要人付出代价才能取得的物品或服务称为“经济物品”（economic goods），即经济物品有一个正的价格。而资源（resources）是指人们用于生产物品和服务的人力资源、自然资源、资本资源和企业家才能。人力资源（human resources）即劳动力，自然资源（natural resources）包括土地、矿藏、森林、水域等，资本资源（capital resources）是由以上两种资源生产出来的厂房、设备、原材料等，企业家才能（entrepreneurship）是指管理者对生产活动的组织和协调能力。这些经济资源也被称为生产要素。

相对于人类的无限需要而言，一个社会的“经济物品”和资源在一定时期总是有限的。经济学所说的稀缺性就是指无限的欲望和有限的资源之间的关系，也就是说，稀缺性（scarcity）[1] 是指相对于人类的无穷欲望而言，资源总是不足的，这种资源的相对有限性就是稀缺性。这里所说的稀缺性不是指资源绝对数量的多少，而是指相对于人的欲望的无限性而言，社会用于满足欲望的资源总是不足的，可见稀缺性总是相对意义上的。

稀缺性永远会存在，所以资源稀缺也具有绝对性，它存在于一切社会和人类历史的各个时期。从现实来看，无论是贫穷的还是富裕的国家，无论是古代还是现代，都要面临资源的稀缺性问题，只是稀缺的内容有所不同。所以，只要有人类社会，就会有稀缺性。稀缺性的存在产生了经济学，经济学所有的问题和研究都是建立在资源稀缺性这个假设基础之上的。

2. 经济人

如果说稀缺是社会存在的经济概括，那么，经济人（economic man）这个概念就是对社会意识的经济学概括。经济学并不研究稀缺本身，而是研究在稀缺条件下人的行为，也就是研究经济人的行为。具有对稀缺做出适应性反应能力的人，即具有充分理智的人，就是英国古典经济学家亚当·斯密所讲的“经济人”，包括企业、居民和政府。但是斯密的“经济人”中的人，主要是指资本家和企业家，现代社会的“经济人”内涵更广，包括经济活动的所有参与者，如资本家、企业家、工人、生产者、消费者和政府等。

---

1 scarcity: meaning that society has limited resources and therefore cannot satisfy people's infinite desire; the limited nature of society's resources

在“经济人”的基本假设中，经济活动主体的基本动力是利益最大化，因而其行为准则是目标的最优化，其行为的模式遵循“最大化”，即投入同样的代价，取得尽可能大的收效，或“最小化”，即取得同样的成效，力求投入最少。同样的支付实现效用的最大化，或享用同样的效用力求支付最小化，是消费者行为的基本目标。同样的成本支付时力求收益最大化，或力求在同样收益水平时实现成本最小化，是生产者行为的目标。

二、经济学的基本问题

由于资源是稀缺的，而经济活动主体的目标是利益最大化，因此如何配置和利用资源便成为经济学的基本研究问题，而经济制度则影响着配置和使用效率。

1. 资源配置

资源的稀缺性和经济人的存在决定了任何一个社会都必须通过一定的方式把有限的资源合理分配到社会的各个领域中去，以实现资源的最佳利用，即用最少的资源耗费生产出最适用的商品和劳务，获取最佳的效益。资源配置（allocation of resources）指在一定范围内，社会对其所拥有的各种资源在其不同用途之间进行分配。稀缺性是人类社会各个时期和各个社会所面临的永恒问题，所以“生产什么”“如何生产”和“为谁生产”也是资源配置的基本问题。

（1）生产什么（与生产多少）（what to produce and how much to produce）。资源的稀缺性决定了人们不能生产想要的所有物品和服务，而必须有所取舍。用小麦和电脑的例子来说，给定现有的技术和可用的生产资源，你会把这些资源用于生产小麦还是生产电脑；或者生产多少小麦、多少电脑，即在小麦与电脑的各种可能性组合中选择一种。

（2）如何生产（how to produce）。这是指用什么方法来进行生产。生产方法实际就是如何对各种生产要素进行组合，用资本密集型（多用资本、少用劳动）方法来生产，还是用劳动密集型（少用资本、多用劳动）方法来生产。不同的方法尽管可以达到相同的产量，但经济效率是不相同的。

（3）为谁生产（whom to produce for）。这是指生产出来的产品和服务如何在社会成员之间进行分配，如小麦与电脑按什么原则分配给社会各个阶层与各个成员。

2. 资源利用

现实社会往往面临这样一种现象：不仅资源是稀缺的，而且稀缺的资源还得不到充分利用，存在稀缺资源的浪费现象。而人类社会为了发展和欲望的满足，还要使既定的资源生产出更大的产量。因此，如何有效地利用稀缺资源生产出尽可能多的物品或服务来满足人们的欲望，就成为经济学研究的另一个基本问题，即资源利用问题。资源利用（use of resources）[1]就是人类社会如何更好地利用现有的稀缺资源，使之生产出更多的物品。研究资源利用即要解决以下三个方面的问题：

（1）充分就业（full employment）。这里的“就业”是一个广泛的概念，泛指一切经济资源（包括前文提到的人力资源、自然资源、经济资源，甚至企业家才能等）的“被使用”或“被雇佣”。充分就业指如何使稀缺资源得到充分利用，即经济生活中既不存在资源的闲置，也没有资源的浪费，并且使社会既定资源所能实现的产量达到最大。

（2）经济波动（economic fluctuations）和经济增长（economic growth）。资源的充分利用不仅是一个时点的要求，它还是一个时期的要求。一国产量时高时低的周期性波动叫经济波动。因此，研究资源的充分利用就是研究在相同的资源限制条件下如何生产出更多物品和服务，并考虑如何实现经济的持续增长。

（3）物价稳定问题（price stability）。货币是现代社会中商品与服务交换的媒介和计价单位，物价的变动对资源配置与利用中各种问题的解决方案的影响都很大。物价水平过高可能导致资源利用过度，造成通货膨胀问题；物价水平过低会导致资源利用不足、失业增加，这就是通货紧缩问题。因此，经济学研究资源的充分利用，就必须涉及货币购买力的变动以及如何实现物价稳定的问题。

3. 经济体制

人类社会的各种经济活动都是在一定的经济体制下组织进行的，在不同经济体制下，资源配置与资源利用问题的解决方法是有所不同的。经济体制（economy system）[2]就是一个社会做选择的方式，或者说解决资源配置与资源利用的方式。

在现代经济中，有两种有着本质区别的基本经济体制：一是市场经济体制（market economy system），即通过个体和私人企业在市场上形成的价格调节来决定生产什么、如何生产与为谁生产；二是计划经济体制（planned economy

1 use of resources: how society makes better use of the scarce resources and makes them produce more goods

2 economy system: a way for society to make a choice, or a way to solve the resource allocation and use of resources

system），即通过中央政府计划来决定生产和分配决策。当今世界没有一个国家完全属于上述两种极端之一，相反，所有的社会都是既带有市场经济成分也带有计划经济成分的混合经济体制（mixed economy system）。

（1）市场经济体制。市场成为资源配置的主要方式是从资本主义制度的确立开始的，这种方式依靠市场运行机制来进行资源配置。在资本主义制度下，社会生产力有了较大的发展，所有的产品、资源都变成了可以交换的商品，市场范围不断扩大，进入市场的产品种类和数量越来越多，从而使市场对资源的配置作用越来越大，市场成为资本主义制度下资源配置的主要方式。这种方式可以使居民个体和私人企业与市场发生直接的联系，居民个体和私人企业根据市场上供求关系的变化状况，以及市场上产品与服务价格的信息，在竞争中实现生产要素的合理配置。但这种方式也存在着一些不足之处，例如，由于市场机制作用的盲目性和滞后性，有可能产生市场失灵、社会总供给和社会总需求的失衡、产业结构不合理以及市场秩序混乱等现象。

（2）计划经济体制。中央及政府计划部门根据社会发展的需要和可能，以计划配额、行政命令来统管和统配资源。计划配置方式是按照马克思主义创始人的设想创立的。在社会主义社会中，生产资料将由全社会占有，商品货币关系将不再存在，资源配置的方式主要是计划，即通过社会的统一计划来决定资源的配置和收入分配。曾经的苏联、东欧国家以及改革开放以前一段时间里的我国正是按照这一理论来实践的，把计划作为资源配置的主要方式，而市场的作用受到很大的限制。在计划经济体制下，在一定条件下，这种方式有可能从整体利益上协调经济发展，集中力量完成重点的重大工程项目。但是，这种方式中市场处于消极被动的地位，从而易于出现资源闲置或错配的现象。

（3）混合经济体制。市场经济作为一种好的经济活动组织方式已成为绝大多数人的共识，但自由市场和计划经济都不完美，于是许多国家将两者的特征结合起来。当自由市场经济引入监管、税收或公共医疗和教育时，这种情况就会包含政府计划和干预。例如，私人公司可以拥有汽车工厂，但工厂和汽车都必须符合政府的污染标准。经济学家把这种以市场调节为基础，又有政府适当干预的经济体制称为混合经济体制，又叫现代市场经济。

第三节 经济学的分类

经济学研究了资源配置与资源利用两大问题，也对应地被分为了微观经济学和宏观经济学两个组成部分。前者讨论资源配置问题，后者研究资源利用问题。

一、微观经济学

微观经济学（microeconomics）[1]是指通过研究单个经济单位（如家庭或企业）的经济行为和相应的经济变量（如价格、需求量、供给量以及成本和利润等）的决定，以说明价格机制如何解决社会资源的配置问题。在理解微观经济学概念时应注意以下几点。

1. 研究的对象是单个经济单位的经济行为

单个经济单位是指从事经济活动的最基本的决策单位：家庭与企业。家庭既是经济活动中的消费者，也是生产要素的提供者，它以实现效用（即偏好满足程度）最大化为目标。企业既是经济活动中的生产者，也是生产要素的需求者，它以实现利润最大化为目标。

2. 解决的问题是资源配置

资源配置，即生产什么、如何生产和为谁生产的问题。解决资源配置问题就是要使资源配置达到最优化，即一种能给社会带来最大经济福利的资源配置状态。微观经济学从研究单个经济单位的最优化行为入手，来解决社会资源的最优配置问题。

3. 中心理论是价格理论

在市场经济中，家庭和企业的行为要受价格的支配，生产什么、如何生产和为谁生产都由价格决定。价格像一只“看不见的手”，调节着整个社会的经济活动，从而使社会资源的配置实现最优化。因此，价格理论是微观经济学的中心理

1 microeconomics: the study of how households and firms make decisions and how they interact in markets

论，其他内容则是围绕着这一中心理论拓展开来的。因此，微观经济学也被称为价格理论。

4. 研究方法是个量分析

个量分析（individual quantity analysis）是对单个经济单位和单个经济变量的单项数值及其相互关系所做的分析。例如，某种商品的价格或者某种产品的产量就属于相关经济变量的单项数值。微观经济学就是分析此类个量的决定、变动及其相互间的关系。

二、宏观经济学

宏观经济学（macroeconomics）[1] 是指以整个国民经济为研究对象，通过研究经济中各有关总量的决定及其变化，来说明资源如何才能得到充分利用。在理解宏观经济学概念时应注意以下几点。

1. 研究的对象是整体经济

宏观经济学所研究的不是经济活动中的各个单位，而是由这些单位所组成的整体。这样，宏观经济学就要研究整体经济的运行方式与规律，即研究总体社会的经济问题、相应的经济变量的总量如何决定以及这些总的经济变量间的相互关系。

2. 解决的问题是资源利用

宏观经济学把资源配置作为既定的前提，分析现有资源未能得到充分利用（如人力资源未得以充分利用所形成的失业）的原因、达到充分利用的途径以及如何促进经济增长等问题。

3. 中心理论是国民收入决定理论

宏观经济学把广义国民收入（国内生产总值等总量概念）作为最基本的总量，以国民收入的决定为中心来研究资源利用问题，分析整个国民经济的运行。国民收入决定理论被称为宏观经济学的核心，所以宏观经济学又被称为国民收入决定论。其他理论则是运用这一理论来解释整体经济中出现的各种问题。

---

1 macroeconomics: the study of the economy as a whole

4. 研究方法是总量分析

总量是指能反映整个经济运行情况的经济变量。这种变量有两类：一类是个量的总和，如国民收入是组成整个经济的各个单位的收入之总和，总投资是各个企业的投资之和。另一类是平均量，如价格水平是各种商品与服务的平均价格。总量分析就是分析这些总量的决定、变动及其相互关系，并通过这种分析说明经济的运行状况，决定其对应的经济政策。因此，宏观经济学也被称为“总量经济学”。

三、微观经济学与宏观经济学的比较

从微观经济学与宏观经济学各自的含义及其理解中可以看出，微观经济学和宏观经济学在研究对象、解决问题、中心理论和分析方法上都是有所不同的，这两者之间的比较总结见表 1.1。

表 1.1 微观经济学与宏观经济学比较[13]

	微观经济学	宏观经济学
研究对象	单个经济单位	整个国民经济
解决问题	资源配置	资源利用
中心理论	价格理论	国民收入决定理论
分析方法	个量分析	总量分析

尽管微观经济学和宏观经济学之间存在差别，但作为经济学的不同组成部分，它们之间又有着密切的联系，这种联系主要表现在以下三点。

1. 微观经济学与宏观经济学是相互补充的

经济学的目的是要实现社会经济福利的最大化。为了达到这一目的，既要实现资源的最优配置，又要实现资源的充分利用。微观经济学是在假定资源已实现充分利用的前提下，分析如何达到资源最优配置状态的问题；宏观经济学则是在假定资源已实现最优配置的前提下，分析如何达到充分利用状态的问题。它们从不同的角度分析了社会经济问题。从这个意义上来说，微观经济学与宏观经济学不是互相排斥的，而是相互补充的。它们共同组成经济学的基本内容。

2. 微观经济学与宏观经济学的研究方法都是实证分析

微观经济学与宏观经济学都把社会经济体制作为既定的前提，不分析社会经济体制变动对经济的影响。也就是说，它们都是把市场经济体制作为一个既定的存在，分析这一经济体制下的资源配置与利用问题。这种不涉及体制问题、只分析具体问题的方法就是实证分析。从这种意义上看，微观经济学与宏观经济学都属于实证经济学的范畴。

3. 微观经济学是宏观经济学的基础

单个经济单位之和构成整体经济，宏观经济学分析的经济总量就是由经济个量加总而成的，对宏观经济行为和经济总量的分析是以一定的微观经济学分析为基础的。例如，失业理论和通货膨胀理论作为宏观经济学的重要组成部分，主要涉及劳动供求和工资决定理论，以及商品价格如何决定的理论，而充分就业的宏观经济模型，正是建立在以完全竞争为假定前提的价格理论和工资理论基础之上的。

第四节 经济学的研究方法

了解经济学的研究方法有助于学习后面的具体内容。关于经济学的研究方法有多种说法，具体来说有下面几种。

一、实证分析与规范分析

根据研究方法性质不同，可分为实证分析和规范分析两大类。

1. 实证分析

实证分析（positive analysis）是用理论对社会各种经济活动或经济现象进行解释、分析、证实或预测。它要说明的是“是什么”的问题，却并不涉及价值判断的问题，不做好不好、该不该如此等的评价。实证分析是从“现有的事实”，推导出“可能会怎样发展变化”的逻辑结构。

2. 规范分析

规范分析（normative analysis）则是以一定的价值判断为出发点，提出行为的标准，并研究如何才能符合这些标准。它要说明的是“应该是什么”的问题。规范分析是从“现有的事实”，推导出“应当如何”的逻辑结构。例如，中国自改革开放以来收入差距变大，针对这一现象有两种研究：一是通过改革开放以来的数据分析得出一个客观事实：“收入差距变大”，不做评价，这就是实证分析；第二是对这种差距变大的好坏和公平性做出评价，则是规范分析。

经济学首先需要从事实出发，把握未来的可能的事实；但又不可能到此为止。因为经济学是人们选择的理论指南，所以还必须从事实出发，进而解决“应当如何”的问题。这就必须有这两种方法的结合，即实证分析与规范分析的结合。

二、最优化与均衡分析

按照经济理性主义的逻辑来研究社会经济现象，需要用到两个基本分析工具：最优化和均衡。

1. 最优化与边际分析

最优化分析指借助最优化理论分析个体决策的时候，从各种可能中选择达到某一目标的最优行为，具体使用中往往会采用边际分析法。边际分析（marginal analysis）是现代经济学的常用分析方法，是研究一种可变因素的数量变动会对其他可变因素的变动产生多大影响的方法。西方经济学家们普遍重视边际分析方法，把边际分析法的发现和应用称为“边际革命”。通常说来，边际分析方法需要比较边际收益（marginal revenue）和边际成本（marginal cost）的大小。

2. 均衡分析

均衡的一般意义是：当正反二种力量正好相等、相互抵消时，则可认为此时处于均衡状态。在西方经济学中，均衡（equilibrium）[1] 是指在一个经济体系中，由于各种经济因素的相互作用而产生的一种相对静止的状态。在经济学中，不仅是指这种状态意义下的均衡，更是指行为意义下的均衡。所谓行为均衡，是指在这种状态下，谁也没有动机来打破现存状态。市场均衡不仅是状态均衡，更是行

1 equilibrium: a static state due to the interaction of a variety of economic factors

为均衡，亦即供需双方都不愿意再改变价格与产量。

均衡分析是指对均衡的形成原因及其变动条件的分析。均衡分析所要解决的问题是：当经济个体在各自做出最优决策时，他们之间是如何互相影响、互相约束而达到一定的平衡的。它可分为局部均衡分析和一般均衡分析两种：①局部均衡分析（partial equilibrium analysis）是由英国经济学家马歇尔提出的，这种分析方法建立在“其他条件不变”的假定前提下。同时，局部均衡分析假定我们进行均衡分析的市场与其他市场间不存在相互影响。②一般均衡分析（general equilibrium analysis）是指对整个经济体系均衡状态的分析，是研究所有的市场、所有商品的供求达到均衡的条件以及均衡的变化，亦即总体均衡。一般均衡分析是由瓦尔拉斯（Walras）提出并首先使用的分析方法，是以一个系统中所有的市场都能够同时实现均衡为前提的分析方法。瓦尔拉斯认为，各个市场相互依存、相互影响，某一市场的变动会影响其他市场的变化，因此有必要进行总体均衡分析。

三、静态分析、比较静态分析和动态分析

与均衡分析密切相关的是静态分析、比较静态分析和动态分析。

1. 静态分析

静态分析（static analysis）是指抽象掉时间因素和事物发展变化的过程，分析经济现象的均衡状态及其形成条件。当然，所使用的变量都是同一时期的，即不考虑时间因素，静止地、孤立地考查某些经济现象。“当价格是 3 时，需求量为 5”，这里只考查了其他条件不变、价格为“3”这个时点上的均衡，就是一个静态分析的结果。

2. 比较静态分析

比较静态分析（comparative static analysis）是指对两个静态均衡状态的比较分析。它并不论及怎样从原有的均衡状态过渡到新的均衡状态的变化过程，只对不同时点的状态进行比较。或者说，就是比较一个经济变动过程的起点和终点，而不涉及转变期间和具体变动过程本身的情况。比如，“价格上升，需求下降”“收入增加，需求曲线右移”等，都是比较静态分析的结果。

3. 动态分析

动态分析（dynamic analysis）是指在经济研究中纳入时间因素，分析从一个

均衡状态进入另一个均衡状态的变化过程。动态分析的重心在于经济状态随时间而变动的过程或变动的机制，而不是对变动前后状态的比较。这种分析考查时间因素的影响，并把经济现象的变化当作一个连续的过程来看待。

第五节 本书的内容架构

经济学一般分为微观经济学和宏观经济学两个部分，涉及的主题内容较多。本书精选了微观经济学和宏观经济学的部分内容，形成一个能体现经济学基本原理的核心体系，并在每一章里编写了与本章原理紧密相关的中国经济实践。第二章到第七章属于微观经济学内容，主要包括市场的力量、消费者行为选择与生活成本、生产者行为的相关理论、市场失灵与微观经济政策等；而第八章到第十二章是宏观经济学和开放经济学的相关内容，主要涉及宏观经济的基本数据、总需求—总供给模型、经济增长与经济发展、宏观经济政策以及开放的宏观经济等。

实践专题之一 中国崛起与中国经济学的发展

1949 年以来，尤其改革开放以来，中国的发展取得了举世瞩目的伟大成就，社会生产力、综合国力实现了历史性跨越，我们的国家发生了天翻地覆的变化，从一个积贫积弱的发展中大国、落后的农业国快速发展为世界第二大经济体和重要的工业国，不仅对世界经济发展做出了巨大贡献，而且为丰富和发展经济学理论研究做出了重要贡献。中国经济学是否已经形成？中国崛起对这个时代的经济学的贡献又在哪里？

一、大国崛起与经济理论学说的关系

纵观近代世界历史的发展，一个国家的崛起总是与一个领衔时代的经济学理论或学派的崛起相伴而行。如果说近代英国的百年兴盛与古典经济学的开创发展

一脉相承，德国与美国的崛起则与历史学派和美国学派的盛行存在紧密关联。

任何经济学说的创建都是在一个时代和这个时代的实践下形成的抽象认识或理论投影。纵观近代史的发展，一个经济学说的形成尽管不是一个大国崛起的充分条件，但一个大国的崛起必然会极大地影响主流经济学说的发展进程。在历史实践中，大国崛起对主流经济学的影响通常表现为两个方面：一是从自身发展需求出发，通过凝练本国的经济发展经验，形成指导本国经济走向持续繁荣的理论经验体系；二是面向国际格局的重塑，表达大国诉求和价值评判标准，力图通过重构主流经济学，引导世界格局向符合自身需求的趋势演化。因此，主流经济学的构建过程也是大国崛起中价值再造与价值重塑的过程。

二、中国经济学的内涵

追溯“中国经济学”的概念发端，其在1949年之前就散见于李权时、陈豹隐、唐庆增等人的著述。20世纪40年代，著名经济学家王亚南的一系列著述将“中国经济学”的研究引向一个高潮。在《中国经济原论》一书中，王亚南提出要致力于编出一个站在中国人立场来研究经济学的政治经济学教程纲要，这是当代较早提出要建构“中国经济学”的设想与尝试。1949年后，以马寅初、孙冶方、薛暮桥、卓炯等为代表的老一辈经济学家以马克思主义经济学为指导，形成了一大批在计划经济时代具有远见卓识的重要著述，为改革开放以来中国社会主义市场经济的理论建构奠定了基础。改革开放以来，吴敬琏、厉以宁、林毅夫等一批经济学家从不同领域展开了对社会主义市场经济理论的深刻论述，各种理论、学说、观点汇成改革开放以来中国经济学思想演进的历史洪流，极大地扩展了中国经济学的研究视野和理论体系。近年来，随着中国经济社会的高速发展，中国崛起的世界影响力越来越大。在此背景下，“中国经济学”的研究范围逐步由本土化向具有世界影响力的主流经济学转变，“中国经济学”的内涵也更加丰富。

1998年，著名经济学家卫兴华在其《中国经济学该向何处去》一文中，曾对“中国经济学”的内涵做了较为深刻的辨析。卫兴华认为，确立“中国经济学”的概念是廓清中国经济学向何处去的首要问题，“中国经济学”既可以被理解为专门研究中国经济问题的经济学，也可以被理解为落户在中国的经济学，还可以被理解为中国学派的经济学。沿着这种思路，我们可以将“中国经济学”的内涵理解为三个层次。

第一层次：“中国经济学”就是“本土化”的经济学。从中国的国情出发研究中国问题的所有理论著述，都可以归入“中国经济学”这一层次的概念范畴之中。早在 1941 年，王亚南就在《政治经济学在中国》一文中提出，各国经济学都是依据各自社会实况和要求所得出的结论，中国应“以中国人的资格来研究经济学”。新古典经济学奠基人马歇尔也认为：“尽管经济分析和一般推理具有广泛的应用，然而，每一个时代、每一个国家都有它们自己的问题，并且每一次社会条件的变化都很可能需要经济学学说有一个新的发展。”从这个角度出发，各个国家的国情不一，理论上都应根据自身的条件建构自己的经济学体系，所以若将“中国经济学”理解为解释中国问题的经济学或中国的“本土化”的经济学，其存在的合理性不辩自明。

第二层次：“中国经济学”就是构建“有中国风格的经济学派”。按照《辞海》的解释，所谓学派，是一门学问中由于学说师承不同而形成的派别。根据这个概念，1949 年以来，中国经济学的发展到底师承哪种经济学问或哪种学说，似乎难以找到“中国经济学”思想演进与形成经济学派之间的契合点。提出建构“中国经济学”的李权时、陈豹隐、唐庆增等学者将“有中国风格的经济学派”界定为三个标准：①在背景上，要立足于中国；②在目标上，要关注并解决中国经济的问题；③在特征上，要在一定程度上区别于国外的经济学说。按此依据，1949 年以来，中国涌现出来的社会主义初级阶段理论、转轨经济学、新结构主义经济学等应该从属于这一范畴。但很明显，1949 年以来，构建“有中国风格的经济学派”不是一元的，而是呈多元化的趋势，且这种多元化的学派建设并未在世界上形成合力。要通过建构“有中国风格的经济学派”来提升中国经济理论在世界上的话语权，依然任重道远。

第三层次：“中国经济学”就是依托“中国模式”重构经济学体系。相较前两个层次，这一层次显然有着更高的目标。这种观点力图在宏观领域，或至少在全球经济发展某一重要领域建构一套打破传统主流经济学研究传统的新范式。20 世纪 70 年代，我国著名经济学家孙冶方撰写的《社会主义经济论》试图用马克思的《资本论》模式取代苏联的《政治经济学》教科书，但受中国特色社会主义建设实践不成熟的限制，《社会主义经济论》所希望重构的理论体系最终没有取得理想的效果。改革开放以来，随着中国综合国力的快速提升，依托“中国模式”打破国际主流经济学垄断、提升中国经济学理论的国际话语权成为众多中国学者孜孜以求的梦想。但目前在国际上，到底什么是“中国模式”、是否存在“中国模式”仍存在巨大的争议。2015 年，习近平总书记首次提出要建设“中国特色社会主义政治经济学”的基本构想。在此倡议之下，众多学者投身于构建中国特色社会主义政治经济学的学术研究之中，凝练当代中国经济学的理论特质成为当前创建中国经济学体系的首要问题。

三、1949 年以来中国经济学的创新发展与理论贡献

1. 丰富和发展了市场经济理论

如何发展市场经济是社会主义建设的一种全新探索。习近平总书记指出，在社会主义条件下发展市场经济，是我们党的一个伟大创举。建设好社会主义市场经济是中国特色社会主义伟大实践的核心主题。1949 年以来，社会主义经济体制经历了从传统计划经济、“计划经济为主、市场调节为辅”到社会主义有计划的商品经济，再到计划与市场内在统一体制的改革，形成了社会主义市场经济体制。社会主义市场经济坚持在社会主义制度下发展经济，这一点表现在坚持中国共产党的领导、坚持公有制的主体地位、坚持共同富裕等方面。同时，社会主义市场经济突破了社会主义只能实行计划经济的教条认识，创造性地将作为一种社会制度的“社会主义”和作为一种资源配置方式的“市场经济”相结合。现在来看，社会主义市场经济体制既超越了传统计划经济，又超越了资本主义市场经济。它不是社会主义与市场经济的简单相加，而是机制体制的重构和再造，更是中国改革开放伟大实践探索走出的成功新路。中国特色社会主义市场经济理论的形成不但是一个对市场经济和社会主义认识不断深化的过程，更是基于中国改革开放成功实践的重大理论突破。

2. 丰富和发展了现代经济学概念和范畴

经济学理论的丰富和发展，总是率先以术语革命的新范畴、新概念形式展开。恩格斯说：“一门科学提出的每一种新见解都包含这门科学的术语的革命。”当代西方主流经济学面临着两个问题：一方面，西方经济学研究的主流范式固守于新自由主义经济学，概念和范畴陈旧老套，理论创新陷入停滞，固守私有化、市场化、自由化等西方经济学教条，甚至错误地把它看成是经济学的常识；另一方面，中国的崛起对西方概念形成了挑战，中国的崛起和对西方的超越使得西方的概念和学说越来越难以对中国问题提供准确解释。中国奇迹震惊了西方主流经济学，也撼动了西方经济发展与经济治理的话语权。西方经济学理论无法解释中国经济增长的奇迹，比较优势理论也只能解释中国改革开放成功的“上半场”。

中国经济学不是西方经济学的中文版，也不是“中学为体”的中西方经济思想的“混合杂拌物”，而是严格基于中国实践和中国经验，在此之上建立起的一套真正有别于西方经济学的概念体系。对中国经济学的呼唤，来自于时代对具有更强解释力的经济理论的需求。中国奇迹带来的具有中国特色的发展实践和发展经验，已经成为挑战西方经济学解释能力的一道无法回避的现实难题。要追求更加具有普适性的经济学理论，并用来分析和解决现在中国及更多发展中国家的发展问题，就必须跳出西方主流经济学的框架。因此，总结中国经济发展的成功经验，提炼出更具一般意义的中国经济理论体系，将为我国立足新发展阶段、贯彻新发展理念、构建新发展格局，推动更高质量的经济增长、更高水平的改革开放、更加可持续的经济发展提供严谨、有力、可靠的理论支持，还将为全人类发展提供中国智慧和中国方案。

（资料来源：潘凤和闫振坤《中国崛起与中国经济学的构建——历史比较视域下的中国经济学理论特质研究》[14]、周文《新中国 70 年中国经济学的创新发展与新时代历史使命》[15]、谢伏瞻等《中国经济学 70 年：回顾与展望——庆祝新中国成立 70 周年笔谈（上）》[16]）

本章小结

1. 古汉语中的经济与现代汉语中的经济学有所差异，现代汉语经济学的内涵源于英文“economics”。

2. 经济学产生于资源的稀缺性和经济人的假设。稀缺性不仅引起了资源配置问题，还引起了资源利用问题。经济学是一门研究稀缺资源配置和利用的科学。

3. 经济学分为两个领域：微观经济学和宏观经济学。微观经济学研究单个经济单位的经济行为；宏观经济学研究整体经济的运行规律。

4. 经济学研究方法有多种：实证分析与规范分析，最优化与均衡分析，静态分析、比较静态分析与动态分析。

5. 经济学是一种方法、一种工具、一种思维方式。学习经济学有助于我们用经济学的方法、工具分析现实问题，并做出正确的决策。

本章专业术语解释

（注：依次为汉语、英语、西班牙语、越南语和日语。全书下同。）

1. **经济学**是指研究在一定的经济体制下稀缺资源配置与利用的科学。

Economics is defined as the science that studies the allocation and utilization of scarce resources under a certain economic system.

La economía se refiere a la ciencia que estudia la asignación y utilización de recursos escasos bajo un cierto sistema económico.

Kinh tế học là khoa học nghiên cứu phân bổ và sử dụng tài nguyên khan hiếm trong một thể chế kinh tế nhất định.

経済学は一定の経済体制の下で希少な資源の配置と利用を研究する科学と定義している。

2. **稀缺性**是指相对于人类的无穷欲望而言，资源总是不足的，这种资源的相对有限性就是稀缺性。

Scarcity means that society has limited resources and therefore can not satisfy people's infinite desire; the limited nature of society's resources is scarcity.

Escasez siginifica que la sociedad tiene recursos limitados y, por lo tando, no puede satisfacer el deseo infinito de las personas, la naturaleza limitada de los recursos de la sociedad es la escasez.

Tính khan hiếm có nghĩa là nguồn lực luôn thiếu sót so với ham muốn vô tận của loài người mà nói, tính hữu hạn tương đối về nguồn lực tức là tính khan hiếm.

稀少性とは、人間の限りのない欲望に対して、相対的に資源の有限性である。

3. **资源配置**即在一定的范围内，社会对其所拥有的各种资源在其不同用途之间进行分配。

Allocation of resources refers to the allocation of various resources within a certain scope, among different purposes, by society.

La asignación de recursos se refiere a la distribución de los distintos recursos que posee la sociedad dentro de un determindado rango entre sus diferentes usos.

Phân bổ tài nguyên là trong một phạm vi nhất định, xã hội phân công các tài nguyên sẵn có cho các mục đích sử dụng khác nhau.

資源配分とは、一定の範囲内に社会はさまざまな用途に応じて資源を配分すること。

4. **资源利用**就是人类社会如何更好地利用现有的稀缺资源，使之生产出更多的物品。

The use of resources is how society can make better use of existing scarce resources to produce more goods.

El uso de los recursos es la forma en que la sociedad aprovecha mejor los escasos recursos y hace que produzca más bienes.

Sử dụng tài nguyên là xã hội con người làm thế nào để sử dụng các tài nguyên một cách tốt hơn để sản xuất ra càng nhiều sản phẩm.

資源の使用とは、人間社会が既存の希少な資源をより有効に活用して、より多くの財やサービスを産出すること。

5. 物价稳定

price stability

estabilidad de precios

giá cả ổn định

物価安定

6. **经济体制**就是一个社会做出选择的方式，或者说解决资源配置与资源利用的方式。

The economy system is a way for a society to make a choice, or the way to solve the resource allocation and use of resources.

El sistema económico es una forma en que una sociedad toma decisiones, o la forma de resolver la asignación y utilización de los recursos.

Hệ thống kinh tế là một cách thức để xã hội đưa ra lựa chọn, hay là cách giải quyết việc phân bổ nguồn lực và sử dụng các nguồn lực.

経済体制とは、どのような財貨を、どれだけ、どのように生産し、どう配分するかを決定する社会経済機構である。

7. **市场经济体制**即通过个体和私人企业市场上形成的价格调节来决定生产什么、如何生产与为谁生产。

A market economy system determines what is produced, how it is produced, and for whom it is produced through price adjustments formed by individuals and private enterprises in the market.

El sistema de economía de mercado, que determina qué se produce, cómo se produce y para quién se produce mediante ajustes de precios formados por individuos y empresas privadas en el mercado.

Cơ chế kinh tế thị trường là cá nhân và doanh nghiệp trong thị trường hình thành cơ chế điều tiết giá cả để quyết định sản xuất cái gì, sản xuất như thế nào và do ai sản xuất.

市場経済体制とは、個人および民間企業を通じて市場において形成された価格によって、何をどのように、誰のために生産するかを決定するシステムこと。

8. **计划经济体制**即通过中央政府计划来决定生产和分配决策。

A planned economy system determines production and distribution decisions through central government planning.

El sistema de economía planificada, que determina las decisiones de producción y distribución mediante la planificación del gobierno central.

Cơ chế kinh tế kế hoạch là chính phủ trung ương đặt kế hoạch quyết định việc sản xuất và việc phân phối.

計画経済体制とは、中央政府の計画により、生産と分配を決めるシステムこと。

9. **微观经济学**是指以单个经济单位为研究对象，研究家庭和企业如何做决策以及如何在特定市场上相互交易。

Microeconomics focuses on the individual parts of the economy and studies how households and firms make decisions and how they interact in markets.

La microeconomía se centra en las partes individuales de la economía y estudia cómo los hogares y las empresas toman decisiones y cómo interactúan en los mercados.

Kinh tế học vi mô tập trung vào các bộ phận riêng lẻ của nền kinh tế và nghiên cứu cách các hộ gia đình và doanh nghiệp đưa ra quyết định cũng như cách thức tương tác trên thị trường.

ミクロ経済学とは、消費者（家計）が経済的な取引を行う市場をその分析対象とし、資源配分について研究する経済学の分野である。

10. **宏观经济学**是指以整个国民经济为研究对象，研究市场作为一个整体如何在国家层面上相互作用。

Macroeconomics looks at the economy as a whole and studies how the markets, as a whole, interact at the national level.

La marcoeconomía se refiere al estudio de cómo el mercado en su conjunto interactúa a nivel nacional con toda la economía ncional como objeto de investigación.

Kinh tế học vĩ mô xem xét toàn bộ nền kinh tế và nghiên cứu Cách thị trường nói chung tương tác ở cấp độ quốc gia.

マクロ経済学とは、国や特定経済圏といった巨視的（マクロ）視点から、政府、企業、家計という経済主体の動きを明らかにし、相互影響を研究する分野である。

11. **实证分析**是用理论对社会各种经济活动或经济现象进行解释、分析、证实或预测。

Positive analysis is the method of using theories to explain, analyze, confirm or predict various economic activities or phenomena in society.

El análisis positivo es el uso de la teoría para explicar, analizar, confirmar o predecir diversas actividades o fenómenos económicos de la sociedad.

Phân tích thực chứng là sử dụng lý luận để cắt nghĩa, phân tích, chứng minh hoặc dự đoán các hoạt động kinh tế hoặc hiện tượng kinh tế.

実証分析とは、社会におけるさまざまな経済活動や経済現象を理論に基づいて実証的に説明、分析、証明、予測すること。

12. **规范分析**是以一定的价值判断作为出发点，提出行为的标准，并研究如何才能符合这些标准。

Normative analysis uses certain value judgments as a starting point, proposes standards of behavior, and studies how to meet these standards.

El análisis normativbo se basa en determinados juicios de valor, proponiendo normas de comportamiento y estudiando cómo cumplirlas.

Phân tích chuẩn tắc là lấy giá trị nhất định làm điểm tựa, đưa ra các chuẩn mực hành vi và nghiên cứu làm thế nào để phù hợp với những chuẩn mực này.

規範分析とは、特定の価値判断を出発点として、行動の基準を提示し、いかにこれらの基準を満たす方法を研究すること。

13. **边际分析**是研究一种可变因素的数量变动会对其他可变因素的变动产生多大影响的方法。

Marginal analysis is a method of studying how changes in the quantity of a variable factor will affect changes in other variable factors.

El análisis marginal es un método para estudiar cómo afecta a los cambios en otros factores variables un cambio en la cantidad de un factor variable.

Phân tích cận biên là phương pháp xem xét mức độ ảnh hưởng do một biến số thay đổi ảnh hưởng đến các biến số khác thay đổi.

限界分析は、変動要素の数量の変化が他の変動要素の変化にどれ程度の影響を与える研究のこと。

14. 均衡是指在一个经济体系中，由于各种经济因素的相互作用而产生的一种相对静止的状态。

Equilibrium is a static state due to the interaction of a variety of economic factors.

El equilibrio es un estado estático debido a la interacción de una variedad de factores ecomómicos.

Trạng thái cân bằng là trạng thái tĩnh do sự tương tác của nhiều loại yếu tố kinh tế.

均衡とは、経済体系において、経済所量がバランスを保って変動への傾向を見せなくなる相対的静止の状態である。

15. 静态分析和动态分析

static analysis and dynamic analysis

análisis estático y análisis dinámico

phân tích tĩnh và phân tích động

静態分析と動態的分析

综合练习

一、单项选择题

1. 古汉语中的"经济"包括（　　）。

A. 经世济民　　B. 经国济世　　C. 治理国家　　D. 以上都对

2. 现代汉语中的"经济"包括（　　）。

A. 一个国家或地区的生产、交换、分配和消费活动的统称，即经济活动

B. 组织一个国家或地区社会生产活动的规则，简称经济制度

C. 节约、节省，用较少的人力、物力、时间获得较大的成果

D. 以上都对

3. 从根本上讲，经济学与（　　）有关。

A. 货币　　B. 公司盈利或亏损的决定

C. 稀缺资源的配置　　D. 支票簿的平衡

4. 经济组织的三个基本问题（　　）。

A. 与稀缺性概念密切相关

B. 其重要性在启蒙时期比现在更大一些

C. 是生产什么、如何生产和为谁生产的问题

D. 是土地、劳动和资本

5. 微观经济学研究（　　）。

A. 货币如何影响经济　　B. 个体家庭和企业如何决策

C. 政府如何影响经济　　D. 整个经济如何运转

6. 宏观经济学研究（　　）。

A. 个人决策者　　B. 国际贸易

C. 经济现象　　D. 大型产品市场

7. 对于经济学家来说，关于世界的陈述有两种：（　　）。

A. 假设和理论　　B. 实证性和规范性陈述

C. 具体声明和一般声明　　D. 真实的陈述和虚假的陈述

8. 经济学最好的定义是对（　　）的研究。

A. 社会如何管理其稀缺资源

B. 如何按最盈利的方式经营企业

C. 如何预测通货膨胀、失业和股票价格

D. 政府如何制止不受制约的利己带来的危害

二、判断题

1. 古汉语中的“经济”就是组织社会生产，解决百姓生计。（　　）

2. 现代汉语中的“经济”的特定含义是指资本主义，或称自由企业制度。（　　）

3. “税收应当是累进的”这一说法属于规范经济学。（　　）

4. “通货膨胀的危害小于失业的危害”这一说法属于规范经济学。（　　）

5. 微观经济学的基本假设是市场失灵。（　　）

6. 实证分析要解决“应该是什么”的问题，规范分析要解决“是什么”的问题。（　　）

7. 经济学就是在个人和整个社会层面研究经济的科学。（　　）

8. 当一个社会不能生产人们想要的所有商品和服务时，就可以说经济正在经历“资源稀缺”。（　　）

三、问答题

1. 如何理解经济资源的稀缺性?

2. 经济学的基本问题是什么？如何理解?

3. 简述微观经济学与宏观经济学之间的区别与联系。

第二章

市场的力量：供给与需求

供给和需求是经济学家们最常用的两个词语。供给与需求是使市场经济得以运行的基本力量。本章将分析供给与需求这两种力量如何促成了经济运行，以及中国经济的市场化改革历程。

第一节 市场与市场力量

一、什么是市场

在日常生活或工作中，我们可能听到过许多关于“市场”的话题，比如：“房地产市场很火爆”“股票市场低迷”“这个产品市场前景很好”“海外市场比较大”“市场与政府的关系”等。不过，这些讨论中所说的“市场”一词经常是含糊不清或容易令人误解的。而在经济学中，市场是讨论的核心，因此需要明确市场的确切含义。

《现代汉语词典（第7版）》对市场的定义是：①商品交易的场所，如集贸市场；②商品行销的区域，如国内市场/国外市场。《牛津高阶英汉双解词典（第9版）》对作为市场的“market”有6个解释：① an occasion when people buy and sell goods; the open area or building where they meet to do this（人们买卖商品的场合；人们见面买卖商品的开放区域或建筑），即集市、市场、商场，如水果、鲜花和古玩市场、室内与街头市场、集市货摊等；② business or trade, or the amount of trade in a particular type of goods（商业或贸易，或特定类型货物的贸易量），即交易、买卖和交易量，如 the world market in coffee（世界咖啡交易），the share of market（市场份额），job market（就业市场）；③ a particular area, country or section of the population that might buy goods（可能购买商品的特定地区、国家或人群），即商品的销售地、行销地区、消费群体，如日本市场、全球/国内销售市场；④ the number of people who want to buy sth（想买某物的人数），如不断扩大的市场；⑤ people who buy and sell goods in competition with each other（处于竞争中的市场经营者）；⑥ stock market（股票市场）。

在学术界，关于市场的定义，不同学者也有着不完全相同的表述。萨缪尔森和诺德豪斯认为："市场是买者和卖者相互作用并共同决定商品或劳务的价格和成交数量的机制[17]。"而曼昆认为："在经济学领域，市场（market）[1]是特指由某种物品或者服务的买者与卖者组成的一个群体，买者作为一个群体决定了一种商品的需求，而卖者作为一个群体决定了一种产品的供给[18]。"本书采用曼昆对市场的定义。

经济生活中，市场有很多种形式。一些是组织健全的，如许多农产品市场。在这些市场上，买者和卖者在特定的时间和地点汇聚在一起，市场上还有拍卖者帮助确定价格并安排销售。更通常的情况是，市场没有什么组织。某镇的矿泉水市场，无论是卖者还是买者都是分散在不同的地方，矿泉水买者从各个卖者那里选择购买以满足自己的需求，而矿泉水卖者吸引买者来购买其矿泉水以求生意成功。尽管这个市场没有人去组织，但由矿泉水的买者和卖者组成的群体形成了一个市场。市场是经济活动的中心，许多有趣的经济学问题和争议都与市场的运行有关。

二、市场力量

什么是市场力量？根据《牛津高阶英汉双解词典（第9版）》的解释，市场力量（market forces）也被译作"市场调节作用"，它是指"a free system of trade in which prices and wages rise and fall without being controlled by the government"，即价格和工资的涨落不受政府控制的自由贸易系统。这个解释带来了问题[5]：第一，在"价格和工资的涨落不受政府控制的自由贸易系统"中，什么决定着价格和工资的涨落？第二，在"价格和工资的涨落不受政府控制的自由贸易系统"中，价格和工资的涨落决定什么？经济学家通常使用需求、供给和均衡价格这三个概念来分析价格和工资是如何由需求和供给这两种市场力量共同决定的。

---

1 market: referring specifically to a group of buyers and sellers of a group of particular goods or services

第二节 需 求

一、需求的定义与需求曲线

1. 需求的定义

需求（demand）[1] 是指在某一特定时期内，在每一价格水平上消费者愿意而且能够购买的某一种商品的数量。理解需求这个概念，应把握好以下几点：①需求必须同时具备两个条件，一是消费者必须有购买意愿，“意愿”表示主观上有这个需要；二是能够购买，“能够”表示具有支付能力。意愿是需求的前提，支付能力是需求的核心，需求是购买欲望和购买能力的统一。②需求不同于需求量。需求量（quantity demanded）[2] 是在某一既定的价格下，消费者愿意而且能够购买的数量，而需求则是不同价格下所对应的不同需求量的统称。③由于受供给、相关商品价格或消费者预期等因素的影响，需求量不一定等于消费者的实际购买量。

2. 需求表和需求曲线

需求是价格和需求量之间的对应组合关系，我们可以用需求表和需求曲线更为直观地描述这种对应组合关系。下面以运动手环和其价格的关系来分析需求曲线和需求表。例如，某一品牌的运动手环，价格为 2600 元 / 个时，2020 年 6 月某地市场的需求量为 1000 个；7 月价格降至 2400 元 / 个时，需求量为 1200 个；8 月价格降至 2200 元 / 个时，需求量为 1450 个；9 月价格降至 2000 元 / 个时，需求量为 1750 个；10 月价格降至 1800 元 / 个时，需求量为 2100 个。

（1）需求表。需求表（demand schedule）[3] 是表示某种商品的各种价格与其对应的需求量之间的关系的表格。如表 2.1 所示，通过表格将前文运动手环的价格与在每一价格水平时所对应的运动手环的需求量联系起来，就构成了运动手环的需求表。

---

1 demand: the amount of some goods or services that consumers are willing and able to purchase at each price level within a specific period, represented by the whole demand curve

2 quantity demanded: the quantity of a commodity or service that consumers are willing and able to purchase at a certain price level within a specific period

3 demand schedule: a table that shows the relationship between the price of a commodity and the quantity demanded

表 2.1 某运动手环的需求表

	6月	7月	8月	9月	10月
价格 /（元 · 个 $^{-1}$）	2600	2400	2200	2000	1800
需求量 / 个	1000	1200	1450	1750	2100

（2）需求曲线。需求曲线（demand curve）[1] 是某种商品价格与需求量之间关系的图形表示形式，即表示商品价格与需求量之间关系的曲线。可依据运动手环的需求表绘制运动手环的需求曲线，如图 2.1 所示。

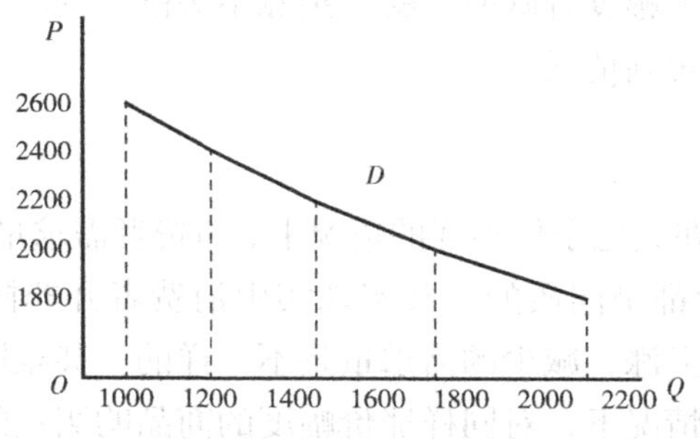

图 2.1 某运动手环的需求曲线

在图 2.1 中，横轴 *OQ* 代表某运动手环的需求量，纵轴 *OP* 代表该运动手环的价格，*D* 为需求曲线。需求曲线向右下方倾斜，表明需求量与价格呈反方向变动的关系。需求曲线的形状可能是曲线，也可能是直线。

3. 需求定理

从表 2.1 及图 2.1 可以看出，需求表和需求曲线都反映了商品的价格变动与所引起的需求量之间的反方向变动关系，这就是需求定理（law of demand）[2]，即：一般情况下，在其他条件不变的情况下，消费者对某商品的需求量与价格呈反方向变动，即需求量随商品本身价格的下降而增加，随商品本身价格的上升而减少。需求定理强调其他条件不变这一前提，即在相关商品价格、消费者偏好、消费者收入等因素保持不变的情况下，研究需求量随价格而变的变动关系。离开了这一前提，需求定理就无法成立。

此外，此处的需求定理反映的是一般商品的规律。在其他条件不变的情况下，

1 demand curve: a graph of the relationship between the price of a commodity and the quantity demanded

2 law of demand: claiming that the quantity demanded of a commodity falls when the price of the commodity rises, other things being equal

商品价格与需求量之间的关系也有例外情况：①对奢侈品（luxuries）来说，像高档珠宝、豪华型轿车等炫耀性商品，在一定程度上代表消费者的身份和地位，价格上涨可能需求量会增加，而降价则反而导致需求量减少。②吉芬商品（Giffen goods），如某些低档生活必需品，在特定的条件下，其价格上涨反而使人们的购买量增加，这种商品被称为“吉芬商品”，如英国经济学家吉芬发现，1854 年爱尔兰发生灾荒时，土豆的价格虽然上涨，但许多低收入的家庭反而更多地消费土豆，后来土豆被作为“吉芬商品”的典型代表。③投机性商品（speculative commodity）。如有价证券和黄金等投机性商品，当它们价格小幅度升降时，需求按正常情况波动，大幅度升降时，受“买涨不买落”的心理和预期等因素的影响，需求曲线出现不规则情况。

4. 需求价格弹性

根据需求定理，在其他条件不变的情况下，消费者需求量随价格上涨而下降，这里假定所有消费者都是同质的。其实现实中消费者并非同质，不同的消费者面对同一商品的价格上涨，减少的需求量是不一样的。甚至同一个消费者对同一商品在不同拥有量的情况下，对同样涨价幅度的商品购买量的减少也不一样。这里就要用到需求价格弹性，以解释消费者需求对商品价格变化所做出的反应的敏感性。

什么是需求价格弹性？我们首先要了解弹性。《牛津高阶英汉双解词典（第 9 版）》对弹性（elasticity）的定义是“指某物具有拉长和恢复到它原来尺寸和形状的属性（the quality that sth has of being able to stretch and return to its original size and shape）”。而弹性（elasticity）[1] 原为物理学名词，指物体对外部力量的反应程度。在经济学中，弹性是指经济变量之间存在函数关系时，因变量对自变量变化的反应程度。弹性的大小可用弹性系数来表示。弹性系数是因变量 Y 变动的比率与自变量 X 变动的比率的比值，用 E 来表示，公式为：

$$E=\frac{\text{因变量变动的百分比}}{\text{自变量变动的百分比}}=\frac{\Delta Y/Y}{\Delta X/X}=\frac{\Delta Y}{\Delta X}\cdot\frac{X}{Y} \tag{2.1}$$

需求价格弹性（price elasticity of demand）[2] 简称需求弹性，是指价格变动所引起的需求量变动的比率，它反映了需求量变动对价格变动的敏感程度。

---

1 elasticity: measuring how much one variable responds to changes in another variable

2 price elasticity of demand: measuring how much Q_d responds to a change in P, and the price-sensitivity of buyers' demand

不同商品的需求量变动对价格变动的敏感程度不同，即需求弹性不同。一般用需求弹性系数来表示弹性的大小，以 E_d 来表示，Q 代表需求量，ΔQ 代表需求量的变动量，P 代表价格，ΔP 代表价格的变动量，则需求弹性系数可用下列公式表示：

$$E_d = \frac{\text{需求量变动的百分比}}{\text{价格变动的百分比}} = -\frac{\Delta Q/Q}{\Delta P/P} = -\frac{\Delta Q}{\Delta P} \cdot \frac{P}{Q} \tag{2.2}$$

由于需求量与价格呈反方向变动关系，因而需求弹性系数为负值。在实际运用中，为方便起见，一般将负号省略。如 $E_d = 3$，其含义是价格每上升 1%，会引起需求量下降 3%，或是价格每下降 1%，会引起需求量上升 3%。

例如，某商品价格从 3 元涨至 4 元，需求量从 12 减少到 10，则该商品的需求价格弹性可以取两点的中值计算得到：

$$E_d = -\frac{\Delta Q}{\Delta P} \cdot \frac{(P_1 + P_2)/2}{(Q_1 + Q_2)/2} = -\frac{12 - 10}{3 - 4} \cdot \frac{(3 + 4)/2}{(12 + 10)/2} \approx 0.64$$

根据需求价格弹性的大小，可将其分为五类，其含义和形状如表 2.2 所示。

表 2.2　需求弹性分类表[13]

分类	含义	实例	数值	图形
完全无弹性 Perfectly inelastic demand	无论价格如何变化，需求量都不变	胰岛素等	$E_d=0$	P O Q
缺乏弹性 Inelastic demand	需求量变化幅度小于价格变化的幅度	食物、衣服、农产品、饮料等必需品	$0<E_d<1$	P O Q
单位弹性 Unit elastic demand	需求量变化幅度等于价格变化的幅度	报纸等	$E_d=1$	P O Q
富有弹性 Elastic demand	需求量变化幅度大于价格变化的幅度	汽车、旅游、专业服务等奢侈品	$1<E_d<\infty$	P O Q
完全有弹性 Perfectly elastic demand	当价格为既定时，需求量无限	货币等	$E_d \to \infty$	P O Q

二、个人需求与市场需求

上述有关需求的论述是指消费者的个人需求。需求可以分为个人需求和市场需求。个人需求（individual demand）[1]是指单个消费者（个人或家庭）对某种商品的需求；市场需求（market demand）[2]是指在一定时期内，在各种可能的价格条件下，市场中所有消费者对某种商品的需求数量之和。从理论上讲，将每一价格水平上的所有个人或家庭的需求量逐一相加，便可得到每一价格水平上的市场需求，因此个人需求的总和就构成了该商品的市场需求。

表 2.3　个人需求与市场需求表

番茄价格 /（元·千克$^{-1}$）	甲需求量 /（千克·月$^{-1}$）	乙需求量 /（千克·月$^{-1}$）	丙需求量 /（千克·月$^{-1}$）	市场需求 /（千克·月$^{-1}$）
1	10	6	4	20
2	9	5	3	17
3	8	4	2	14
4	7	3	1	11
5	6	2	0	8

设某番茄市场上有甲、乙、丙三个消费者，如表 2.3 所示，它表明在不同价格水平时，三个消费者愿意而且能够购买的番茄量。番茄价格为 1 元 / 千克时，甲的月需求量为 10 千克，乙的月需求量为 6 千克，丙的月需求量为 4 千克；当价格上涨为 2 元 / 千克时，甲的月需求量为 9 千克，乙的月需求量为 5 千克，丙的月需求量为 3 千克。这种个人需求差异产生的原因可能来源于以下三个方面：一是甲、乙、丙三个消费者对番茄的喜爱程度不同；二是他们拥有的可支配货币量不同；三是他们对未来收入与番茄市场价格变动的预期有所不同。为方便分析，我们假设整个番茄市场只有甲、乙、丙三个消费者，将甲、乙、丙三个消费者的个人需求水平叠加就得到了市场需求。

依据表 2.3 给定的数据，我们可以绘出甲、乙、丙三个消费者的个人需求曲线以及整个市场的需求曲线，如图 2.2 所示。（a）为甲的个人需求曲线，（b）为乙的个人需求曲线，（c）为丙的个人需求曲线，（d）为市场需求曲线。从图 2.2 中可以看出，在价格为 3 元 / 千克时，甲的需求量为 8 千克，乙的需求量为

1　individual demand: showing consumers' individual or family demand for a product

2　market demand: showing the sum of all the individual demands for a particular product

4 千克，丙的需求量为 2 千克，而市场需求量为 14 千克。

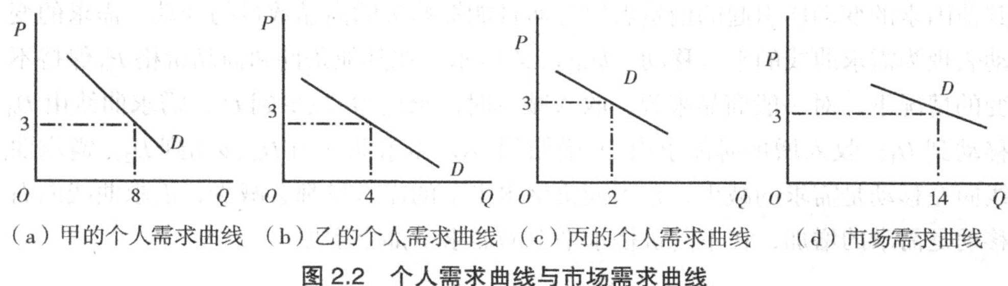

（a）甲的个人需求曲线 （b）乙的个人需求曲线 （c）丙的个人需求曲线 （d）市场需求曲线

图 2.2 个人需求曲线与市场需求曲线

三、需求变动及其影响因素

1. 需求的变动

在需求定理中，针对市场需求曲线，假设其他条件不变，需求与价格之间关系形成的需求曲线是稳定的。但是随着时间的推移和经济生活的变革，该需求曲线不一定是稳定的。如果除商品价格外的其他因素发生了变化，引起消费者对任何一种既定价格水平的商品需求量发生改变，这就会引起需求曲线的移动。如收入的增加、预期的改变、相关商品价格的变化等，都可能引起在既定价格水平上该商品的需求量发生改变。在此，有必要对商品本身的价格变化和非商品本身价格因素的变化引起的需求量变化做详细区别，即需求量的变化和需求的变动。

需求量的变动（changes in quantity demanded）是指在决定需求量的其他因素不变的条件下，只是由于商品本身价格变动所引起的消费者愿意而且能够购买的商品数量的变动。需求量的变动表现为同一需求曲线上的点的移动，如图 2.3 所示，当价格为 P_1 时，需求量为 Q_1，当价格由 P_1 下降到 P_2 时，需求量由 Q_1 增加到 Q_2，在需求曲线上表现为从 a 点向 b 点移动。沿着需求曲线向左上方移动是需求量的减少，沿着需求曲线向右下方移动是需求量的增加。

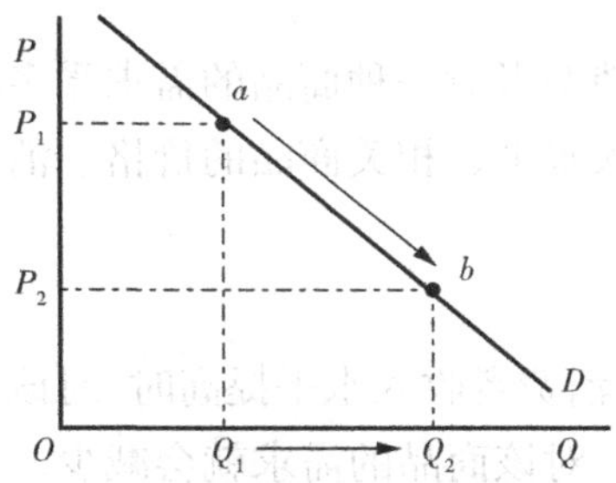

图 2.3 需求量的变动和沿着需求曲线移动

需求的变动（changes in demand）是指在商品本身价格不变的条件下，由于其他因素的变动所引起的消费者愿意而且能够购买的商品数量的变动。需求的变动表现为需求曲线的平行移动。如图 2.4 所示，在其他条件和商品价格 P_0 保持不变的情况下，对一般商品来说，收入减少时需求由 Q_0 减少到 Q_1，需求曲线由 D_0 移动到 D_1；收入增加时需求由 Q_0 增加到 Q_2，需求曲线由 D_0 移动到 D_2。需求曲线向左移动是需求的减少，在不同价格水平上的需求量都会减少；需求曲线向右移动是需求的增加，在不同价格水平上的需求量都会增加。

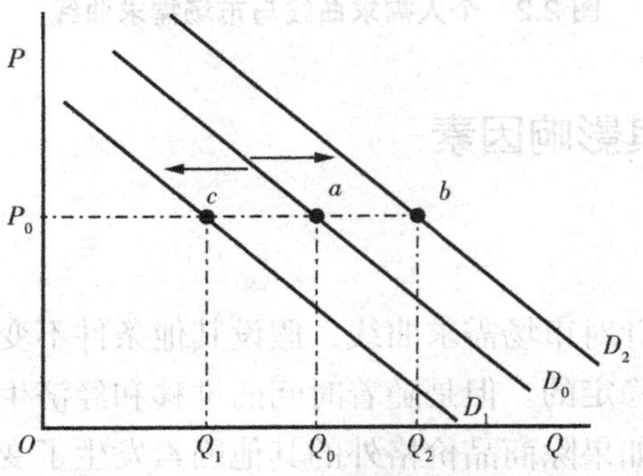

图 2.4　需求的变动和需求曲线移动

由上面的分析可知：需求量的变动与需求的变动的引发因素不同，变化表现形式也不同，而且需求的变动会引起需求量的变动，需求量的变动不一定会引起需求的变动。例如，当手机的价格上涨时，若其他条件不变，改变的只是手机的需求量，手机的需求并不产生变动。明确二者区别，便于正确理解政府的微观经济政策，比如我国自 2014 年起对新能源汽车实施免征车辆购置税的政策，2022 年 9 月又将这项政策延续至 2023 年 12 月 31 日，稳定了社会预期，提振了市场信心，并将有效刺激消费者对新能源汽车需求的增加。再比如政府规定“香烟包装必须明确标注吸烟有害健康”，这一政策将改变人们对香烟的需求，使其减少。

2. 需求变动的影响因素

在现实经济生活中，消费者对一种商品的需求受多种因素的影响，其中主要的影响因素包括消费者收入水平、相关商品的价格、消费者偏好、消费者对未来的预期以及其他因素。

1）消费者收入水平

对大多数商品来说，当消费者收入水平提高时，对该商品的需求会增加；反之，当消费者收入水平下降时，对该商品的需求就会减少。如同消费者需求量对商品本身价格变化反应程度不一样，在给定其他条件不变时消费者需求对收入变化的反应程度也不一样，我们可以参照需求价格弹性来分析消费者需求收入弹性。将公式 2.1 中的价格 P 和价格变化 ΔP 分别替换为消费者收入 I 和收入变化 ΔI，便得到消费者需求收入弹性（income elasticity of demand）E_m，有兴趣的读者可以去推导分析一下。

收入和需求呈正相关变化的商品中，需求收入弹性大于零的商品被叫作正常商品（normal goods），需求收入弹性大于 1 的商品则为奢侈品（luxuries），需求收入弹性在 0 ~ 1 的商品叫作必需品（necessities）。并不是所有的商品都是正常商品，有时收入增加了，一种商品的需求反而会减少，这时的需求收入弹性为负，这种商品被称为低档商品（inferior goods）。低档商品的一个例子就是公共汽车，当你的收入增加时，你会减少对坐公共汽车的需求，而更可能买车自驾或乘出租车。

2）相关商品的价格

相关商品之间的关系有两种：互补品和替代品。互补品[1]（complements）是指两种商品互相补充，共同满足人们的同一种欲望，如打印机与墨盒、汽车与汽油；替代品[2]（substitutes）是指两种商品可以互相代替，来满足同一种欲望，如牛肉与羊肉、茶与咖啡。由于商品之间的不同关系，相关商品价格的变动引起某种商品需求的变动方向也不同。对于互补品，一种商品（打印机）的价格上升，消费者对另一种商品（墨盒）的需求就会减少；反之亦然，即一种商品的价格与其互补品的需求呈反方向变动。对于替代品，一种商品（牛肉）的价格上升，消费者对另一种商品（羊肉）的需求就会增加；反之亦然，即一种商品的价格与其替代品的需求呈同方向变动。因为作为理性的消费者总在追寻用最小的成本来满足同一欲望。

相关商品之间的关系也可以用一种商品的需求对另一种商品的价格变化反应来分析。假设原来讨论的商品为 X、另外一种商品为 Y，把公式 2.1 中的价格 P 和价格变化 ΔP 分别替换为另外一种商品的价格 P_Y 和价格变化 ΔP_Y，便得到两种商品之间的需求交叉弹性（cross-price elasticity of demand）E_{XY}，有兴趣的读者可以去推导分析一下。替代品的需求交叉弹性为正值，即 $E_{XY} > 0$；互补品的需求交叉弹性为负值，即 $E_{XY} < 0$。

1　complements: two goods for which an increase in the price of one leads to a decrease in the demand for the other

2　substitutes: two goods for which an increase in the price of one leads to an increase in the demand for the other

3）消费者偏好

所谓消费者偏好（preference），是指消费者对某种商品的偏爱程度。消费者对某种商品的偏爱程度会对该商品的需求产生影响，偏爱程度越高，需求越大；相反，偏爱程度越低，需求越小。偏好一般是基于历史和心理因素而形成的，这不在经济学家的解释范围内。当许多人对某一商品产生相同的偏爱倾向时，就形成了某种消费风尚，这将促使消费者在商品价格未发生变化的情况下增加或减少对该商品的需求。例如，重庆人较喜欢吃麻辣口味的食品，因此重庆对辣椒的需求大于江浙一带。

4）消费者对未来的预期

所谓消费者对未来的预期（expectation），就是消费者对某商品价格未来涨势和自己未来收入的判断。如果消费者预计某种商品价格将上涨，就会做出增加当前购买的决定，致使当前需求增加；如果消费者预计某种商品价格将下降，就会做出减少当前购买的决定，致使当前需求减少。同样，如果消费者预计未来收入水平会提高，当前需求就会增加；反之亦然。例如，某消费者预计自己将面临失业的威胁，就会减少一些非生活必需品的开销，致使当前需求减少。

5）其他因素

其他影响消费者需求的因素包括人口数量的变动、人口结构的变动、政府的经济政策等。一般来讲，人口数量的增减会使需求发生同方向变动，人口结构的变动主要影响需求的结构，而政府会通过采取一些鼓励需求或抑制需求的政策来调节需求。例如，人口数量的减少必然导致对所有商品的需求减少，人口老龄化的国家对保健品和老年常用药的需求会增加。

第三节 供　给

一、供给的定义与供给曲线

1. 供给的定义

供给（supply）[1] 是指在某一特定时期内，在每一价格水平上生产者愿意而且

1 supply: the amount that sellers are willing and able to sell at each price level within a specific period

能够出售的商品量。理解供给概念同样需要把握好以下几点：①供给必须同时具备两个条件。一是生产者必须有出售的意愿，“意愿”表示主观上有这个需要；二是能够供给，“能够”表示具有生产能力。供给同样是“愿意”和“能力”的统一体，二者缺一不可。②供给不同于供给量。供给量（quantity supplied）[1]是在某一既定的价格下，生产者愿意而且能够出售的数量。而供给则是不同价格所对应的不同供给量的统称，即价格与其供给量之间的“价格—数量”组合关系。因此，供给是一个多量组合，而供给是一个单量。③由于受供给、相关商品价格或消费者预期等因素的影响，供给量不一定等于生产者的实际销售量。

2. 供给表和供给曲线

1）供给表

供给表（supply schedule）[2]是表示商品的供给量与价格之间的函数关系的表格，通过表格将前文中运动手环的价格与在每一价格水平时所对应的运动手环的供给量联系起来，就构成了运动手环的供给表。例如，某一品牌的运动手环，价格为 2600 元 / 个时，2020 年 6 月某地市场的供给量为 2000 个；7 月价格降至 2400 元 / 个时，供给量为 1700 个；8 月价格降至 2200 元 / 个时，供给量为 1450 个；9 月价格降至 2000 元 / 个时，供给量为 1200 个；10 月价格降至 1800 元 / 个时，供给量为 1000 个。具体如表 2.4 所示。

表 2.4　某运动手环的供给表

	6 月	7 月	8 月	9 月	10 月
价格 /（元・个 $^{-1}$）	2600	2400	2200	2000	1800
供给量 / 个	2000	1700	1450	1200	1000

2）供给曲线

供给曲线（supply curve）[3]是表示单个商品的供给量和价格之间函数关系的图形，将表 2.4 所列运动手环的价格与供给量之间的关系用图示法表示出来即得到供给曲线，如图 2.5 所示。

在图 2.5 中，横轴 *OQ* 代表供给量，纵轴 *OP* 代表价格，*S* 为供给曲线。供给

1　quantity supplied: the amount that sellers are willing and able to sell at a certain price level within a specific period

2　supply schedule: a table that shows the relationship between the price of a commodity and the quantity supplied

3　supply curve: a graph of the relationship between the price of a commodity and the quantity supplied

曲线向右上方倾斜，表明供给量与价格之间呈同方向变动的关系。

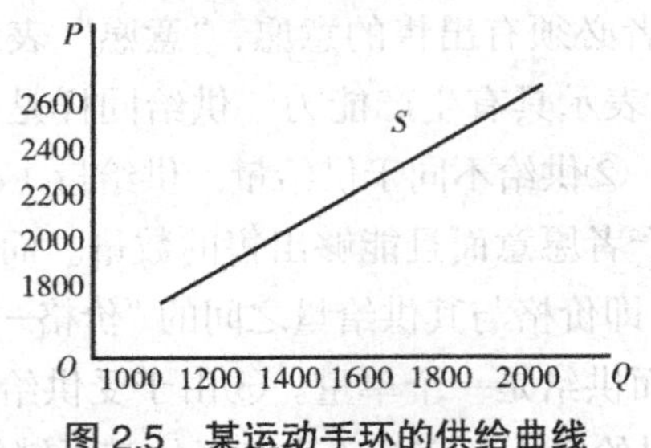

图 2.5 某运动手环的供给曲线

3. 供给定理

根据上述分析，我们可以把商品价格与供给量之间的关系概括为如下的供给定理（law of supply）[1]：在其他条件不变的情况下，某商品价格上涨，其供给量会增加，价格下降，其供给量会减少，即商品价格与其供给量之间呈同方向变动。需要注意的是，供给定理虽然反映的是一般商品的规律，但也有例外情况。一是有些商品的供给量是固定的，如名画、古玩、海景房，即使出售价格再高也无法增加供给数量，此时的供给曲线是一条垂直于横轴的直线。二是随着技术进步或者某些企业在大规模生产时平均成本锐减，这时商品价格虽有所下降，但企业仍愿意提供更多的商品，此时的供给曲线是一条向右下方倾斜的直线。此类商品往往是那些适于大批量工业化生产的高技术产品，如小汽车和电视机等。三是劳动的供给有其特殊性，当工资开始提高时，劳动的供给会增加，当工资上升到一定水平后，劳动者感到对货币的需要并不迫切了，这时工资再提高，劳动者也不会再供给更多的劳动量，却对休息、娱乐和旅游更感兴趣。所以，此时的供给曲线是一条向后弯的曲线。

4. 供给价格弹性

供给价格弹性（price elasticity of supply）[2]是指价格变动所引起的供给量变动的比率，它反映了供给量变动对价格变动的敏感程度。不同商品供给量变动对价格变动的敏感程度不同，一般用供给弹性系数来表示弹性的大小，以 E_s 来表示，Q 代表供给量，ΔQ 代表供给量的变动量，P 代表价格，ΔP 代表价格的变动量，

---

1 law of supply: meaning that the quantity supplied of a commodity rises when the price of the commodity rises, other things being equals

2 price elasticity of supply: measuring how much Q_s responds to a change in P, and sellers' price sensitivity

则供给价格弹性系数可用下列公式表示：

$$E_s = \frac{\text{供给量变动的百分比}}{\text{价格变动的百分比}} = \frac{\Delta Q/Q}{\Delta P/P} = \frac{\Delta Q}{\Delta P} \cdot \frac{P}{Q} \qquad (2.3')$$

根据不同商品供给价格弹性的大小，一般把商品分为五类：供给完全无弹性（$E_s = 0$，如一些无法复制的珍贵名画）、供给缺乏弹性（$0 < E_s < 1$，如资本技术密集型产品）、供给单位弹性（$E_s = 1$，如某些机械类产品）、供给富有弹性（$1 < E_s < \infty$，如劳动密集型产品）、供给完全有弹性（$E_s \to \infty$，如劳动力严重过剩地区的劳动力供给）。

在现实经济生活中，供给单位弹性、供给完全无弹性和供给完全有弹性比较少见，大多数商品的供给不是富于弹性就是缺乏弹性。一些不可再生资源（如土地以及无法复制的珍品）的供给价格弹性等于零，而如上所述，在劳动力严重过剩地区的劳动力供给曲线具有完全弹性的特点。

二、个人供给与市场供给

个人供给（individual supply）是指单个厂商在某一价格水平下对某种商品的供给；市场供给（market supply）是指在一定时期内在各种可能的价格条件下市场中所有厂商对某种商品的供给数量之和。从理论上讲，将每一价格水平上的所有厂商的供给量逐一相加，便可得到每一价格水平上的市场供给，因此个人供给的总和就构成了该商品的市场供给。

表 2.5　个人供给与市场供给表

橘子价格 /（元·斤$^{-1}$）	A 供给量 /（斤·月$^{-1}$）	B 供给量 /（斤·月$^{-1}$）	C 供给量 /（斤·月$^{-1}$）	市场供给 /（斤·月$^{-1}$）
1	6000	2000	0	8000
2	7000	3000	1000	11000
3	8000	4000	2000	14000
4	9000	5000	3000	17000
5	10000	6000	4000	20000

假设某橘子市场上有 A、B、C 三个厂商，如表 2.5 所示。它表明在不同价格水平时，三个厂商愿意而且能够销售的橘子量。橘子价格为 1 元 / 斤时，A 的月供给量为 6000 斤，B 的月供给量为 2000 斤，C 的月供给量为 0 斤；当价格上涨到

2 元 / 斤时，A 的月供给量为 7000 斤，B 的月供给量为 3000 斤，C 的月供给量为 1000 斤。这种个人供给差异产生的原因可能源于以下三个方面：一是 A、B、C 三个厂商橘子的生产成本不同；二是他们拥有的生产技术不同；三是他们对未来橘子市场价格变动的预期有所不同。为分析问题的方便，假设整个橘子市场只有 A、B、C 三个厂商，将 A、B、C 三个厂商的个人供给水平叠加就得到了市场供给。

依据表 2.5 给定的数据，我们可以绘出 A、B、C 三个厂商的个人供给曲线以及整个市场的需求曲线，如图 2.6 所示。图 2.6（a）为 A 的个人供给曲线，图 2.6（b）为 B 的个人供给曲线，图 2.6（c）为 C 的个人供给曲线，图 2.6（d）为市场供给曲线。从图中可以看出，在价格为 3 元 / 斤时，A 的供给量为 8000 斤，B 的供给量为 4000 斤，C 的供给量为 2000 斤，市场供给量为 14000 斤。

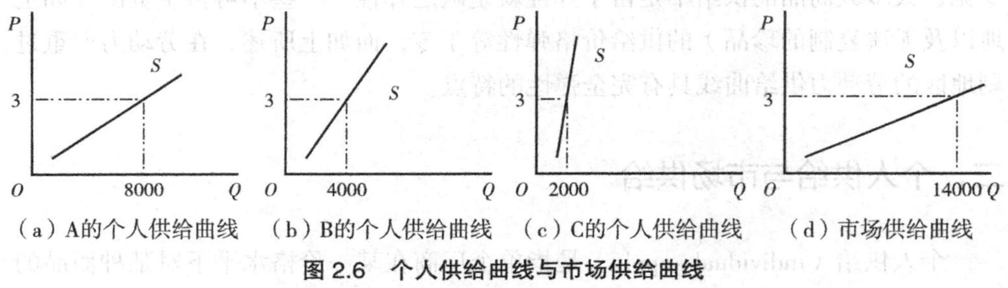

（a）A的个人供给曲线　（b）B的个人供给曲线　（c）C的个人供给曲线　（d）市场供给曲线

图 2.6　个人供给曲线与市场供给曲线

三、供给变动及其影响因素

1. 供给量的变动与供给的变动

在供给定理中，由于市场供给曲线假设其他条件不变，由供给量与价格之间相关关系而形成的供给曲线是稳定的。但随着时间的推移和技术变革等因素的变化，该供给曲线就不一定是稳定的。如果商品自身价格以外的因素发生了变化，厂商对任何一种既定价格水平下的商品供给量也会发生改变，这就会引起供给曲线的移动。如生产要素价格的变化、预期的改变、相关商品价格的变化等，都可能引起既定价格水平下该商品供给量的改变。在此，有必要对商品本身价格的变化和非商品本身价格因素的变化引起的供给量的变化做详细的区别，即供给量的变化和供给的变动。

如同我们要区分需求量的变动与需求的变动一样，我们也要区分供给量的变动与供给的变动。在其他因素不变的条件下，商品本身价格变动所引起的供给数量的变动称为供给量的变动（changes in quantity supplied）。供给量的变动表现为同一供给曲线上点的移动，如图 2.7 所示。在商品本身价格不变的条件下，由其他因素变动所引起的供给量的变动称为供给的变动（changes in supply），供给的变动表现为供给曲线的平行移动，如图 2.8 所示。

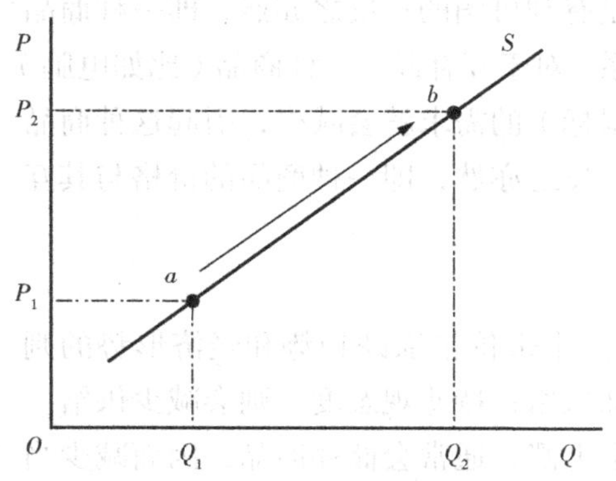

图 2.7 供给量的变动和沿着供给曲线移动

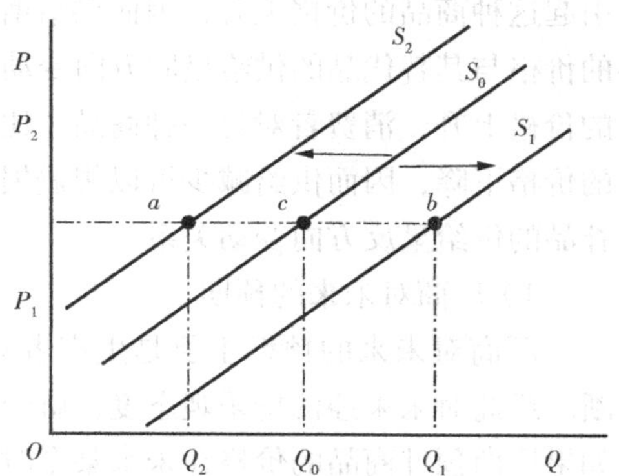

图 2.8 供给的变动和供给曲线移动

2. 影响供给变动的因素

影响供给变动的因素很多，既有经济因素，也有非经济因素，概括起来主要有以下几种因素。

1）生产成本

企业的生产成本包括工人的工资、土地或厂房的租金、资本利息以及其他投入品的费用，因此工人、土地、资本等生产要素价格的变化会直接影响商品的生产成本，进而影响供给。在商品价格不变的情况下，生产要素价格下降，生产成本下降，利润增加，供给会增加；反之，生产要素价格上涨，生产成本上涨，利润减少，供给会减少。例如，在其他相关因素不变的条件下，如果葡萄的价格上涨，意味着葡萄酒厂商的生产成本增加，葡萄酒的供给将会减少。

2）生产技术

把各种投入品变成某种可销售的产品的生产技术也是影响供给的一个重要的因素。这里的技术是指企业将投入转化为商品的所有方法，既包括应用科学方面的高新技术，也包括生产流程的重新组织。生产技术的提高会使资源得到更充分的利用，从而增加供给。例如，某汽车厂采用了新的汽车制造技术或对其生产流水线进行了改造，这可能使生产成本大大下降，因而在产品价格保持不变的情况下，厂商愿意供应更多的汽车。

3）相关商品的价格

这里的相关商品主要指生产者能够生产的替代性商品。对于替代品，一种商品（比如猪肉）的价格上升，消费者对另一种商品（比如牛肉）的需求就会增加，引起这种商品的价格上升，因而供给增加是有利可图的；反之亦然，即一种商品的价格与其替代品的供给呈同方向变动关系。对于互补品，一种商品（比如电脑）的价格上升，消费者对另一种商品（比如鼠标）的需求就会减少，引起这种商品的价格下降，因而供给减少可以规避损失；反之亦然，即一种商品的价格与其互补品的供给呈反方向变动关系。

4）厂商对未来的预期

厂商对未来的预期主要是生产者对商品未来价格涨跌趋势和经济形势的判断。厂商对未来经济持乐观态度，就会增加供给；持悲观态度，则会减少供给。如果厂商预计商品的价格在未来某个时间会上涨，通常会储存商品，因而减少当前供给，使供给曲线左移；反之，则增加当前供给，使供给曲线右移。

5）政府政策

政府的环保政策和对工人健康方面的考虑可能决定企业采用何种技术进行生产，而政府的税收、最低工资和“五险一金”等规定都影响着企业的生产成本。另外，当政府放开对金融、电信和电力行业的管制，允许更多的企业进入时，相关供给就会增加。此外，政府允许自由贸易，则国外产品的供给将会增加。

6）其他因素

其他一些因素也可能影响商品的供给。如气候条件对农产品的供给有重要影响，比如暴风雪、洪灾等。夏天电力供应不足时，要对部分企业的用电进行限制，也会影响企业的商品供给。

第四节 市场机制和市场均衡的变动

一、市场机制

供给和需求是任何社会形态分析社会经济活动的有效工具。供给和需求关系所形成的市场均衡价格的分析，是微观经济分析中最基本的经济原理。我们把需求表 2.1 和供给表 2.4 合并在一起形成表 2.6，把需求曲线图 2.1 和供给曲线图 2.5 合并在一幅图中形成图 2.9。图 2.9 中，纵轴表示商品的价格 P，表示供给给定数量商品时卖者得到的价格和买者购买给定数量商品时愿意支付的价格，横轴表示总需求量，也是总供给量，按给定时期的单位数量来计算。

表 2.6　某运动手环需求表与供给表

	6 月	7 月	8 月	9 月	10 月
价格 /（元・个 $^{-1}$）	2600	2400	2200	2000	1800
需求量 / 个	1000	1200	1450	1750	2100
供给量 / 个	2000	1700	1450	1200	1000

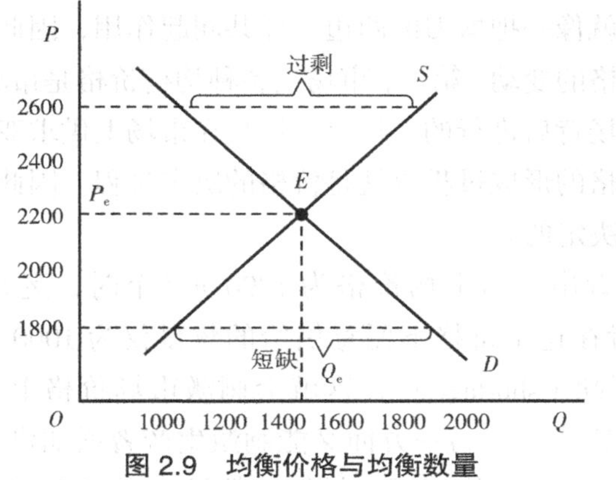

图 2.9　均衡价格与均衡数量

均衡是一个物理学名词。在经济学中，均衡是指各种对立的、变动着的力量处于一种力量相当，因而相对静止、不再变动的状态。市场均衡（market equilibrium）[1] 是指在某段时间内，某一市场中商品的需求量正好和商品的供给量相等时的状态。在某种商品的各种可能的价格中必然有一个双方都愿意接受且可以实现市场出清的价格，这个价格称为均衡价格（equilibrium price）[2]，即一种商品需求量与供给量相等时的价格。在均衡价格下，需求量等于供给量时的数量被称为均衡数量（equilibrium quantity）。从表 2.6 可以看出，需求与供给相等时价格为 2200、数量为 1450，在图 2.9 中需求曲线与供给曲线相交于 E 点，即均衡

1　market equilibrium: a situation in which the price has reached the level where the quantity supplied equals the quantity demanded

2　equilibrium price: the price that balances the quantity demanded and the quantity supplied

点为 E，均衡价格 P_e 为 2200，均衡数量 Q_e 为 1450。均衡价格和均衡数量也叫市场出清价格（market-clearing price）和出清数量（market-clearing quantity）。市场机制（market mechanism）[1] 是指在一个自由市场里价格会不断变化直到市场出清为止，即直到供给与需求相等为止[19]。在这一点上，既不存在超额需求（excess demand），也不存在超额供给（excess supply），因此就不存在使价格进一步变化的压力。供给与需求并不总是处于均衡状态，而且有时或许不能在市场条件突然变化后立即出清。但是，就趋势而言，市场总是趋向出清的。

对均衡价格的理解应注意三点：第一，均衡是指经济中各种对立的、变动着的力量处于一种相对静止的状态。均衡一旦形成之后，如果有另外的力量使它离开原来的均衡位置，则会有新的力量使之恢复到均衡。但是，在市场上均衡是相对的，不均衡才是绝对的。第二，决定均衡的力量是需求和供给双方。需求与供给决定价格，它们就像一把剪刀的两边一样共同起作用，因此，需求与供给的变动都会影响均衡价格的变动。第三，市场上各种均衡价格是市场竞争的最后结果，其形成过程是在市场背后进行的。均衡价格是在市场上供求双方的竞争过程中自发形成的，均衡价格的形成过程也就是价格的决定过程。因此，价格也是由市场供求双方的竞争所决定的。

从图 2.9 可以看出，当市场价格为 1800 元 / 个时，运动手环的需求量是 2100 个，而生产者在这个价格下愿意供给的数量仅为 1000 个，需求大大超过供给，表明存在短缺（shortage）[2]，这就会刺激市场价格上升。这一方面能减少消费者对手环的需求量，另一方面又能刺激生产者增加供给量。价格为 2600 元 / 个时，生产者在这个价格下愿意供给的数量达到了 2000 个，而此时由于价格较高，消费者愿意购买的数量仅为 1000 个，供给量远大于需求量，表明有供给的过剩（surplus）[3]，有 1000 个手环卖不出去。这将会导致市场价格下跌，致使生产者的供给数量减少，同时又会刺激消费者对手环的需求量增加。这种调整过程一直会持续到价格为 2200 元 / 个时，即需求价格与供给价格相等时为止，此时消费者对手环的需求量与生产者的供给量均为 1450 个，此时手环市场达到了均衡。从几何意义上说，供求均衡出现在该商品的市场需求曲线与市场供给曲线相交的点上，该点称为均衡点。均衡点以上的需求与供给所夹区域为供给过剩

1 market mechanism: meaning that in a free market，prices will change continuously until the market is cleared，that is，until supply and demand are equal

2 shortage: a situation in which the quantity supplied is less than the quantity demanded

3 surplus: a situation in which the quantity supplied is greater than the quantity demanded

区，均衡点以下的需求与供给所夹区域为供不应求区。

从上面的叙述可知，市场经济中存在着这样一条基本规律：当需求量大于供给量时会刺激市场价格上升；当需求量小于供给量时能促使市场价格下降。在这个过程中，市场上的需求者和供给者会调整自己的需求量和供给量，一直到供求相等为止，市场的这种自我调节机制被亚当·斯密比作一只“看不见的手”（invisible hand）。

二、市场均衡价格的变动

从前面的分析中我们已经知道了需求曲线和供给曲线如何随着收入、工资水平、未来预期等变化而移动，还知道了市场机制如何实现供给等于需求的均衡点。接下来分析均衡价格如何随着需求曲线和供给曲线的移动而变动。

图 2.10 为香蕉的均衡价格变动图，从中可以看出，香蕉的均衡价格是由该地香蕉市场的需求曲线和供给曲线的交点所决定的。因此，需求曲线或供给曲线的位置移动都会使均衡发生变动，也就是说需求或供给的变动都将引发均衡的变动。例如，香蕉的需求曲线为 D_0，供给曲线为 S_0，均衡价格为 4，均衡数量为 100。我们将用图形来说明需求和供给的变动对均衡的影响。

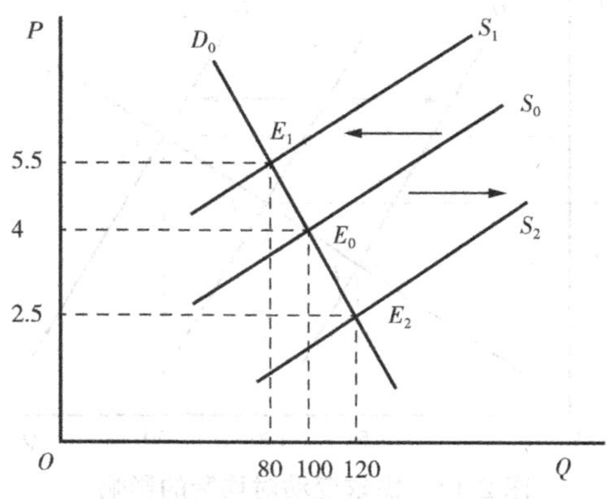

图 2.10　供给变动对均衡的影响

1. 供给变动对均衡的影响

供给变动对均衡的影响如图 2.10 所示。从图 2.10 可以看出：①供给减少，供给曲线向左上方移动，即由 S_0 移动至 S_1，S_1 与 D_0 相交于 E_1，决定了新的均衡价格为 5.5，均衡数量为 80。这说明供给减少将会引起均衡价格的上升和均衡数量的减少。②供给增加，供给曲线由 S_0 移动至 S_2，S_2 与 D_0 相交于 E_2，决定了新的均衡价格为 2.5，均衡数量为 120。这说明供给增加将会引起均衡价格的下降和均衡数量的增加。这里，供给的变动也是指除商品本身价格以外的因素引起的供给变化，均衡价格也随之变化。如相关商品的价格或生产成本的变化、自然条件的变化等，当这些因素发生变化影响到供给时，会引起供给曲线的平行移动，从而引起均衡价格的变动。

2. 需求变动对均衡的影响

需求变动对均衡的影响如图 2.11 所示。从图 2.11 中可以看出：①需求减少，需求曲线向左下方移动，即由 D_0 移动至 D_1，D_1 与 S_0 相交于 E_1，决定了新的均衡价格为 3，均衡数量为 50。这说明需求减少将会引起均衡价格的下降和均衡数量的减少。②供给增加，需求曲线由 D_0 移动至 D_2，D_2 与 S_0 相交于 E_2，决定了新的均衡价格为 5，均衡数量为 150。这说明需求增加将会引起均衡价格的上升和均衡数量的增加。这里，需求的变动是指除商品本身价格以外的因素引起的需求变化，均衡价格也将随之变化。如相关商品的价格或收入的变化、预期的变化等，当这些因素发生变化并影响到需求时，会引起需求曲线的平行移动，从而引起均衡价格的变动。

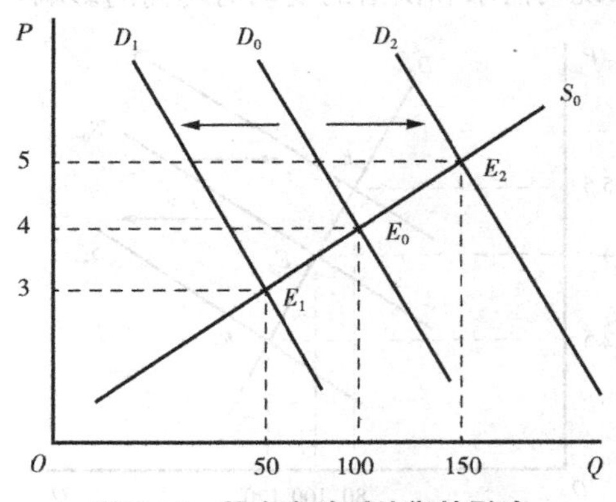

图 2.11　需求变动对均衡的影响

综上所述，可以得到供求定理（the law of supply and demand）：在其他条件不变的情况下，需求变动分别引起均衡价格和均衡数量的同方向变动；供给变动引起均衡价格的反向变动，引起均衡数量的同方向变动。

3. 供给与需求同时变动对均衡的影响

在大部分市场中，供给和需求都会随着时间的推移而同时发生变化。比如在人们偏爱吃香蕉的同时，香蕉的种植技术也大大提高了。前者导致对香蕉的需求增加，引起需求曲线右移；而后者导致对香蕉的供给增加，也引起需求曲线右移。从图 2.12（a）可以看出，由于需求的增加大于供给的增加，总体影响结果是均衡价格和均衡数量同时上升。而从图 2.12（b）可以看出，由于需求的增加小于供给的增加，总体影响结果是均衡价格下降，而均衡数量上升。由此可见，供给和需求同时变动时对均衡的影响是不确定的，需要根据两者变动的幅度和方向来确定。

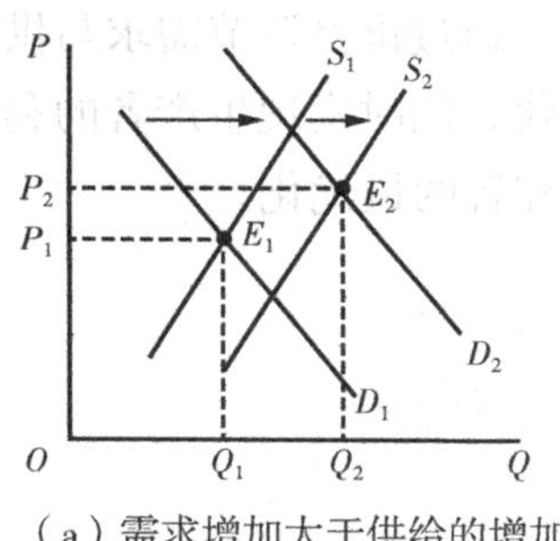

（a）需求增加大于供给的增加

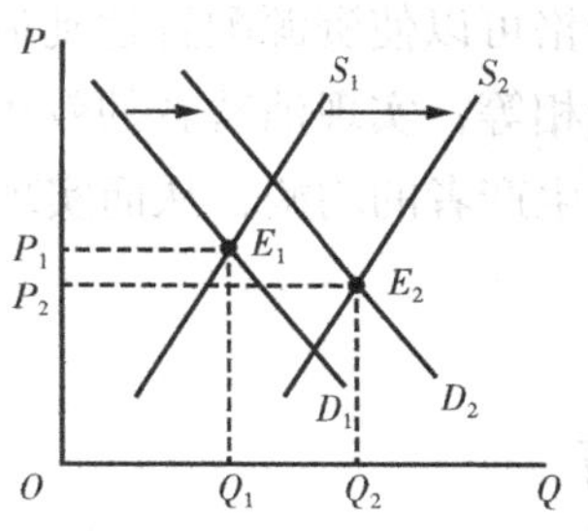

（b）需求增加小于供给的增加

图 2.12　供给与需求同时变动对均衡的影响

三、均衡价格在经济中的作用

均衡价格是调节经济的“看不见的手”，但是，要让这只“看不见的手”发挥作用，需要以三个重要的假设为前提条件：第一，经济人假设。这就是说，人是经济人，每一个人都自觉地追求自己的个人利益最大化。只有这样，价格才能引导人们的经济行为。第二，完全竞争市场假设。这就是说，每一个消费者或生产者都不能通过人为的行动来改变由市场决定的价格，价格只能由完全竞争的供给和需求双方共同决定。第三，完全信息。这就是说，市场上任何一个消费者或生产者都可以免费得到做出决策所需要的所有信息，任何一方都不能利用信息优势欺骗对方。

在此前提下，美国经济学家弗里德曼把价格在经济中的作用归纳为三种[20]：第一，传递情报；第二，提供一种刺激，促使人们采用最节省成本的生产方法，把可得到的资源用于最有价值的目的；第三，决定谁可以得到多少产品。这三种作用实际上解决了资源配置的三个问题：生产什么、如何生产和为谁生产的问题。其作用可以具体化为以下三种情况。

第一，传递情报，作为指示器反映市场的供求状况。市场供求受各种因素的影响，每时每刻都在变化。这种变化必然要反映在价格上，人们通过价格的波动来了解供求的变动。

第二，价格的变动作为一种激励，可以调节市场需求和供给。生产者为了实现利润最大化，一定要依据价格的变动来进行生产与销售。当某种商品的价格下降时，生产者就会少生产；当某种商品的价格上升时，生产者就会多生产。消费者为了实现满足感最大化，一定要按价格的变动来进行购买与消费。当某种商品的价格下降时，消费者就会多买；当某种商品的价格上升时，消费者就会少买。

第三，价格可以使资源配置达到最优化。通过价格调节需求与供给，最终会使需求与供给相等，实现消费者的效用最大化，同时实现生产者的利润最大化，达到消费者与生产者的均衡，从而实现资源配置的最优化。

第五节 均衡价格理论的应用

经济学理论有两种作用：一是解释检验现实世界；二是帮助世界变得更好。前面已经知道了一些关于市场供求的基本理论，如：供给和需求如何决定一种商品的价格与销售量，影响供给和需求的因素变化如何影响供求，进而改变均衡价格和均衡数量。事实上，价格机制的调节作用并不像理论上所讲的那样完善，比如某些生活必需品严重短缺时，价格会大幅度提高，在此价格水平上，收入水平低的家庭便难以维持最低水平的生活，从而不利于社会稳定。因此，政府有必要通过制定微观经济政策来改变这些问题，但这些政策也可能产生一些副作用。

一、价格控制

1. 最高限价

最高限价（price ceiling）也称为限制价格，是指政府为了限制某些生活必需品的价格上涨而为这些商品规定的最高价格，防止商品价格上升到限价水平之上。最高限价总是低于市场均衡价格的。如图 2.13 所示，某商品由供求关系所决定的均衡价格为 P_e，均衡数量为 Q_e。但在这一价格水平上，部分生活贫困的人将买不起该商品，因而政府对这一商品实行限制价格政策，限制价格为 P_1，

$P_1 < P_e$。此时商品实际供给量为 Q_s，需求量为 Q_d，供给量小于需求量，产品供不应求。因此，为了维持限制价格，政府就要实行配给制。

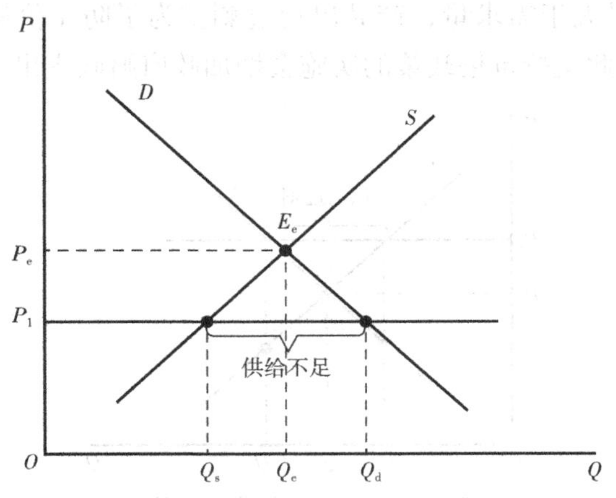

图 2.13　起作用的最高限价

以住房的限制价格为例来说明最高限价的作用：①计划经济体制下住房供给严重不足。在计划经济体制下，决定住房供给的并不是价格，而是国家计划。所以，住房不足的基本原因不能归结于租金的高低。但应该指出，除了计划失误外，房租过低也是原因之一。由于房租过低，甚至比住房的维修费用还少，这就造成建房部门资金严重不足，建房困难。②产生寻求活动、黑市和寻租。在房租受到严格管制、住房严重短缺的情况下，就会产生寻求活动和黑市。在计划经济体制下，以各单位拥有住房为主，在这种情况下寻求活动就是想尽办法分到国家住房。想办法走门子就是一种寻求活动，这种寻求活动增加了住房的交易成本。黑市活动包括两方面：以极高的价格租用私人住房，以及个人把分配到的住房高价出租。除了寻求活动和黑市外，在租金受到严格限制、住房采取配给的情况下，必然产生寻租现象。这就表现在掌握分配住房权力的人利用权力接受贿赂。

解决住房问题的出路：①住房市场化。一方面通过有偿转让使公有住房私有化；另一方面放开对房租的限制，由住房市场的供求决定房租。②创造住房市场化的条件。我国目前已实行住房市场化，同时由于职工收入水平的提高和住房公积金贷款政策等因素，我国的住房目前已出现供给过剩。

2. 最低限价

最低限价（price floor）又称支持价格、地板价，是指政府为了扶植某一行业的发展而规定的该行业产品的最低价格。支持价格高于市场均衡价格。如图 2.14

所示，该行业某商品由供求关系所决定的均衡价格为 P_e，均衡数量为 Q_e。政府为了扶植该行业的发展而制订的支持价格为 P_1，$P_1 > P_e$。此时供给量为 Q_s，需求量为 Q_d，供给量大于需求量，产品出现过剩。为了防止价格下跌，政府就要收购剩余产品，因此支持价格政策的实施会增加政府财政支出。

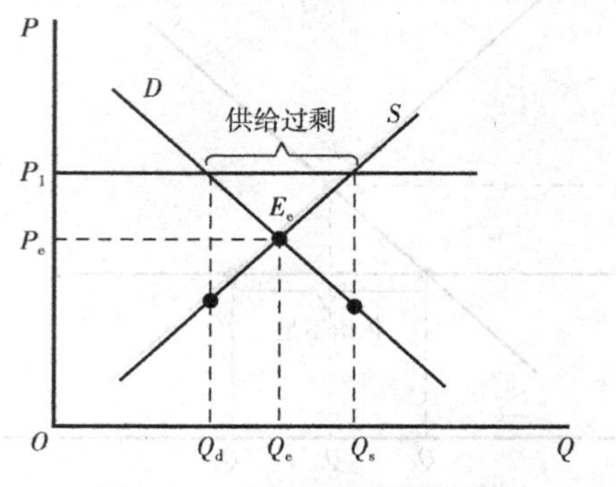

图 2.14　支持性的最低限价

最低限价的作用可以农副产品支持价格为例来说明：许多自然条件较好的国家，由于农产品过剩，为了克服农业危机，往往采取农产品最低限价政策，以稳定农业。农产品最低限价一般采取两种形式：一种是缓冲库存法，即政府或其代理人按照某种平价收购全部农产品，在供大于求时增加库存或出口，在供小于求时减少库存，以平价进行买卖，从而使农产品价格由于政府的支持而稳定在某一水平上。另一种是稳定基金法，即政府按某种平价收购农产品，在供大于求时维持一定的价格水平，供不应求时使价格不至于过高，但不建立库存，不进行存货调节，在这种情况下，被收购农产品的价格是稳定的，同样也可以起到支持农业生产的作用。

在供大于求的情况下，如果不使用支持价格政策，可能面临两种情况：一是存货调节。当市场供大于求、价格低时，生产者把部分产品作为库存贮藏起来，不投入市场，从而不形成供给，这就会使供给减少、价格上升；反之，当市场上供给小于需求、价格高时，生产者把原来的库存投入市场，这就在产量无法增加的情况下增加了供给，从而使价格下降。这种自发的存货调节，对市场的稳定起到作用，却也为投机提供了方便。二是地区套利。在现实中，市场往往是地区性的。即使市场在总体上供求平衡，也可能出现地区性的不平衡。这种地区间供求不平衡所引起的价格差就产生了跨地区套利活动。这种活动就是把供大于求、价格低的地区的产品运到供小于求、价格高的地区。只要这种价格差大于运输费用，这种投机活动就不会停止。这种投机活动有利于市场机制更好地发挥作用，也有利于经济稳定，是市场经济本身的一种“内在稳定器”。此外，还有交易双方先签约而后在规定时间按预先协商确定的价格进行实物交割等交易方式，即远期交易。

最低限价的运用对经济发展的稳定和制止投机活动有着极其重要的意义。其作用是：第一，稳定生产，减缓经济危机的冲击。第二，通过对不同产业产品的不同的支持价格，可以调节产业结构，使之适应市场变动。第三，对农产品的支持可以扩大农业投资，促进农业劳动生产率的提高。但最低限价会使财政支出增加，政府背上沉重的包袱，降低政府对宏观经济的调节作用。

二、税收问题

针对不合意均衡，政府除了采用价格限制政策，还可以对这种商品的生产征税（taxation）。如图 2.15 所示，商品的原均衡点为 E_0，均衡价格为 3 元，原均衡数量为 30。现在假定政府决定对生产的商品每单位征税 2 元，我们来分析一下对商品的价格和销售的影响。由于是针对生产征税，这种征税对需求曲线不会产生影响，消费者关心的只是价格的高低。价格如果提高了，需求量就减少；反之，就增加。所以，征税对需求曲线没有影响。但征税对供给曲线有影响：在征税前，生产者生产 30 个单位的产品，要求的价格是 3 元。现在假定征了 2 元的税，那么价格必须是 5 元，生产者才愿意生产并出售 30 个单位的产品，因而征税会使生产者的供给曲线向左上方平行移动，移动的垂直距离为征税额 2 元，新的均衡点为 E_1，均衡价格为 4.5 元，均衡数量为 20。可见，征税后商品的均衡价格上升了，均衡数量下降了。

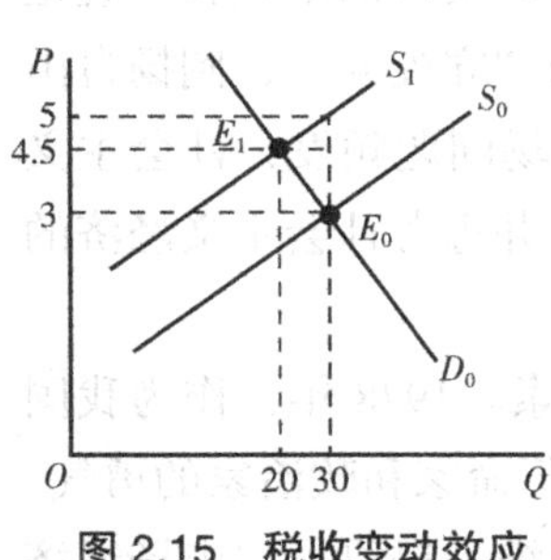

图 2.15　税收变动效应

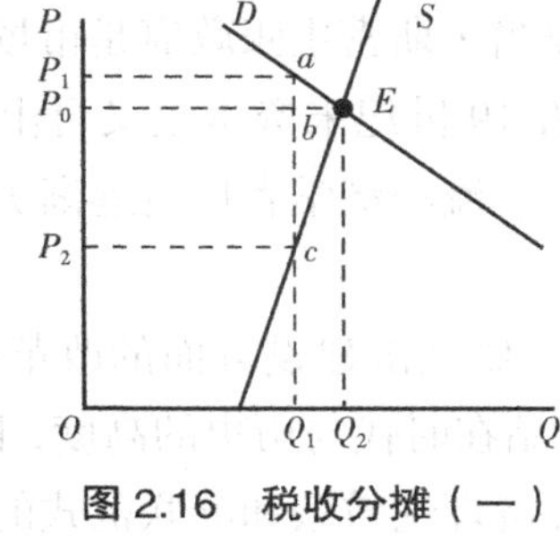

图 2.16　税收分摊（一）

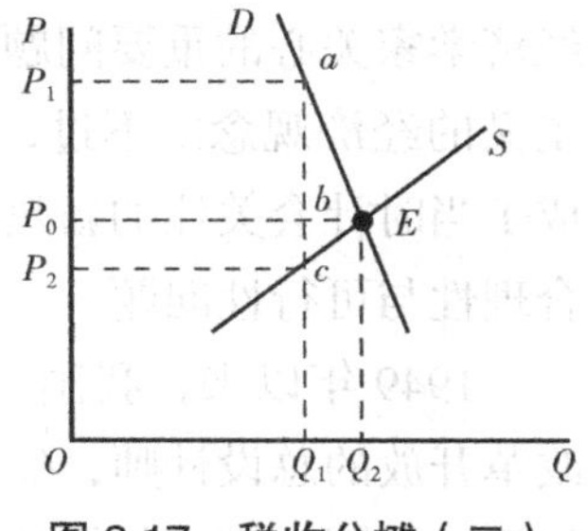

图 2.17　税收分摊（二）

从图 2.15 中可以看出，政府征税后，消费者支付了更高的价格，从原来支付 3 元变成了征税后支付 4.5 元；而生产者实际得到的价格更低了，从原来的 3 元降低到了 2.5 元。由此可见，政府的税赋实际上在消费者和生产者之间进行分担，这也被称作税收归属（tax incidence）问题。至于谁分担更多的税收，则依赖于消费者需求和生产者供给对价格反应的敏感性。

如果生产者对这种商品的价格变化反应不敏感，无法及时根据价格变化来调整自己的供给量，而消费者对这种商品的价格反应敏感，可以根据价格调整自己的需求量，那么，税收就主要落到生产者身上。如图 2.16 中，消费者需求量对价格反应的敏感性大于生产者供给量对价格反应的敏感性。P_1P_0 较小，消费者分摊的税收份额较少；P_0P_2 较大，生产者分摊的税收份额较多。

如果某种商品的消费者对这种商品的价格变化反应不敏感，无法及时根据价格调整自己的需求量，而生产者对这种商品的价格反应敏感，可以根据价格调整自己的供给量，那么，税收就主要落到消费者身上。如图 2.17 中，消费者需求量对价格反应的敏感性小于生产者供给量对价格反应的敏感性。P_1P_0 较大，消费者分摊的税收份额较多；P_0P_2 较小，生产者分摊的税收份额较少。

实践专题之二 中国经济的市场化进程

一、中国可以推行市场经济吗？

根据西方主流经济学的传统观点，“社会主义”与“市场经济”是一对难以相互兼容的概念。自亚当·斯密以来，市场经济及其对稀缺资源的配置就一直是经济学家关心的重要问题。亚当·斯密主张政府是市场的“守夜人”，阐扬自由主义的经济观念。不过，随着 19 世纪末资本主义自由市场问题频发，社会主义成了当时社会关注的新热点，主流经济学者们也逐渐关注并思考社会主义经济的合理性与可行性问题。

1949 年以来，我国一直在做经济建设方面的改革探索。1978 年，作为我国改革开放的总设计师，邓小平站在时代与历史的高度，以革命家和政治家的勇气、气概，大胆突破了传统计划经济理论教条和苏联范式的束缚，提出了“市场经济不能说只是资本主义的”“社会主义也可以搞市场经济”等系列科学论断，创导形成了中国特色社会主义市场经济理论，不仅丰富了社会主义经济理论，发展了马克思主义政治经济学，而且也针对社会经济发展落后的国家如何建设社会主义这一世界性难题，尤其是如何正确处理公有制与非公有制、计划与市场、政府与市场的基本关系等理论和现实问题，做出了积极有益的探索，形成了一系列与时俱进指导经济发展的重要理论原则和观点[21]。正如李铁映所言，中国特色社会主义市场经济理论的创立具有双重突破意义，它“不仅突破了传统的计划经济理论，而且突破了传统的市场经济理论”[22]。胡家勇[23]、邓玲[24]等学者也将中国特色社会主义市场经济理论视作马克思主义政治经济学的重大突破、中国社会主义经济理论的重大创新。

二、中国经济的市场化演变

中国经济的市场化始于 1978 年，伴随着整个经济改革的推进，已经走过了 40 多年的曲折历程。总的来说，40 多年的市场化改革取得了巨大的成功，效果是显著的。中国特色社会主义市场经济的演变大致经历了孕育、繁荣、深化三个阶段。

1. 孕育发展阶段（1978—1991 年）

1978 年，党的十一届三中全会之后，改革开放在经济领域的一个重要突破就是使市场经济理论作为学习借鉴对象传入国内，将社会主义与市场经济相联系。

1981 年，党的十一届六中全会在《关于建国以来党的若干历史问题的决议》中正式提出了“必须在公有制基础上实行计划经济，同时发挥市场调节的辅助作用”。

1984 年，我国从经济制度层面明确了社会主义经济是公有制基础上的有计划的商品经济。邓小平在 1985 年 10 月会见美国高级企业家代表团时指出，社会主义和市场经济之间并不存在根本矛盾，问题关键在于“用什么方法才能更有力地发展社会生产力”，而“把计划经济和市场经济结合起来，就更能解放生产力，加速经济发展”。

1987 年，党的十三大提出，在计划与市场相协调中发展经济，采取“国家调节市场，市场引导企业”的运行模式。

在理论与实践的互动中，中国经济学及中国经济中的市场元素日益增多，如家庭联产承包责任制、整体改革和价格双轨制理论等，并且在这些新的理论中，西方经济学理论范式、概念术语和分析方法被越来越多地采纳，为相关领域改革的突破和推广提供了重要的理论参考。理论上的求真务实为下一个时期中国经济在市场化改革道路上的突破提供了新的方向。

2. 繁荣发展阶段（1992—2012 年）

20 世纪 90 年代初，由于国内外的一系列重大变化，社会上对于计划与市场的争论又重新开启。在此关键历史时刻，邓小平在 1992 年南方谈话中指出，“计划经济不等于社会主义，资本主义也有计划；市场经济不等于资本主义，社会主义也有市场。计划和市场都是经济手段。”社会主义要赢得与资本主义相比较的优势，就必须“大胆吸收和借鉴人类社会创造的一切文明成果”。邓小平的南方谈话为中国特色社会主义市场经济理论的形成奠定了基础，并对社会主义市场经济体制的建立形成了巨大的政治感召力。

1992 年 10 月召开的党的十四大明确指出，“我国经济体制改革的目标是建立社会主义市场经济体制”。这就从根本上破除了将计划经济和市场经济作为社会基本制度范畴的束缚，区分了基本经济制度和经济运行体制的不同概念，也标志着中国特色社会主义市场经济理论的正式提出和初步形成。其中的市场“基础性作用”的提法更是一个突破，是党探索在社会主义条件下发展市场经济的突破性的一步。

1993 年，党的十四届三中全会通过了《中共中央关于建立社会主义市场经济体制若干问题的决定》，就现代企业制度的建立、市场体系的培育和发展、宏观调控体系的建立健全、个人收入分配和社会保障制度的建立、对外经济体制改革的深化等重点领域的配套改革任务进行部署，勾勒了社会主义市场经济体制的基本框架，要求从中国国情出发，借鉴世界各国“一切反映社会化生产和市场经济一般规律的经验”。

1995 年 9 月，党的十四届五中全会提出，今后一段时间，要逐步完善社会主义市场经济体制。1997 年 9 月，根据我国初级阶段的国情，党的十五大创新和完善了社会主义所有制理论，补充和发展了社会主义市场经济体制理论。同时，对前面五年社会主义市场经济体制建设实践进行了高度评价：“把社会主义同市场经济结合起来，是一个伟大创举。”

2002 年，党的十六大明确指出我国社会主义市场经济体制已初步建立，提出了股份制改革和混合所有制经济发展的新模式。2003 年 10 月，党的十六届三中全会指出，要在更大程度上发挥市场在资源配置中的基础性作用，增强企业活力和竞争力，发挥国家宏观调控的功能，完善政府社会管理和公共服务职能，建立更加公平、高效的市场机制。

2007 年，党的十七大进一步提出，加快形成统一开放竞争有序的现代市场体系，发展各类生产要素市场，完善反映市场供求关系、资源稀缺程度和环境损害成本的生产要素和资源价格形成机制。

2012 年，党的十八大明确了新时代经济体制改革的核心内容是处理好政府和市场的关系。由“计划和市场的关系”到“政府和市场的关系”的转变，标志着党对资源配置主体和机制的认识更深入了一步。

3. 深化发展阶段（2013 年至今）

党的十八大以来，我国社会主义市场经济在实践中取得了较好的成效，我国经济持续向好发展，建设现代化的经济体系成为当下亟需解决的问题，其中政府和市场的关系成为经济体制改革的核心问题，对经济发展和人民利益都有着重要影响。

2013 年，党的十八届三中全会进一步明确了政府与市场作用职能定位，即“使市场在资源配置中起决定性作用和更好发挥政府作用”。这就明确了市场的主导性、决定性作用，而政府也并不只是起到简单的弥补作用，而是要更好地发挥其作用。从“基础性作用”到“决定性作用”的转变，是经济理论上的又一次重大创新。这一表述既尊重了市场又兼顾了政府，只有将二者结合才能真正发挥市场、政府双有效的资源配置体制。党的十八届三中、四中、五中全会提出了一系列扩大非公有制企业市场准入、平等发展的改革举措，致力于构建“亲”“清”的新型政商关系。

2017 年 10 月，党的十九大提出了“建设现代化经济体系”，强调构建“市场机制有效、微观主体有活力、宏观调控有度的经济体制”，要求经济体制改革必须“以完善产权制度和要素市场化配置为重点”，重申“使市场在资源配置中起决定性作用，更好发挥政府作用”。这说明，市场和政府之间的关系在不断认识中深化，市场经济体制也在不断改革中发展。2018 年 2 月，党的十九届三中全会则重点关注破除制约使市场在资源配置中起决定性作用、更好发挥政府作用的体制机制弊端。

2020 年 5 月，中共中央、国务院颁布《关于新时代加快完善社会主义市场经济体制的意见》，针对各种所有制经济、市场经济基础性制度、要素市场化配置体制机制、宏观经济治理体制、民生保障制度、高水平开放型经济新体制、社会主义市场经济法律制度等重点领域，提出了一系列改革的新举措。

2020 年 10 月，党的十九届五中全会进一步提出“推动有效市场和有为政府更好结合”的要求，强调建设更加完善的社会主义市场经济体制的重要内容：高标准的市场体系基本建成；市场主体更加充满活力；产权制度改革与要素市场化配置改革取得重大进展；公平竞争制度更加健全；更高水平开放型经济新体制基本形成。

“理论和实践都证明，市场配置资源是最有效率的形式。”[27]“能用众力，则无敌于天下矣；能用众智，则无畏于圣人矣。”这或许是对市场在资源配置中的作用描述。中国在坚持社会主义基本制度的同时，也在充分发挥市场的“众智”“众力”在我国经济发展中的作用。

（资料来源：程霖和陈旭东《改革开放40年中国特色社会主义市场经济理论的发展与创新》[25]、刘俊英《中国经济市场化进程研究》[26]、《习近平谈治国理政（第一卷）》[27]以及政府相关文件）

本章小结

1. 需求曲线表示需求量和价格呈反方向变动，因此，需求曲线向右下方倾斜。决定需求的因素包括价格、收入、相关物品价格、偏好以及预期。由价格变动引起的量的变动称为需求量的变动，表现为同一条需求曲线上的点的移动；由价格以外的其他因素中任何一种发生变动引起的量的变动称为需求的变动，表现为需求曲线的移动。

2. 供给曲线表示供给量和价格呈同方向变动，因此，供给曲线向右上方倾斜。决定供给的因素包括价格、生产要素的价格、技术以及预期。由价格变动引起的量的变动称为供给量的变动，表现为同一条供给曲线上的点的移动。由价格以外的其他因素中任何一种变动引起的量的变动称为供给的变动，表现为供给曲线的移动。

3. 均衡价格是商品需求量和供给量相等时的价格。这时商品的需求价格与供给价格相等，称为均衡价格；商品的需求量与供给量相等，称为均衡量。均衡价格是在市场上供求双方的竞争过程中自发形成的。

4. 最低限价是政府规定的某种商品的最低价格。农产品保护价是一个例子。最低价格高于均衡价格，引起了过剩。最高限价是政府规定的某种商品的最高价格。专家门诊挂号费就是一个例子。最高价格低于均衡价格，引起了短缺。

5. 税收归属取决于供给和需求对价格反应的敏感性。奢侈品税收负担倾向于落在对价格反应不敏感的生产者一方，因为生产者难以改变产量来对税收做出反应。

本章专业术语解释

1. **市场**特指由某种物品或者服务的买者与卖者组成的一个群体。

Market refers specifically to a group of buyers and sellers of a group of particular goods or services.

Mercado específicamente se refiere a un conjunto formado por compradores y vendedores de un determinado tipo de bienes o servicios.

Thị trường là chỉ một quần thể được tổ chức bằng những người mua và người bán một loại hàng hoặc dịch vụ nào đó.

市場とは、ある特定の財・サービスの取引をする買手と売り手によって、構成される場でことである。

2. **市场经济**：通过许多企业和家庭在商品和服务市场上相互作用时的分散决策来分配资源的经济

market economy: an economy that allocates resources through the decentralized decisions of many firms and households as they interact in markets for goods and services

economía de mercado: una economía que asigna recursos a través de las decisiones descentralizadas de muchas empresas y hogares cuando ellos interactúan en los mercados de bienes o servicios

kinh tế thị trường: nền kinh tế mà thực hiện sự phân phối nguồn tài nguyên thông qua quyết sách phân tán của nhiều doanh nghiệp và gia đình khi họ tác động lẫn nhau trên thị trường hàng hóa và dịch vụ

市場経済：たくさんの企業と家庭が商品とサービスの市場で相互に影響をしあって、各主体の独自の判断決定を通じて資源配分が行われる経済のである

3. **需求**指在某一特定时期内，在每一价格水平上消费者愿意而且能够购买的商品量。

Demand is the amount of some goods or services that consumers are willing and able to purchase at each price level within a specific period.

Demanda se refiere a la cantidad de bienes que desean y son capaces de adquirir a cada nivel de precio los consumidores dentro de un período específico.

Nhu cầu chỉ số lượng hàng hóa mà người tiêu thụ chịu mua và có khả năng mua trong một khoảng thời gian đặc biệt nào đó, với mỗi mức giá.

需要とは、消費者がある特定の時期に、それぞれの価格レベルで実際に買う能力があって、買いたいと思う財・サービスの数量である。

4. **需求量**指在某一特定时期内，在某一价格水平上消费者愿意而且能够购买的商品量。

Quantity demanded refers to the quantity of a commodity or service that consumers are willing and able to purchase at a certain price level within a specific period.

Cantidad de demanda se refiere a la cantidad de bienes que desean y son capaces de adquirir a un cierto nivel de precio los consumidores dentro de un período específico.

Lượng nhu cầu chỉ khối lượng hàng hóa mà người tiêu thụ chịu mua và có khả năng mua trong một khoảng thời gian đặc biệt nào đó, với một mức giá nào đó.

需要量とは、特定時期に、ある特定の価格で実際に買う能力があって、買いたいと思う財・サービスの数量である。

5. **需求表**是表示某种商品的各种价格与其所对应的需求量之间关系的表格。

A demand schedule is a table that shows the relationship between the price of a commodity and the quantity demanded.

Cuadro de demanda es una tabla que muestra la relación entre los diversos precios del bien y su correspondiente cantidad de demanda.

Bảng nhu cầu là bảng biểu thể hiện mối quan hệ giữa các mức giá và khối lượng nhu cầu tương ứng của chúng của một loại hàng hóa nào đó.

需要表とは、消費者がある特定財・サービスを異なる価格でどれだけ買いたいと思うかを示す表である。

6. **需求曲线**：表示一种商品的价格和需求量关系的图形

demand curve: a graph of the relationship between the price of a commodity and the quantity demanded

curva de demanda: un gráfico sobre la relación entre el precio de un bien y su cantidad de demanda

đồ thị nhu cầu: một loại hình vẽ biểu hiện mối quan hệ giữa giá cả và lượng nhu cầu của một loại hàng nào đó

需要曲線：ある特定の財・サービスの価格と需要量との関係のグラフである

7. **需求定理**：其他条件不变时，一种商品的价格上升，对该商品的需求量减少

law of demand: other things being equal, the quantity demanded of a commodity falls when the price of the commodity rises

ley de demanda: en igualdad de condiciones, la cantidad de demanda de un bien disminuye a medida que aumenta el precio de ese bien

định lý nhu cầu: khi các điều kiện không thay đổi, khi giá hàng tăng lên, số lượng nhu cầu về loại hàng đó đã giảm bớt

需要定理：他の条件が変わらない場合、1つの商品の価格が上昇し、その商品の需要量が減少する

8. **正常商品**：其他条件不变时，需求随收入的增加而增加的商品

normal good: a commodity for which, other things being equal, an increase in income leads to an increase in demand

bienes normales: en igualdad de condiciones, la demanda de un bien aumenta con el incremento de los ingresos

hàng hóa bình thường: khi các điều kiện khác không thay đổi, lượng nhu cầu của một loại hàng hóa nào đó được tăng lên theo sự tăng lên của thu nhập

正常財：他の条件が一定の下、所得の増加によって需要が増える財である

9. **低档商品**：其他条件不变，需求随收入的增加而减少的商品

inferior good: a commodity for which, other things being equal, an increase in income leads to a decrease in demand

bienes inferiores: en igualdad de condiciones, la demanda de un bien disminuye con el incremento de los ingresos

hàng hóa loại kém: khi các điều kiện khác không thay đổi, lượng nhu cầu của một loại hàng hóa nào đó đã giảm xuống khi thu nhập tăng lên

劣等財：他の条件が一定の下、所得の増加によって需要が減る財である

10. **互补品**：一种商品价格的上升引起另一种商品需求减少的两种商品

complements: two goods for which an increase in the price of one leads to a decrease in the demand for the other

complementarios: dos tipos de bienes cuyo aumento del precio de uno provoca una disminución en la demanda del otro

hàng hóa bổ cho nhau: hai loại hàng hóa mà sự tăng lên của giá cả của một loại hàng đã gây lên sự giảm xuống về số lương nhu cầu của một loại hàng khác

補完財：一つの財の価格が上がると、もう一つ財の需要量が減るような財の組み合わせである

11. **替代品**：一种商品价格的上升引起另一种物品需求的增加的两种商品

substitutes: two goods for which an increase in the price of one leads to an increase in the demand for the other

bienes sustitutos: dos tipos de bienes cuyo aumento del precio de uno provoca un aumento en la demanda del otro

hàng hóa thay thế: hai loại hàng hóa mà sự tăng lên của giá cả của một loại hàng đã gây lên sự tăng lên về số lương nhu cầu của một loại hàng khác

代替財：一つの財の価格が上がると、もう一つの財の需要量が増えるような財の組み合わせである

12. **供给**指在某一特定时期内，在每一价格水平上生产者愿意而且能够出售的商品量。

The supply of any commodity is the amount that sellers are willing and able to sell at each price level within a specific period.

Oferta se refiere a la cantidad de bienes que desean y son capaces de vender a cada nivel de precio los productores dentro de un período específico.

Cung cấp chỉ số lượng hàng hóa mà người sản xuất chịu mán và có thể bán ra, trong một khoảng thời gian đặc biệt nào đó，với mỗi mức giá.

供給とは、生産者がある特定の時期に、それぞれの価格レベルで実際に供給能力があって、売ってもよいと思う財・サービスの数量である。

13. **供给量**指在某一特定时期内，在某一价格水平上生产者愿意而且能够出售的商品量。

Quantity supplied refers to the amount that sellers are willing and able to sell at a certain price level within a specific period.

Cantidad de oferta se refiere a la cantidad de bienes que desean y son capaces de vender a un cierto nivel de precio los productores dentro de un período específico.

Lượng cung cấp chỉ khối lượng hàng hóa mà người sản xuất chịu bán và có thể bán ra，trong một khoảng thời gian đặc biệt nào đó，với một mức giá nào đó.

供給量とは、特定時期に、ある特定の価格で実際に売る能力があって、売ってもよいと思う財・サービスの数量である。

14. **供给曲线**：表示一种商品的价格与供给量之间关系的图形

supply curve: a graph of the relationship between the price of a commodity and the quantity supplied

curva de oferta: un gráfico sobre la relación entre el precio de un bien y su cantidad de oferta

đồ thị cung cấp: hình vẽ biểu hiện mối quan hệ giữa giá cả và lượng cung cấp của một loại hàng

供給曲線：ある特定の財・サービスの価格と供給量との関係のグラフである

15. **供给定理**：其他条件不变时，一种商品的价格上升，该商品的供给量就会增加

law of supply: other things being equal, the quantity supplied of a commodity rises when the price of the goods rises

ley de oferta: en igualdad de condiciones, la cantidad de oferta de un bien aumenta a medida que aumenta el precio de ese bien

định lý cung cấp: khi các điều kiện khác không thay đổi, giá hàng tăng lên, số lượng cung cấp của loại hàng đó sẽ tăng lên

供給法則：一般的に、ある財の価格の上昇は、他の条件を一定とすれば、その財の供給量の上昇をもたらすのである

16. **均衡**：市场价格达到使供给量与需求量相等的水平时的状态

equilibrium: a situation in which the market price has reached the level at which the quantity supplied equals the quantity demanded

equilibrio: una situación en la que el precio de mercado ha alcanzado el nivel en el que la cantidad de oferta es igual a la de demanda

cân bằng: trạng thái mà giá cả thị trừng đạt đến mức làm cho lượng cung cấp ngang bằng với lượng nhu cầu

均衡：市場価格は供給量と需要量が等しくなる水準に落ち着いた状態である

17. **均衡价格**：使供给与需求平衡的价格

equilibrium price: the price that balances the quantity supplied and the quantity demanded

precio de equilibrio: el precio que equilibra la cantidad de oferta y la de demanda

giá cân bằng: giá cả mà làm cho cung cấp và nhu cầu cân băng nhau

均衡価格：市場が均衡にある状態、つまり財・サービスの価格が需要量と供給量が等しくなる水準に落ち着いた状態の価格である

18. **均衡数量**：均衡价格下的供给量与需求量

equilibrium quantity: the quantity supplied and the quantity demanded at the equilibrium price

cantidad de equilibrio: la cantidad de oferta y la de demanda bajo el precio de equilibrio

số lượng cân bằng: lượng cung cấp và lượng nhu cầu dưới giá cân bằng

均衡数量：市場が均衡にある状態の下での供給量と需要量である

19. **过剩**：供给量超过需求量的状态

surplus: a situation in which the quantity supplied is greater than the quantity demanded

excedente: una situación en la que la cantidad de oferta es mayor que la de demanda

quá thừa: trạng thái mà lượng cung cấp vượt qua lượng nhu cầu

供給過剰：供給が需要を超える状態である

20. **短缺**：需求量超过供给量的状态

shortage: a situation in which the quantity demanded is greater than the quantity supplied

escasez: una situación en la que la cantidad de demanda es mayor que la de oferta

thiếu thốn: trạng thái mà lượng cung cấp ít hơn lượng nhu cầu

超過需要：需要が供給を超える状態である

21. **市场机制**是指在一个自由市场里价格会不断变化直到市场出清为止，即直到供给与需求相等为止。

Market mechanism means that in a free market, prices will change continuously until the market is cleared, i.e. until supply and demand are in equilibrium.

El mecanismo de mercado significa que, en un mercado libre, los precios cambian continuamente hasta que el mercado se liquida, es decir, hasta que la oferta y la demanda se igualan.

Cơ chế thị trường là trong một thị trường tự do giá cả không ngừng thay đổi cho đến khi thị trường ổn định, tức là cho đến khi cung bằng với cầu.

市場メカニズムとは、市場均衡に達するまで、自由市場において価格調整

により、需要と供給が等しくなるようなシステムこと。

22. **供求定理**：任何一种商品的价格都会自发调整，使该商品的供给与需求达到平衡

law of demand and supply: that the price of any commodity adjusts to bring the quantity supplied and the quantity demanded for the that commodity into balance

ley de oferta y demanda: el precio de cualquier bien se ajusta para equilibrar la cantidad de oferta y la de demanda para ese bien

định lý cung cầu: giá cả của tất cả các loại hàng hóa đều sẽ tự phát điều chỉnh lại，để làm cho sự cung cấp và sự nhu cầu của loại hàng đó đạt đến mức cân bằng

供給法則：あらゆる商品の価格は自ら調整することによって、均衡状態になるように、需要と供給を等しくするように決まるのである

综合练习

一、单项选择题

1. 当汽油的价格上升时，消费者对电动车的需求量将（　　）。

A. 增加　　B. 减少　　C. 保持不变　　D. 不确定

2. 当牛肉的价格急剧上升时，消费者对鸡肉的需求量将（　　）。

A. 增加　　B. 减少　　C. 保持不变　　D. 不确定

3. 下列情况中（　　）发生会使冰淇凌的需求增加。

A. 消费者收入水平降低　　B. 冰淇凌行业进行大规模的广告宣传

C. 凉夏　　D. 生产成本增加

4. 均衡价格随着（　　）。

A. 需求与供给的增加而上升　　B. 需求的减少和供给的增加而上升

C. 需求的增加和供给的减少而上升　　D. 需求与供给的增加而下降

5. 小麦的供给量增加是由（　　）。

A. 小麦的价格上升而引起的　　B. 小麦的需求量增加而引起的

C. 成本的增加而引起的　　D. 生产技术的进步而引起的

6. 下列鼓励生产者提高供给的政策是（　　）。

A. 对产品实行最低限价　　B. 对产品实行最高限价

C. 提高产品的生产税　　D. 降低产品的生产税

7. 当动车价格上涨时，（ ）。

A. 动车需求量增加　　B. 动车供给量增加

C. 动车需求量下降　　D. 动车供给量下降

8. 如果 A、B 两种手机彼此替代，则 A 手机价格下跌会导致（ ）。

A. B 手机需求的下降　　B. A 手机需求的上升

C. A 手机供给的上升　　D. B 手机供给的上升

9. 引导市场经济中资源配置的信号是（ ）。

A. 盈余和短缺　B. 数量　C. 政府政策　D. 价格

10. 如果最高限价在设定时具有约束力，则会（ ）。

A. 高于均衡价格，造成短缺　　B. 高于均衡价格，造成过剩

C. 低于均衡价格，造成短缺　　D. 低于均衡价格，造成过剩

11. 如果政府从市场上取消了有约束力的最低价格，那么卖家收到的价格将（ ）。

A. 减少，市场上的销售量将减少　　B. 减少，市场上的销售量将增加

C. 增加，市场上的销售量将减少　　D. 增加，市场上的销售量将增加

12. 对商品的卖家征税将提高（ ）。

A. 买方支付的价格，并降低均衡数量

B. 买方支付的价格，并提高均衡数量

C. 卖方收到的有效价格，并降低均衡数量

D. 卖方收到的有效价格，并提高均衡数量

二、判断题

1. 在其他条件不变的情况下，市场供给量与市场价格之间存在着正向变动关系。（ ）

2. 如果市场中所有个人对商品的需求都增加，则市场需求曲线向右移。（ ）

3. 汉堡包的价格变动会使汉堡包的需求曲线移动。（ ）

4. 小张今年的工资上涨了 20%，可以预期她对低档品的需求会增加。（ ）

5. 比萨价格的上涨将使比萨的供给曲线向左移动。（ ）

6. 如果一个人预计下个月南瓜价格会上涨，那么他目前对南瓜的需求就会增加。（ ）

7. 蓝莓价格的下降将降低蓝莓松饼市场的均衡价格和数量。（ ）

8. 当决策者认为商品或服务的市场价格对买方或卖方不公平时，通常会实施价格控制措施。（　　）

9. 价格上限是商品或服务销售价格的法定最低限额。（　　）

10. 买方和卖方总是平等地分担税收负担。（　　）

三、问答题

1. 影响需求的因素有哪些？

2. 影响供给的因素有哪些？

3. 怎么用图形区分需求量的变动与需求的变动？

4. 什么是市场均衡价格？均衡价格有什么作用？

第三章

消费者行为选择与生活成本

每天我们都面临着时间和金钱的分配选择，比如：是多睡一会懒觉还是立刻起床吃早餐和上学呢？这个月的收入是更多地用于买衣服还是多存一些呢？晚上是吃火锅还是酸菜鱼呢？当我们在各种各样的欲望与需求之间进行平衡时，我们就是在为自己的生活方式做出行为选择。在我们做行为选择时，会考虑各种可供选择的商品的价格和可供使用的收入或时间限制。公司给产品定价时需要对消费者进行研究，如：消费者的偏好是什么？愿意付多少钱？消费者如何在多种商品间分配收入从而引发不同的商品需求？此外，政府需要了解消费者如何在不同的商品和服务之间分配其收入，以便制订更加合理的公共政策。因此，本章将首先通过消费者偏好、预算约束和理性选择等来解释消费行为背后的机理，然后了解消费者剩余及影响消费者购买力的生活成本指数。

第一节 消费者偏好与无差异曲线

一、消费者偏好

《牛津高阶英汉双解词典（第 9 版）》对偏好（preference）的解释是：① a greater interest in or desire for sb / sth than sb / sth else（偏爱、爱好、喜爱）；② a thing that is liked better or best（偏爱的事物、最喜爱的东西）。经济学用消费者偏好来描述消费者想要什么，也有经济学家用效用（utility）来代表人们偏好的满足程度。人们面临着经济社会提供的大量商品和服务，个人品位又千差万别，如何用一致的方式来描述消费者的偏好呢？我们可以从考虑消费者如何比较不同商品组合开始。消费者会偏好其中某一个商品组合，还是觉得两个组合之间没有区别呢？[19]

1. 商品组合

商品组合（commodity combination）就是你去商场购物时选择的多种商品的数量组合，部分经济学也用商品束（bundle）或市场篮子（market basket）来代指。为了简化分析，假定你购买的商品种类只有面包和牛奶，都按各自的度量方法计数。表 3.1 列出了一些牛奶和面包构成的商品组合。

表 3.1　可供某人购买的商品组合

	A	*B*	*C*	*D*	*E*
面包 / 个	20	10	40	30	10
牛奶 / 升	30	50	20	40	20

2. 有关消费者偏好的一些基本假设

在明白了商品组合以后，我们会问：消费者在两个商品组合之间是否偏好其中一个？为了弄清楚消费者在这两个商品组合之间的偏好关系，就必须对消费者偏好做出一些假定。关于消费者偏好的三个基本假定如下[28]：

（1）完备性（completeness）。偏好是完备的，即消费者能够对所有的商品组合进行排序。因此，对于任意两个商品组合 *A* 和 *B*，消费者要么偏好 *A*、要么偏好 *B*、要么认为 *A* 和 *B* 无差异。这里“要么”的意思就是消费者就 *A* 和 *B* 的关系判定只能选择其中一种。

（2）传递性（transitivity）。偏好是可以传递的，意思是如果有 *A*、*B*、*C* 三个商品组合，消费者在商品组合 *A* 和 *B* 中更偏好于 *A*，消费者在商品组合 *B* 和 C 中更偏好于 *B*，那么消费者在商品组合 *A* 和 *C* 中就会更偏好于 *A*。

（3）非饱和性（nonsatiation）。非饱和性就是假设消费者是永不满足的，总是偏好任何一种商品多一点，而不是少一点，哪怕只是多一点点也好。从表 3.1 可以看出 *A*、*B*、*C*、*D* 都比 *E* 好。

二、无差异曲线

1. 无差异曲线的定义

消费者的偏好使其在不同数量的商品组合中做出选择。如果消费者面对的是两个不同的组合，他们将选择自己更加中意的组合。如果两种组合在同等程度上满足消费者的偏好，则表示这两种组合无差异。我们可以用无差异曲线来图解消费者的偏好。所谓无差异曲线（indifference curve）[1]，是指能给消费者带来相同满足程度的所有商品组合形成的曲线。所以，对曲线上任意一点代表的商品组合，

1　indifferent curve: showing consumption bundles that give the consumer the same level of satisfaction

消费者的偏好是无差异的。

假设某消费者面临 X 与 Y 两种商品（X 和 Y 可以代表消费者面临选择的任何两种不同的商品），可以有 A、B、C、D、E、F 六种不同的消费组合方式，这六种组合方式都能给消费者带来同样的效用。这样，可作出表 3.2：

表 3.2　某消费者的无差异表

组合方式	X 商品	Y 商品
A	5	30
B	10	18
C	15	13
D	20	10
E	25	8
F	30	7

根据表 3.2 可以绘制出图 3.1：

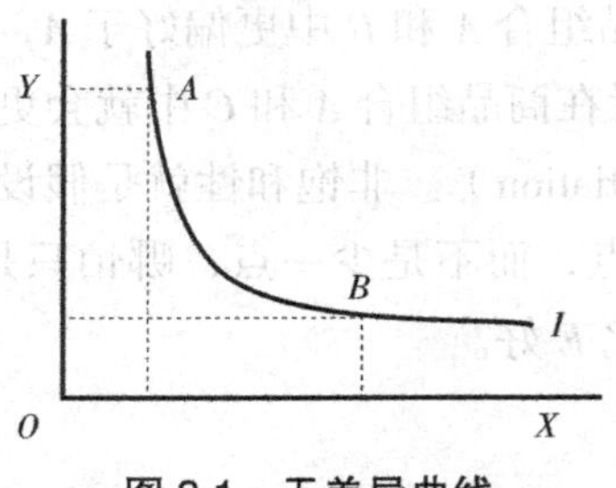

图 3.1　无差异曲线

在图 3.1 中，横轴 X 代表 X 商品的数量，纵轴 Y 代表 Y 商品的数量，I 为无差异曲线，该线上任何一点上 X 商品与 Y 商品的不同数量的组合给消费者所带来的偏好满足感都是相同的。

2. 无差异曲线的特征

为描述一个消费者对两种商品所有组合的偏好，我们可以绘制一组无差异曲线，称其为无差异曲线组（indifference curve group）。曲线组中每一条无差异曲线对消费者来说，都是实现某一满足程度的无差异的所有商品组合。图 3.2 给出了三条无差异曲线，代表了所有无差异曲线中的一组。

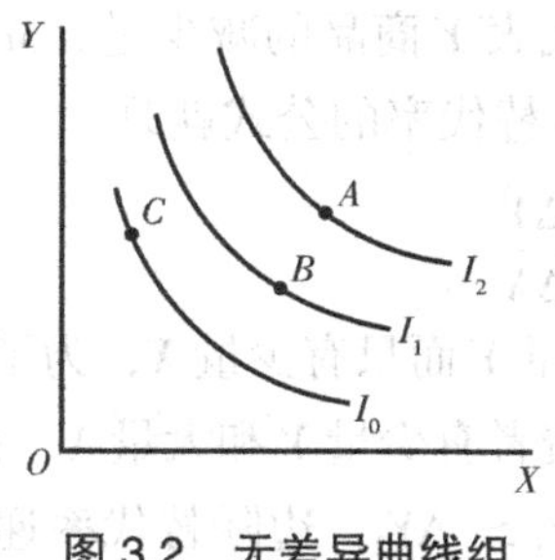

图 3.2　无差异曲线组

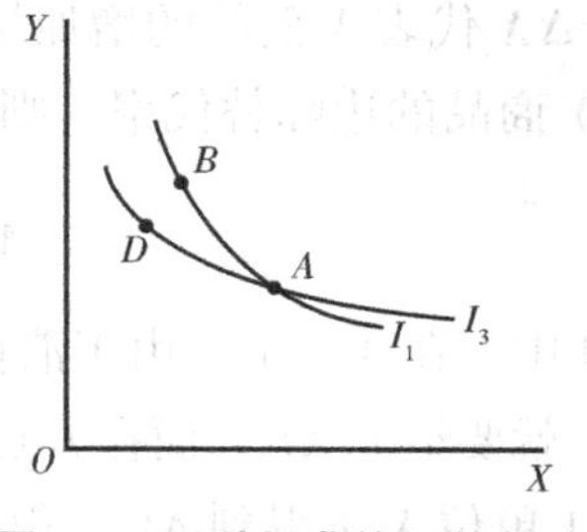

图 3.3　无差异曲线不能相交

无差异曲线的特征表现在以下四个方面。

（1）无差异曲线是一条向右下方倾斜的曲线，其斜率为负值。这就表明，在收入与价格既定的条件下，消费者为了得到相同的满足程度或效用，在增加一种商品的消费时，必须减少另一种商品的消费。两种商品不能同时增加或减少。如图 3.1 中，I 是一条向右下方倾斜的曲线，两种商品的购买必然是反比例的。

（2）在同一平面图上可以有无数条无差异曲线。同一条无差异曲线上的不同点所代表的不同消费组合给消费者带来相同的满足感或相同的效用，不同的无差异曲线上的不同点所代表的不同消费组合给消费者带来不同的满足感。离原点越远的无差异曲线，所代表的偏好满足感越大；离原点越近的无差异曲线，所代表的偏好满足感越小。在图 3.2 中，I_0、I_1、I_2 是三条不同的无差异曲线，它们分别代表不同的偏好满足程度，其满足水平比较是 $I_0 < I_1 < I_2$。

（3）在同一平面图上，任意两条无差异曲线不能相交。在消费者偏好既定的条件下，同一种消费组合只能给消费者带来同一种满足感水平。如果两条无差异曲线有交点，则说明在交点上两条无差异曲线具有了相同的效用。如图 3.3 中，B、D 组合分别在不同的无差异曲线 I_1、I_3 上，根据无差异曲线的第二个特征，D、B 组合给消费者带来的偏好满足感不同。若 I_1 与 I_3 相交于 A 点，A 组合分别与 B、D 处于同一条无差异曲线上，则必然出现 A、B、D 三个组合的满足程度相同，这显然与无差异曲线的第二个特征相矛盾。

（4）无差异曲线是一条凸向原点的曲线，这是由商品的边际替代率递减所决定的。所谓边际替代率（marginal rate of substitution，简称 MRS）[1]，是指消费者愿意以一种商品交换另一种商品的比率，或者消费者为获取更多一单位商品而愿意放弃的另一种商品的数量。由于人们更愿意放弃他们已经拥有的数量较多的商品，而不愿意放弃不多的商品，因此，无差异曲线凸向原点。

1　marginal rate of substitution（MRS）: the rate at which a consumer is willing to trade one commodity for another

如果以 ΔX 代表 X 商品的增加量，ΔY 代表 Y 商品的减少量，MRS_{XY} 代表用 X 商品代替 Y 商品的边际替代率，则表示边际替代率的公式就是：

$$MRS_{XY}=\frac{\Delta Y}{\Delta X} \tag{3.1}$$

在图 3.4 中，在 A 点上，由于消费者有大量 Y 而只有少量 X，为了使消费者放弃 1 单位 X，就要给他 ΔY_1。而在 B 点时，消费者有少量 Y 和大量 X，在这一点时，他愿意放弃 1 单位 X 来得到 ΔY_2。很显然，$\Delta Y_1 > \Delta Y_2$，边际替代率递减。因此，无差异曲线凸向原点，反映了消费者更愿意放弃他已大量拥有的那一种商品。

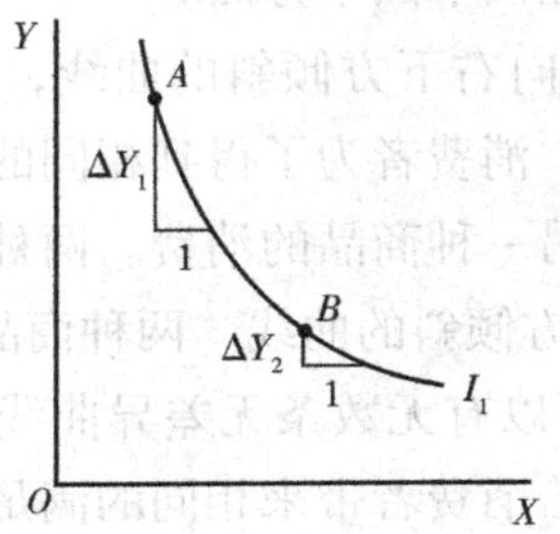

图 3.4　无差异曲线与边际替代率

3. 两种特殊的无差异曲线

无差异曲线的形状表明了一个消费者以一种商品替代另一种商品的意愿大小，不同形状的无差异曲线代表了不同的意愿。为了说明这一点，下面以两个特殊的极端例子进行分析。

1）完全替代品

完全替代品（perfect substitutes）是指两种商品之间的边际替代率是一个常数或者为固定比例，这时对这两种商品的权衡取舍的无差异曲线就是一条直线。例如，某消费者认为一杯茶和一杯咖啡之间是无差异的，两者总是以 1∶1 的比例相互替代，相应的无差异曲线如图 3.5（a）所示。

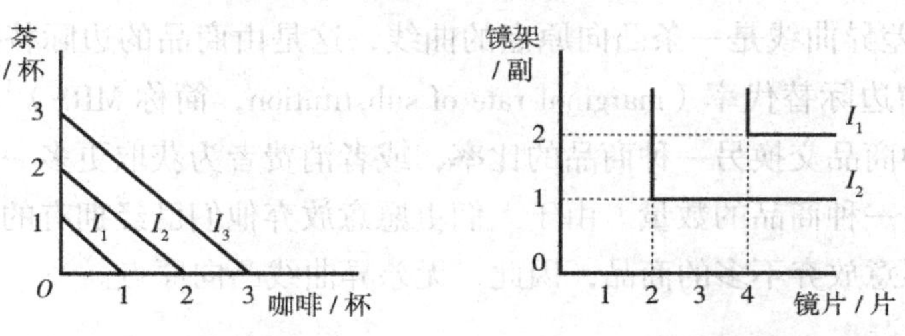

（a）完全替代品的无差异曲线　　（b）完全互补品的无差异曲线

图 3.5　完全替代和完全互补品的无差异曲线

2）完全互补品

完全互补品（perfect complements）必须按固定不变的比例同时使用，此时这两种商品的无差异曲线呈直角。例如，通常情况下一副镜架必须同时配上两片镜片，才能构成一副可以使用的眼镜，则相应的无差异曲线如图 3.5（b）所示。从图 3.5（b）可以看出，一副镜架和两片镜片与一副镜架和四片镜片的组合是等同的，也是与两片镜片和两副镜架等同的，因为实际上都只能配对形成一副可供使用的眼镜。

第二节 预算约束

前面分析了消费者行为选择理论的第一个方面——消费者偏好，了解了如何用无差异曲线刻画消费者对商品组合的偏好，即想要买什么。接下来我们分析消费者行为选择的第二方面：消费者买得起吗？消费者是否买得起要受收入水平和商品价格的限制，这就是预算约束。预算约束可以用预算线来表示。

一、预算线的含义

根据《牛津高阶英汉双解词典（第 9 版）》的解释，预算（budget）是指可用于个人或机构的货币收入以及如何在一定时期花费这笔货币收入的计划（the money that is available to a person or an organization and a plan of how it will be spent over a period of time）。该定义具有两个要点[5]：第一，有一笔钱，数量是既定的；第二，如何用这笔钱的打算或计划。也就是说，你可以用 N 种消费计划中的任何一种来花这笔钱，但不管如何都不能超出这笔钱的既定数量。这笔钱的既定数量对你的花费起到约束作用。

所谓预算线（budget constraint line）[1]，是以一条线的形式来表明在消费者收入与商品价格既定的条件下，消费者用全部收入所能购买到的两种商品数量的最

1　budget constraint line: a line indicating the maximum combination of the two kinds of goods that consumers can buy with their total income under the conditions of fixed consumer income and fixed commodity prices

大组合。预算线又被称为消费可能线（consumption possibility line）。消费可能线表明了消费者消费行为的限制条件，这种限制就是购买商品所花的钱不能大于收入，最好也不小于收入。大于收入是在收入既定条件下无法实现的，小于收入则无法实现偏好满足的最大化。

假设某消费者的收入 $M = 60$ 元，有两种商品 X 与 Y 供其选择，它们的价格分别为：$P_X = 20$ 元，$P_Y = 10$ 元，则该消费者用 60 元所能购买的商品 X 与 Y 的各种组合见表 3.3。如果该消费者将所有的钱用于购买 X，最多能买 3 单位，如表中的 D 组合；如果把所有的钱用于购买 Y，最多能买 6 单位，如表中的 A 组合。

表 3.3　某消费者的预算线

组合方式	X 商品	Y 商品	总支出 / 元
A	0	6	60
B	1	4	60
C	2	2	60
D	3	0	60

根据表 3.3，通过图形来表示该消费者的预算约束，如图 3.6 所示。

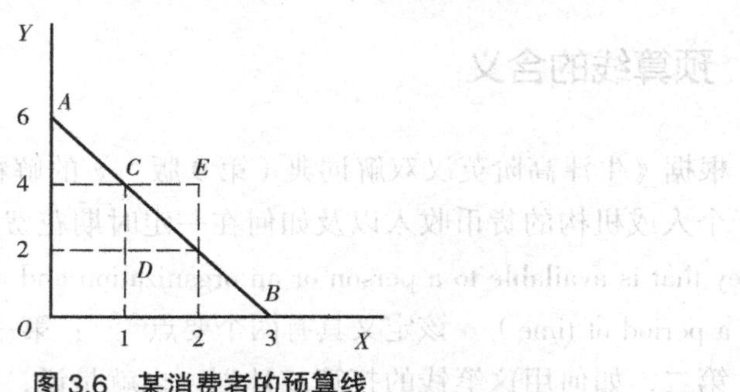

图 3.6　某消费者的预算线

在图 3.6 中，连接 AB 两点的直线就是预算线，也就是消费可能线。该线上的任何一点都是在收入与价格既定的条件下，消费者所能购买到的 X 商品与 Y 商品的最大数量的组合。例如，在 C 点，购买 4 单位 Y 商品，1 单位 X 商品，正好用完 60 元（10 元 ×4 ＋ 20 元 ×1 = 60 元）。AB 线以内的任何一点，所购买的 X 商品与 Y 商品的组合是可以实现的，但并不是最大数量的组合，即没有用完收入。例如，在 D 点，购买 2 单位 Y 商品，1 单位 X 商品，只用了 40 元（10 元 ×2 ＋ 20 元 ×1 = 40 元）。AB 线外的任何一点，所购买的 X 商品与 Y 商品的组合都无法实现，因为所需钱款超过了既定的收入。例如，在 E 点，购买 4 单位 Y 商品，2 单位 X 商品，优于 C 点的 4 单位 Y 商品，1 单位 X 商品，但这时要支出 80 元（10 元 ×4 + 20 元 ×2 = 80 元），超过了既定的 60 元收入，所以该消费需求无法实现。

二、预算线的变动

图 3.6 中的预算线是在消费者的收入和商品价格既定条件下绘制出的，如果消费者的收入和商品价格改变了，则消费者的预算线位置就会变动。

1. 收入变化与价格的同比例变化

如果商品价格不变而消费者的收入变动，则消费者的预算线会平行移动，如图 3.7 所示。在图 3.7 中，A_0B_0 是原来的消费预算线，消费者所要购买的两种商品为 X 和 Y。当收入增加时，消费预算线移动到 A_1B_1 的位置，意味着消费者可以买到更多的 X 与 Y 的数量组合；当收入减少时，消费预算线移动到 A_2B_2 的位置，意味着消费者只能买到较少的 X 与 Y 的数量组合。如果消费者收入不变，而 X 与 Y 两种商品的价格以同比例上升或下降，则其结果与收入变动相同。由上文可知：收入增加或者两种商品价格同比例下降，消费者的预算线向右上方平行移动；收入减少或两种商品价格同比例增加，预算线向左下方平行移动。

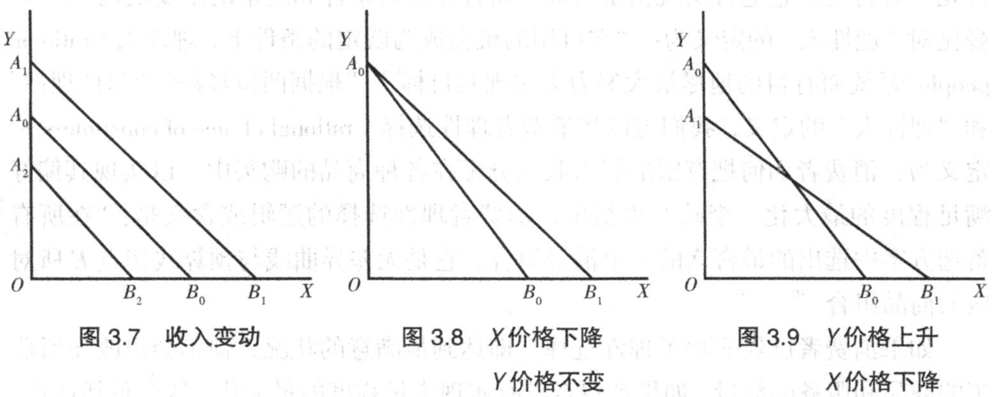

图 3.7　收入变动　　图 3.8　X 价格下降 Y 价格不变　　图 3.9　Y 价格上升 X 价格下降

2. 价格的不同比例变化

两种商品价格不同比例的变化分别如图 3.8 和图 3.9 所示。在图 3.8 中，消费者的收入与 Y 的价格不变，而 X 的价格下降，则消费预算线由 A_0B_0 移动到 A_0B_1 的位置，意味着消费者在 Y 购买量不变的情况下，可以购买更多的 X。图 3.9

中，Y 商品的价格上升，X 商品的价格下降，意味着消费者在收入不变的情况下，可以购买更多的 X 和较少的 Y，消费预算线由 A_0B_0 移动到 A_1B_1 的位置。如果 Y 的价格上升，而 X 的价格不变，或者 X 的价格上升，而 Y 的价格下降，或者 X、Y 两种商品价格同时上升或下降，又会引起消费预算线什么样的变动？读者可以根据上面的原理自己进行分析。

第三节 消费者的理性选择

消费者的货币收入总是有限的，我们在把有限的货币收入用于各种商品的购买时，如何才能得到最大程度的满足？消费者的理性选择正是要研究这一问题。

一、消费者理性选择的含义与条件

1. 消费者理性选择的含义

经济学家通常假设人是理性的。西蒙对“理性”的定义是：“广义而言，理性是一种行为，它适合实现指定目标，而且在给定条件和约束的限度之内[29]。”曼昆对“理性人”的定义为：“在可用的机会成为既定的条件下，理性人（rational people）系统而有目的地尽最大努力去实现其目标[9]。”根据两位经济学家对“理性”和“理性人”的定义，我们可以将消费者理性选择（rational choice of consumers）[1]定义为：消费者如何把有限的货币收入分配在各种商品的购买中，以实现其偏好满足程度的最大化。李政军也指出，消费者理性选择的逻辑或含义是：“在所有备选方案中选出的最喜欢的一个消费组合，它是无差异曲线与预算线切点 E 所对应的商品组合[30]。”

如果消费者已经实现了理性选择，即达到最满意的状况，他不会再改变所购买的商品和服务的数量。如果消费者没有实现满足程度的最大化，他会重新选择，调整所购买的各种商品和服务的数量，直到满足状态达到最大化为止。消费者达到最大满足状态也称为实现了消费者均衡。“均衡”具有不变的意思，就是指在

1 rational choice of consumers: how consumers allocate their limited monetary income to the purchase of various commodities to maximize the degree of preference satisfaction

消费者收入的约束下获得了最大满足状态，既不想增加，也不想减少任何商品购买量的一种状态。

2. 消费者理性选择的条件

在已知消费者理性选择的定义后，就可以将前面考查过的消费者的无差异曲线和预算线结合起来，分析消费者追求偏好满足程度最大化的商品组合购买选择。消费者理性选择即偏好满足程度最大化必须满足两个条件：

（1）必须是消费者最偏好的商品或服务组合。消费者理性选择的商品或服务的可能组合，必须是能够给消费者带来最大满足感的商品或服务组合，也就是说，处于可能的无差异曲线组中最高的那一条上，比如图 3.2 中最高的无差异线 I_2。

（2）最优的商品购买组合必须位于给定的预算线上。理性的消费者会花光其所有的收入，比如处于图 3.6 中的预算线 *AB* 上。在图 3.6 中，预算线 *AB* 及其左下方区域的任何一点所代表的商品或服务组合，都是在现有约束条件下能够实现的。但是 *AB* 预算线左下方区域内的各种组合都会留下一部分未使用的收入，如果把这部分收入使用了，消费者的满足程度会进一步增加。因此消费者应该将其收入全部花光，以实现最大满足感。而在预算线 *AB* 的右边区域，都是现有收入水平所无法实现的。所以，消费者理性选择即最优购买组合只能在预算线上。

二、消费者理性选择的图形分析

我们把无差异曲线与消费预算线放在一个坐标图中就会发现，消费预算线必定与无数条无差异曲线中的一条相切于一点，在这个切点上，就实现了消费者理性选择即消费者均衡，可以用图 3.10 来说明。

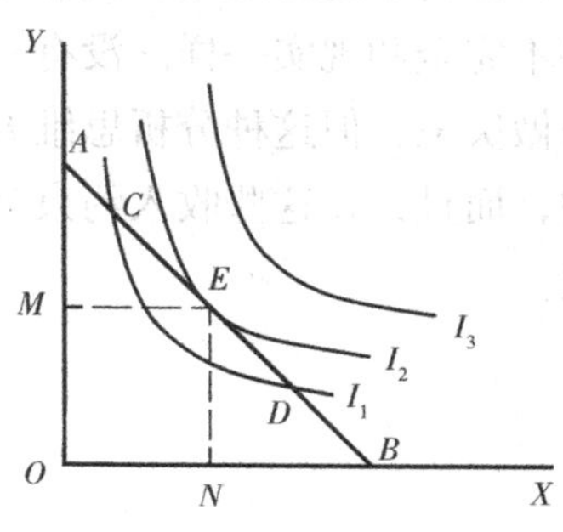

图 3.10　消费者均衡图

在图 3.10 中，I_1、I_2、I_3 分别代表三条无差异曲线，它们给消费者带来的偏好满足感程度大小顺序为 $I_1 < I_2 < I_3$。AB 为消费预算线，AB 线与 I_2 相切于 E 点，这时实现了消费者理性选择，即消费者均衡。也就是说，在收入与价格既定的条件下，消费者购买 ON 数量的 X 商品，OM 数量的 Y 商品，就能获得最大的满足感。

为什么只有在 E 点时才能实现消费者理性选择呢？基于图 3.10，我们采用反证法来说明。首先，来看最高满足水平 I_3 能否实现。I_3 所代表的满足程度大于 I_2，但 I_3 与 AB 线既不相交又不相切，说明达到 I_3 满足感水平的 X 商品与 Y 商品的数量组合在收入与价格既定的条件下是无法实现的。其次，来分析一下为什么不是 I_1 的 C 点或 D 点的组合。预算线 AB 线与 I_1 相交于 C、D 两点，在 C、D 两点上所购买的 X 商品与 Y 商品的数量也属于收入与价格既定条件下最大可能的组合，但由于 $I_1 < I_2$，说明 C、D 两点上 X 商品与 Y 商品的组合并不能达到最大满足感，它们所实现的满足程度仍然是 I_1 所表示的满足水平。理性的消费者应该选择把钱花光的同时获取更大的满足感。AB 线与 I_2 相切于 E 点，说明按 E 点进行消费组合是现有收入水平所许可的，其实现的是 I_2 所代表的满足感程度，大于 I_1，所以，按 E 点进行消费组合的满足程度就必然大于 C、D 两点的满足程度。此外，由于无数条无差异曲线相互平行，因此能与既定的预算线 AB 相切的无差异曲线只有一条，而且在可以达到的无差异曲线中是距离原点最远的一条，也就是图中的 I_2。由此看来，E 点就成为在收入与价格既定条件下，消费者满足感最大化的消费组合点，也就是说，只有 E 点才意味着消费者均衡的实现。

消费者理性选择理论的现实意义在于：消费者行为理论描述了人们如何做出决策。正如我们所分析的，它有着广泛的适用性。它可以解释一个人如何在啤酒与面包、工作与闲暇、消费与储蓄等之间进行选择。但是，现在你也许会对消费者行为理论有一些怀疑，毕竟你也是一个消费者。当你每次走入超市时都要决定买什么。而且你也知道，你并不是靠画出消费预算线和无差异曲线来做决定的。你对自己决策方式的了解是否证伪了这种理论？回答是否定的。消费者理性选择模型只是一个模型，模型并不完全和现实一样。没有一个消费者可以明确地借助这种理论中包含的最大化来做决策，但这种分析思维方法使消费者知道，他们的选择要受到自己财力的限制，而且，在这些收入约束为既定时，他们所能做得最好的就是达到最高满足程度。

三、价格和收入变化对消费者选择的影响

在前面的分析中，我们是以商品价格和消费者的货币收入不变作为前提的，但实际上，收入和价格这两个因素都在不断变化，这对消费者的理性选择会产生很大的影响。

1. 价格变动对消费者选择的影响

价格变化对消费的影响通常用“价格—消费”曲线来分析。我们先用图示来分析在收入不变、价格变化的条件下，消费者最优选择即均衡点变动的情况。为了方便起见，我们先假定一种商品（Y）的价格不变，而另一种商品（X）价格变动的情况。

在图 3.11（a）中，点 E_1 为最初的均衡点，X_1 为最初均衡时的购买量。现在假定消费者的收入和 Y 商品的价格不变，X 商品的价格下降。这样，消费预算线 AB_1，将以点 A 为圆心逆时针方向移动到 AB_2，并与另一条表示满足程度较高的无差异曲线 I_2 相切于点 E_2，点 E_2 即为 X 商品价格下降后的消费者均衡点。如果 X 商品的价格进一步下降，消费预算线 AB_2 将以点 A 为圆心逆时针方向进一步移动到 AB_3，并与另一条表示更高满足程度的无差异曲线 I_3 相切于点 E_3，点 E_3 即为 X 商品价格再次下降后的消费者均衡点，此时，商品购买量为 X_3。从均衡点的变动情况可以看出，当某种商品价格下降时，消费者将增加对该商品的购买量，从而增加自己的满足程度。反过来看，当某种商品价格上升时，消费者将减少对该商品的购买量，从而减少消费的满足程度。根据上述原理，也可以描述当消费

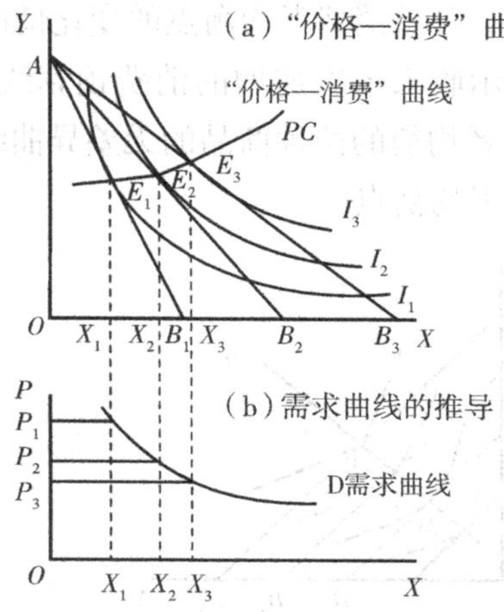

图 3.11　“价格—消费”曲线和消费者的需求曲线

者的收入和 X 商品的价格不变时，Y 商品的价格上升和下降时均衡点的变化情况。我们把价格变动造成的不同均衡点连接起来所形成的曲线（图中连接 E_1、E_2、E_3 形成曲线 PC）叫做“价格—消费”曲线（price-consumption curve，PCC）。它是在消费者收入不变的条件下，价格发生变动时，消费者均衡点或消费者最佳购买行为的变动趋势。

“价格—消费”曲线可以用来说明需求曲线是由消费者的行为决定的。根据图 3.11（a）中与 X 商品的各个价格（这种价格隐含在各条消费预算线中）相对应消费者购买 X 商品的数量（X_1、X_2、X_3），可以描绘出消费者对 X 商品的需求曲线，如图 3.11（b）所示。假定 X 商品的初始价格为 P_1，相应的预算线为 AB_1，它与无差异曲线 I_1 相切于满足程度最大化的均衡点 E_1。如果 X 商品的价格由 P_1 下降为 P_2，相应的预算线由 AB_1 变为 AB_2，AB_2 与另一条较高的无差异曲线 I_2 相切于 E_2。如果 X 商品的价格继续由 P_2 下降为 P_3，相应的预算线由 AB_2 变为 AB_3，AB_3 与另一条较高的无差异曲线 I_3 相切于 E_3。在每一个均衡点上都存在着商品 X 的需求量与价格的一一对应的关系，把 E_1、E_2、E_3 点对应的 X 商品的价格和数量依次描绘在以价格为纵轴、消费量为横轴的图中，我们就得到了消费者对商品 X 的需求曲线。由此可见，用无差异曲线分析法也可以推导出表明价格与需求量呈反方向变动的、向右下方倾斜的需求曲线。而且可以看出，需求曲线上的每个价格水平所对应的商品需求量都是可以给消费者带来最大满足的均衡数量。

2. 收入变动对消费者选择的影响

收入变动对消费的影响是用“收入—消费”曲线来分析的。下面在假定价格不变、收入水平变动的条件下，分析消费者均衡点的变化情况。在图 3.12 中，A_1B_1、A_2B_2、A_3B_3、A_4B_4 分别表示收入依次递增的消费预算线，I_1、I_2、I_3、I_4 分别表示不同收入水平下达到消费者均衡的两种商品的无差异曲线，M、N、O、P 分别表示不同收入水平下的消费者均衡点。

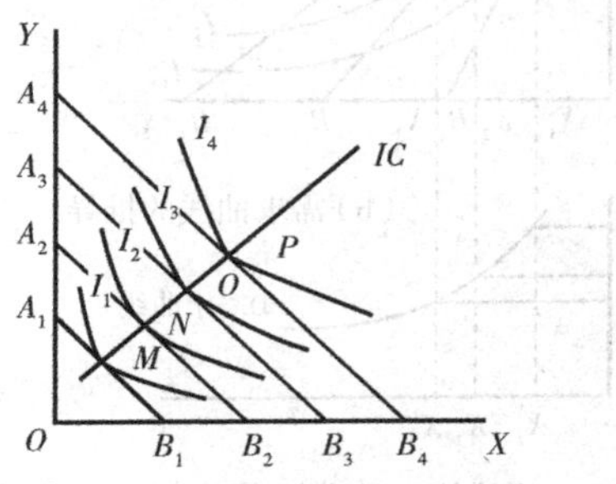

图 3.12 “收入—消费”曲线

从图 3.12 中可以看出，随着收入的增加，消费者均衡点依次向原点之外推移，这些均衡点连起来构成的曲线 IC 就叫“收入—消费”曲线（income consumption curve，ICC）。在“收入—消费”曲线上的任何一点，都是消费者在相应收入水平下所能选择的使自己获得最大满足程度的商品组合点。在商品价格不变的条件下，收入越高，均衡点的位置离原点越远。这表明消费者能获得更高效用水平的消费组合方式，或者说消费者将获得越来越多的商品消费，这就是收入对消费的影响作用。接下来，我们用“收入—消费”曲线来推导恩格尔曲线。

3. 恩格尔曲线

恩格尔曲线（Engel curve）是由“收入—消费”曲线推导而来的。它由 19 世纪德国的统计学家恩斯特·恩格尔提出，用于分析收入变化对某种商品的消费需求的影响。恩格尔曲线是表示消费者的收入和某一商品均衡购买量之间关系的曲线，如图 3.13 所示。

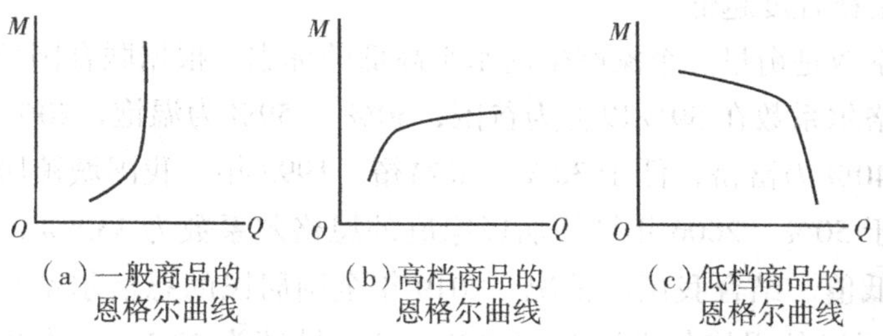

图 3.13　不同商品的恩格尔曲线

在图 3.13 中，横轴 Q 代表商品需求量，纵轴 M 代表收入。当收入不断增加时，消费者对商品的需求量也在不断增加，但不同商品的恩格尔曲线的变化趋势是不同的。在分析收入变动对商品的需求量变动趋势时，我们将商品分为一般商品，高档商品（也叫奢侈品）和低档商品。图 3.13（a）反映了一般商品的恩格尔曲线变化趋势，商品的消费量随着消费者收入的增加而增加，但需求量的增加速度要慢于收入的增加速度。图 3.13（b）反映了高档商品的恩格尔曲线变动趋势，商品的消费量随着消费者收入的增加而增加，但需求量的增长速度要快于收入的增加速度。图 3.13（c）反映了低档商品的恩格尔曲线变动趋势，商品需求量随着消费者收入的增加反而不断减少。

恩格尔从对长期统计资料的分析中发现，随着收入的增加，人们用于食物方面的支出在全部支出中所占的比率越来越小，这被称作恩格尔定律。食物支出在全部支出中所占的比例称为恩格尔系数（Engel coefficient）[1]，如表 3.4 所示。

表 3.4　恩格尔系数表

单位：%

家庭类型	各项支出占总支出的比例					
	食物	衣服	住宅	燃料	文化	合计
劳动家庭	62	16	12	5	5	100
中等家庭	55	18	12	5	10	100
富裕家庭	50	18	12	5	15	100

在表 3.4 中，食物支出随着收入的增加而减少；衣服、住宅、燃料的费用支出随着收入的增加而较小幅度地增加或不变；而文化费用的支出则会随着收入的增加而较大幅度地增加。恩格尔系数常被用来衡量一个家庭或一个国家的生活水平与富裕程度。恩格尔系数越小，表明生活水平与富裕程度越高，相反，则表明生活水平与富裕程度越低。

恩格尔系数是衡量一个家庭生活水平高低的标志。根据联合国粮农组织提出的标准，恩格尔系数在 59% 以上为贫困，50% ~ 59% 为温饱，40% ~ 50% 为小康，30% ~ 40% 为富裕，低于 30% 为最富裕。1993 年，我国城镇居民的恩格尔系数首次低于 50%。2006 年城镇居民家庭的恩格尔系数为 35.8%，达到当时为止的历史最低值。结合我国的情况，2019 年全国居民的恩格尔系数为 28.2%，2020 年全国居民的恩格尔系数为 30.2%，其中城镇为 29.2%，农村为 32.7%。2021 年全国居民的恩格尔系数为 29.8%，比上年下降 0.4 个百分点。

第四节 消费者剩余

消费者购买商品是为了满足自己的偏好，想使境况变好。消费者根据自己的偏好对商品进行评价，而实际支付的价格却是由市场供求力量决定的价格，这两者之间可能存在着差异，我们用消费者剩余来分析这种差异。

1　Engel coefficient: the proportion of food expenditure to total expenditure

一、支付意愿与消费者剩余

我们知道消费者的需求曲线可以由“价格—消费”曲线推导出来，“价格—消费”曲线是消费者根据无差异曲线和预算约束而做出的理性选择。换句话说，消费者需求曲线上的点代表了消费者为实现自己偏好的最大化，而在给定约束下愿意为此商品支付的价格和愿意购买的数量的组合。但就单个消费者而言，其对商品的偏好存在差异，因此每个消费者对同样商品的经济价值即价格也会做出不同的评价。消费者愿意支付的最高价格称为支付意愿（willingness to pay）[9]。接下来，我们用一个学生看电影时购买爆米花为例，以其为购买爆米花愿意支付的价格与市场价格的比较来说明支付意愿和消费者剩余。

在决定购买多少桶爆米花时，该学生可能会有这样的权衡：第一桶的支付意愿为 25 元，第二桶的支付意愿为 20 元，第三桶的支付意愿为 17 元，第四桶的支付意愿为 12 元。而市场上一桶爆米花的最低价格为 12 元，所以即使消费者还愿意以低于 12 元的价格继续购买爆米花，在市场上已经买不到了。

在买爆米花的活动中，该学生获得了什么利益呢？我们用消费者剩余来衡量其从该笔交易活动中获得的利益。消费者剩余（consumer surplus）[1] 是消费者愿意为某商品支付的最高价格，即支付意愿与实际支付的市场价格之间的差额，消费者剩余衡量的是买者自己感觉到所获得的额外利益。在本例中，该学生买第一桶爆米花时愿意支付 25 元，而实际支付的市场价格为 12 元，从第一桶爆米花中获得的消费者剩余为: 25 元 - 12 元 = 13 元。依此类推，第二桶获得消费者剩余为: 20 元 - 12 元 = 8 元，第三桶获得消费者剩余为：17 元 - 12 元 = 5 元，第四桶获得消费者剩余为：12 元 - 12 元 = 0 元。该学生从四桶爆米花中获得的总剩余是: 13 元 + 8 元 + 5 元 + 0 元 = 26 元。上面的分析是针对单个消费者的，如果是针对整个市场，也是成立的，只不过是将买第一桶、第二桶、第三桶和第四桶依次看成四个不同的消费者分别对一桶爆米花愿意支付的最高价格。

---

1 consumer surplus: the difference between consumer's willingness to pay and the market price actually paid

二、消费者剩余的图形化分析

1. 用需求曲线衡量消费者剩余

消费者剩余与某种商品的需求曲线密切相关，如果知道需求曲线，我们就可以很容易地计算出消费者剩余。如果爆米花价格高于25元，由于该价格高于学生的最高支付意愿，则该学生不会买爆米花，购买量为零。如果价格在20～25元之间，则该学生愿意买一桶，即需求量为1。以此类推：如果价格在17～20元之间，则需求量为2；价格在12～17元之间，则需求量为3；价格在12元及以下，则需求量为4。根据以上支付意愿与需求量的对应关系，以图形表示支付意愿、需求曲线、消费者剩余以及实际支付间的关系，如图3.14（a）所示。消费者总剩余 = 第一桶的消费者剩余 + 第二桶的消费者剩余 + 第三桶的消费者剩余 + 第四桶的消费者剩余，从图3.14（a）可以看出即市场价格水平线以上的三块阴影矩形的面积之和，而这三块阴影矩形又在折线需求曲线以下。从这个例子中得出的结论无论是对单个消费者还是对整个市场的消费者都是成立的，同样对所有需求曲线也都成立。因此可以将消费者需求曲线和消费者剩余之间的关系一般化为图3.14（b），消费者剩余就是需求曲线以下和市场价格线以上那部分区域的面积。

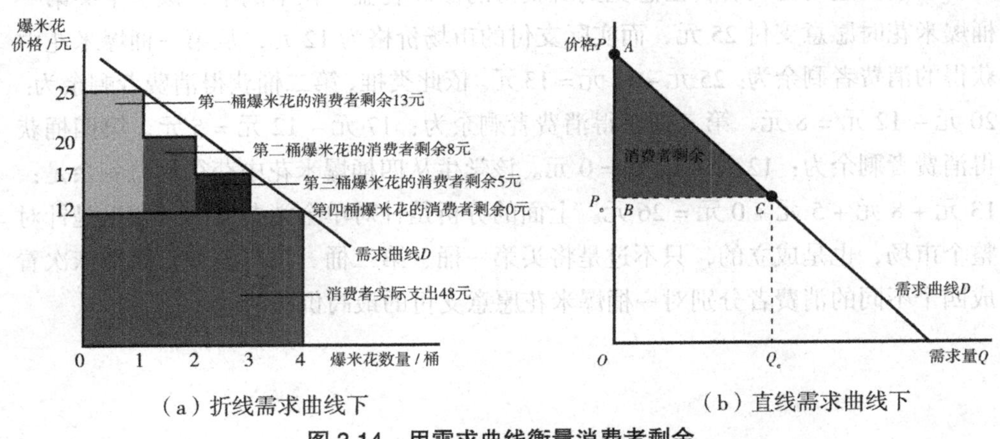

（a）折线需求曲线下　　（b）直线需求曲线下

图3.14　用需求曲线衡量消费者剩余

2. 市场价格变化对消费者剩余的影响

消费者剩余概念的提出，是告诉每一个消费者：我们的付出总是少于我们的所获，因此消费者总是在交易当中获取额外的利益，社会的总福利总是在交易当中不断变化。消费者总想低价购买商品，以获取更多的消费福利。由于消费者剩余可以用价格水平以上、需求曲线以下的三角形的面积来表示，所以分析价格变动对消费者剩余的影响，就只需要分析这个相应价格水平对应的三角形面积的变化。市场价格下降对消费者剩余的影响如图 3.15 所示。当市场价格从 P_1 下降到 P_2 时，消费者剩余就从原来的三角形面积 A 增加到 P_2 以上的大三角形面积，即 $A+B+C$，其中 A 代表原来的消费者剩余，B 代表原来消费者的相同消费量由于价格下降而增加的剩余，C 则是由于价格下降后新进入的消费者的剩余。如果价格上涨，消费者剩余则将减少，你可以试着分析一下吗？

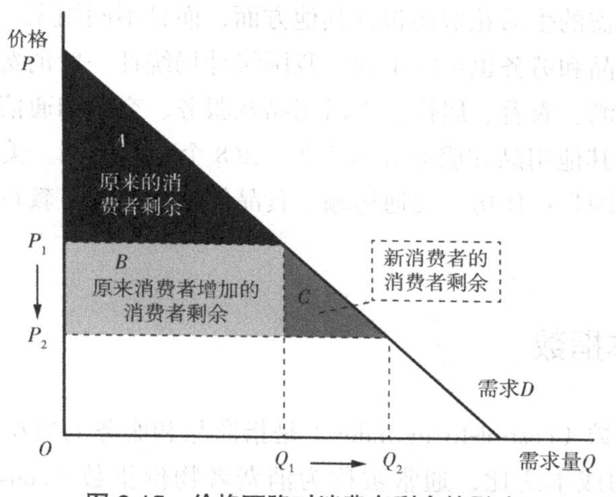

图 3.15　价格下降对消费者剩余的影响

第五节 生活成本指数

前面讨论了消费者在既定的收入和商品价格下如何理性选择商品组合，也讨论了收入变化、价格不变时消费者把钱花光的理性选择，以及收入不变而价格变化时消费者如何做出选择的改变。生活中往往会有这样的情况：当我们的目标满足程度要一直保持同样水平，而商品价格水平已经发生了变化时，我们应该如何调整收入和预算呢？要解决这个问题，我们就需要了解生活成本指数。

一、生活成本的定义

《牛津高阶英汉双解词典（第9版）》对生活成本“the cost of living”的解释是：the amount of money that people need to pay for food，clothing，and somewhere to live（人们需要为食物、衣服和住处支付的金钱数量）。《现代汉语词典（第7版）》对生活费的解释是：维持生活的费用。

以上定义对消费者生活花费的各方面进行了简要或者总括性的说明，实际上消费者的生活花费涉及许多方面，衣食住行仅是马斯洛需要中最低的基本层次，一般消费者的必需的生活花费还包括其他方面，而且不同国家、不同时期的消费者生活必需的商品和劳务也可能不同。我国统计局统计一般消费者的生活成本范围包括：食品烟酒、衣着、居住、生活用品及服务、交通和通信、教育文化和娱乐、医疗保健、其他用品和服务等八大类，268个基本类别。美国一般消费者的生活成本统计范围是：住房、交通运输、食品饮料、医疗、教育与交流、娱乐、服装与其他。

二、生活成本指数

生活成本指数（cost-of-living index）是指商品和服务的典型消费组合在当期的成本与基期的成本之比，通常被称为消费者物价指数（consumer price index, CPI）[1]。主要的生活成本指数有四种：理想生活成本指数、拉氏指数、帕氏指数以及链式加权指数，接下来重点介绍前三种指数。

1. 理想生活成本指数

理想生活成本指数是指以当前价格达到一个与基期相同的消费者效用水平所花的成本与基期的比值，下面以一个例子来分析理想生活成本指数。

为了简化分析，我们假设一个人必须消费 X、Y 两种商品，2010 年消费 X 和 Y 商品的数量分别为 100 和 15，2010 年每单位 X 和每单位 Y 商品的价格分别为 2.0 元和 20.0 元，消费者的收入预算是 500 元。10 年后，即 2020 年，此时每单位 X 和每单位 Y 商品的价格分别上升为 2.2 元和 100 元了，该消费者要想在 2020 年达到相同的满足感，调整预算的理想生活成本指数是多少呢？

---

1 consumer price index（CPI）: the ratio of the cost of the typical consumption combination of goods and services in the current period to the cost in the base period

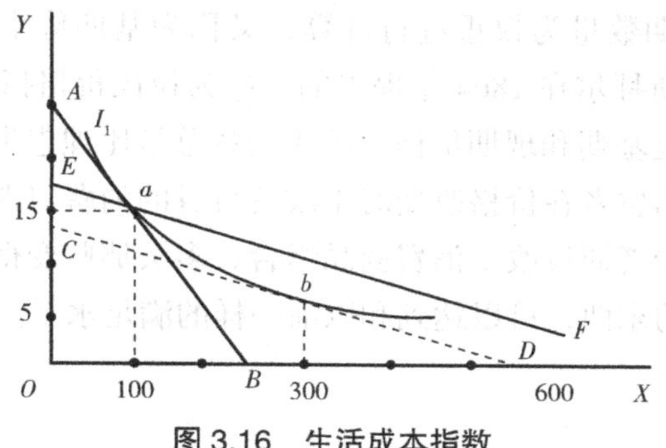

图 3.16　生活成本指数

图 3.16 中的 AB 线就是该消费者 2010 年面临的预算线，他消费最大满足感的 X 与 Y 商品的组合就是无差异曲线 I_1 上的 a 点，根据前面的信息可以计算该消费者消费 X 和 Y 所花费的成本是 500 元：$500 = 15 \times 20 + 100 \times 2$。同样从图 3.16 中可以看出，要想让该消费者在 2020 年的更高价格下保持相同的满足程度，就需要一笔预算让他购买直线 CD 与 I_1 相切于 b 点所示的 X 和 Y 商品组合。在这一点上，他购买 300 单位 X、6 单位 Y，这一消费组合也表明了该消费者基于 X、Y 商品相对价格已经发生了变化而做出的替代性选择，他更多地购买了 X、减少了对 Y 的购买。那么，2020 年要达到与 2010 年一样的消费满足程度，其所花费的成本是 1260 元：$300 \times 2.2 + 6 \times 100 = 1260$。因此，该消费者 2020 年的理想生活成本调整数为 760 元：$1260 - 500 = 760$。理想生活成本指数则为：

$$1260\text{ 元} / 500\text{ 元} = 2.52$$

一般算指数都需要有一个基准年份，假定以 2010 年为基准年份，基准年份的指数确定为 100，那么 2020 年的指数就是 252，生活成本上升的百分比是：$(252 - 100)/100 \times 100\% = 152\%$。计算理想的生活成本指数既要考虑价格变化，也要考虑因价格变化而产生的消费者替代性选择。计算这样一个理想生活成本指数所需的信息非常庞大，我们不仅需要知道价格和支出，还要知道每个人的偏好（而每个人的偏好并不相同）。因此，现实中几乎不可能采用这个理想指数。

2. 拉氏指数

拉氏指数（Laspeyres price index）是指购买与基期相同的商品组合所花成本与基期的比值，其计算公式如下：

$$L_p = \frac{\sum P_1 Q_0}{\sum P_0 Q_0} \times 100 \qquad (3.2)$$

这个指数以基期数量为权重进行计算，又称为基期价格指数或拉斯拜尔公式，这是德国人拉斯拜尔在 1864 年提出的。L_p 为拉氏价格指数，Q_0 为基期的消费量，P_0、P_1 分别是基期和现期价格。拉氏指数总是比理想生活成本指数更大，因为拉氏指数假定消费者在价格改变时不改变自身的消费习惯，但事实上，当价格发生改变时，消费者通过改变消费商品组合，多买那些变得相对便宜的东西，少买变得相对昂贵的东西，可以达到和以前一样的满足水平。

3. 帕氏指数

帕氏指数（Paasche index）是指消费者当期购买某一商品服务组合所花成本与基期购买同样产品所花成本的比值，又被称作帕煦公式，其计算公式为：

$$P_p = \frac{\sum P_1 Q_1}{\sum P_0 Q_1} \times 100 \tag{3.3}$$

拉氏指数同帕氏指数的不同之处在于，拉氏注重基期选定的商品服务组合，而帕氏注重当期选定的商品服务组合。但它们都是固定权重指数，即各种商品与服务数量保持不变的生活成本指数。拉氏指数放大了理想生活成本指数，而帕氏指数相对缩小了理想生活成本指数，因为在基期人们可以以更少的成本达到与当期相同的效用满足水平。

在核查通胀因素给居民生活带来的影响时，可用拉氏指数，也可用帕氏指数，但这两个指数在衡量居民生活成本时都有一定的局限性。拉氏指数会夸大生活成本的上升，因为这一指数的交易量是固定的 Q，没有考虑到一种商品价格上涨时消费者会转而消费更便宜的替代品；相反，帕氏指数会低估生活质量的下降，因为这种指数的交易量是 Q，虽然考虑到了一种商品价格上升时消费者可能转而消费替代品，但这一指数不能反映这种替代对消费者福利的可能影响。由于基期交易量是早已存在的，较易获得，因此通常用拉氏指数计算 CPI，即选用固定篮子商品来计算。

实践专题之三
麦肯锡：中国消费者行为的四种变化趋势

2008 年 9 月 16 日，全球管理咨询公司麦肯锡在上海发布了最新的消费者调查，并发现日渐富有的中国消费者正变得越来越自信。麦肯锡对中国消费者行为进行的第三次年度调查显示，四种趋势正在重塑着中国消费市场的格局，即消费者行为的地区差异日益重要、富裕的消费者对高端产品的偏好加强、消费者品牌忠诚度的下降以及与消费者建立联系的新途径。

一、地区差异日趋重要

目前，中国许多企业依然按照城市级别来细分客户，他们假设全国各地富裕的一线城市居民有相似的消费态度和行为。尽管这一趋势在分析以收入为基础的消费者行为，如购买高端产品的意愿时依然有效，但最新调查显示，消费者态度和行为的地区特点正变得比城市级别差异重要得多。例如，中国西南地区的消费者在购买某一产品前，对其口碑的依赖度（42%）要远远高于国内平均水平的37%。而对西南地区的手机用户来说，漂亮的外观设计是他们购买的最重要因素，占被访者的32%，国内平均水平却仅为18%。

过去，企业一直可以按照各城市的相对经济地位来划分市场，即依靠“城市分级”体系。但随着中国财富向各地区的扩散和城市化的持续进展（到2030年，中国中心城市的总人口将达到或超过10亿人），在确定最佳市场战略时，地区特点已变得比城市级别差异更为重要。在麦肯锡研究的八大主要购买因素中，有六项地区差别比城市级别差异显得更为重要，如影响力来源以及有关新产品接受度的因素等。

在考查花钱购买高端品牌意愿等收入驱动因素时，城市等级依然十分重要。因此，企业需要重新考虑战略选择，重新评估进行地域扩张和资源配置时所采用的标准，以投资开发满足不同顾客需求的新产品，完善营销信息传递方式和优化营销组合。

二、高收入者对高端产品的偏好加强

随着高收入人群可支配收入的提高，这些消费者正表现出对高端商品的购买倾向。这些消费者中的15%表示，他们愿意花高出商品平均价格一倍以上的钱来购买很多产品，包括牙膏、剃须刀、手机、电视及其他电子产品等。在某些极端案例中，高收入个人甚至愿意花平均价格3倍以上的钱来购买个人护理产品。这些高端消费者并没有被限制在中国的一、二线城市。在三线城市里，高收入者甚至愿意支付相当于平均价格4.5倍的价格购买某些个人护理产品。

事实上，当被问及什么促使消费者购买一款新的面霜时，有近2/3的受访者表示，亲友的推荐起到决定性作用，而这一比例在美国和英国则仅为38%。相反，英国和美国的消费者会有2/3被免费发放的试用装所左右，而在中国这一比例仅为1/5。

年轻消费者尤其容易受高端商品的吸引，18—24岁的年轻人中有1/3称自己愿意花费相当于月收入1.4倍的价格购买最新潮的手机。

麦肯锡称，随着家庭财富的增长和选择范围的扩大，高端产品市场得到了发展。如今，消费者中15%的人愿意为高端电子产品支付至少高出60%的价格，为某些个人护理产品支付高达3倍以上的价格。

可以看到，年轻消费者更愿购买高端产品。以手机为例，他们愿意付出3倍于其月收入的价格购买最新款的手机。这将引起两类企业的发展，即希望通过进入高端市场提高盈利水平的企业，以及希望向上延伸品牌但不得不迎合大众市场口味的企业。

月收入在5000元人民币以上的消费者更愿意为顶级产品支付溢价，到2015年，这类高收入者将占到所有城市消费者的1/3和支出消费总金额的一半。

三、品牌忠诚度下降

由于生活水平的提高和新品牌的不断涌现，中国消费者的购物范围在扩大，而对品牌的忠诚度则在下降。在受访者当中，表示会继续购买目前所购品牌的消费者比例，消费电子类品牌比去年同期下降了25%，食品饮料类则下降了53%。那些致力于培养消费者忠诚度的企业应更多地从消费者喜爱的产品功能上下功夫。

与西方消费者相比，中国的消费者在挑选产品时，对产品实用功能方面的重视程度远远高于感性方面的因素。在此次调查涉及的个人护理、食品饮料和消费电子产品的所有14个产品类别中，消费者列举的前三个购买因素都是从功能方面考虑的，例如“质量好”“性价比高”等。

几年前，品牌在中国显得非常重要。相对其他市场而言，中国毫无疑问是更受品牌影响的国度。2/3的消费者在商店购物时愿意只挑选一种或少量几种提前决定购买的品牌，而英国或日本的消费者中这一比例则不到一半。因此，进入中国消费者考虑的几种有限的品牌名单至关重要。

然而，中国消费者基于产品性价比、而非品牌的购物倾向，正变得越来越明显。

"受促销影响"类型的消费者人数提高了37%，而看重促销远胜于品牌的倾向在低收入消费群体中更为明显。随着可供选择的品牌数量的增加，消费者在考虑各种产品类别时，最终会不可避免地考虑更多品牌。消费者对特定品牌的忠诚度正在减弱，食品饮料企业首当其冲。只有不足1/4的受访者表示，他们将继续购买原来的品牌——这一数字是2007年统计数字的一半。

对外国企业有利的因素是，伴随这种品牌忠诚度的减弱而来的是消费者对品牌来源地的开放态度。受访者中，表明自己没有任何品牌来源地偏好的比例，从2007年的42%提高到了52%。

这将鼓励企业更加集中精力强化品牌内涵，通过产品效用的差异化，克服消费者被促销左右或只注重价格而不关心品牌的倾向。2018年的调查重点放在三大品牌选择动因上，即品牌规模、消费者对功能性的偏好以及消费者的环保意识。

大品牌是优质可靠产品的代名词。调查显示，品牌忠诚度的下降在大品牌中不那么明显。此外，如果某个大企业经营多种商品，那么该企业旗下某品牌产品的现有用户在考虑其他产品类别时，会更多地考虑该企业的其他品牌。例如，LG手机用户对LG冰箱的关注度几乎是非LG手机用户的三倍。

因此，企业通过现有品牌推出新产品或进入全新产品领域，比创造新品牌更可能获得成功。康师傅在包括方便面、茶饮料到烘焙制品等多类商品中，均使用康师傅品牌。随着公司在方便面市场和茶饮料市场分别占据47%和52%的份额，这一战略取得了成功。1996年推出夹心饼干后，康师傅仅用5年时间就获得了1/3的市场份额。

四、与消费者建立联系的新途径

电视是一种具有较大影响力的广告媒体。调查显示，超过一半的中国消费者表示，如果哪种品牌的食品或饮料没在电视上看见过，他们就不会购买。但同时，包括"病毒式营销"和店内样品等新媒体和创新促销技术的普及，正在改变营销人员联系消费者的方式。中国购物者在最大程度上受到产品展示陈列以及销售人员的影响。56%的受访者称，店内促销活动对于他们的购物决定起着至关重要的作用，甚至超过电视广告的作用。

大多数中国消费者在进入商店之前，心目中已有所购产品的大致品牌范围。因此，通过强大广告攻势进入消费者心目中的"名单"，是关键的第一步。

对于任何真正希望在大众市场取胜的企业而言，电视广告是前提条件，但电视仅仅是入场券。企业需要采取更具创意的方法，设法通过店内促销或赞助合适的活动跻身中国人心目中品牌名单的前列。同时，消费者自发设立并主导的营销渠道，如在线论坛，在某些产品领域也在变得日益重要。

麦肯锡公司在其2008年的中国消费者调查报告中还称，中国是一个充满活力的市场，它不断考验着我们的认识，并促使我们做出改变。在开展年度调查的三年间，我们见证了日渐敏锐和成熟的消费群体的崛起。

中国变化速度之快令世界震惊，努力与中国增长速度保持同步的消费品企业在注重必要的运营改善时，反而容易忽视全貌。然而，企业如果不能了解这一市场瞬息万变的动态，最终会很快落后，重新跻身强者行列则要付出惊人的代价。

（资料来源：麦肯锡关于中国消费行为的四种变化趋势案例分析）

本章小结

1. 消费者行为理论研究消费者在一定预算约束之下，如何做出购买决策，使其效用即偏好满足程度最大化。

2. 无差异曲线分析消费者行为。无差异曲线表示能给消费者带来相同满足程度的各种商品组合。较高位置的无差异曲线代表较大的产量水平和较高的满足水平。无差异曲线的斜率是商品之间的边际替代率。

3. 消费者的收入不变，商品的相对价格发生变动，则预算线的斜率发生改变。商品的价格不变，消费者的收入变动，则预算线平行移动。

4. 消费者理性选择的实现是在无差异曲线与预算线的切点上。在这一点，无差异曲线的斜率（商品之间的边际替代率）等于预算线的斜率（商品的相对价格）。可以根据“价格—消费”曲线直接或间接地推导出向右下方倾斜的需求曲线、“收入—消费”曲线和恩格尔曲线。

5. 消费者剩余可以用来衡量消费者从市场交易中获得的利益，是支付意愿与实际支付之间的差额，随价格变化而变化。

6. 消费者成本会随商品价格变化而变化，收入也需通过生活成本指数来进行调整。

本章专业术语解释

1. **效用**是指消费者个人从商品或者服务消费中获得满足的程度。

Utility refers to the degree to which individual consumers obtain satisfaction from the consumption of goods or services.

La utilidad se refiere al grado de satisfacción que los consumidores obtienen del consumo de bienes o servicios.

Sự hữu ích là mức độ mà người tiêu dùng cá nhân đạt được sự hài lòng từ việc tiêu dùng hàng hóa hoặc dịch vụ.

効用とは、各消費者が財やサービスを消費することによって得ることができる主観的満足の度合いとことである。

2. 偏好

preference

preferencia

yêu thích

にえこひいき

3. 无差异曲线：一条表示给消费者带来相同满足程度的消费组合的曲线

indifference curve: a curve showing consumption bundles that give the consumer the same level of satisfaction

urva de indiferencia: un gráfico que muestra las diferentes combinaciones entre dos bienes que reportan la misma satisfacción a una persona，y que son preferidas a otras combinaciones

đường bàng quan: cho biết các gói tiêu dùng mang lại cho người tiêu dùng mức độ hài lòng như nhau

無差別曲線：ある消費者にとって「等しい効用がえられる 2 つの財の消費量の組合せ」をつないだ曲線のことです

4. 边际替代率：消费者愿意以一种商品交换另一种商品的比率

marginal rate of substitution（MRS）: the rate at which a consumer is willing to trade one commodity for another

relación marginal de sustitución: un ratio que representa la tasa a la que un individuo está dispuesto a cambiar un bien por otro permaneciendo indiferente.

tỷ lệ thay thế biên（MRS）: tỷ lệ mà tại đó người tiêu dùng sẵn sàng trao đổi hàng hóa này lấy hàng hóa khác

限界代替率：消費者が財を消費するとき、ある財 y を少量（Δy）だけ減らし、別の財を x を少量（Δx）だけ増加させれば、すなわち、y 財を x 財と代替させれば、以前と同じ満足度を維持することが可能の比率である

5. **预算约束线**：对消费者可以支付得起的消费组合的限制

budget constraint: the limit on the consumption bundles that a consumer can afford

restricción presupuestaria: el conjunto de todas las combinaciones posibles de bienes o servicios que, tomando sus precios como dados, agotarían exactamente el ingreso del consumidor

ràng buộc ngân sách: giới hạn về gói tiêu dùng mà người tiêu dùng có thể mua được

予算制約線：財の価格と消費者の所得が与えられているとき、予算（所得）内で消費者が購入可能な最大の 2 つの財の組合せを示しているのである

6. **理性人**会系统而有目的地尽最大努力去实现目标。

Rational people are those who systematically and purposefully do the best they can to achieve their objectives.

Las personas racionales son aquellas que sistemática y decididamente hacen lo mejor que pueden para lograr sus objetivos.

Người có lý trí là người làm những điều tốt nhất có thể một cách có hệ thống và có mục đích để đạt được mục tiêu của họ.

合理的経済人またはホモエコノミクスとは、もっぱら経済的合理性のみに基づいて個人主義的に行動する、と想定した人間像の事である。

7. **消费者最优选择**指消费者通过选择位于最高无差异曲线上的预算约束点进行优化。此时，无差异曲线的斜率等于预算约束线的斜率。

Consumer optimal choice refers to that the consumer optimizes by choosing the point on his budget constraint that lies on the highest indifference curve. At this point, the slope of the indifference curve equals the slope of the budget constraint.

Teoría de la elección óptima del consumidor se refiere a la consumidor optimiza eligiendo el punto de su restricción presupuestaria que se encuentra en la curva de indiferencia más alta. En este punto, la pendiente de la curva de indiferencia es igual a la de la restricción presupuestaria.

Lý thuyết lựa chọn tối ưu của người tiêu dùng là khi người tiêu dùng tối ưu hóa bằng cách chọn điểm giới hạn ngân sách của mình nằm trên đường bàng quan cao nhất. Tại thời điểm này, độ dốc của đường bàng quan bằng độ dốc của giới hạn ngân sách.

効用最大化の最適消費とは、消費者は限られた所得（予算線）の中で、自身の効用を最大化させるためにことするとのことである。その際、無差別

曲線の傾きと予算制約線の傾きが等しくなる。

8. **恩格尔系数**指食物支出在全部支出中所占的比例。

The Engel coefficient refers to the proportion of food expenditure to total expenditure.

El foeficiente de Engel se refiere a la proporción del gasto en alimentación con respecto al gasto total.

Hệ số Engel là tỷ lệ chi phí ăn uống trên tất cả chi tiêu.

エンゲル係数とは、支出総額に占める食料費支出の割合を指す。

9. **消费者剩余**就是消费者支付意愿与实际支付的市场价格之间的差额。

Consumer surplus is the difference between consumer's willingness to pay and the market price actually paid.

El excedente del consumidor es la diferencia entre la voluntad de pago del consumidor y el precio real de mercado pagado.

Phần còn lại của người tiêu dùng là sự khác biệt giữa ý chí trả tiền của người tiêu dùng và giá thị trường thực sự trả tiền.

消費者の残りは消費者の支払い意思と実際に支払った市場価格との差額である。

10. **消费者物价指数**指商品和服务的典型消费组合在当期的成本与基期的成本之比。

Consumer price index（CPI）refers to the ratio of the cost of the typical consumption combination of goods and services in the current period to the cost in the base period.

Índice de precios al consumidor（IPC）refiere a la relación entre el costo actual de la cartera típica de consumo de bienes y servicios y el costo del períodc base.

Chỉ số giá tiêu dùng（CPI）đề cập đến tỷ lệ chi phí so với giai đoạn cơ bản của sự kết hợp tiêu dùng điển hình của hàng hóa và dịch vụ trong giai đoạn hiện tại.

消費者物価指数とは、商品とサービスの典型的な消費ポートフォリオの当期のコストと基底期のコストの比を指す。

综合练习

一、单项选择题

1. 在同一平面图上有（　　）无差异曲线。

A. 无数条　　B. 三条
C. 许多但数量有限的　　D. 仅一条

2. 消费预算线上每一点所反映的可能购买的两种商品的数量组合是（　　）。

A. 不同的　　B. 相同的
C. 在某些情况下相同的　　D. 在某些情况下不相同的

3. 两种商品的价格按相同的比例下降，消费者的收入不变，则消费预算线（　　）。

A. 向左平移　　B. 向右平移　　C. 原地不动　　D. 向下平移

4. 消费者剩余是（　　）的图形的面积。

A. 在供给曲线以下和价格以上　　B. 在供给曲线以下和价格以上
C. 在需求曲线以上和价格以下　　D. 在需求曲线以下和价格以上

5. 买者的支付意愿是（　　）。

A. 买者的消费者剩余

B. 买者的生产者剩余

C. 买者愿意为一种商品支付的最高价格

D. 买者愿意为一种商品支付的最低价格

6. 消费者可以承担的消费组合的限制被称为（　　）。

A. 无差异曲线　　B. 边际替代率　　C. 预算约束线　　D. 消费限制

7. 完全替代品的无差异曲线（　　）。

A. 是一条直线　　B. 凹向原点　　C. 凸向原点　　D. 是一个直角

8. 以下哪一种关于无差异曲线标准特征的说法是不正确的？（　　）。

A. 无差异曲线向右下方倾斜

B. 无差异曲线不互相交叉

C. 对较高无差异曲线的偏好大于较低的无差异曲线

D. 无差异曲线向外突出

9. 消费者对任何两种商品的最优购买量是（　　）。

A. 在预算约束线不变时消费者达到最高无差异曲线的一点

B. 消费者达到最高无差异曲线的一点

C. 两条最高无差异曲线的相交点

D. 预算约束线与无差异曲线相交之点

10. 以下哪一种关于消费者最优消费组合的说法是正确的？
在最优时，（　　）。

A. 无差异曲线与预算约束线相切

B. 无差异曲线的斜率等于预算约束线的斜率

C. 两种商品的相对价格等于边际替代率

D. 以上各项都正确

二、判断题

1. 两条无差异曲线可以相交于一点。（　　）

2. 在同一条无差异曲线上，不同的消费者得到的效用水平是无差异的。（　　）

3. 无差异曲线的斜率为固定常数时，两种商品是完全互补的。（　　）

4. 消费者的偏好都是合理的。（　　）

5. 收入增加，消费可能线（预算约束线）向右上方平行移动，可以买到更多的商品组合。（　　）

6. 所有消费者生活成本指数都能反映消费者生活的真实变化。（　　）

7. 在无差异曲线和预算线的切点上，消费者得到的效用达到最大。（　　）

8. 假定其他条件不变，如果某种商品的价格下降了，根据效用最大化原则，消费者会增加这种商品的购买。（　　）

9. 消费者剩余衡量了消费者从市场交易中获得的利益。（　　）

10. 若价格上升，则消费者剩余将增加。（　　）

三、问答题

1. 试用无差异曲线分析法图解消费者均衡。

2. 价格变化如何影响消费者剩余？

3. 假如明年物价大幅上涨，你的生活费该如何调整呢？

第四章

企业、生产与成本

市场经济包括供给和需求两种力量。第三章分析了需求力量的形成主体——消费者的行为选择，以及需求是如何形成的。接下来三章将分析市场力量的另一种主体企业或者厂商的行为选择，以及供给是如何形成的。本章先介绍企业、生产和成本。

第一节 企 业

一、什么是企业

关于什么是企业，可以从多个视角去解释。《现代汉语词典（第 7 版）》对企业的定义是：从事生产、运输、贸易、服务等经济活动，在经济上独立核算的组织，如工厂、矿山、铁路等。《说文解字》中对古代象形字“企”的解释是：“抬起脚后跟站着”，今用来表示盼望、企图的意思。而象形字“业”（繁体字为“業”）的本义是古代乐器架子里横木上的大板，后来引申为学业、家业、事业、产业等[3]。因此，把这两个象形字合起来的意思就是：有盼望地从事某项事业。这个盼望或者期望就是利润或盈利。

经济学中的企业也称为厂商，对应的英文单词是“firm”[1]。《牛津高阶英汉双解词典（第 9 版）》对“firm”的解释是：a business or company，即商行、商号、公司的意思。对“business”则有 8 个方面的解释，与我们所说的“企业”相关的是下面两个：① the activity of making，buying，selling，or supplying goods or services for money（为钱制造、购买、出售或提供商品或服务的活动），即商业、买卖、生意；② a commercial organization such as a company，shop/store or factory，即商业机构、企业、公司、商店、工厂。对“company”的一个相关解释是：a business organization that makes money by producing or selling goods or services（通过生产或销售商品或服务赚钱的商业组织），如公司、商号、商行。结合以上多个英文单词的解释，可以这样理解：企业是为了赚钱而从事制造、购买、销售或提

1 firm: an economic unit that produces goods and services (Under the control of its owner and for the purpose of profit, it is composed of capital facilities and other resources.)

供产品或服务等商业活动的一个组织。

以上中文词典和英汉双解词典对企业的解释，可以综合体现在 D. 格林沃尔德主编的《现代经济词典》对企业（厂商）的解释中：厂商是生产商品和劳务的经济单位，它在厂商主的控制之下，为着盈利的目的，由资本设施和其他资源相结合而组成。[31]

现代经济学理论认为，企业本质上是一种资源配置的机制，它能够实现整个社会经济资源的优化配置，降低整个社会的交易成本。

二、企业存在的理由

传统微观经济学把企业的生产过程看成是一个“黑匣子”，即企业被抽象成一个由投入到产出追求利润最大化的“黑匣子”[32]。被看作“黑匣子”的企业或商业机构，具有什么样的功能呢？换句话说，企业存在的理由是什么呢？可以从经济学和管理学两个视角出发，将其归结为四个方面：获取规模经济、节省交易费用、团队生产的优势和管理成本优势。

1. 获取规模经济

在 1991 年科斯（R. H. Coase）获得诺贝尔经济学奖以前，经济学家基本上是从规模经济（economies of scale）的角度分析企业存在的必然性。有规模的专业化生产才具有经济性，即有效率的生产，而有效率的生产需要专业化的机器、厂房、装配线和劳动分工。随着企业产量的增加、规模的扩大，企业能够通过实行劳动的专业化分工、采用大型的机器设备、推行先进的管理技术和生产工艺等方法来降低单位投入的平均成本。规模经济的存在，使得较大生产者的平均成本低于较小的生产者。因此，在规模经济条件下，凡是不能使生产规模扩大到足够程度的企业，生产成本难免较高，从而在竞争中处于不利地位。反过来说，只有把企业规模提高到一定水平的企业才能生存与发展。

用规模经济解释企业的存在比较适合大企业横向经营的情况。在单一产品生产中，当产量足够大的时候，企业可以把生产过程分解为不同的环节以进行劳动的分工协作，可以采用专有的设备和工具来实现生产专业化，从而带动企业效率的提高。但是，当单一产品的产量不够大，或者企业的发展是以纵向经营或多样化经营为主导方向时，规模经济的解释性就显得不足了。小型的单一企业由于受到产量的限制，很难实现对生产工序的细分或采用专业化的设备来提高效率。使用流水线的前提是产量足够大，如果没有足够大的产量，流水线就可能中断，那么，设备和人力的浪费就发生了。同样的情况也适应于企业的纵向联合和多样化扩张。因为企业纵向和多样化发展带来的企业规模的扩大，很可能带来产品种类的增加，而并不是单一产品数量的增加这一结果。显然，任何企业都有存在的理由，因此，规模经济还是不能从根本上解释企业存在的原因。

2. 节省交易费用

经典的微观经济理论有一个隐含的基本假定，即市场的交易是没有成本的，也就是说交易费用为零。但科斯指出，市场交易存在着交易费用，企业的存在可以降低交易成本。所谓交易费用（transaction costs）[1]，就是为了完成交易而发生的费用。在任何一个经济社会中，只要进行社会生产，就一定会有交易发生，而任何一笔交易要进行和完成，就必须付出相应的费用。按照具体的交易活动所涉及的程序，可将交易费用分为寻找和发现交易对象的成本、了解交易价格的成本、讨价还价的成本、订立交易合约的成本、履行合约的成本、监督合约的履行和制裁违约行为的成本等。

任何一笔市场交易都是一项合约（买卖合约、雇佣合约等），因此任何一项经济交易的达成，都需要进行合约的准备、讨价还价、合约议定、合约执行的监督以及违约行为的制裁。这一过程会带来一系列的费用，有时甚至会高到合约无法达成。当具有交易关系的经济活动主体归属于同一所有者（如企业主）时，那么，组织内的协调就取代了市场协调，从而达到节省交易费用的目的。

3. 团队生产的优势

在前面一些学者对企业存在理由的解释的基础上，阿尔曼・阿尔钦（Armen A. Alchian）、哈罗德・德姆塞茨（Harold Demsetz）从团队生产的视角进一步分析了企业存在的理由。由于生产过程中存在不同性质的工作，绝大多数产品不是由一个人而是由许多人合作完成的，而且所需要的投入也不属于同一个人，比如一部电影的完成需要有编剧、摄影、制片、导演和演员等的共同配合。团队产生的基础包括：①使用几种类型的资源；②其产品不是每一种合作资源的独立产出之和，这个额外的因素造就了团队组织问题；③不是所有被用于团队生产的资源都属于同一个人。

专业化分工能够提高生产效率，分工也必然要求合作。当生产活动以团队形

1 transaction costs: the costs incurred to complete a transaction

式进行时，可以联合使用分属于不同个人的资源并可以利用各个方面专家的特长，从而使效率大大提高。当然，企业所具有的上述优势既不意味着企业内部的组织协调可以完全取代市场协调，也不意味着企业的规模越大越好。事实上，当企业的规模超过一定的限度后，管理层级增加，信息传递缓慢，将会导致企业内部的协调成本迅速增加，从而抵消企业这种组织形式所固有的优势，甚至使效率反而更低。

4. 管理成本优势

企业存在的第四个理由在于生产过程的管理。由前面对企业的定义可知，企业要从事商品或者服务的制造、买卖、提供，也需要有大量的资本设施和其他资源的投入，这些都由厂商主即企业主控制。企业主或者企业经理既是组织生产，引入新思想、新产品或新工艺，并做出企业决策的人，也是对企业的成功或失败承担责任的人。毕竟生产不能自行组织起来，必须有人监督新厂房的建造，与工会谈判，购买原材料和保障其他供应。所有这些生产要素都安排就绪之后，还要有人监督日常活动，以保证有效率和踏实地完成各项工作。

三、企业行为目标

企业是能够独立做出生产决策的经济单位。分析生产者行为理论时，我们会假定生产者是具有完全理性的经济人。在市场经济条件下，企业作为理性经济人时所追求的生产目标是利润最大化（profit maximization）。

利润是什么呢?《牛津高阶英汉双解词典（第 9 版）》对利润（profit）的解释是：the money that you make in business or by selling things，especially after paying the costs involved（你在商业活动中或出售东西时，尤其是在支付了所有的成本以后赚的钱）。利润（用 Π 表示）就是总收益（total revenue, TR）减去总成本（total cost, TC），即：利润 Π = 总收益 TR − 总成本 TC。企业的利润是厂商生产行为的目标、经营活动的成果、经营好坏的标准。厂商利润受两个因素的影响，一是总收益，总收益越多，利润越大；反之，利润越小。二是总成本，总成本越小，利润就越大；反之，利润就越小。

利润对所有企业来说都是一种最强有力的刺激，如何实现利润最大化是生产者行为理论的核心问题。应该说，在现实中企业也会有其他的目标，如销售量的最大化、为社会谋福利等，但利润最大化是一个合理的假设。就绝大多数企业而言，利润最大化是其基本目标。所有企业从事生产经营活动的唯一目的就是谋求自身利润最大化，这一假设是有局限性的，也是不符合现实的，但经济分析中我们仍然使用企业的唯一目标是追求利润最大化的假定。其理由如下：

1. 基于不确定性的预期利润最大化的企业经营是有现实意义的

所谓预期利润，是指每一种可能水平的利润乘上它出现的概率后加总而得到的长期平均值。虽然现实世界的不确定性使得最大利润没有明确的定义，但如果假定企业完全了解有关变量，它们就能够知道从特定行动中实现一定水平的利润的概率，将企业目标确定为预期利润的最大化仍然是不乏现实意义的。

2. 企业的其他多重目标与利润最大化目标相关

从实质上看，各种目标大部分会直接或间接地表现为实现长期利润的最大化，还有些目标必须在一定利润的条件和基础上才能实现。

3. 利润最大化假定及其企业理论在企业经营管理中已得到深入研究和广泛运用

利润最大化是表明价格体系如何起作用的经济模型中最合适的标准假定，其具体应用表现在两个方面：一方面，它为大多数以利润最大化为目标的企业提供了生产和经营的行为准则；另一方面，即使是对那些标榜不以利润最大化为唯一目标的企业而言，该理论也有助于这些企业衡量其追求其他目标所产生的机会成本。

因此，利润最大化的目标符合现实情况，并非脱离现实的假设。由这一假设出发来分析企业行为才能得出正确的结论。此外，企业利润最大化的目标就整体而言与社会利益是一致的，因为只有每个企业的利润都达到最大化，整个社会资源的利用才能达到最优化。这是因为，稀缺资源是由各个企业共同利用的，当每个企业都使资源得到最有效的运用（即体现为利润最大）时，整个社会的稀缺资源也就得到了最有效的运用。从这种意义上说，利润最大化是企业的理性行为。

四、企业组织形式

企业组织形式是指企业存在的形态和类型。企业的种类繁多，按不同的标准可以将其划分为不同的种类。现代社会中，企业可分为独资企业、合伙企业和公司三种组织形式。无论企业采用何种组织形式，都应具有两种基本的经济权利，即所有权和经营权，它们是企业从事经济运作和财务运作的基础。企业采用何种组织形式，对企业理财工作有重大的影响。实践证明，股份公司比其他任何一个所有制形式的企业都存在得更久，因此大多数厂商都以股份公司形式组织。

1. 独资企业

独资企业（ownership 或者 individual proprietorship），也称“单人业主制”，是最简单的形式，指单个人单独拥有和经营一个企业。它是由某个人出资创办的，有很大的自由度，只要不违法，爱怎么经营就怎么经营，要雇多少人、贷多少款，全由业主自己决定。赚了钱的话，只要交了税，剩下的一切听从业主的分配；如果赔了本，欠了债，则全由业主的资产来抵偿。我国的个体户和私营企业多属于此类企业。

2. 合伙企业

合伙企业（partnership）是指两个或更多的人联合起来共同出资创办、共同拥有的企业。不同于所有权和管理权分离的公司，它通常是依合同或协议组织起来的，结构较不稳定。合伙人对整个合伙企业所欠的债务负有无限的责任。合伙企业不如独资企业自由，决策通常要由合伙人集体做出，但它具有一定的企业规模优势。独资和合伙企业属自然人企业，出资者对企业承担无限责任。合伙企业的特点：①合伙企业法规定每个合伙人对企业债务须承担无限、连带责任（即如果一个合伙人没有能力偿还其应分担的债务，其他合伙人须承担连带责任）；②法律还规定合伙人转让其所有权时需要取得其他合伙人的同意，有时甚至还需要修改合伙协议，因此其所有权的转让也比较困难。

3. 公司

公司（corporation）通常也为多人所有，但公司内部的所有权和经营权相互分离，出资者按出资额对公司承担有限责任，主要分为有限责任公司和股份有限公司。有限责任公司指不通过发行股票，而由为数不多的股东集资组建的公司（一般由 2 人以上、50 人以下的股东共同出资设立），其资本无须划分为等额股份，股东在出让股权时受到一定的限制。在有限责任公司中，董事和高层经理人员往往具有股东身份，使所有权和管理权的分离程度不如股份有限公司那样高。有限责任公司的财务状况不必向社会披露，公司的设立和解散程序比较简单，管理机构也较简单，比较适合中小型企业。股份有限公司是全部注册资本由等额股份构成并通过发行股票（或股权证）筹集（应当有 2 人以上 200 人以下为发起人，注册资本的最低限额为人民币 500 万元），公司以其全部资产为其债务承担有限责任的企业法人。其主要特征是：公司的资本总额平分为金额相等的股份；股东以其所认购股份对公司承担有限责任，公司以其全部资产对公司债务承担责任；每一股有一份表决权，股东以其持有的股份，享受权利和承担义务。从责任来看，股份有限公司其本质也是一种有限责任公司。

在市场经济条件下，生产力的发展水平是多层次的，由此形成了三类基本的企业组织形式，即独资企业、合伙企业和公司（以有限责任公司和股份有限公司为主）。这三种企业都属于现代企业的范畴，体现了不同层次的生产力发展水平和行业特点，但企业形式的法定性并非一成不变、不能变通的。我国企业组织形式应呈现多元化发展的趋势，可以在法定形式外寻求并借鉴其他国家的一些企业形式，并以法律的形式固定下来。比如，我国公司法是不承认设立时的“一人公司”的，但是，对于设立后，公司存续期间，其股东变动到不足法定人数这一情况，法律没有进一步规定如何处理，似乎可以认为我国公司法并不禁止存续中的一人公司。承认或者拒绝一人公司各有利弊，但总体平衡起来考虑，承认一人公司的好处要更大。首先，这有利于降低投资者的经营风险。许多投资者，往往既想一人投资，又想利用公司这种形式的特权，尤其是想享受有限责任的特权。如果法律对这种普遍的社会心理加以承认，会有助于社会财富的增加。其次，这有利于维持企业，保护交易安全。如果一个企业因为股权转让、股东死亡导致股东人数不符法定要求而被强行要求解散，既是现存企业的重大损失，也导致交易无安全保障可言。最后，这有利于减少纠纷，降低交易成本。比如，在设立公司或公司运行时，为了满足法律上关于股东人数的要求，通常会找一些亲朋好友来挂名，然而一旦因盈利或负债而引起纠纷，则需调集证据解决，可能会导致持久的诉讼，对于当事人而言也增加了交易成本。由此可见，只要在承认一人公司的同时对一人公司所存在的弊病加以防范，或者因势利导，其对社会经济的积极效果可能会远远大于负面效应。

第二节 生 产

一、生产要素

生产要素（factors of production）[1]是指生产活动中所必须投入的任何东西，例如面包店使用的投入包括工人的劳动、面粉、糖等原料以及投资在烤箱、搅拌器和其他设备上的资本，这些投入用于生产面包、蛋糕以及其他各种点心。这些投入在物质形态上可以千差万别，但一般可以归为四种基本形式：劳动、资本、土地、企业家才能，称为“生产四要素”。

劳动（labor）是指劳动者所提供的服务，可以分为脑力劳动和体力劳动。劳动力是劳动者劳动的能力。在经济学中，劳动和劳动力一般不做严格的区分。

资本（capital）是指可用于生产的有形的物质设施和无形的技能知识等。资本有两种形式，其一是指物质资本，如厂房、设备、原材料等有形的资本；其二是指人力资本，它指的是体现在劳动者身上的体力、文化、技术状态等。在生产理论中所使用的资本概念主要是指物质资本。

土地（land）是指生产中所使用的、以土地为主要代表的各种自然资源，它是自然界中本来就存在的。例如，土地、水、原始森林、各类矿藏等。

企业家才能（entrepreneurship）是指企业家对整个生产过程的组织与管理能力。

生产是这四种生产要素合作的过程，产品则是这四种生产要素共同努力的结果。经济学家特别强调企业家才能对生产的作用，认为把劳动、资本、土地等生产要素合理配置起来，生产出最多、最好的产品的关键因素就是企业家才能。

二、生产函数

企业通过劳动、资本、土地和企业家才能等生产要素的不同组合把投入转化为产出，例如，雇佣 5 个工人，使用两个烤炉、100 斤面粉、30 个鸡蛋、10 斤糖，再租一个厂房，就可以把这些生产要素进行不同的组合后生产出不同数量的蛋糕或者面包。但是，如果你拥有一定数量的投入，你能够得到多少产出呢？

1 factors of production: anything that must be used in production activities

我们可以用生产函数来描述生产过程中投入和最终产出之间的关系。在实践中，其产出量取决于技术状况和生产知识。在任何时点上，给定可使用的技术知识、土地和机器等，在投入一定劳动的情况下，仅仅能够得到一定数量的面包或蛋糕。因此，生产函数（production function）[1] 表示在一定时期内，在给定的技术条件下，每一特定的生产要素投入组合与其所能生产出的最大产量之间的关系。虽然在现实中，企业会将多种要素投入生产，但为了分析简便，我们假定只使用两种投入：劳动和资本，则生产函数可写为：

$$Q = F(L, K) \tag{4.1}$$

其中，Q 表示总产量，L、K 分别代表劳动、资本这两种生产要素。

因为生产函数允许投入以各种比例进行组合，所以产出可以通过各种不同方法得到。公式 4.1 中的生产函数意味着可以使用更多的资本和更少的劳动，即资本密集型生产方式，也可以使用更多的劳动和更少的资本，即劳动密集型生产方式。以生产蛋糕为例，可以采用更多劳动参与的工艺制作即手工制作蛋糕，也可以采用自动化流水线方式来制作蛋糕。

同时要注意，公式 4.1 适用于一个给定的技术水平，即将投入转化为产出的各种方法和技术中的一个给定水平。随着技术的不断进步，生产函数也在不断发生变化，企业可以用相同的投入生产出更多的产出。可以不加夸张地说，存在数百万个不同的生产函数——每一种商品或服务都有一个生产函数，其中大部分并没有写出来，而只是存在于人们的脑海中。在经济领域，技术在飞速变化，如计算机软件和生物技术，一种生产函数可能在使用之后不久便被淘汰。其中的一些，如医学实验室或悬崖峭壁上的建筑的设计图，只能被用于特定的目的或地点，换个地方便毫无用处。尽管如此，经济学家还是发现生产函数对于描述企业的生产能力是非常有用的[17]。

三、总产量、平均产量与边际产量

1. 总产量、平均产量、边际产量

这里我们分析的是只有一种可变生产要素的变动所引起的各种产量的变动。其中，可变生产要素的投入量是自变量，产量是因变量。

---

1 production function: the relationship between the maximum output that can be produced with each specific combination of production factors under given technical conditions in a given period of time

总产量（total product，TP）是指一定量的某种生产要素所生产出来的全部产量。平均产量（average product，AP）是指平均每单位生产要素所生产出来的产量。边际产量（marginal product，MP）[1] 是指每增加一单位生产要素所增加的产量。

如果以 L 代表劳动这一生产要素的投入数量，ΔL 代表这种生产要素的增加量，以 TP 代表总产量，以 AP 代表平均产量，以 MP 代表边际产量，则这三者之间的数量关系是：

$$TP = AP_{\mathrm{L}} \cdot L \tag{4.2}$$

$$AP_{\mathrm{L}} = \frac{TP}{L} \tag{4.3}$$

$$MP_{\mathrm{L}} = \frac{\Delta TP}{\Delta L} \tag{4.4}$$

2. 总产量、平均产量与边际产量的相互关系 [13]

假定在某产品生产过程中所使用的生产要素是资本和劳动，其中资本的投入量是固定不变的，劳动的投入量是可变的，则有表 4.1。

表 4.1　劳动投入与总产量、平均产量、边际产量之间的关系

资本量（K）	劳动投入量（L）	总产量（TP）	平均产量（AP）	边际产量（MP）
10	0	0	0	0
10	1	3	3	3
10	2	8	4	5
10	3	12	4	4
10	4	15	3.8	3
10	5	17	3.4	2
10	6	17	2.8	0
10	7	16	2.3	–1
10	8	13	1.6	–3

根据表 4.1，可以绘制出图 4.1。

1　marginal product: the increase in production by one more unit of production factor

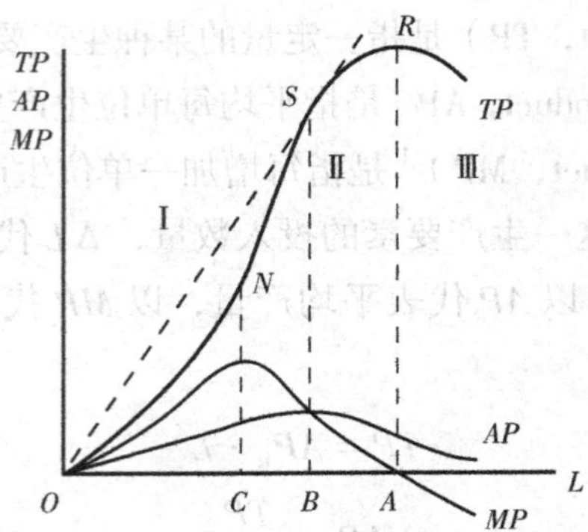

图 4.1 总产量、平均产量、边际产量之间的关系图

在图 4.1 中，横轴代表劳动投入量，纵轴代表产量，*TP* 为总产量曲线，*AP* 为平均产量曲线，*MP* 为边际产量曲线。三条产量曲线分别表示随着劳动投入量的不断增加，各种产量的变动趋势。*N* 为总产量曲线的拐点，对应于边际产量递增与递减的转折点（即 *MP* 线的最高点）。*S* 为总产量曲线的切点，对应于边际产量与平均产量相交的点。*R* 为总产量曲线的最大点，对应于边际产量为零的点。

根据图 4.1，可以看出总产量、平均产量、边际产量之间的关系有如下特点：

（1）总产量与平均产量的关系。从图 4.1 上可以看出，在资本量不变的情况下，随着劳动量的增加，总产量曲线先以递增的速度增加，到拐点以后，以递减的速度增加，过最大点后变为递减。在 *O* 到 *B* 之间，随着劳动投入的增加，总产量不断增加，与之相对应的平均产量也不断增大。在 *B* 点，平均产量达到极大值。在 *B* 点以后，随着劳动投入的继续增加，总产量先以递减速度增加，然后减少，与之相对应的平均产量则减少。

（2）总产量与边际产量的关系。从图 4.1 中可以看到，总产量与边际产量之间也有对应关系。在 *O* 到 *C* 之间，随着劳动投入的增加，总产量以递增的速度增加，与之相对应的边际产量也不断增大。到了 *C* 的对应点，边际产量最大。在 *C* 到 *A* 之间，随着劳动投入的继续增加，总产量以递减的速度增加，与之相对的边际产量则减少。到了 *A* 点，总产量达到最大，此时 $MP = 0$。过了 *A* 点以后，随着劳动投入的继续增加，总产量递减，与之相对应的边际产量则为负值。

（3）平均产量与边际产量的关系。从图 4.1 中可以看出，边际产量曲线通过平均产量曲线的最高点。在 *B* 点左边，边际产量大于平均产量，平均产量递增。在 *B* 点右边，边际产量小于平均产量，平均产量递减。在 *B* 点，边际产量等于平均产量，平均产量最大。

3. 生产的三个阶段

根据总产量、平均产量和边际产量的关系，我们可以把图4.1划分成三个区域，分别表示可变生产要素的三个投入阶段。

第一阶段（Ⅰ），是劳动投入量从零增加到B点的阶段。在这一阶段，随着劳动投入的不断增加，总产量在不断增加，平均产量也在不断增加，说明在这一阶段，相对于不变的资本量而言劳动投入量不足，所以劳动投入量的增加可以使资本的利用效率越来越高，不但总产量可以增加，而且劳动生产率，也就是劳动的平均产量也是递增的。由此看来，劳动投入量不应停止在第一个阶段，而至少要增加到B点为止。否则，资本的利用效率就不充分。

第二阶段（Ⅱ），是劳动投入量从B点到A点的阶段。在这一阶段，随着劳动投入的不断增加，不变的资本越来越接近被充分利用，因此劳动生产率在这一阶段开始下降，相应地，平均产量也开始递减。在这一阶段，虽然边际产量继续下降，但还是正值，因而总产量还是在不断增加，只是增加的幅度越来越小。在劳动量增加到A点时，总产量可以达到最高。

第三阶段（Ⅲ），是劳动投入量超过A点以后的阶段。在这一阶段，随着劳动投入的继续增加，不变的资本已完全被充分利用，已经不再有增加产量的潜力。在这一阶段，不但平均产量在持续下降，而且边际产量已成为负值，也就是总产量开始绝对减少。很显然，劳动投入量超过A点之后是不利的。

综合上述分析，合理的劳动投入水平既不应停留在生产的第一阶段，也不应保持在生产的第三阶段，而只应处于生产的第二阶段，即在B点和A点之间。但劳动投入量应该在第二阶段的哪一点上，则要结合厂商的生产目标来具体分析。

例如，如果企业将生产目标定为平均产量最大，应将可变的生产要素投入量增加到B点。如果企业将生产目标定为总产量最大，这时应将可变的生产要素投入量增加到A点。一般而言，在市场经济条件下，厂商生产的目标既不是平均产量最大，也不是总产量最大，而是追求利润的最大化。那么，在此情况下就要考虑成本和产品价格等因素，因为平均产量最大时并不一定利润最大，总产量最大时利润也不一定最大。

四、边际产量递减规律

在大多数生产过程中，都存在着随劳动（和其他要素）投入的增加而边际产出递减的现象。对一种可变生产要素的生产函数来说，边际产量表现出先上升而后下降的规律，即边际产量递减规律。

边际产量递减规律又称边际收益递减规律（the law of diminishing marginal return）[1]。在技术水平和其他生产条件不变的前提下，把一种可变的生产要素投入到一种或几种不变的生产要素中时，最初这种生产要素的增加会使产量增加，但当它的增加超过一定限度时，增加的产量将会递减，甚至最终还会使产量绝对减少。例如，一个模具加工厂有 2 台数控机床为其固定投入，当劳动这一可变投入从一个工人增加到两个工人时，数控机床得到充分利用，工人的边际产量递增，但如果工人的数量增加到 3 个、4 个甚至更多时，几个人共用一个数控机床，每个工人的边际产量自然会出现递减，甚至会成为负数。边际产量递减现象如图 4.1 中 *MP* 曲线所示。

在理解边际产量递减规律时，要注意以下几点：

（1）这一规律发生作用的前提是技术水平不变，即生产中所使用的技术没有发生重大变革。现在，技术进步的速度很快，但并不是每时每刻都有重大的技术突破。技术进步总是间歇进行的，只有经过一定时期的准备之后，才会有重大的突破。短期内，无论是农业还是工业，一种技术水平一旦形成，都会有一个相对稳定的时期，这一时期就可以称为技术水平不变。

（2）这一规律适用的前提是生产中使用的生产要素分为可变与不变两类。边际产量递减规律研究的是把不断增加的一种可变生产要素，增加到其他不变的生产要素上时对产量所发生的影响。这种情况也是普遍存在的。在农业中，当土地等生产要素不变时增加施肥量，或在工业中，当厂房、设备等生产要素不变时增加劳动力，都属于这种情况。

（3）在其他生产要素不变时，一种生产要素增加所引起的产量或收益的变动可以分为三个阶段：第一阶段表现为边际产量递增，即这种可变生产要素的增加使边际产量或收益增加。第二阶段表现为边际产量递减，即这种可变生产要素的增加仍使总产量增加，但增加的比率，即增加的每一单位生产要素的边际产量，是递减的。第三阶段表现为产量绝对减少，即这种可变生产要素的增加会使总产量减少。

边际产量递减规律是从科学实验和生产实践中得出的，在农业中的体现最为明显。早在 1771 年，英国农学家杨格就用在若干相同的地块上施以不同量肥料

---

1 the law of diminishing returns: that we will get less and less extra output when we add additional doses of an input while holding other inputs fixed

的实验，证明了肥料施用量与产量增加之间存在着边际产量递减的关系。此后，国内外学者又以大量事实证明了这一规律。这一规律同样存在于其他部门。工业部门中劳动力增加过多会使生产率下降，行政部门中机构过多、人员过多也会降低行政办事效率，造成官僚主义。俗语“一个和尚担水吃，两个和尚抬水吃，三个和尚没水吃”正是对边际产量递减规律的形象表述。

第三节 成　本

一、成本与利润

《牛津高阶英汉双解词典（第 9 版）》对成本（cost）的解释是：“商业活动需要花费的货币总量（the total amount of money that needs to be spent by a business）”。成本是企业进行生产与经营活动所必须付出的代价[13]。厂商对投入组合的选择，一方面取决于各种投入与产出间的物质技术关系，另一方面也取决于成本状况。企业成本是其生产和定价决策中的一个关键决定因素。成本所扮演的角色远远不只是影响生产和利润，还会影响投入的选择、投资的决定，甚至可以决定企业是否继续维持该业务。成本最小化是对成本概念的基本规定，经济学家所用的成本概念与关注企业财务报告的会计人员所用的成本概念是有区别的，因此本节先介绍几个重要的成本概念，然后区别经济利润和会计利润[17]。

1. 会计成本和经济成本

1）会计成本

会计成本（accounting cost）指的是企业在生产中按市场价格直接支付的一切费用。这些费用一般要忠实地反映到企业的会计账目上，是企业已花费支出的货币记录，因此也叫作历史成本。一个企业的会计成本通常包括生产与经营过程中发生的各项资金支付，诸如工资、原材料费用、动力燃料费用、设备添置费用、土地或厂房的租金、广告支出、保险付款、利息支出等。它们都是被会计人员记录在公司账册上的明显支出。

会计成本对于企业的财务分析是重要的，但对于企业的经营决策来说却显得有所不足：第一，会计成本往往只能说明过去，不能说明将来。投入价格等条件的变化，都会使会计成本不能正确预测未来。第二，会计成本往往含有一些人为因素。固定资产折旧方法和折旧率的不同，以及待摊费用的分摊方法不同，都会造成结算成本的不同，因此从会计成本的高低难以直接比较企业经济效率的高低。第三，会计成本不能准确反映企业生产的实际代价。

2）经济成本

由于反映历史支出的会计成本存在一些不足，而经济学家面向的是未来，他们关心的是稀缺资源的配置。因此，他们关注的是：将要发生的成本预计是多少，以及企业如何通过重新安排资源来降低生产成本并提高盈利能力。由此可见，经济学家关心的是经济成本（economic cost），即企业在生产中所使用的资源的成本，通常使用机会成本这个概念，即经济成本 = 机会成本。

机会成本（opportunity cost）[1]，是指由于将资源使用于某种特定的用途而放弃的其他各种用途所带来的最高收益。机会成本的概念源于资源的稀缺性及多用途性。任何资源都是稀缺的，都可能有不同的用途，比如钢铁可以用来造汽车，也可以用于建楼房，还可以用来建铁路；石油可以加工成化纤也可以炼成汽油；特别是，资金可投入股票市场，也可以用来开工厂，也可以建宾馆，等等。一般来说，企业在使用资源时，总会试图在各种用途中去选择能够带来最大收益的那种。另外，当我们选定了某种资源的用途，也就放弃了资源用于其他用途的机会，放弃这些机会就意味着放弃了在这些用途中可能得到的收益。在这一意义上，被放弃的收益也就成为一种“成本”。

在理解机会成本时要注意这样三个问题：

（1）机会成本不同于实际成本，它不是在做出某项选择时实际支付的费用或承担的损失，而是一种观念上的成本或损失。例如，假定某人拥有 20 万元的资金，只有两种选择：进行期货投资或炒股票。那么，他选择期货投资时，机会成本是放弃炒股票的机会，或者说进行期货投资获利 4 万元时，机会成本是放弃炒股票的获利 3.5 万元，但这绝不意味着为了获利 4 万元，必须实际支出 3.5 万元或损失 3.5 万元，20 万元的资金只能在进行期货投资获利 4 万元与炒股票获利 3.5 万元中选择其一，因为资源是有限的，“鱼与熊掌不可兼得”，他选择了一个，就必须放弃另一个。这种情况下，他做出一项选择时，机会成本并不是实际支出或损失，仅仅是观念上的损失，或放弃的另外一种可能性用途带给他的收益。

（2）机会成本并不全是由个人的选择所引起的。其他人的选择会给你带来

---

1 opportunity cost: whatever must be given up to obtain an item

机会成本，你的选择也会给其他人带来机会成本。例如，当你在夜晚享受卡拉OK时，你所放弃的宁静就是这种享受的机会成本。这时，你还会使别人得不到宁静，别人被迫放弃的宁静就是你这种选择给别人带来的机会成本。

（3）机会成本是做出一种选择时所放弃的其他若干种可能选择中最好的一种。例如，在运用20万元资金的选择中，当选择了期货投资时，所放弃的用途有开商店、开饭店和炒股票三种。其中，最好的一种用途是炒股票（在这三种可能选择的用途中获利最多）。所以，进行期货投资的机会成本是放弃的股票获利，而不是其他。

2. 显性成本与隐性成本

前面我们已经提到了在西方经济学里，经济学家们使用的是机会成本，这里我们还可以将机会成本分为显性成本和隐性成本。

（1）显性成本（explicit cost），也称为显成本或明显成本，是指企业在生产要素市场上购买和租用所需要的生产要素的实际支出。例如，某企业雇佣了一定数量的工人，从银行取得了一定数量的贷款，并租用一定面积的土地，为此，这个企业就需要向工人支付工资，向银行支付利息，向土地出租者支付地租，这些支出便构成了该企业生产的显性成本。

（2）隐性成本（implicit cost），也称为隐成本或隐含成本，是指企业使用自有的生产要素，不以货币形式支付的费用。这部分费用在形式上没有由契约规定支付，但在实际生产中则隐含于耗费之中，所以，在分析决策时往往容易被忽略。例如，为了进行生产，一个厂商除了雇佣一定数量的工人、从银行取得一定数量的贷款和租用一定面积的土地以外（这些均属显性成本支出），还动用了自己的资金和土地，并亲自管理企业。西方经济学家指出，既然借用了他人的资本需付利息，租用了他人的土地需付地租，聘用他人来管理企业也必须向别人支付薪金，那么同理，在这个例子中，当厂商使用了自有生产要素时，也应该得到报酬。所不同的是，现在厂商是自己在向自己支付利息、地租和薪金。所以，这笔价值就应计入成本之中。由于这笔成本支出不如显性成本那么明显，故被称为隐性成本。

我们举一个例子来说明显性成本与隐性成本的概念。假定某一店主每年花费40000元的资金租赁商店设备，年终该店主从销售中所获毛利为50000元，该店主赚了多少钱？从显性成本的角度看，该店主赚了10000元，因为厂商的显性成本是40000元。但是从隐性成本的角度看，该店主可能一点也没赚。

该店主的隐性成本是什么？计算隐性成本是一件比较复杂的事，我们只能进行粗略的估算。假定市场利率为 10%，该店主从事其他职业所能获得的收入是 20000 元，则该店主的隐性成本是 24000 元（20000 + 40000 × 10%）。该店主的机会成本是 64000 元。从机会成本的角度看，该店主不仅没有赚钱，反倒赔了 14000 元钱。

3. 增量成本和沉没成本

增量成本和沉没成本也是西方经济学中的重要概念。增量成本（increment cost），是指因做出某一特定决策而引起的全部成本的变化。如果决策前的成本为 C_1，决策后的成本为 C_2，那么，增量成本就是 $\Delta C = C_2 - C_1$。这里强调的是"因做出某一特定决策而引起的"成本变化。与此相对应，如果有成本不因决策而变化，如决策前已支出的成本或已承诺支出的成本，决策对它们没有影响，它们是与决策无关的成本，那么，这种成本就是沉没成本（sunk cost）。

4. 会计利润和经济利润

由于经济学家与企业会计对成本的衡量方法不同，他们对利润的衡量也有所区别。经济学家关注企业的经济利润，经济利润（economic profit）[1] 就是企业的总收益减去企业的总机会成本（包括显性成本和隐性成本），经济利润 = 总收益 - 机会成本 = 会计利润 - 隐性成本。而企业会计采用会计利润，会计利润（accounting profit）[2] 就是企业的总收益减去企业的显性成本，会计利润 = 总收益 - 会计成本。厂商获得的总收益在扣除总成本（即会计成本和机会成本）后还有剩余，这个剩余就是超额利润（excess profit）。如果厂商在扣除会计成本之后还有余额，这就相当于机会成本的剩余，这个剩余就是厂商经营获得的正常利润（normal profit）。如果厂商所获得的总收益小于总成本，即小于会计成本和机会成本之和，则经济利润为负。

二、短期成本曲线

1. 短期成本分类

在短期内，企业有一部分投入要素是固定不变的，而另一部分是变动的，因此，企业的成本可分为固定成本和可变成本两部分。具体地说，企业的短期成本

1 economic profit: equal to total revenue minus total costs (including explicit and implicit costs)

2 accounting profit: equal to total revenue minus total explicit costs

可涉及以下 7 种：短期总成本、固定成本、可变成本、短期平均成本、平均固定成本、平均可变成本和短期边际成本。

短期总成本（short-run total cost，STC）是短期内生产一定量产品所需要的成本总和。短期总成本分为固定成本与可变成本。

固定成本（fixed cost，FC）是指企业在短期内必须支付的不能调整的生产要素的费用。这种成本不随产量的变动而变动，是固定不变的。因此，固定成本是一个常数。其中主要包括厂房和设备折旧，以及管理人员的工资。

可变成本（variable cost，VC）是指企业在短期内必须支付的可以调整的生产要素的费用。这种成本随产量的变动而变动，是可变的。其中主要包括原材料、燃料的支出以及生产工人的工资。

故有：

$$STC = FC + VC \tag{4.5}$$

短期平均成本（short-run average cost，SAC）是短期内生产每一单位产品平均所需要的成本。短期平均成本分为平均固定成本与平均可变成本。

平均固定成本（average fixed cost，AFC）是平均每单位产品所消耗的固定成本。如果以 Q 代表产量，则可表示为公式：

$$AFC = \frac{FC}{Q} \tag{4.6}$$

平均可变成本（average variable cost，AVC）是平均每单位产品所消耗的可变成本。用公式表示为：

$$AVC = \frac{VC}{Q} \tag{4.7}$$

那么：

$$SAC = AFC + \mathrm{AVC} \tag{4.8}$$

则：

$$\frac{TC}{Q} = \frac{FC}{Q} + \frac{VC}{Q}$$

短期边际成本（short-run marginal cost，SMC）是企业在短期内每增加一单位产量所增加的总成本。如果以 ΔQ 代表增加的产量，则有：

$$SMC = \frac{\Delta TC}{\Delta Q} \tag{4.9}$$

这里需要注意的是，短期中固定成本并不随产量的变动而变动，所以，短期边际成本实际是就可变成本而言的。

2. 短期成本曲线及成本之间的相互关系[13]

为了分析上述各类短期成本的变动规律及其关系，我们以某企业为例，其各种短期成本随产量的变化如表 4.2 所示。

表 4.2 某企业各类短期成本

产量 Q	固定成本 FC	可变成本 VC	总成本 STC	边际成本 SMC	平均固定成本 AFC	平均可变成本 AVC	平均成本 AC
0	100	0	100	—	∞	0	—
1	100	34	134	34	100	34	134
2	100	63	163	29	50	31.5	81.5
3	100	90	190	27	33.3	30	63.3
4	100	116	216	26	25	29	54
5	100	145	245	29	20	29	49
6	100	180	280	35	16.7	30	46.7
7	100	230	330	50	14.3	32.9	47.2
8	100	304	404	74	12.5	38	50.5
9	100	420	520	116	11.1	46.7	57.8

表 4.2 给出了各种成本的计算及其相互关系。例如，当产量由 1 个单位增加到两个单位时，固定成本不随产量的变动而变动，仍为 100，而可变成本随产量的变动而变动，由 34 增加到 63，总成本为固定成本与可变成本之和，为 163。边际成本为产量的增加量除总成本的增加量，为 29。平均固定成本为产量除固定成本，为 50。平均可变成本为产量除可变成本，为 31.5。平均成本为平均固定成本与平均可变成本之和，或产量除总成本，均为 81.5。以此类推，可以计算出其他数据。

根据表 4.2，我们作图 4.2 来直观地表达各种短期成本之间的关系。

1）短期总成本、固定成本和可变成本之间的关系

固定成本在短期中是固定不变的，不随产量的变动而变动，即使产量为零，也仍然存在着固定成本。可变成本要随产量的变动而变动。可变成本的变动规律是：在产量开始增加时，由于固定生产要素与可变生产要素的效率未能得到充分

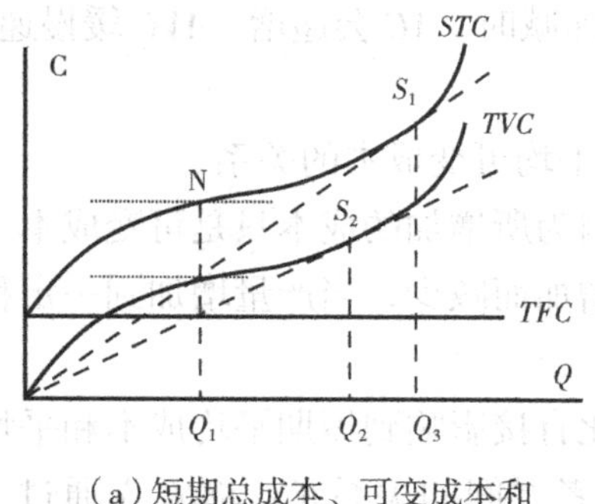

（a）短期总成本、可变成本和固定成本曲线

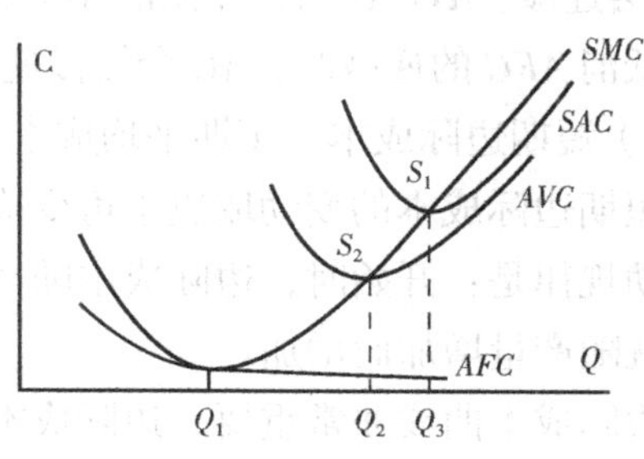

（b）短期边际成本、平均成本和平均可变成本曲线

图 4.2 短期成本曲线图

发挥，因此，可变成本的增长率要大于产量的增长率；以后随着产量的增加，固定生产要素与可变生产要素的效率得到充分发挥，可变成本的增长率小于产量的增长率。最后，由于边际产量递减规律，可变成本的增长率又大于产量增长率。总成本是固定成本与可变成本之和，固定成本不会等于零，因此，总成本必然大于零。而且，因为总成本中包括可变成本，所以总成本的变动规律与可变成本相同。总成本、固定成本、可变成本三者的关系是：总成本与可变成本平行，二者的高差为固定成本的值。在图 4.2（a）中，$STC = TVC + TFC$，STC 与 TVC 的变化规律相同，TFC 是一个不变数，加上 TVC 则等于 STC。

2）短期平均成本、平均固定成本和平均可变成本之间的关系

平均固定成本变动的规律是：随着产量的增加而减少，这是因为固定成本总量不变而产量增加，分摊到每一单位上的固定成本也就减少了。它变动的规律是起初减少的幅度很大，以后减少的幅度越来越小。平均可变成本变动的规律是：起初随着产量的增加，生产要素的效率逐渐得到发挥，因此平均可变成本减少。但产量增加到一定程度后，平均可变成本由于边际产量递减规律而增加。短期平均成本的变动规律是由平均固定成本与平均可变成本决定的。当产量增加时，平均固定成本迅速下降，加之平均可变成本也在下降，因此短期平均成本迅速下降。以后，随着平均固定成本越来越小，它在平均成本中也越来越不重要，这时平均成本随平均可变成本的变动而变动，即产量增加到一定程度后，会随着产量的增加而增加。平均固定成本、平均可变成本与短期平均成本的变动规律和关系是：在 AVC 最低点的左边，AC、AVC、AFC 都递减。在 AC 最低点的右边，AC、AVC 递增，AFC 缓慢递减。在 AC 最低点与 AVC 最低点之间，AC 缓慢递减，AVC 递增，AFC 递减。这是因为在图 4.2（b）中，$AC = AVC + AFC$。AVC、AFC 都递减时，

AC 也会递减。*AVC* 递增，并抵消 *AFC* 的缓慢递减时，*AC* 会递增。*AVC* 缓慢递增，无法抵消 *AFC* 的递减时，*AC* 会缓慢递减。

3）短期边际成本、短期平均成本与短期平均可变成本的关系

短期边际成本的变动取决于可变成本，因为所增加的成本只是可变成本。它的变动规律是：开始时，边际成本随产量的增加而减少，当产量增加到一定程度时，就随产量增加而增加。

边际成本曲线非常重要，边际成本的变化直接影响到短期平均成本和平均可变成本的变化。从图 4.2（b）中可以看出三者之间的关系是：*SMC* 先通过 *AVC* 的最低点，即 S_2 点，再通过 *SAC* 的最低点，即 S_1 点。我们可以从短期边际成本与平均成本的关系中看到：图 4.2（b）中，*SMC* 与 *SAC* 相交于 *SAC* 的最低点 S_1 点。在 S_1 点，$SMC = SAC$。在 S_1 点之左，*SAC* 在 *SMC* 之上，*SAC* 递减，$SAC > SMC$。在 S_1 点之右，*SAC* 在 *SMC* 之下，*SAC* 递增，$SAC < SMC$。*SMC* 与 *SAC* 相交的 S_1 点被称为收支相抵点（break-even point）。这时的价格为平均成本，平均成本等于边际成本，即：$P = SMC = SAC$，生产者的成本与收益相等。短期边际成本与平均可变成本的关系也是如此。

三、长期成本曲线

讨论企业的长期成本，实际上是假定企业有足够充足的时间，以全部调整其生产要素，是考查企业从预计提供的产量出发，根据技术状况可以利用的各种规模的厂房、设备和投入。因此，在长期成本分析中，所有的生产要素都是可变的，没有固定成本和变动成本的区别。长期中用到的成本概念只有三个：长期总成本、长期平均成本和长期边际成本。此外，为了区别长期成本和短期成本，从本节开始，短期成本概念前加 *S*，以区别于长期成本，如：短期总成本记为 *STC*，以区别于长期总成本 *LTC*。

1. 长期总成本

长期总成本（long total cost，LTC）是指长期中企业在各种产量水平上的最低总成本，*LTC* 曲线是 *STC* 曲线的包络线。生产要素投入的变动意味着规模的调整。长期中所有生产要素都是可变的，意味着企业可以任意调整其生产规模。因此，长期中企业总是可以在每一个产量水平上选择最优的生产规模进行生产。长期总成本函数形式为：

$$LTC = LTC(Q) \tag{4.10}$$

长期总成本曲线是短期总成本曲线的包络线，如图4.3所示，假设长期中只有三种可供选择的生产规模，分别由图中的三条 STC 曲线表示。这三条 STC 曲线都不是从原点出发，每条STC曲线在纵坐标上的截距也不同。从图4.3可以看出，生产规模由小到大依次为 STC_1、STC_2、STC_3。现在假定要生产 Q_2 的产量。这时企业面临三种选择：第一种是在 STC_1 曲线所代表的较小生产规模下进行生产，相应的总成本在 d 点；第二种是在 STC_2 曲线代表的中等生产规模下生产，相应的总成本在 b 点；第三种是在 STC_3 所代表的较大生产规模下生产，相应的总成本在 e 点。长期中所有的要素都可以调整，因此厂商可以通过对要素的调整选择最优生产规模，以最低的总成本生产每一产量水平。在 d、b、e 三点中 b 点所代表的成本水平最低，所以长期中厂商在 STC_2 曲线所代表的生产规模生产 Q_2 产量，所以 b 点在 LTC 曲线上。这里 b 点是 LTC 曲线与 STC_2 曲线的切点，代表着生产 Q_2 产量的最优规模和最低成本。通过对每一产量水平进行相同的分析，可以找出长期中厂商在每一产量水平上的最优生产规模和最低长期总成本，也就是可以找出无数个 b 的类似点（如 a、c），连接这些点即可得到长期总成本曲线。

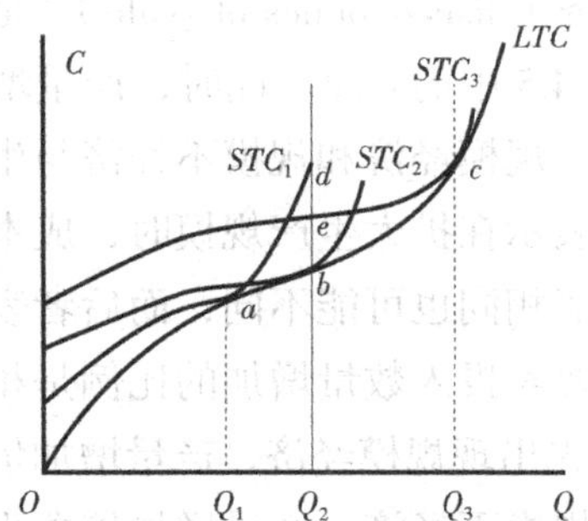

图 4.3　最优生产规模的选择和长期总成本曲线

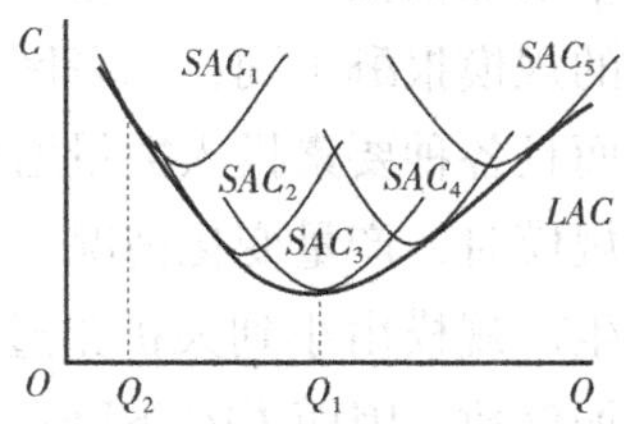

图 4.4　长期平均成本曲线

2. 长期平均成本

长期平均成本是指厂商在长期内按产量平均计算的最低成本（long-run average cost，LAC），LAC 曲线是无数条 SAC 曲线的包络线。公式为：

$$LAC = \frac{LTC}{Q} \tag{4.11}$$

在理论分析中，常假定存在无数个可供企业选择的生产规模，从而有无数条 SAC 曲线，于是便得到如图4.4所示的长期平均成本曲线，LAC 曲线是无数条 SAC 曲线的包络线。在每一个产量水平上，都有一个 LAC 与 SAC 的切点，切点对应的平均成本就是生产相应产量水平的最低平均成本，SAC 曲线所代表的生产规模则是生产该产量的最优生产规模。

从前述内容可知，短期内，生产规模不能变动，因此厂商要做到在既定的生产规模下使平均成本降到最低，而长期决策则要在相应的产量下使成本最低，如图 4.4 中的 Q_2 产量水平。虽然从短期看它并未达到 SAC_1 的最低点，但是在 SAC_1 的最低点上短期平均成本反而会高于生产这一产出水平的长期平均成本。而尽管 Q_2 在 SAC_1 生产上对应的平均成本不在 SAC_1 曲线的最低点，但这是生产 Q_2 产量水平的长期最低平均成本。这是因为短期内厂商仍然受到固定投入的限制，不可能把生产要素的组合比例调整到长期最低水平。只有在长期中，厂商才可能对所有投入要素进行调整，使它们的组合达到最优，从而达到长期平均成本最低点。因此，在其他条件相同的情况下，短期成本要高于长期成本。LAC 曲线先下降后上升，分析同短期成本。

由图 4.5 可以看出 LAC 曲线呈 U 形，其原因是由长期生产中内在的规模经济与规模不经济所决定的。规模经济（economies of scale）[1] 是指厂商由于扩大生产规模而使经济效益得到提高，此时产量增加倍数大于成本增加倍数，从而引起平均成本下降，如图 4.5 中的 a 段。规模不经济（diseconomies of scale）[2] 是指厂商由于生产规模扩大而使经济效益下降，如图 4.5 中的 c 段。此时，产量增加倍数小于成本增加倍数，从而导致平均成本上升。规模经济和规模不经济与生产理论中提到的规模报酬不同，二者区别在于前者表示在扩大生产规模时，成本的变化情况，而且各种要素投入数量增加的比例可能相同也可能不同；而后者表示在扩大生产规模时，产量变化情况，并假定多种要素投入数量增加的比例是相同的。在企业生产规模由小到大扩张过程中，往往先出现规模经济，产量增加倍数大于成本增加倍数，因而 LAC 下降；然后再出现规模不经济，产量增加倍数小于成本增加倍数，LAC 上升。由于规模经济与规模不经济的作用，LAC 曲线呈 U 形。图 4.5 中 LAC 的 U 形图中还有一段水平走向（b 段），属于规模收益不变（constant return on scale）的阶段。

---

1 economies of scale: the profit advantages that enterprises obtain due to size, with the ratio of production increase greater than that of cost increase

2 diseconomies of scale: the profit disadvantages that enterprises suffer due to size, with cost per unit of output generally increasing with the increasing scale

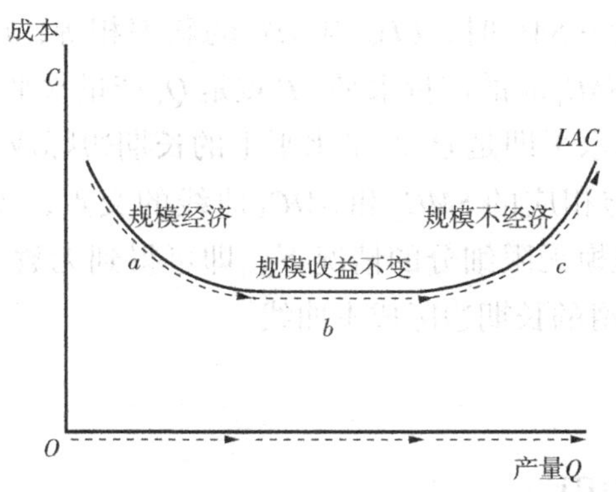

图 4.5　长期平均成本曲线与不同的规模经济

3. 长期边际成本

长期边际成本（long-run marginal cost，LMC）是指长期中增加一单位产量所增加的最低总成本。公式为：

$$LMC = \frac{\Delta LTC}{\Delta Q} \tag{4.12}$$

当 $\Delta Q \to 0$ 时，

$$LMC = \lim_{\Delta Q \to 0} \frac{\Delta LTC}{\Delta Q} = \frac{dLTC}{dQ} \tag{4.13}$$

从上式中可以看出，*LMC* 是 *LTC* 曲线上相应点的斜率，因此可以从 *LTC* 曲线推导出 *LMC* 曲线，也可以根据短期和长期的关系由短期边际成本 *SMC* 曲线推导出长期边际成本，如图 4.6 所示。

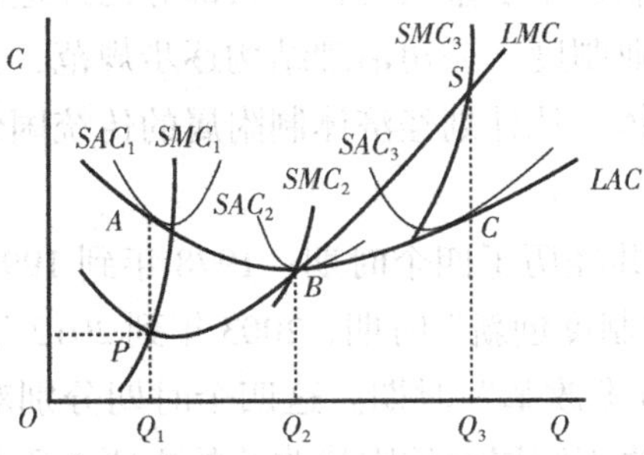

图 4.6　长期边际成本曲线与短期成本曲线

从图 4.6 可以看出：*LMC* 曲线上任一点是与某一特定 *SMC* 曲线的相交之点，该交点所代表的产量也是 *LAC* 与 *SAC* 相切之点对应的产量。在交点左边，*SMC* 位于 *LMC* 的下面，或 $SMC < LMC$；在交点右边，*SMC* 位于 *LMC* 的上方，或

$SMC > LMC$。当 $LAC = SAC$ 时，LTC 与 STC 的斜率相等，LMC 等于 SMC。从图形上看，Q_1 是 $LAC = SAC_1$ 时的产量水平，P 点是 Q_1 产量水平与 SMC_1 曲线的交点，所以 P 点表示的成本水平即是 Q_1 产量水平上的长期边际成本。同样的道理找出 B、C 点的产量水平与相应的 SMC_2 和 SMC_3 曲线的交点，连接这些交点即得出 LMC 曲线。在生产规模无限细分的情况下，即可得到无数个 A、B、C 点，连接起来即可得到一条光滑的长期边际成本曲线。

实践专题之四 中国企业改革的发展历程

自 1978 年改革开放以来，国有企业改革一直被认为是我国经济体制改革的中心环节。建设中国特色的社会主义市场经济体制，关键是培育自主经营、自负盈亏、自我决策、自我发展的微观市场主体，如何从传统计划经济体制下的国营企业逐步转变为适应市场经济体制要求的独立市场竞争主体的现代企业——“新国企”，也就成为我国经济体制改革的核心任务。对于中国这个庞大的、工业化进程远未完成的社会主义国家而言，无论是从理论上还是实践上，这项任务都是前无古人、后无来者的开拓性任务，不仅需要突破思想意识形态的藩篱，通过理论创新将国有企业与市场经济有机融合，还需要在实践中克服各种历史遗留和现实困难，创造性地提出具体措施并探索各种改革模式。经过 40 多年的国有企业改革，国有企业经营机制发生了重大变化，大部分已经进行了公司制、股份制改革，初步建立起现代企业制度，公司治理结构逐步规范，大多数国有企业已成为独立自主经营的市场主体，从计划经济体制附属的传统国营企业转变为市场经济体制下的“新国企”。

我国国有企业改革共经历了四个时期：1978 年到 1992 年的“放权让利”时期，1993 到 2002 年的“制度创新”时期，2003 年到 2012 年的“国资监管”时期，以及 2013 年至今的“分类改革”时期。这四个时期分别对应了不同形势下的改革任务，各自侧重于解决不同层面的困扰改革的主要矛盾和问题。

一、"放权让利"时期：1978—1992年

1978年以前，在高度集中的计划经济体制下，国有企业（当时更多地称为国营企业）是执行政府计划指令的一个生产单位，是政府主管部门的附属物，不具有自主经营的权力，人、财、物和产、供、销都完全依靠政府计划指令和行政调拨，这使得生产和社会需求严重脱节，企业积极性严重受挫，严重制约了社会生产力的发展。

在1978年党的十一届三中全会的春风中，国有企业开启了"放权让利"的改革之旅。这个改革时期提出的国企改革目标是建立现代企业制度，从改革开放之初一直持续到党的十四届三中全会，贯穿20世纪80年代和90年代初，大体上持续了15年左右的时间。这一时期，改革的主要任务是对企业放权让利，探索企业所有权和经营权的两权分离，引导国营单位摆脱计划经济体制的旧观念与旧行为的束缚，使它们能够逐步适应商品化的经营环境，完成自身的企业化改造，解决国有企业进入市场的问题。

1978～1992年是国有企业的"放权让利"时期，基于改革实践的主体内容又具体划分为：1978～1984年的扩大自主权阶段，1984～1989年的推行经营承包制阶段，以及1989～1992年的转换企业经营机制阶段。

二、"制度创新"时期：1993—2002年

第二个时期是20世纪90年代初至21世纪初，从党的十四大到党的十六大的"制度创新"时期，大体上有10年的时间。

1992年10月，党的十四大召开，会议正式确立了经济体制改革的目标是建立社会主义市场经济体制。1993年，党的十四届三中全会通过了《中共中央关于建立社会主义市场经济体制若干问题的决定》，明确提出：建设产权清晰、权责明确、政企分开、管理科学的现代企业制度是我国国有企业改革的方向。

这一时期，改革的主要任务是引导国有企业确立与市场经济要求相适应的资本和产权观念，建立现代企业制度。通过国有经济布局与结构性战略调整，初步解决了整个国有经济部门如何适应市场竞争优胜劣汰的问题，改变了国有经济量大面广、经营质量良莠不齐和国家财政负担过重的局面。这个时期，国有企业改革围绕两条主线展开：一是基于"单个搞活"思路，从单一企业视角建立现代企业制度；二是基于"整体搞活"思路，从整个国有经济视角实施国有经济战略性

改组。前一内容贯穿了整个时期，而后一内容主要从 1996 年以后开始全面展开。

三、“国资监管”时期：2003—2012 年

第三个时期是“国资监管”发展时期，是从党的十六大以后，以 2003 年国资委成立为标志，到党的十八大召开的 10 年。

这一时期国有资产监管体制取得了巨大突破，国有企业改革进入到以国有资产管理体制改革推动国有企业改革发展时期，改革的主要任务是由国资委负责监督管理国有企业，实现国有资产保值增值目标，解决了以往的国有经济管理部门林立、机构臃肿、监管效率低下的问题。

2002 年 10 月，党的十六大提出了毫不动摇地巩固和发展公有制经济、毫不动摇地鼓励、支持和引导非公有制经济发展，尤其强调继续调整国有经济布局和改革国有经济管理体制两项重大任务，整个时期在这两方面取得了积极进展。

四、“分类改革”时期：2013 至今

以党的十八大召开为标志，国企改革进入了一个“分类改革”的全新时期。

根据党的十八届三中全会精神，2015 年 9 月 13 日，中共中央、国务院发布了《关于深化国有企业改革的指导意见》，国有企业被分为公益类和商业类。不同类型的国有企业，将会有不同的国资监管机制、混合所有制改革方案、公司治理机制和国有经济战略性调整方向等，这个时期的国有企业改革以分类为基本前提。

经过党的十八届三中全会以来的探索，国有企业改革的进展集中体现为中共中央、国务院《关于深化国有企业改革的指导意见》的下发以及相应配套文件的陆续发布，逐步形成了以《关于深化国有企业改革的指导意见》为中心、以其他政策文件为配套的“1 + N”的政策体系，这意味着新时期全面深化国有企业改革的主体制度框架初步确立。

同时，各领域国有企业改革向纵深探索。

（1）国有企业功能界定与分类工作正式启动。2015 年 12 月，《关于国有企业功能界定与分类的指导意见》出台，与之相配套的《关于完善中央企业功能分类考核的实施方案》于 2016 年颁布。各地方政府普遍开展了对国有企业的功能界定工作，并积极研究制订和出台国有企业分类监管办法。

（2）中央企业结构调整与重组逐步展开。党的十八大以来，国资委通过强强联合、优势互补、吸收合并、共建共享，推动28家中央企业的重组整合，国资委监管的中央企业已经调整到99家。2016年下半年，按照国务院的要求，中央企业内部压缩管理层级的改革有所提速，按计划将完成3年减少20%的法人单位数的总体目标，大多数央企管理层级由目前的5—9层减至4层以下。

（3）国有资产监管体制改革稳健前行。国务院于2015年10月印发了《关于改革和完善国有资产管理体制的若干意见》，对推进国有资产监管机构职能转变、改革国有资本授权经营体制、提高国有资本配置和运营效率、协同推进相关配套改革提出原则性的要求。时隔一年半，又发布了《国务院国资委以管资本为主推进职能转变方案》，明确了国资监管事项，迈出了从以管企业为主的国资监管体制向以管资本为主的国资监管体制转变的重要一步。

此外，还推进一批国有资本投资运营公司试点，这些试点公司在战略、集团管控与业务板块授权等方面做了有益的探索。

（4）混合所有制改革有序推进。2015年9月，发改委牵头起草的《关于国有企业发展混合所有制经济的意见》和《关于鼓励和规范国有企业投资项目引入非国有资本的指导意见》正式颁布。2016年，先后出台了《国有科技型企业股权和分红激励暂行办法》和《关于国有控股混合所有制企业开展员工持股试点的意见》。

截至2016年底，中央企业及其下属企业中混合所有制企业占比将近70%，省级国有企业及其下属企业中混合所有制企业占比达到47%。石油、电力、电信、军工等重点行业和领域均有个案式的改革探索。2017年9月，中国联通混合所有制改革方案正式实施。

（5）现代企业制度日趋完善。首先，国有企业党建工作持续发力，中央企业全部开展了集团层面章程的修订工作，实现了党建工作要求进章程。其次，2017年4月颁布的《国务院办公厅关于进一步完善国有企业法人治理结构的指导意见》提出，到2017年年底前，国有企业公司制改革基本完成；到2020年，国有独资、全资公司全面建立外部董事占多数的董事会。

中国国有企业改革走过了40多年的历程。经过40多年的理论研究和实践探索，中国国有企业改革与发展取得了辉煌的成就，成就了一大批“新国企”。2021年世界500强企业中，中国大陆企业已经达到135家，其中95家属于国有企业，中央国资委监管企业达到49家。但是，这些企业还很难说是真正的世界一流企业。为了与成熟的社会主义市场经济体制要求相适应，中国国有企业改革还需要进一步深化。

2018 年 9 月，习近平总书记在东北三省调研期间提出，国有企业地位重要、作用关键、不可替代，是党和国家的重要依靠力量。同时，国有企业要改革创新，不断自我完善和发展。10 月 9 日，全国国有企业改革座谈会在京举行，国务院副总理刘鹤到会讲话，会议对新时代深化国有企业改革提出了六个“突出抓好”的要求，即突出抓好中国特色现代国有企业制度建设、突出抓好混合所有制改革、突出抓好市场化经营机制、突出抓好供给侧结构性改革、突出抓好改革授权经营体制、突出抓好国有资产监管。这些动作说明，深化国有企业改革到了集中力量攻坚、最大化改革乘数效应的新阶段。

（资料来源：石涛《中国国有企业改革 70 年的历史回眸和启示》[33]、王晓明《新中国成立 70 年来国有企业发展的实践探索与经验总结》[34]）

本章小结

1. 企业是一个以盈利为目的的商业组织，存在着多种组织形式。

2. 生产函数是表明在一定技术水平下，生产要素的数量与组合同它所能生产出来的最大产量之间的依存关系的函数。在短期，一种或多种生产要素是固定不变的；在长期，所有生产要素都是可变的。

3. 产量可以划分为总产量、平均产量和边际产量。假定其他条件不变，而某种生产要素连续增加，*TP*、*AP* 和 *MP* 呈先上升而后下降的变动趋势。*TP*、*AP* 和 *MP* 之间的关系是：当 *MP* 为零时，*TP* 达到最大；*MP* 曲线一定和 *AP* 曲线相交于 *AP* 曲线的最高点。

4. 根据边际产量递减规律，当把数量相等的某一种生产要素连续增加到一种或几种不变生产要素上时，最初边际产量会增加，达到最大值以后变为递减。

5. 成本是企业对所购买的生产要素的货币支出。我们可以从两个不同的角度来考查成本：企业生产与经营中的各种实际支出称为会计成本；企业为了这种生产所放弃的东西，则称之为机会成本。

6. 机会成本是指做出一项决策时所放弃的其他可供选择中所可能得到的最大收入。经济成本等于会计成本加上机会成本。

7. 短期成本涉及总成本、固定成本、可变成本、平均固定成本、平均可变成本、平均成本和边际成本。长期成本涉及长期总成本、长期平均成本、长期边际成本。长期平均成本呈 U 形，对应着规模经济、规模收益不变和规模不经济。

8. 利润是企业的总收益减去总成本。会计利润就是总收益减去会计成本，经济利润是总收益减去会计成本再减去机会成本。

本章专业术语解释

1. **企业**，也称为厂商（firm），是生产商品和劳务的经济单位。它在厂商主的控制之下，为着盈利的目的，由资本设施和其他资源相结合而组成。

A firm is an economic unit that produces goods and services. Under the control of its owner and for the purpose of profit，it is composed of capital facilities and other resources.

La empresa es una unidad económica que produce bienes y servicios. Consiste en una combinación de instalación de capital y otros recursos con fines de lucro bajo el control del fabricante.

Doanh nghiệp cũng gọi là nhà sản xuất: Một đơn vị kinh tế sản xuất hàng hóa và dịch vụ. Dưới sự kiểm soát của nhà sản xuất và vì mục tiêu lợi nhuận，nó bao gồm cơ sở vật chất vốn và các nguồn lực khác.

企業とは、財・サービスの生産という社会的機能を担う経済単位である。企業主のコントロールのもので、営利を目的として、資本施設と他の社会資源から構成されたものである。

2. **交易费用**是为了完成交易而发生的费用。

Transaction costs are the costs incurred in order to complete a transaction.

El coste de transacción es el coste en el que se incurre prar completar la transacción.

Chi phí giao dịch là chi phí phát sinh do hoàn thành giao dịch.

取引費用とは、取引を完了するまで、発生した費用のこと。

3. **利润最大化**是指厂商使用各种销售手段将利润达到最大的一种方式。

Profit maximization refers to a way in which manufacturers use various sales methods to achieve the highest possible profit.

La maximización de beneficios se refiere a la forma que tienen los fabricantes de maximizar los beneficios utilizando diversos métodos de venta.

Tối đa hóa lợi nhuận là các doanh nghiệp sử dụng các phương pháp bán hàng để đạt lợi nhuận nhiều nhất.

利益最大化とは、生産者がさまざま販売方法を生かして、利益を最大化すること。

4. **生产要素**是指生产活动中所使用的各种经济资源。

Factors of production refer to the various economic resources used in production activities.

El factor de producción se refiere a diversos recursos económicos utilizados en las actividades de producción.

Yếu tố sản xuất là chỉ các nguồn lực kinh tế được sử dụng trong hoạt động sản xuất.

生産要素とは、生産活動において使用された様々な経済資源である。

5. **生产函数**是指在一定技术水平下，生产要素的数量与组合同它所能生产出来的最大产量之间依存关系的函数。

Production function refers to the function of the dependency between the number of factors of production and a certain combination and the maximum output it can produce at a certain technological level.

La función de producción se refiere a la cantidad de bienes que se pueden producir como máximo teniendo una determinada cantidad de recursos.

Hàm sản xuất là hàm của sự phụ thuộc giữa số lượng các yếu tố sản xuất với một tổ hợp nhất định và sản lượng tối đa mà nó có thể tạo ra dưới một trình độ kỹ thuật nhất định.

生産関数とは、一定の技術水準の下で、生産要素の投入量と、それにより達成可能な最大産出量との間に定まる技術的関係を示す関数である。

6. **总产量**是指一定量的某种生产要素所生产出来的全部产量。

Total product or TP refers to the total output produced by a certain quantity of a production factor.

La producción total (TP) se refiere a la producción total producida por una cierta cantidad de ciertos factores de producción.

Tổng sản lượng là tổng sản lượng do một yếu tố sản xuất với số lượng nhất định sản xuất ra.

総生産とは、一定量の生産要素を利用して、産出した生産量のこと。

7. **平均产量**是指平均每单位某种生产要素所生产出来的产量。

Average product refers to the average output produced per unit of a certain production factor.

La producción media se refiere a la producción obtenida por unidad de determinados factores de producción.

Sản lượng bình quân là sản lượng bình quân mỗi đơn vị do một yếu tố sản xuất nào đó sản xuất ra.

平均生産高とは、特定の生産要素の単位当たりに産出量のこと。

8. **边际产量**是指每增加一单位生产要素所增加的产量。

Marginal product refers to the increase in production by one more unit of production factor.

Producción marginal es la variación que experimenta la producción de un bien al incrementar una unidad de un factor productivo del mismo, permaneciendo el resto constante.

Sản phẩm cận biên là sự gia tăng sản lượng trên một đơn vị của yếu tố sản xuất bổ sung.

限界生産力とは、生産要素の投入量を 1 単位増加させたときに、生産量がどれだけ増えるかを表すものである。

9. **边际产量递减规律**是指一项投入的边际产品随着投入量的增加而递减的特性。

The law of diminishing marginal return refers to the property whereby the marginal product of an input declines as the quantity of input increases.

La ley de rendimientos marginales decrecientes es un concepto económico que muestra la disminución de un producto o de un servicio a medida que se añaden factores productivos a la creación de un bien o servicio.

Quy luậtsản phẩm cận biên giảm dần đề cập đến thuộc tính rằng sản phẩm cận biên của một đầu vào giảm khi số lượng của đầu vào tăng.

収穫逓減法則とは、全入力が増大していくとき入力当たりの限界生産物が減っていくことを示していることである。

10. **成本**是企业进行生产与经营活动所必须付出的代价。

Cost is the price that enterprises must pay for production and business activities.

El costo es el precio que una empresa debe pagar por su producción y actividades comerciales.

Giá thành là chi phí doanh nghiệp cần phải trả trong hoạt động sản xuất và kinh doanh.

費用とは、企業生産活動において、支払われる代価である。

11. **会计成本**指的是企业在生产中按市场价格直接支付的一切费用。

Accounting costs refer to all expenses paid directly by an enterprise at market prices in production.

Costo contable se refiere a todos los gastos pagados directamente por la empresa a precios de mercado en la producción.

Chi phí kế toán tức là tất cả chi phí được doanh nghiệp chi trả trực tiếp theo mức giá thị trường trong quá trình sản xuất.

会計上の費用とは、企業の生産過程で、直接にかかる市場価格での一切の費用である。

12. **机会成本**是用所失去的最佳选择的价值来度量的成本。

Opportunity cost refers to the cost or benefit measured by the value of the lost best choice.

El coste de oportunidad es el coste de la alternativa a la que se renuncia cuando se toma una determinada decisión, incluyendo los beneficios que se podrían haber obtenido de haber escogido la opción alternativa.

Chi phí cơ hội của bất kỳ mặt hàng nào là bất cứ thứ gì phải từ bỏ để có được nó.

機会費用とは、ある経済行為を選択することによって失われる、他の経済活動の機会のうちの最大収益を指すことである。

13. **显性成本**也称为显成本或明显成本，是指企业在生产要素市场上购买和租用所需要的生产要素的实际支出。

Explicit cost, also known as obvious cost, refers to the actual expenditures for enterprises to purchase and rent the required factors of production in the market.

El costo explícito se refiere a los gastos reales de factores de producción que las empresas necesitan comprar y alquilar en el mercado de factores de producción.

Chi phí rõ ràng, còn được gọi là chi phí rõ ràng hoặc chi phí rõ ràng, đề cập đến chi phí thực tế của một doanh nghiệp để mua và thuê các yếu tố sản xuất cần thiết trên thị trường yếu tố sản xuất.

顕在的費用とは、企業の生産過程で、生産要素の購入のため発生した支出である。

14. **隐性成本**也称为隐成本或隐含成本，是指企业使用自有的生产要素，不以货币形式支付的费用。

Implicit cost, also known as hidden costs, refers to the use of the enterprise's own factors of production, which is not paid in the form of money.

El costo implícito se refiere a los costos que una empresa utiliza sus propios factores de producción y no paga en efectivo.

Chi phí ẩn, còn được gọi là chi phí ẩn hoặc chi phí ẩn, là chi phí mà một doanh nghiệp sử dụng các yếu tố sản xuất riêng của mình và không phải trả bằng tiền.

潜在的費用とは、企業は所有する自己の生産要素を利用して、お金の支払いを伴わない費用の事である。

15. **沉没成本**是指已经投入且无法收回的成本。

Sunk cost refers to the cost that has already been committed and cannot be recovered.

El costo hundido se refiere al costo que ya se ha comprometido y no se puede recuperar.

Chi phí chìm đề cập đến chi phí đã được cam kết và không thể rút về.

サンクコスト（埋没費用）とは、事業や行為に投下した資金・労力のうち、事業や行為の撤退・縮小・中止をしても戻って来ない資金や労力のことである。

16. **会计利润**是厂商生产某种产品的总收益减去全部会计成本的余额。

Accounting profit is the balance of a firm's total revenue from producing a product minus all accounting costs.

La ganancia contable es el saldo de los ingresos totales de un fabricante que produce un producto menos todos los costos contables.

Lợi nhuận kế toán là số dư mà do tổng khoản thu nhập của nhà chế tạo khi sản xuất một loại hàng trừ đi toàn bộ giá thành kế toán.

会計利潤とは、企業の総収益（売上）から全ての費用を引いた後に残る金額の事を指す。

17. **经济利润**是厂商总收益减去会计成本和机会成本后的余额。

Economic profit is the balance of a firm's total revenue minus accounting cost and opportunity cost.

La ganancia económica es el saldo de los ingresos totales de la empresa menos el costo de oportunidad.

Lợi nhuận kinh tế là số dư do tổng khoản thu nhập của nhà chế tạo trừ đi chi phí cơ hội.

経済学利潤とは、企業の総収益から機会費用を引いた後に残る金額の事を指す。

18. **平均成本**（用 AC 表示）是短期内生产每一单位产品平均所需要的成本。

Average cost（AC）is the average cost of producing each unit of a product in the short run.

El costo promedio es el costo por cada unidad de una producción.

Chi phí bình quan là chí phí trung bình để sản xuất mỗi đơn vị sản phẩm trong ngắn hạn.

平均費用（AC）とは、短期生産において、一単位商品の生産にかかる費用である。

19. **平均固定成本**（用 AFC 表示）是平均每单位产品所消耗的固定成本。

Average fixed cost（AFC）is the average fixed cost consumed by per unit of a product.

El costo fijo promedio es el costo fijo consumido por cada unidad de producto.

Chi phí cố định bình quân（biểu thị bằng AFC）là chi phí cố định trung bình trên một đơn vị sản phẩm.

平均固定費用（AFC）とは、一単位商品の生産にかかる固定費用である。

20. **平均可变成本**（用 AVC 表示）是平均每单位产品所消耗的可变成本。

Average variable cost（AVC）is the average variable cost consumed by per unit of a product.

Costo variable promedio el costo variable consumido por cada unidad de producto.

Chi phí biến đổi bình quân（biểu thị băng AVC）là chi phí biến đổi trung bình được tiêu thụ trên một đơn vị sản phẩm.

平均可変費用（AVC）とは、一単位商品の生産にかかる可変費用である。

21. **边际成本**是企业在短期内每增加一单位产量所增加的总成本。

Marginal cost is the amount by which total cost would rise if output were increased by one unit in a short term.

Costo marginal el coste que se asume al iniciar la producción de una unidad adicional.

Chi phí cận biên là tổng chi phí mà công ty thêm vào cho mỗi đơn vị sản lương bổ sung trong ngắn hạn.

限界費用（MC）とは、生産量を増加させたときに追加でかかる費用である。

22. **规模经济**：随着产量增加平均总成本下降

diseconomies of scale: average total costs decreasing as output increases

economías de escala: el coste total medio disminuye a medida que aumenta la producción

kinh tế theo quy mô: tổng chi phí trung bình giảm khi sản lượng tăng

規模経済：生産量増加に伴う平均総コストの低下

23. **规模不经济**：随着产量增加平均总成本上升

diseconomies of scale: average total costs increasing as output increases

escala no económica: el costo total promedio aumenta a medida que aumenta la producción

quy mô không kinh tế: tổng chi phí trung bình tăng khi sản lượng tăng

規模不経済：生産量増加に伴い平均総コストが上昇

综合练习

一、单项选择题

1. 企业的显著特征是（　　）。

A. 生产商品和劳务的经济单位　　B. 在厂商主的控制之下

C. 为着盈利的目的　　D. 以上都对

2. 厂商从销售其生产的产品中获得的金额称为（　　）。

A. 超额利润　　B. 边际利润

C. 边际收益　　D. 收益

3. 使用 50 单位的劳动，一个厂商可以生产出 1800 单位的产量，使用 60 单位的劳动，一个厂商可以生产出 2100 单位的产量，则额外一单位劳动的边际产量是（　　）。

A. 3　　B. 30　　C. 35　　D. 300

4. 如果厂商在生产过程中只增加其中一种生产要素的使用量，产量的增加将小于要素增加的比例。这时候，生产函数表现出（　　）。

A. 收益递减　　B. 收益保持不变

C. 成本递减　　D. 收益递增

5. 每单位投入的产量叫作（　　）。

A. 总产量　　B. 平均产量

C. 边际产量　　D. 边际成本

6. 经济学分析企业行为时的短期是指（　　）。

A. 一年之内

B. 半年之内

C. 根据产量只能调整变动成本的时期

D. 全部生产要素都能随产量而调整的时期

7. 企业使其利润最大化意味着（　　）。

A. 使其亏损最小化

B. 使总收益和总成本之间的差距最大

C. 根据边际收益和边际成本相等来决定产出水平

D. 以上都对

8. 即使厂商不生产也必须支付的成本是（　　）。

A. 不变成本　　B. 边际成本

C. 平均成本　　D. 可变成本

9. 生产函数是指（　　）。

A. 企业不断进行投入的活动　　B. 企业将投入转化为产出的过程

C. 企业从生产到销售的全过程　　D. 企业研究和开展的活动

10. 由企业在市场上购买任何生产要素而发生的成本是（　　）。

A. 显性成本　　B. 隐性成本

C. 变动成本　　D. 固定成本

二、判断题

1. 企业的本质特征是赚取利润。（　　）

2. 企业利润等于企业的总收入减去总成本。（　　）

3. 固定成本的数额与产量无关。（　　）

4. 会计利润通常小于经济利润。（　　）

5. 生产要素指生产活动中所使用的各种经济资源。（　　）

6. 企业成本 = 显性成本 + 隐性成本。（　　）

7. 规模经济与规模不经济，是一个短期问题。（　　）

8. 从长期来看，技术进步才是提高产量、降低成本的最根本因素。（　　）

9. 公司就是按公司法建立和经营的具有法人资格的厂商组织。（　　）

10. 合伙企业是由两个或以上的自然人共同出资、合伙经营、共享收益、共担风险的企业。（　　）

三、问答题

1. 为什么一个理性的投资者应当在图 4.1 中生产的第二阶段决定要素的投入？

2. 如何理解边际产量递减规律？

3. 会计利润与经济利润的区别是什么？

4. 如何用图形说明规模经济、规模不经济以及规模收益不变？

第五章

完全竞争市场与经济效率

企业的本质是盈利，企业的利润与收益和成本有关。第四章已经探讨了企业的产量和成本，收益则与产量和价格相关。要了解生产者的产量与市场定价，首先要对市场结构做一些了解，掌握各种市场条件下产品的品质、价格等特点，才能理解生产者的定价和产量决策。本章介绍完全竞争市场中企业的生产和利润最大化决策。

第一节 完全竞争市场的条件与特征

企业的利润取决于其收益和成本，企业的成本是由生产中的技术方面的因素所决定的，企业的收益则决定于市场上的消费者对厂商产品的需求状况。在不同的市场条件下，企业所面临的需求状况是有差异的，其需求曲线的形状也是不同的，这会直接影响其所获得的利润量。在此，有必要先区分不同类型的市场及其条件与特征。

一、市场结构的定义与分类

市场结构（market structure），由“市场（market）”和“结构（structure）”组成。结合“市场”和“结构”的含义，市场结构（market structure）[1]可定义为：“市场的构成要素及其被连接在一起的方式”[5]。简言之，市场结构就是“市场的组织方式。”

不同的市场结构在价格决定方面有很大的区别，市场结构可以根据市场要素及其组成方式来划分：第一，市场上厂商的数目；第二，厂商各自提供的产品间的差别程度；第三，单个厂商对市场价格的控制程度；第四，厂商进入或退出一个行业的难易程度。根据以上四点，微观经济学中的市场被划分为四个类型，它们是：完全竞争市场（perfectly competitive market）、垄断竞争市场（monopolistic competitive market）、寡头市场（oligopoly market）和完全垄断市场（perfectly monopolistic market）。本章主要分析完全竞争市场，第六章则分析完全垄断市场。

1 market structure: the elements of a market and the way in which it is organized

二、完全竞争市场的条件

完全竞争市场（perfectly competitive market）[1]指市场上有许多相同产品的买者和卖者，所以每一个买者和卖者都是价格的接受者[9]。完全竞争市场是一种不受任何阻碍和干涉的市场结构，必须具有以下四个条件：

1. 市场上有众多的买者和卖者

每一个卖者可能提供的产量或每一个买者打算买进的商品数量在市场总量中所占的比重都是微不足道的，所以单个卖者或买者增减其供给或需求对于市场价格的形成不产生任何影响。价格是由众多卖者和买者的共同行动决定的，这意味着在一个完全竞争市场上，任一卖者或买者都是价格的接受者，而不是价格的决定者。商品的市场价格是由市场的需求和供给决定的。

2. 同一行业中的每个厂商出售的商品是完全无差别的

在完全竞争市场上，任一生产者的商品在所有买者看来都是完全相同的。就是说，在买者眼中，任一生产者的商品完全可以用另一生产者的商品来代替，或者说，在买者看来，所有生产者的商品具有完全的相互替代性。因此，如果一个生产者提高其商品卖价，所有的消费者都将会购买其竞争者的商品。在所有生产者卖价相同时，消费者购买谁的商品都是一样的。例如：农贸市场上小麦的价格都相同，都没有商标和品牌，也不能从小麦中看到商品的差别，它完全是无差别的商品。

3. 企业可以自由进入或退出市场

完全竞争市场意味着不存在任何法律的、社会的、资金的和技术的障碍来阻止新的厂商进入该行业，所有的资源都可以在行业间自由流动。

4. 信息完全

市场中的每一个买者和卖者都掌握与自己的经济决策相关的商品和市场的全部信息。他们都可以根据自己所掌握的完全信息，确定自己的最优购买量和最优生产量，从而获得最大的经济利益。

1　perfectly competitive market: there being many buyers and sellers of the same products in the market, so that each buyer and seller is the price taker

三、完全竞争市场的特征

在完全竞争市场上，由于买卖人数众多、商品同质、企业进出自由并且信息完全，没有一个企业可以对某种商品的价格产生任何重要的影响。这种市场上的企业被称为价格接受者（price-taker），即不能影响其商品价格的企业。如何刻画完全竞争这种市场结构特征呢？可以用企业面临的需求曲线来进行刻画。企业的需求曲线（firm demand curve）反映企业索要的价格与其销售数量之间的关系。企业所处的市场结构不同，它面临的需求曲线也不同[30]。

在完全竞争市场上，企业要使自己的价格不同于市场价格是不可能的，同时该企业生产的商品数量是有限的，在众多消费者面前显得苍白无力，势必产生这样一个信息：企业可以无限生产该商品。因此，完全竞争市场上企业所面对的需求可以描述为：在价格不变条件下，无论生产多少商品都是可以卖出去的，即需求曲线是一条水平线，其代表的价格水平由整个市场的供求水平决定，如图 5.1 所示。

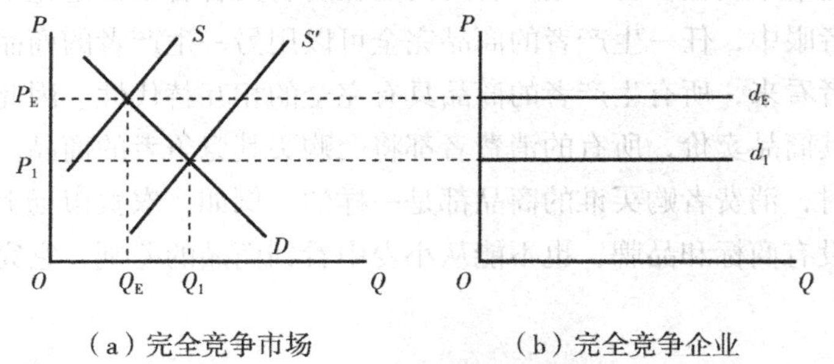

（a）完全竞争市场　　（b）完全竞争企业

图 5.1　完全竞争企业的需求曲线

对整个市场来说，需求曲线是一条向右下方倾斜的曲线，供给曲线是一条向右上方倾斜的曲线，需求和供给共同决定了该产品的市场价格，如图 5.1（a）所示。但对个别企业来说情况就不一样了，市场价格一旦确定，对个别企业来说，这一价格就是既定的，无论它如何增加产量都不会影响市场价格。所以，对单个企业来说，需求曲线是一条从既定市场价格出发的水平线。它表明该商品的需求弹性无限大，如图 5.1（b）所示。但是如果整个市场供求发生变化，则相应的价格也要发生波动，从而引起企业面临的需求曲线上下平移。图 5.1（a）中市场供给增加导致整个市场的价格从 P_E 下降到 P_1，因此企业面临的需求曲线也从 d_E 下降到 d_1，如图 5.1（b）所示。

第二节 完全竞争企业的决策

一、利润最大化

微观经济学经常用到利润最大化，因为它合理而准确地预测了企业的商业行为，并可以避免不必要的分析上的混乱[19]。企业之所以要实现利润最大化，是因为这样才能使企业带给其他所有人的经济利益最大化。由于企业利润涉及成本和收益两个方面，成本已经在上一章进行分析讨论，因此我们接下来要先一般性地介绍收益的相关概念，然后具体分析完全竞争企业的收益曲线和利润最大化。

1. 收益的基本概念

收益（revenue）是指厂商出卖商品的货币收入，它与厂商成本相比较可以确定厂商的利润。收益可分为总收益、平均收益和边际收益。

（1）总收益（total revenue，TR）是指厂商出售商品后所得到的总销售收入，即出售商品的总卖价。如价格为 5 元，销售量为 50 件，则总收益为 5 元 ×50 = 250 元，用公式表示为：$TR = P \cdot Q$。

（2）平均收益（average revenue，AR）是指厂商出售一定数量商品时，每单位商品所得到的平均收入，即平均每个商品的卖价。它等于商品总收益与销售量之比。如总收益为 250 元，销售量为 50 件，则平均收益为 250 元 ÷50 = 5 元。用公式表示为：$AR = TR / Q$。

（3）边际收益（marginal revenue，MR）[1] 是指厂商每多销售一单位商品，而增加的总收益的值，它等于总收益的增量与销售量的增量之比。如销售量从 60 件增加到 61 件，总收益由 300 元增加到 305 元，则边际收益为（305 元 − 300 元）÷（61 − 60）= 5 元，用公式表示为：$MR = \Delta TR / \Delta Q$。

2. 完全竞争企业的收益曲线

收益曲线描述企业总收益、平均收益和边际收益随着产量变化的变动趋势。在不同的市场结构中，随着企业商品销量的增加，价格的变动趋势不同，因此，收益曲线必须在不同的市场条件下进行分析，或者将其概括为不同的价格条件，

1　marginal revenue（MR）: the increase in total revenue that results from the sale of one additional unit of output; the ratio of the increase in total revenue to the increase in sales

在不同的价格条件下进行分析。

在完全竞争市场上，单个企业只是市场价格的接受者，无法改变市场价格，只能按既定的价格销售一定量的商品。因为，如果某企业把销售价格提到市场价格之上，消费者将不会购买它的商品，转而购买别的企业的商品。例如，杰克的面条加工厂可以看成是一个竞争市场中的企业。该工厂与整个面条市场相比是微不足道的，所以他接受面条市场既定的价格。这意味着，不论杰克生产加工的面条产量是多少，其价格都是相同的。假定面条的市场价格为 1 元，表 5.1 表示杰克加工面条的总收益、平均收益和边际收益。那么，此时的总收益就是在价格不变条件下的总收益，从表 5.1 中可以看到各种收益的相互关系。

表 5.1 杰克工厂的企业收益表 单位：元

产品价格	销售量	总收益	平均收益	边际收益
1	0	0	0	—
1	10	10	1	1
1	20	20	1	1
1	30	30	1	1
1	40	40	1	1
1	50	50	1	1
1	60	60	1	1
1	70	70	1	1
1	80	80	1	1
1	90	90	1	1

由于每单位面条均以 1 元的价格出售，平均每单位面条的销售收入均为 1 元，价格 $P = AR$。同时由于价格保持不变，每多销售一单位面条所增加的总收益均为 1 元，即 $MR =$ 1 元，因此 $P = AR = MR$。根据表中的数据可以作出图 5.2。

在图 5.2 中，以纵轴表示价格和收益，以横轴表示销售量。由于价格固定不变，左边反映的总收益随销售量的增加而以固定比例增加，右边是一条平行于横轴的水平线，反映了在价格不变的情况下价格等于平均收益，也等于边际收益。

研究平均收益曲线的目的还在于，可以得出平均收益曲线就是完全竞争企业所面临的需求曲线的结论。由于企业能按现行价格愿意出售多少就出售多少，也就表明了消费者愿意按现行价格无限量购买该种商品，因而其需求曲线是一条平行线。显然这条水平的需求曲线与价格曲线、平均收益曲线和边际收益曲线是重叠在一起的，即 $D = AR = MR = P$。

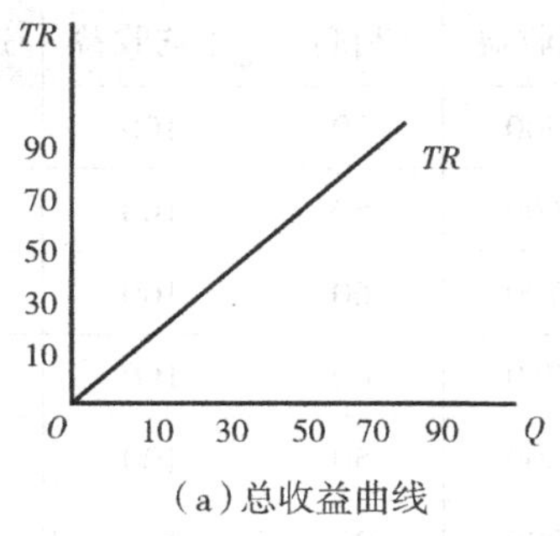

（a）总收益曲线

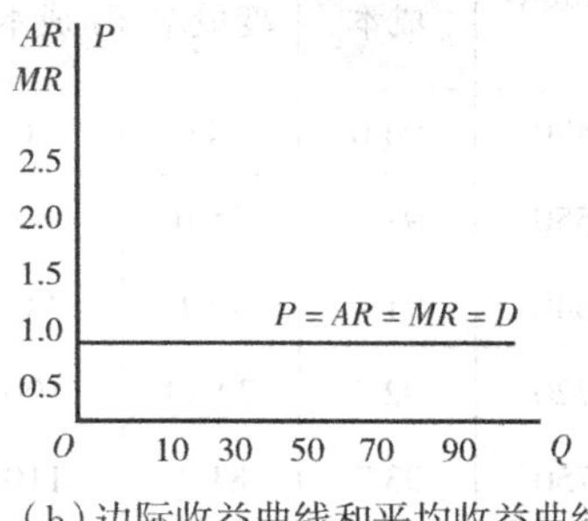

（b）边际收益曲线和平均收益曲线

图 5.2　总收益与边际收益

价格不变条件下的水平需求曲线完全符合完全竞争市场的基本特征，即厂商作为价格的接受者，它所面临的主观需求曲线是一条在不变价格下无限延长的需求曲线。水平的需求曲线所具有的特征将有助于对完全竞争市场上厂商定价策略的研究。

3. 利润最大化

总收益和总成本都与产量相关，为了实现利润最大化，企业选择产量以使总收益与总成本之间的差额最大。有两种方法可以说明企业利润最大化的决策原则。

1）“总收益—总成本”分析方法

通过“总收益—总成本”分析（total revenue-total cost analysis）可以找到企业的盈亏平衡点。利润是总收益与总成本的差额，当总收益超过总成本的差额最大时，利润最大；当总成本超过总收益的差额最小时，亏损最小，见表 5.2。

表 5.2　“总收益—总成本”分析　　单位：元

总产量	总成本	平均成本	平均可变成本	边际成本	价格（100）			
					总收益	利润	平均收益	边际收益
0	100	—	0	—	0	-100	—	—
1	190	190.0	90.0	90	100	-90	100	100
2	270	135.0	85.0	80	200	-70	100	100
3	340	113.3	80.0	70	300	-40	100	100
4	400	100.0	75.0	60	400	0	100	100

续表

总产量	总成本	平均成本	平均可变成本	边际成本	价格（100）			
					总收益	利润	平均收益	边际收益
5	470	94.0	74.0	70	500	30	100	100
6	550	91.7	75.0	80	600	50	100	100
7	640	91.4	77.1	90	700	60	100	100
7.8	720	92.3	79.49	100	780	60	100	100
8	750	93.7	81.2	110	800	50	100	100
9	880	97.8	86.7	130	900	20	100	100
9.5	950	100	89.47	140	950	0	100	100
10	1030	103.0	93.0	150	1000	–30	100	100

从表 5.2 中可以看出：总产量在 4 ~ 9.5 时，*TR* > *TC*，有盈利；总产量小于 4 或大于 9.5 时，*TR* < *TC*，有亏损；总产量在 4 和 9.5 时，*TR* = *TC*，盈亏平衡。于是，由盈亏平衡决定的产量 4 和 9.5 是盈亏平衡产量，这两个点为盈亏平衡点（break even point）。

总收益与总成本的图示分析如图 5.3（a）所示。

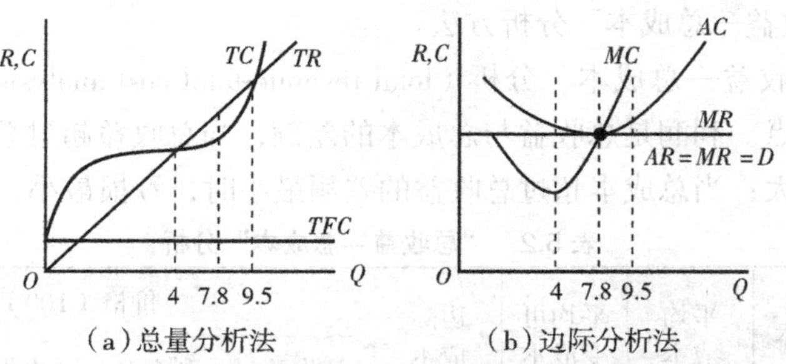

（a）总量分析法　　（b）边际分析法

图 5.3　盈亏平衡点及利润最大点

从图 5.3（a）中可以看出：在盈亏平衡点 4 和 9.5 之间，*TR* > *TC*，有盈利；在盈亏平衡点 4 之左和 9.5 之右，*TR* < *TC*，有亏损；在盈亏平衡点上，*TR* = *TC*，盈亏平衡。于是，这两个点为盈亏平衡点。在盈亏平衡点的分析中，应用经济学家经常将其简单化，将总成本曲线也用直线表示，称为线性盈亏平衡点分析。

2）“边际收益—边际成本”分析方法

通过“边际收益—边际成本”分析（the method of marginal revenue-marginal

cost analysis）可以找到利润最大点。在市场价格不变的条件下，厂商虽不能影响既定的市场价格，但可以调节自己的销售量，以求利润最大或亏损最小。

在表 5.2 中，总产量为 7.8 时，利润为 60，达到最大。同时，我们可以看到，MR 与 MC 在总产量为 7.8 处相等，总产量大于 7.8 时 $MR < MC$，总产量小于 7.8 时 $MR > MC$。同理，图 5.3（b）中，MR 与 MC 在利润最大点处相等，在利润最大点的右边 $MR < MC$，在利润最大点的左边 $MR > MC$。

这是因为：如果 MR 大于 MC，表明企业每多生产一单位产品所增加的收益大于生产这一单位产品所增加的成本。这时，对该企业来说，还有潜在的利润没有实现，企业增加生产是有利的，也就是说还没有达到利润最大化。如果 MR 小于 MC，表明企业每多生产一单位产品所增加的收益小于生产这一单位产品所增加的成本。这时，对该企业来说扩大生产就会减少利润，直至造成亏损，更谈不上利润最大化了，因此，厂商必然要减少产量。

无论是 MR 大于 MC 还是小于 MC，企业都要调整其产量，说明这两种情况下都未能实现利润最大化。只有在 MR 等于 MC 时，企业才不会调整产量，表明已把该赚的利润都赚到了，即实现了利润最大化。

企业对利润的追求要受到市场条件的限制，不可能实现无限大的利润。这样，利润最大点的条件就是 MR 等于 MC，企业根据这一原则来确定自己的产量。总之，在 $MR = MC$ 时，利润达到最大；若 $MR > MC$，继续生产则利润会逐渐增大；若 $MR < MC$，继续生产则利润会逐渐减少；在利润达到最大点时的产量，为利润最大化产量。

MR 等于 MC 的利润最大化原则具有普遍意义，无论在完全竞争市场，还是在不完全竞争市场，企业都是遵循这一原则进行决策的。

二、完全竞争企业的短期决策与生产者剩余

1. 短期的最优产量决策[13]

在完全竞争市场条件下的短期生产中，不仅产品市场的价格是既定的，而且生产中的固定要素投入量是无法改变的，企业只能在既定的生产规模上进行生产，只有通过改变可变要素的投入量来调整产量，以实现 $MR = MC$ 的利润最大化的均衡条件。当企业实现了 $MR = MC$ 时，有可能获得正的利润，也有可能亏损。企业在不同市场价格条件下的均衡有四种情况，如图 5.4 所示：

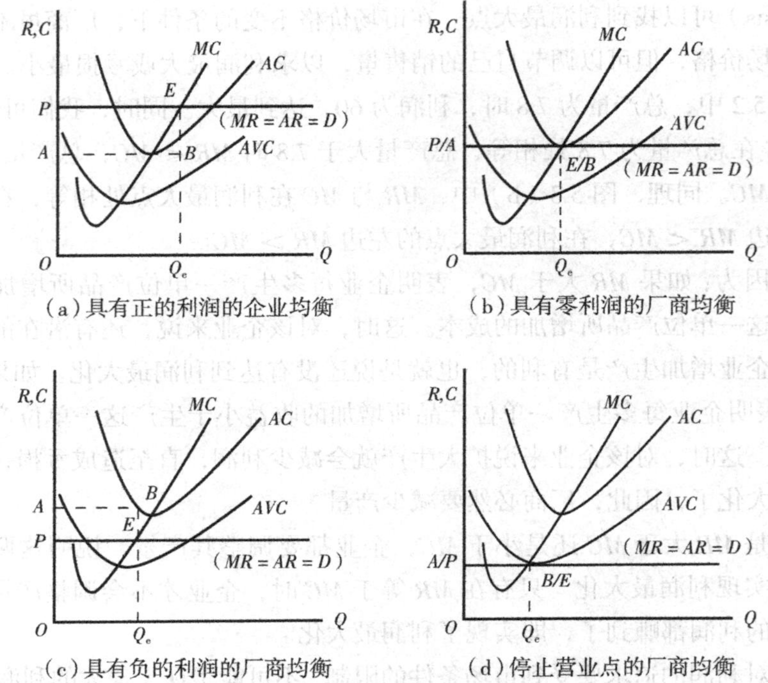

（a）具有正的利润的企业均衡　（b）具有零利润的厂商均衡

（c）具有负的利润的厂商均衡　（d）停止营业点的厂商均衡

图 5.4　完全竞争企业短期均衡的各种情况

1）盈利（profit）

具有正的经济利润即盈利的企业均衡如图 5.4（a），最大利润是在边际收益等于边际成本的产量上得到的，即 $MR = MC$。在这一前提下，由于市场价格对企业十分有利，即 $AC < MR$，也就是说，市场价格大于平均成本，所以企业能获得正的利润。此时的利润包括两个部分，一是正常利润，二是超额利润。这是因为，如果 $MR > MC$，则企业增加产量；如果 $MR < MC$，则企业减少产量；如果 $MR = MC$ 且 MC 上升，则企业达到厂商均衡。

2）收支相抵（balance of income and expenditure）

在符合利润最大化的前提下，如果市场价格对企业恰到好处，即 $AC = MR$，也就是说市场价格等于平均成本，那么厂商还能获得利润为零的均衡，也称为收支相抵点的均衡，如图 5.4（b）所示。此时的利润等于正常利润，没有超额利润，企业因此而继续维持生产。但是，厂商的产量只有维持在 $MR = MC$ 时，才能做到会计利润等于正常利润，经济利润则为零，其他产量时的经济利润都是负值。

3）亏损（loss）

在符合利润最大化的前提下，如果市场价格对企业不利，即 $AC > MR$，也就是说市场价格小于平均成本，则企业将蒙受经济损失，如图 5.4（c）所示。此时增加或减少产量，都会使经济损失增大。企业在遭受经济损失时能否继续生产呢？如果继续生产其条件又是什么？企业是否生产应取决于平均可变成本（AVC）的状况。如果 $AC > MR > AVC$，企业应继续生产。已知固定成本是过去发生的，除非企业不再继续经营，否则不管产量多少，固定成本都会发生。厂商继续经营虽然发生了经济损失，但这一损失小于固定成本。因为 $P = MR > AVC$，也就是说，每生产一个单位的产品不但能弥补它的可变成本，而且还抵消一部分固定成本。因此，最终的经济损失就会小于固定成本。所以，只要满足 $P = MR > AVC$ 的条件，就可以继续生产。虽然厂商获得的是负的利润，但维持 $MR = MC$ 时的产量，仍可以弥补总固定成本的一部分，所以在企业实现亏损最小的均衡点上，仍应继续生产。

4）停止营业点

所谓企业的停止营业点（shut-out）[1] 是指企业正好能弥补其可变成本时的产量与价格，也叫作关闭点，如图 5.4（d）所示。在符合利润最大化的前提下，如果市场价格对厂商十分不利，即 $AVC = MR$，也就是说市场价格仅等于平均可变成本，那么这时生产的全部收入正好弥补全部可变成本，即 $AR = AVC$，经济损失是全部固定成本，若继续生产可能会造成更大的经济损失，若干脆停止生产则企业的经济损失也只是全部固定成本。因此，在 $AVC = MR$ 的条件下，厂商应停止生产。

通过上述分析我们可以得出，在关闭点即平均收益或市场价格等于厂商平均可变成本时，厂商继续生产已经毫无意义了。那么，在关闭点之上，也就是市场价格高于厂商平均可变成本时，厂商都应继续生产，不论其利润如何。

2. 完全竞争企业的短期供给曲线

从完全竞争企业的短期均衡分析中，我们可以得到完全竞争企业的短期供给曲线（short-run supply curve）。所谓厂商的供给曲线是指在每一价格水平下企业愿意并且能够提供的商品数量。从图 5.5 中可以看到，在完全竞争市场上，根据 $P = MC$ 或 $MR = MC$ 的短期均衡条件，当价格为 P_1 时企业生产产量为 Q_1，Q_1 是使边际成本等于价格的产量，即企业选择的最优的产量。当价格上升到 P_2 时，企业选择的最优产量不再为 Q_1，因为这时在 Q_1 的产量水平上边际收益大于边际成本，因此企业将增加生产。新的利润最大化产量是 Q_2，这时的边际成本等于

1　shut-out: the output and price that just enable the enterprise to cover its variable cost

更高的价格 P_2。由于商品的价格和企业的最优产量组合都出现在企业的 *SMC* 曲线上，更严格地讲，商品的价格和企业愿意提供的产量组合都出现在 *SMC* 曲线在 *AVC* 曲线最低点以上的部分，而 *AVC* 曲线最低点是停止营业点，在低于 *AVC* 的价格水平上，企业会选择停工而不提供任何商品。因此，*SMC* 曲线在 *AVC* 曲线最低点以上的部分，就是竞争企业的短期供给曲线。可以看出，*AVC* 曲线以上部分的边际成本都是递增的，所以，竞争厂商的短期供给曲线是向右上方倾斜的，图 5.5 中的 *SMC*（*S*）。

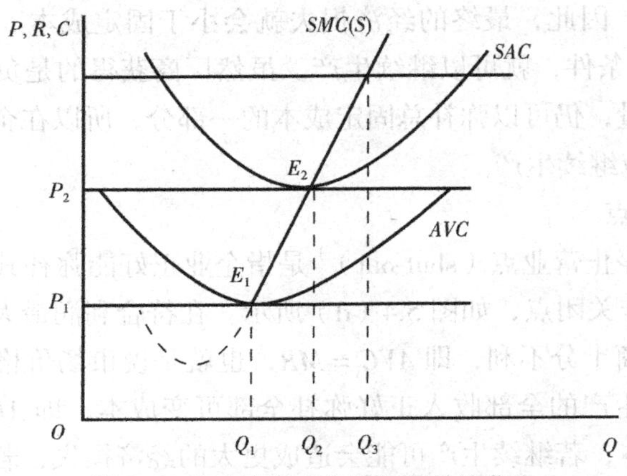

图 5.5　完全竞争企业的短期供给曲线

至此，我们从完全竞争企业追求利润最大化的经济行为出发，推导出了完全竞争企业的向右上方倾斜的短期供给曲线，从而对第二章第三节所描绘的单个生产者的供给曲线向右上方倾斜的现象作出了解释。这一解释同时还说明了，企业所提供的商品数量是在既定价格水平下能够给它带来最大利润或最小亏损的商品数量。

3. 短期生产者剩余

在第三章我们将消费者剩余定义为：人们愿意为某一产品支付的最高价格与它实际支付的市场价格之间的差额，类似的概念也适用于生产企业。

1）边际成本与销售意愿

我们从图 5.5 知道，企业的供给曲线为其边际成本曲线的一部分，而且是在利润最大化条件下，将不同价格与企业愿意并且能够提供的商品或服务的数量相组合而形成的曲线。因此，边际成本就代表了该单位商品生产所带来的生产成本的增加，只有当商品价格高于或等于该单位商品对应的边际成本时，企业才愿意出售。由此可以认为，边际成本曲线即供给曲线就是企业的销售意愿（willingness to sell）[1]，即企业愿意销售该单位商品的最低价格。

2）生产者剩余的定义

在知道了企业的销售意愿后，接下来通过某电影院提供爆米花的意愿与市场价格来说明生产者剩余。在决定生产销售多少桶爆米花时，该电影院面临着如下的边际成本：第一桶的边际成本为 3 元，第二桶的边际成本为 5 元，第三桶的边际成本为 8 元，第四桶的边际成本为 12 元。而爆米花市场上一桶爆米花的价格则为 12 元。

在生产销售爆米花的活动中，该电影院获得了什么利益呢？我们用生产者剩余来衡量其从该笔交易中所获得的利益。所谓生产者剩余（producer surplus）[2]，就是生产者实际获得的支付（即市场价格）与其成本之间的差额。在本例中，该电影院提供第一桶爆米花的边际成本是 3 元，而实际支付的市场价格为 12 元，从第一桶爆米花中获得的生产者剩余为：12 元 – 3 元 = 9 元。以此类推，第二桶获得生产者剩余 12 元 – 5 元 = 7 元，第三桶获得生产者剩余 12 元 – 8 元 = 4 元，第四桶获得生产者剩余 12 元 – 12 元 = 0 元。该电影院从四桶爆米花中获得的总剩余是：9 + 7 + 4 + 0 = 20 元。上面的分析是针对单个企业进行的，如果针对整个市场，这也是成立的，只不过是将第一桶、第二桶、第三桶和第四桶分别看成四个不同企业的边际成本或者销售意愿。

3）生产者剩余的图形化分析

生产者剩余与某种商品的供给曲线密切相关，如果知道供给曲线，我们就可以很容易地计算出生产者剩余。如果爆米花价格低于 3 元，由于该价格低于某电影院的最低销售意愿，则该电影院不会提供爆米花，销售量为零。如果价格在 3 ~ 5 元，则该电影院愿意提供一桶，即供给量为 1。如果价格在 5 ~ 8 元，则供给量为 2。价格在 8 ~ 12 元，则供给量为 3。价格在 12 元及以上，则供给量为 4。根据以上销售意愿与供给量的对应关系，图形化表达销售意愿、供给曲线、生产者剩余以及实际所得，如图 5.6（a）所示：生产者总剩余 = 第一桶的生产者剩余 + 第二桶的生产者剩余 + 第三桶的生产者剩余 + 第四桶的生产者剩余，即图 5.6（a）中市场价格水平线以下的三块阴影矩形的面积之和，而这三块阴影矩形又在折线供给曲线以上。从这个例子中得出的结论无论是对单个企业还是对整个市场中的企业都是成立的，同样对所有供给曲线也成立。因此，可以将供给曲线和生产者剩

1　willingness to sell: the lowest price at which the enterprise is willing to sell the unit product

2　producer surplus: the amount a seller is paid for a commodity minus the seller's cost

余之间的关系图一般化为图 5.6（b）所示，生产者剩余就是供给曲线以上和价格以下那部分区域的面积。

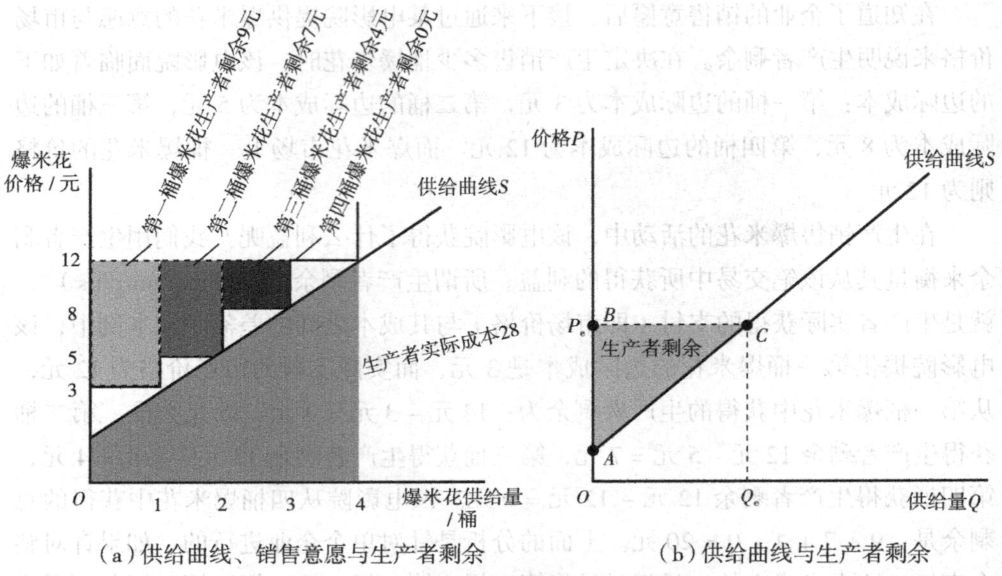

（a）供给曲线、销售意愿与生产者剩余　　（b）供给曲线与生产者剩余

图 5.6　用供给曲线衡量生产者剩余

由于企业总是希望以更高的价格销售产品，从而获得更多的生产者剩余，而生产者剩余可以用价格水平以下、供给曲线以上的三角形的面积来表示，所以分析价格变动对生产者剩余的影响，就只需要分析这个相应价格水平对应的三角形面积的变化。市场价格上升对消费者剩余的影响如图 5.7 所示，当市场价格从 P_0 上升到 P_1 时，生产者剩余就从原来的三角形面积 A 增加到 P_1 以下的大三角形

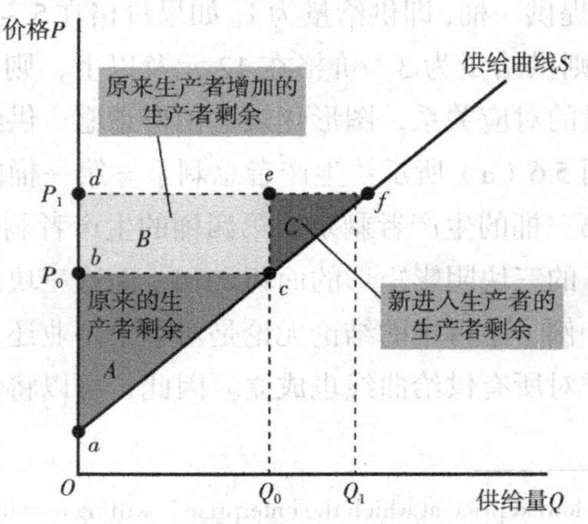

图 5.7　价格上升对生产者剩余的影响

面积，即 $A+B+C$，其中 A 代表原来的生产者剩余，B 代表原来生产者的相同销售量由于价格上升而增加的剩余，C 则是由于价格上升后新进入的生产者的剩余。如果价格下降，生产者剩余将减少，你可以去试着分析一下吗？

三、完全竞争企业的长期决策

在长期中，企业可以根据市场需求来调整全部生产要素，新旧企业也可以自由进入或退出该行业。这样，当出现供给小于需求、有超额利润存在时，企业会扩大生产，其他行业的企业也会涌入这一行业。于是，该行业的供给增加，价格下降，超额利润消失；反之，如果出现供给大于需求、有亏损存在时，企业会缩小生产或者退出该行业。于是，整个行业的供给减少，价格上升，亏损消失。如果既无超额利润又无亏损，则企业的产量不再调整，于是就实现了长期均衡。

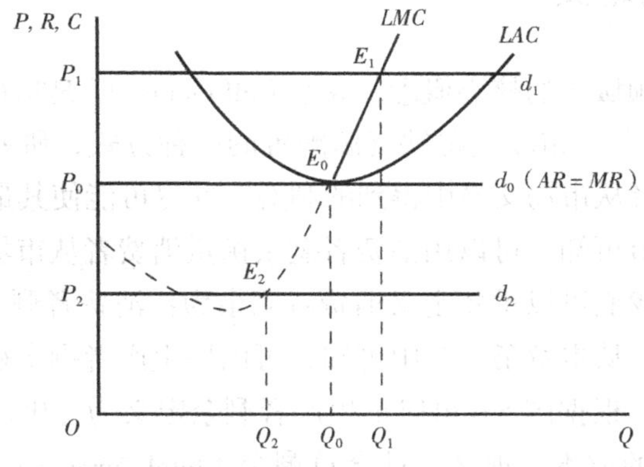

图 5.8 完全竞争市场的长期均衡 [13]

从图 5.8 中可以看出，企业进入或退出的调整使个别企业的需求曲线发生移动，并与长期平均成本曲线 LAC 的最低点相切于 E_0 点。这时长期边际成本曲线 LMC 与边际收益曲线 MR（即 d_0）也相交于 E_0 点，决定了产量为 Q_0，价格为 P_0，总收益与总成本相等，都是图中的 $OP_0E_0Q_0$ 的部分。企业既无超额利润，又无亏损，也就不再调整产量，从而实现了长期均衡。由此可见，在完全竞争市场上，长期均衡条件是：$MR=AR=LMC=LAC$。在图形上，长期均衡的 E_0 点也是收支相抵点，这时总收益等于总成本，企业只能获得正常利润。

从长期均衡条件可以看出，企业进入或退出一个行业的长期决策与企业短期停止营业的决策是不同的。在长期中，企业退出一个行业虽失去从出售产品中得到的全部收益，但它也没有固定成本和可变成本的投入，所以，只要产品的价格小于平均成本，即 $P < LAC$，企业就退出；只要价格大于平均成本，即 $P > LAC$，企业就进入；价格等于平均成本，即 $P = LAC$，企业才会继续生产。因此，在有自由进入或退出时，竞争市场的长期均衡一定是企业在其平均成本最低点运营。

经济学家认为，在完全竞争市场中，价格就像一只“看不见的手”，指挥着整个社会的生产。通过价格机制的调节，每个企业都可以把生产规模调整到平均成本最低点，从而使资源得到最有效的配置。

第三节 经济效率

一、经济效率的定义

作为经济学各领域中的核心概念，效率（efficiency）[1] 是指社会能从稀缺资源中得到的最大利益[9]。市场是稀缺资源配置的一种方式，研究经济效率就是要分析生产者和消费者从市场交易中得到的利益，并尽可能使其最大化。

从第三章第四节可知，可以用消费者剩余衡量消费者从市场参与中获得的利益，根据图 3.14，我们可以重新定义消费者剩余为：消费者剩余 = 买者的评价 − 买者的实际支付量。从本章第二节中可知，可以用生产者剩余衡量生产者从市场参与中获得的利益，根据图 5.6 可以把生产者剩余定义为：生产者剩余 = 卖者实际得到的量 − 卖者的成本。那么，社会总剩余（total surplus）[2] 作为生产者剩余和消费者剩余的总和，就可以表示为：

社会总剩余 = 消费者剩余 + 生产者剩余
= 买者的评价 − 买者的实际支付量 + 卖者实际得到的量 − 卖者的成本
= 买者的评价 − 卖者的成本

因此，如果资源配置能够使所有成员得到的总剩余最大化，这就表明经济是有效率的[9]。

1 efficiency: the property of getting the most the society can from its scarce resources

2 total surplus: the sum of consumer surplus and producer surplus

二、完全竞争市场经济的效率评价

经济学中最深刻的结论之一，就是资源在完全竞争市场中的配置是有效率的。换句话说，就是完全竞争市场实现了消费者和生产者总剩余的最大化，也可以叫作福利最大化。

在此，利用图 5.9 来分析完全竞争市场的经济效率。在该图中，E 是完全竞争市场的均衡点，均衡价格和均衡数量分别为 P_e 和 Q_e；市场的消费者剩余为图中浅色的阴影部分面积，市场的生产者剩余为图中深色的阴影部分面积，市场的总剩余为消费者剩余和生产者剩余之和，即图中全部的阴影部分面积。

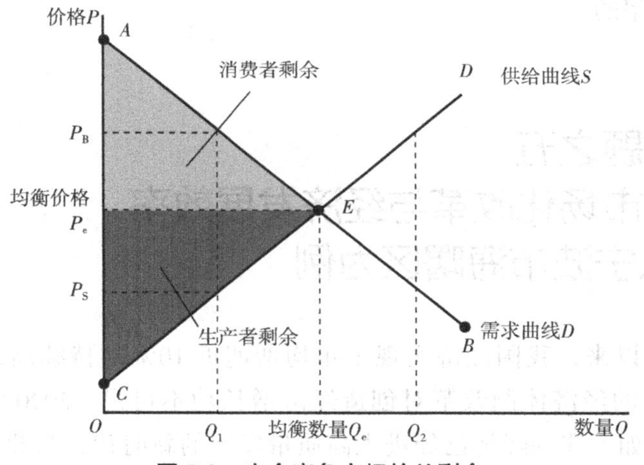

图 5.9　完全竞争市场的总剩余

图 5.9 中的总剩余表示完全竞争市场的均衡实现了福利最大化。原因在于：图 5.9 中，在任何生产者剩余小于 Q_e 的数量上，譬如在 Q_1 的数量上，市场的总剩余都不是最大的，因为可以通过增加交易量来增加福利。具体地看，在 Q_1 单位的数量上，由需求曲线可知消费者愿意支付的最高价格 P_B 高于市场的均衡价格 P_e，所以消费者是愿意增加这一单位产品的购买的，并且由此可以获得更多的消费者剩余；与此同时，由供给曲线可知生产者能够接受的最低价格 P_s 低于市场的均衡价格 P_e，所以生产者也是愿意增加这一单位产品的销售的，并且由此可以获得更多的生产者剩余。所以，在自愿互利的交易原则下，只要市场的交易量小于均衡数量 Q_e，市场的交易数量就会增加，而且交易过程中买卖双方的福利都会增加，市场的总福利也由此增大。这一交易数量扩大的过程一直会持续到均衡的交易数量 Q_e 实现为止，市场的总福利也就达到了不可能再增大的地步，即

不可能在一方利益增大而另一方利益不受损的情况下增加市场的总剩余。也就是说，完全竞争市场均衡实现了经济效率。

那么，反过来，在任何大于 Q_e 的数量上，譬如在 Q_2 的数量上，情况又会如何呢？事实上，Q_2 的交易数量是不可能发生的。原因很简单：在 Q_2 单位的数量上，消费者愿意支付的最高价格低于市场的均衡价格 P_e，生产者能够接受的最低价格高于市场的均衡价格 P_e，这种使双方都受损的买卖是不可能成交的。所以，自愿互利的市场交易最后达到的均衡数量为 Q_e，相应的均衡价格为 P_e，完全竞争市场的均衡实现了最大的福利。

总之，完全竞争市场的交易实现了最大的福利，或者说，完全竞争市场机制的运行是有效率的。

实践专题之五
中国的市场化改革与经济发展效率
——以宁波市海曙区为例

改革开放以来，我国经济实现了年均增速近 10% 的持续高速增长，而以市场化为导向的经济体制改革对创造经济增长功不可没。2020 年是改革开放四十二周年，如今我国经济已经进入高质量发展的新时代，为此，对于经济发展的研究不应停留在市场化改革对经济增长（GDP）的影响上，而应更多地着眼市场化改革对发展效率（TFP）的贡献上。党的十八届三中全会提出："经济体制改革是全面深化改革的重点"，要使市场在资源配置中起决定性作用。党的十九大报告指出："经济体制改革必须以完善产权制度和要素市场化配置为重点。"制度改革会带来制度红利。市场化改革是一系列的制度变迁，这种制度变迁会直接地通过优化资源配置以及间接地通过提高生产效率带来经济发展效率的提升。我国发展的不平衡问题突出，特别在市场化进程中，区域之间、城乡之间差距明显。浙江是习近平新时代中国特色社会主义思想的重要萌发地，宁波更是市场化制度红利的受益者。如今的宁波经历了行政区划的调整，面临着标兵渐远、追兵逼近的严峻形势，迫切需要激发新一轮的制度红利，再创发展新优势。

一、制度变迁

1978年，改革开放的号角吹起，我国踏上了中国特色社会主义道路；2020年，改革开放42周年，我国在新时代新征程上大步向前。改革开放是引领我国走向国家富强、民族复兴、人民富裕的关键一招。全面深化改革的重点是经济体制改革，市场化改革则是经济体制改革的主线。中国改革开放的动因在于加快经济发展；把市场经济和社会主义制度结合起来的中国特色社会主义是对马克思主义的一个重大创新。西方的市场化改革主要是针对垄断行业存在市场失灵而进行的减少社会福利损失的局部调整；而中国的市场化改革是经济体制的全面调整，以提升市场在资源配置中的地位。以若干重要时间节点和重大会议文件为标志，中国的市场化改革经历了几个阶段：第一阶段，引入市场机制。1978年，党的十一届三中全会之后，我国在各个领域进行了一系列市场化改革，包括农村实行家庭联产承包责任制、逐步放开商品价格、对国有企业让利放权、引进外资、允许个体工商户发展等，思想空前解放。第二阶段，确认社会主义商品经济。市场化改革开始后，经历了质疑和支持两种声音尖锐的思想交锋，理论上的僵持导致实践上的反复，直到1984年，党的十二届三中全会明确了“有计划的商品经济”。此后，各类市场主体蓬勃发展，价格改革走在前列，商品市场日益繁荣，要素市场开始建立，政府管理方式逐步转变。第三阶段，确立社会主义市场经济。1992年，党的十四大明确指出建立社会主义市场经济体制的改革目标，以及市场要对资源配置起基础性作用；次年党的十四届三中全会做出的《中共中央关于建立社会主义市场经济体制若干问题的决定》又对现代企业制度、市场体系、政府职能等方面做了要求。第四阶段，市场化改革的深化与发展。2013年，党的十八届三中全会吹响了全面深化改革的号角，其一大亮点就是把市场在资源配置中的决定性作用旗帜鲜明地亮出来；2017年，党的十九大从国资及国企改革、要素价格市场化改革、商事制度改革和市场准入负面清单制度的实施等方面，对市场化改革进行了深化和战略布局。

二、经济发展效率

市场化改革的制度红利曾经是我国经济高速增长的“加速器”；深化市场化改革的新制度红利也将成为我国经济高质量发展的“助推器”。宁波崛起的一大因素就是20世纪80年代、90年代率先展开的乡镇企业产权改革解除所有制枷锁而带来的市场化红利。经济增长的动力来源于生产要素投入的增加和全要素生产率的提高，全要素生产率的提高包含创新因素和制度因素。创新因素主要指知识积累和技术进步，而制度因素主要指市场化改革的资源配置优化。市场化改革一方面作为制度因素直接地提高经济发展效率，另一方面则通过作用于创新因素间接地提高经济发展效率。党的十九大报告从市场机制有效、微观主体有活力、宏观调控有度等三个层面对现代化经济体系的经济体制提出了愿景。结合吴敬琏等人提出的我国经济体制改革应实现市场主体、市场体系、政府职能协同演进的观点，本案例将市场化改革推动经济发展效率提高的直接路径分为市场、企业、政府三个层面。市场机制有效、企业活力增强和政府服务提升等都能优化资源配置，都能有效激发创新，从而提高发展效率。党的十九大报告还指出，经济体制改革的重点在于完善产权制度和要素市场化配置，实现产权有效激励、要素自由流动、价格反应灵活、竞争公平有序、企业优胜劣汰。

根据前文分析的制度变迁所带来的制度红利的实现路径，我们从三个方面来看制度变迁带来制度红利的实践证据。第一，从市场机制来看，商品和服务市场先行一步实现了价格放开、市场调节，电力、成品油、天然气等重要资源产品的价格市场化程度显著提高；要素市场方面，价格市场化也逐步推进，工资、利率、汇率和土地市场方面举措不断，要素流动障碍和壁垒逐步破解；市场的法制环境和中介服务的优化明显，人们越来越重视对生产者权益、消费者权益以及知识产权的保护。第二，从市场主体来看，国资国企改革不断推进，企业创业创新热情提高，非公经济活力持续迸发。2019 年 1 ~ 4 月份，全国新登记企业日均达到了 1.86 万户；从经济类型的数据来看，规模以上工业中私营企业增加值同比增长 9.1%，比去年同期提升了 2.4 个百分点。截至 2017 年底，宁波市海曙区非私营企业从业人员、私营企业从业人员、个体户主和个体从业人员数分别为 18.86 万、27.80 万、10.56 万，分别占全社会就业人员的 31.53%、46.48% 和 17.66%。从规模以上工业企业产值看，国有企业、私营企业和其他企业平分秋色。第三，从政府职能来看，2013 年前明显存在政府直接配置资源过多、管理服务提供不足的问题。全面深化改革以来，政府职能转变有了很大突破，全国“放管服”改革持续推进，提前完成了行政审批事项减少的目标，不断清理和规范中介服务审批事项等。浙江更是在政府自身改革方面走在全国前列，在“四张清单一张网”基础上深入推进“最多跑一次”改革，现已成为“金字招牌”。海曙区“最多跑一次”改革成效明显：截至 2018 年底，全区所有涉及政府审批的事项 100% 集中到区行政服务中心，进驻的部门多达 27 个，审批服务事项共 993 项，窗口办结率从成立之初的 55% 增长到 100%，全区“零跑腿”事项达到 301 项，占全部审批事项的 44.8%，全区审批事项网上受理率达 100%。

总而言之，对于市场体系与市场主体，就是要使企业在公平的条件下实现优胜劣汰；对于市场体系与政府职能，就是要使“看不见的手”和“看得见的手”各司其职；对于市场主体与政府职能，就是要构建既“亲”又“清”的新型政商关系。也就是说，市场化改革的“三条腿”要互相协调和配合，最终促进经济发展效率的提升。

（资料来源：韩欢《市场化改革与经济发展效率研究》[35]、《宁波市海曙区国民经济和社会发展第十四个五年规划和二〇三五年远景目标纲要》）

本章小结

1. 市场结构按垄断程度的高低分为四种类型：完全竞争市场、垄断竞争市场、寡头市场和完全垄断市场。完全竞争市场是指不受任何阻碍和干扰的市场结构。垄断竞争市场是指由大量通过生产相似而略有差别的产品相互竞争的厂商构成的市场结构。寡头市场是指几个相互竞争的生产者构成的市场结构。完全垄断市场是指完全由一家厂商或公司所控制的市场结构。

2. 在完全竞争条件下，单个厂商只能按整个行业的供求关系所决定的价格出售其愿意卖出的任何数量的产品。厂商的需求曲线、平均收益曲线和边际收益曲线都是水平线并且相互重合。为了利润最大化，厂商必须选择使边际收益等于边际成本的产量。

3. 厂商的供给曲线是指在每一价格水平下厂商愿意并且能够提供的商品数量。在完全竞争市场上，根据 $P = MC$ 或 $MR = MC$ 的短期均衡条件，厂商即可选择其最优产量。商品的价格和厂商愿意提供的产量组合都出现在 *SMC* 曲线位于 *AVC* 曲线最低点以上的部分，而 *AVC* 曲线的最低点就是停止营业点，在低于 *AVC* 曲线最低点的价格水平上，厂商会选择停工，不提供任何商品。因此，*SMC* 曲线在 *AVC* 曲线最低点以上的部分，就是竞争厂商的短期供给曲线。

4. 生产者剩余是指生产者实际获得的支付与其成本之间的差额，衡量经济效率采用社会总剩余。完全竞争市场的社会总剩余最大，是有效率的市场。

本章专业术语解释

1. **市场结构**是指市场的构成要素及其被组织在一起的方法。

Market structure refers to the elements of a market and the way in which it is organized.

La estructura del mercado se refiere a los componentes de un mercado y la forma en que está organizado.

Cấu trúc thị trường đề cập đến các yếu tố cấu thành của thị trường và cách thức tổ chức thị trường.

市場の構造とは、市場の構成要素によって組織されている方法である。

2. **完全竞争市场**指市场上有许多相同产品的买者和卖者，所以每一个买者和卖者都是价格的接受者。

A perfectly competitive market means that there are many buyers and sellers of the same products in the market, so that each buyer and seller is the price taker.

El mercado perfectamente competitivo se refiere al mercado en el cual existen tantos compradores y vendedores que cada comprador y cada vendedor puede tomar el precio de un producto determinado y homogéneo como dado.

Thị trường cạnh tranh hoàn hảo là thị trường không bị cản trở và can thiệp.

完全競争市場とは、財の同質性、参加者の多数性、完全情報、参入・退出の自由といった四つの条件を同時に満たす市場ことである。

3. **总收益**是指厂商出售商品后所得到的总销售收入，即出售商品的总卖价。

Total revenue refers to the total sales revenue obtained by a manufacturer after selling goods, which is the total selling price of the goods sold.

Las rentas totales son los ingresos totales por ventas obtenidos por el fabricante después de vender los bienes, es decir, el precio de venta total de los bienes vendidos.

Tổng doanh thu đề cập đến tổng doanh thu bán hàng mà nhà sản xuất thu được sau khi bán sản phẩm, tức là tổng giá bán của sản phẩm đã bán.

総収入とは、企業は販売した商品から得られる収入である。

4. **平均收益**是指厂商出售一定数量商品时，从每单位商品中得到的平均收入，即平均每个商品的卖价。

Average revenue refers to the average revenue of each unit of a given quantity of commodities sold by a manufacturer, that is, the average selling price of each commodity.

La renta promedio es el costo total dividido por la cantidad de producción.

Doanh thu bình quân đề cập đến thu nhập trung bình mà nhà sản xuất nhận được từ việc bán một lượng hàng hóa nhất định trên một đơn vị hàng hóa，nghĩa là giá bán trung bình của mỗi cái hàng hóa.

平均収入とは、企業は販売した一単位の生産品から得られる収入である。

5. **边际收益**是指厂商每多销售一单位商品所增加的总收益的值。它等于总收益的增量与销售量的增量之比。

Marginal revenue is the increase in total revenue that results from the sale of one additional unit of output. It's the ratio of the increase in total revenue to the increase in sales.

El ingreso marginal se refiere al valor del ingreso total aumentado por cada unidad adicional de mercancía vendida por el fabricante. Es igual a la relación entre el incremento de la ganancia total y el incremento de las ventas.

Doanh thu cận biên là giá trị của tổng daonh thu tăng thêm của công ty đối với mỗi đơn vị được bán thêm. Nó bằng tỷ lệ giữa phần gia tăng trong tổng doanh thu và phần gia tăng doanh số bán hàng.

限界収入とは、企業はもう一単位の生産物を販売することで生み出される追加的収入である。

6. **盈亏平衡点**

break even point

punto de equilibrio de ganancias y pérdidas

điểm hòa vốn

損益分岐点

7. **停止营业点**是指企业正好能弥补其可变成本时的产量与价格。

Shut-out refers to the output and price that just enable the enterprise to cover its variable costs.

El cierre se refiere a la producción y el precio cuando una empresa solo puede pagar sus costos variables.

Đóng cửa đề cập đến sản lượng và giá cả khi một doanh nghiệp chỉ có thể trả chi phí biến đổi của nó.

閉鎖とは、企業が本になる可能性がある場合にのみ支払うことができる生産量と価格のことです。

8. **生产者剩余**：生产者实际得到的支付与其成本之间的差额

producer surplus: the amount a seller is paid for a commodity minus the seller's cost excedente del productor: la cantidad que se le paga a un vendedor por un bien menos el costo del vendedor

thặng dư của người sản xuất: đề cập đến sự chênh lệch giữa tổng giá tối đa mà người tiêu dùng sẵn sàng trả và tổng giá thực tế phải trả khi mua một lượng hàng hóa nhất định

生産者余剰：生産者が実際に販売する価格（市場）から、その財を売ってもよいと思う最低の価格を差し引いたものである

9. **市场效率**是社会所有成员获得的总盈余最大化的资源配置属性。

Market efficiency is the attribute of resource allocation that maximizes the total surplus obtained by all members of society.

La eficiencia del mercado es la propiedad de una asignación de recursos de maximizar el excedente total recibido por todos los miembros de la sociedad.

Hiệu quả thị trường là tài sản phân bổ nguồn lực nhằm tối đa hóa tổng thặng dư thu được của tất cả các thành viên trong xã hội.

市場の効率とは、社会の構成員がすべて総余剰の最大化が実現されている時の資源配分状態である。

综合练习

一、单项选择题

1. 利润最大化原则是（　　）。

A. 边际成本等于平均成本　　B. 边际成本等于边际收益

C. 边际成本小于边际收益　　D. 边际成本大于边际收益

2. 下列哪一项不符合完全竞争行业的特点？（　　）。

A. 厂商数量众多

B. 厂商生产同质产品，相互之间可以完全替代

C. 行业竞争对手之间有激烈的价格竞争

D. 厂商自由进出这一行业

3. 一完全竞争行业的厂商每天产出的总收入为 5000 美元，这是其利润最大化的产出。厂商的平均总成本是 8 美元，边际成本是 10 美元，平均变动成本是 5 美元，其每天的产量为（　　）。

A. 200 单位　　B. 500 单位

C. 625 单位　　D. 1000 单位

4. 题 3 中厂商的固定成本是（　　）。

A. 10 美元　　B. 100 美元　　C. 500 美元　　D. 1500 美元

5. 题 3 中厂商每天的利润为（　　）。

A. –500 美元　　B. 收支相抵　　C. 500 美元　　D. 1000 美元

6. 竞争厂商短期有一个“停产点”，这一点发生在哪一个产出水平？（　　）

A. $MC = AC$　　B. $AVC = AFC$

C. $MC = AVC$　　D. $AC = AVC$

7. 生产者剩余直接衡量了（　　）。

A. 卖家的利益　　B. 整个社会的利益

C. 买卖双方的利益　　D. 卖方出售的意愿

8. 资源有效配置的衡量标准是（　　）。

A. 企业的销售收入最多　　B. 总剩余最大

C. 消费者剩余最大　　D. 生产者剩余最大

9. 下列行业中哪一个最接近于完全竞争模式？（　　）。

A. 飞机　　B. 卷烟　　C. 水稻　　D. 汽车

10. 在完全竞争厂商的长期均衡产量上必然有（　　）。

A. $MR = LMC \neq SMC$，其中 $MR = AR = P$

B. $MR = LMC = SMC \neq LAC$，其中 $MR = AR = P$

C. $MR = LMC = SMC = LAC \neq SAC$，其中 $MR = AR = P$

D. $MR = LMC = SMC = LAC = SAC$，其中 $MR = AR = P$

二、判断题

1. 只要在竞争性行业中存在着利润，原来的企业就会扩大规模，新的企业就会进入。（　　）

2. 在完全竞争行业中，企业的成本结构基本上是相同的。（　　）

3. 在完全竞争行业中，企业的需求曲线是水平的，所以企业的边际成本曲线也是水平的。（　　）

4. 如果一个企业的平均销售收入低于平均成本，则该企业应当停止生产。（　　）

5. 完全竞争市场的交易参与者间没有差别，但产品是有差别的。（　　）

6. 完全竞争厂商面临的是一条水平的需求曲线。（　　）

7. 当完全竞争行业处于长期均衡状态时，同一行业的所有厂商必须具有相同的成本曲线，且各厂商只能获得正常利润。（　　）

8. 供给曲线可以用来衡量生产者剩余，是因为它反映了卖方生产商品的机会成本。（　）

9. 商品生产技术水平提高肯定会引起消费者剩余增加。（　）

10. 有效的资源配置是消费者剩余减去生产者剩余后的差值的最大化。（　）

三、问答题

1. 盈亏平衡点、利润最大点和厂商关闭点这三者间的关系如何？

2. 在什么条件下完全竞争企业将退出市场？解释其原因。

3. 画图说明完全竞争市场中的价格变化会如何影响生产者剩余。

第六章

完全垄断市场与效率代价

第五章我们讨论了完全竞争市场，在该市场中商品的价格由供给和需求的市场力量决定，单个企业和消费者决策时都将价格看成给定的。但是，在现实经济生活中，这种完全竞争市场只能是理想化的。本章讨论只有一个卖方的具有市场势力的垄断市场，这是与完全竞争完全相反的另一种极端情况。

第一节 完全垄断市场的特征及产生原因

一、完全垄断市场的条件和特征

1. 完全垄断市场的条件

要理解完全垄断，首先来看看垄断（monopoly）是什么意思。《牛津高阶英汉双解词典（第 9 版）》对“monopoly”的解释是：① the complete control of trade in particular goods or the supply of a particular service; a type of goods or service that is controlled in this way（垄断；专营服务；被垄断的商品或服务）；② the complete control，possession or use of sth; a thing that belongs only to one person or group and that other people cannot share（独占；专利；专利品）。可见，该词典的解释已经相当于我们所说的完全垄断、独家垄断的意思了，包括卖家垄断和买家垄断，本章主要探讨卖家垄断。完全垄断市场（perfectly monopolistic market）[1] 是指一家厂商控制了某种产品的全部供给的市场。

作为完全由一家厂商或公司所控制的市场，完全垄断市场上的商品没有相近的替代品，只有一个供给者。由此看来，完全垄断市场的形成需要以下三个条件：①市场上只有唯一的一个厂商生产和销售商品；②该厂商生产和销售的商品没有任何相近的替代品；③其他任何厂商进入该行业都存在障碍。

2. 完全垄断市场的特征

如同前面用企业面临的需求曲线来刻画完全竞争市场的特征一样，这里也可以用完全垄断企业面临的需求曲线来刻画完全垄断市场的特征。完全垄断市场的上述 3 个条件决定了企业在短期和长期中都可以控制和操纵商品的价格，或者说

---

1 perfectly monopolistic market: a market perfectly controlled by a single firm or company

垄断企业是一个价格制定者（price-maker）。

完全垄断条件下，市场上只有一家企业，企业和行业合二为一，企业就是行业。因此，垄断厂商所面临的需求曲线就是整个市场的需求曲线，这是完全垄断市场的重要特征。垄断企业的需求曲线向右下方倾斜即斜率为负，销售量与价格成反比，如图 6.1（b）所示。因此，完全垄断企业作为价格的制定者，可以通过减少销售量来提高市场价格，在其产量水平较高时，市场价格也随之下降。这一点与完全竞争市场上厂商是价格的接受者不同，可以对比图 6.1 中的（a）和（b）。

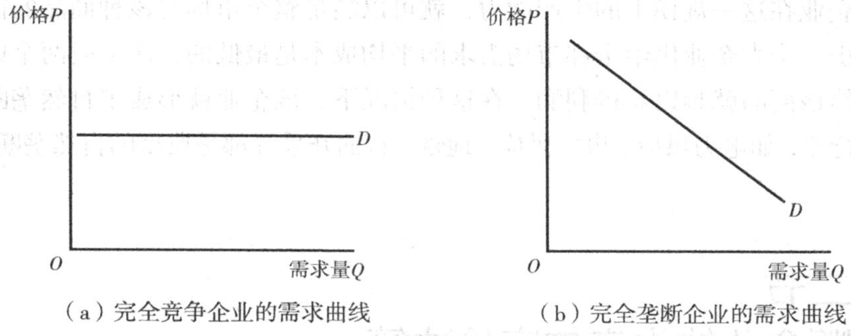

（a）完全竞争企业的需求曲线　　（b）完全垄断企业的需求曲线

图 6.1　完全竞争和完全垄断企业的需求曲线

二、完全垄断产生的原因

垄断企业之所以能够成为某种商品的唯一供给者，是由于该企业控制了这种商品的供给，使其他企业不能进入该市场并生产同种商品。导致垄断的原因一般有以下几方面：

第一，对资源的独家控制（exclusive ownership of a key resource）。如果一家企业控制了用于生产某种商品的全部资源或基本资源的供给，其他企业就不能生产这种商品，该企业就可能成为一个垄断者。

第二，拥有专利权（possessing patent）。专利是政府赋予某种商品和服务的发明者的排他性权力，这使得独家厂商可以在一定的时期内垄断该商品的生产。专利权是为促进发明创造、发展新产品和新技术，而以法律的形式赋予发明人的一种权利。专利权禁止其他人生产某种商品或使用某项技术，除非得到发明人的许可。一家厂商可能因为拥有专利权而成为某种商品的垄断者。不过专利权带来的垄断地位是暂时的，因为专利权有法律时效，我国专利权的法律时效为 20 年。

第三，政府特许权（government-created exclusive right）。某些情况下，政府

通过颁发牌照的方式限制进入某一行业的企业数量。一家厂商可能获得政府的特许牌照，从而成为某种商品的唯一供给者，如邮政、公用事业等。牌照特权使某行业内的现有厂商免受竞争，从而具有垄断的特点。作为政府给予企业特许权的前提，企业同意政府对其经营活动进行管理和控制。

第四，自然垄断（natural monopoly）[1]。如果某些行业的生产具有十分明显的规模经济特征，生产的规模经济需要在一个很大的产量下、在一个巨大的资产设备运行水平上才可能实现，此时大规模生产可以使成本大大降低。而且，只要发挥这一企业在这一规模上的生产能力，就可以满足整个市场对该种商品的需求。那么，由一个大企业供给全部市场需求的平均成本是最低的，两个或两个以上的企业供给该商品就难以获得利润。在这种情况下，该企业就形成了自然垄断。许多公用行业，如电力供应、煤气供应、地铁、石油开采等都是典型的自然垄断行业。

第二节 垄断企业的生产与定价决策

一、垄断企业的收益曲线

垄断企业的总收益 $TR = PQ$，其中 P 是价格，Q 是垄断企业的销售量，由于完全垄断厂商的 P 与 Q 之间具有相关性，所以可以写成 $TR = P(Q)Q$。由此可见，总收益随着 Q 的变化而呈曲线变化。再来看平均收益（average revenue，AR），由 AR 的定义可知，此时：

$$AR = \frac{TR}{Q} = P(Q) \tag{6.1}$$

即企业的平均收益 AR 曲线与需求曲线重合，垄断企业的需求曲线就是市场需求曲线，向右下方倾斜。

由于 AR 曲线向右下方倾斜，说明 AR 呈递减趋势，根据边际量与平均量的关系，可知 MR 曲线在 AR 曲线的下方。假定垄断企业的需求曲线是线性的，则可确定 MR 的函数形式，进而确定 MR 曲线的位置。通过相关数理推导分析得出，

1 natural monopoly: a monopoly that arises because a single firm can supply a commodity or service to an entire market at a smaller cost than two or more firms could

边际收益曲线在纵坐标轴上的截距与需求曲线相同，在横轴上的截距是需求曲线在横轴上截距的一半。

我们以面包加工厂生产的某一品种的面包为例。企业生产的面包品种款式与众不同，没有替代品，因此可以自行定价形成垄断。面包的销售量增加，面包的价格必然下降。表 6.1 表示面包厂的总收益、平均收益和边际收益。

表 6.1　面包企业收益表　　单位：元

产品价格	销售量	总收益	平均收益	边际收益
2	0	0	0	—
1.8	10	18	1.8	1.8
1.6	20	32	1.6	1.4
1.4	30	42	1.4	1
1.2	40	48	1.2	0.6
1	50	50	1	0.2
0.8	60	48	0.8	–0.2
0.6	70	42	0.6	–0.6
0.4	80	32	0.4	–1
0.2	90	18	0.2	–1.4

从表 6.1 中可以看出，在面包价格随销售量增加而逐渐降低时，总收益随面包销售量的扩大而增加，达到一定量以后，又随面包销售量的继续扩大而减少。平均收益 *AR* 与边际收益 *MR* 随价格的降低也逐渐降低，但边际收益 *MR* 降低得更快。销售量为 50 单位时，每一单位售价为 1 元，销售量增加到 60 单位时，每单位售价 0.8 元，每单位售价降低 0.2 元，平均收益 *AR* 为 0.8 元，销售量增加 10 单位，总收益却减少 2 元，边际收益 *MR* 为 –0.2 元。销售量增加到 70 单位时，每单位售价再降低 0.2 元，售价为 0.6 元，平均收益 *AR* 为 0.6 元，销售量增加 10 单位，总收益却又减少了 6 元，边际收益 *MR* 为 –0.6 元。由此可知，边际效益 *MR* 的降低量大于平均收益 *AR* 的降低量。根据表 6.1 中数据可以作出图 6.2。

图 6.2 中平均收益 *AR* 曲线在边际收益 *MR* 曲线之上，并且在 50 ~ 60 单位时边际收益曲线 *MR* 已降到 0 。如果在平均收益 *AR* 曲线上取一点 *A*，作平行线交边际收益 *MR* 曲线于 *B*，再交纵轴于 *C*，那么 *B* 点是 *A* 到 *C* 的中点，即边际收益 *MR* 曲线等分了平均收 *AR* 益曲线与纵轴间的任何一条水平线。这说明边际收

益 MR 曲线比平均收益 AR 曲线下降的速度快一倍。

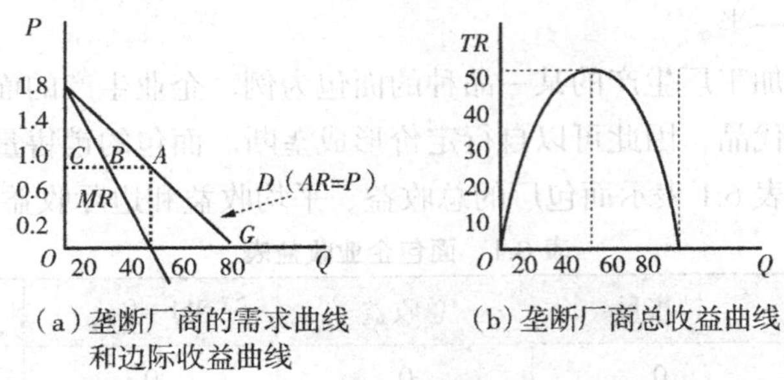

（a）垄断厂商的需求曲线和边际收益曲线　（b）垄断厂商总收益曲线

图 6.2　垄断企业的总收益与边际收益

同样，在价格变动的条件下，平均收益曲线也就是企业的需求曲线，平均收益与销售量之间的负相关关系，实际上是价格与需求量之间的负相关关系。价格变动条件下的向右下方倾斜的需求曲线，完全符合垄断市场的基本特征，即垄断企业作为价格的制定者、影响者和参与者，它所面临的主观需求曲线就是依据市场需求量变化而改变价格的需求曲线。向右下方倾斜的需求曲线所具有的特征将有助于对垄断企业市场定价策略的研究。

二、垄断企业的短期决策

垄断企业可以通过调整产量和价格来实现利润最大化。与完全竞争市场类似，垄断企业利润最大化时的产量也是由其收益状况和成本状况共同决定的，其利润最大化条件为 $MR = MC$，这也是垄断企业短期均衡的条件。在短期里，垄断企业由于各种原因，如既定规模成本过高或面对的市场需求较小等，都可能导致短期盈亏平衡甚至亏损，不一定总是能获得垄断利润。所以垄断企业的短期均衡有三种情况：获得超额利润、获得正常利润或遭受损失[13]。

1. 获得超额利润

图 6.3 反映了垄断企业获得超额利润（excess profit）时的短期均衡状态。运用“边际收益—边际成本”分析法，垄断厂商按照 $MR = MC$ 的原则确定产量水平 Q_1，与 Q_1 产量水平对应的价格可由需求曲线得到为 P_1，对应的成本由 AC 曲线得到为 C_1，显然 $P_1 > C_1$，企业存在超额利润，超额利润为矩形 P_1C_1BA 的面积。从图 6.3 中看，在 Q_1 产量水平上 $MR = MC$，所以 Q_1 是垄断企业利润最大化时的均衡产量。

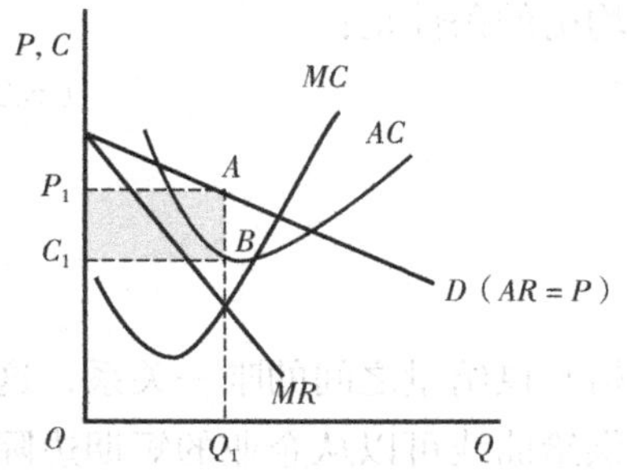

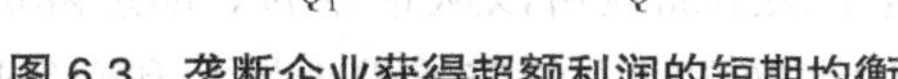
图 6.3　垄断企业获得超额利润的短期均衡

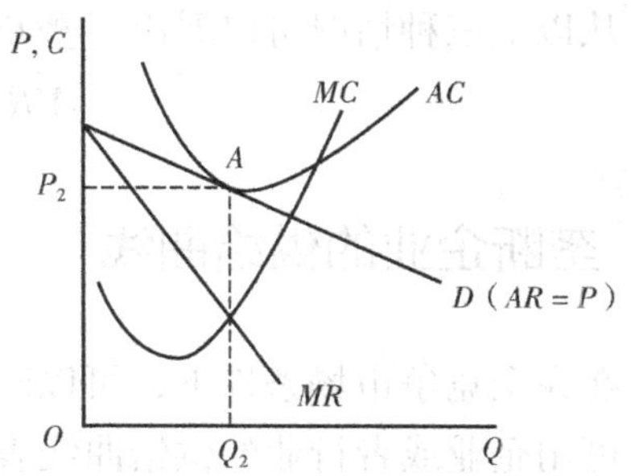

图 6.4　垄断企业获得正常利润的短期均衡

2. 获得正常利润

垄断企业获得正常利润（normal profit）的情况如图 6.4 所示，此时按照 $MR = MC$ 确定的产量水平在 Q_2，这一产量水平与需求曲线的交点正好是 AC 曲线与需求曲线 D 的切点，因此在这一产量水平上 P 与 C 相等，即平均收益等于平均成本，因此垄断厂商的 TR 等于 TC，企业的经济利润为零，只获得正常利润。

3. 遭受亏损

垄断企业虽然可以通过控制产量和价格获得利润，但并不代表着总能获得利润，垄断企业也可能发生亏损。这种情况可能是由于既定生产规模的生产成本过高，也可能是由于面临的市场需求过小，图 6.5 反映垄断企业亏损时的短期均衡。

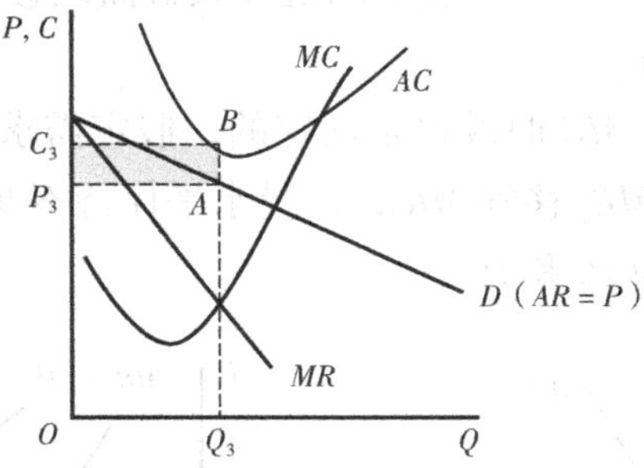

图 6.5　垄断企业亏损时的短期均衡

按照 $MR = MC$ 的原则确定的产量水平在 Q_3 的水平上，从需求曲线得到与这一产量水平相对应的价格为 P_3，从 AC 曲线上得到相应的总成本为 C_3，从图 6.5 中可看出 $P_3 < C_3$，即平均收益小于平均成本，企业遭受损失，但这时的损失额是最小的，等于矩形 P_3ABC_3 的面积。此时 $P_3 > AVC$，因此垄断厂商继续进行生产，所获得的总收益在补偿了全部可变成本的基础上，最大限度地补偿了部分固定成本。如果 $P_3 < AVC$，厂商将会停止生产。

从以上三种情况可以看出，垄断厂商短期均衡的条件是：

$$MR = (S)\ MC \tag{6.2}$$

三、垄断企业的供给曲线

在完全竞争市场条件下，可以确定产品价格与供给量之间的唯一关系，这种关系可用企业或者行业的供给曲线表示，这个供给曲线可以从企业的短期边际成本曲线推导出来，即根据 $P = SMC$ 的均衡条件来确定唯一的能够带来最大利润（或者最小亏损）的产量。

但完全垄断市场则不同，由于完全垄断条件下的价格和产量是同时决定的，即根据 $MR = SMC$ 来确定最优产量，而且 P 总是大于 MR，两者之间并无相等关系。如果需求曲线发生变动，由于边际收益曲线与需求曲线之间的关系，均衡点也相应发生变动，有可能出现同一均衡价格对应不同的均衡产量，或者同一均衡产量对应不同的均衡价格的现象；也有可能出现市场价格上升，供给量不变甚至反而下降的现象。这些都说明完全垄断市场中，价格与产量间无对应关系，如图 6.6 所示。

在图 6.6（a）中，MC 曲线是固定的，当需求曲线为 D_1 时，相应的边际收益曲线为 MR_1，按照 $MR = MC$ 的原则，垄断厂商生产 Q_1 的产量水平对应的价格是 P_1，如果需求曲线由 D_1 移到 D_2，相应的边际收益曲线移到 MR_2，此时厂商生产 Q_2 产量对应的价格仍为 P_1。

在图 6.6（b）图中，MC 曲线也是固定的，假定需求曲线由 D_1 移到 D_2，则相应的边际收益曲线由 MR_1 移到 MR_2，产量水平保持不变，仍然生产 Q_1 的产量水平，对应的价格分别为 P_1 和 P_2。

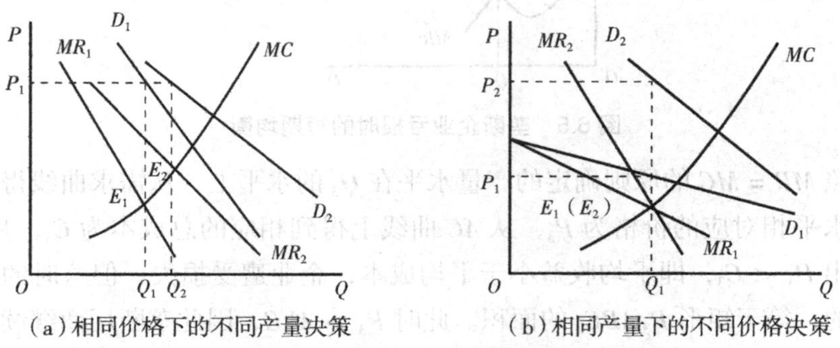

（a）相同价格下的不同产量决策　　（b）相同产量下的不同价格决策

图 6.6　垄断企业的产量和价格

由以上分析可知，垄断企业的产量和价格之间不存在唯一的对应关系，因此完全垄断市场上也不存在固定的供给曲线。这一结论可推广到带有不同程度垄断因素的寡头垄断和垄断竞争市场中，即：凡是或多或少带有垄断因素的不完全竞争市场，或者是说凡是在单个厂商对市场价格具有一定控制力，相应地单个厂商的需求曲线向右下方倾斜的市场中，是不存在具有规律性的厂商和行业的短期和长期供给曲线的[28]。

四、垄断企业的长期决策

完全垄断条件下，垄断行业排除了其他新企业进入的可能性，在位的垄断企业可以通过生产规模调整来实现长期利润最大化。与完全竞争不同，完全垄断市场的长期均衡形成过程中不存在企业数量的调整，因此垄断行业的长期均衡并不以利润消失为标志。如果垄断企业短期内获得利润，长期内只要需求状况不发生变化，企业仍可以获得利润。

垄断企业短期有三种状态，即获得超额利润、盈亏平衡和亏损，因此垄断企业的调整过程分别从这三种状态开始，其调整过程非常类似，本书以第一种情况为例，分析垄断企业长期均衡的形成过程，如图 6.7 所示。

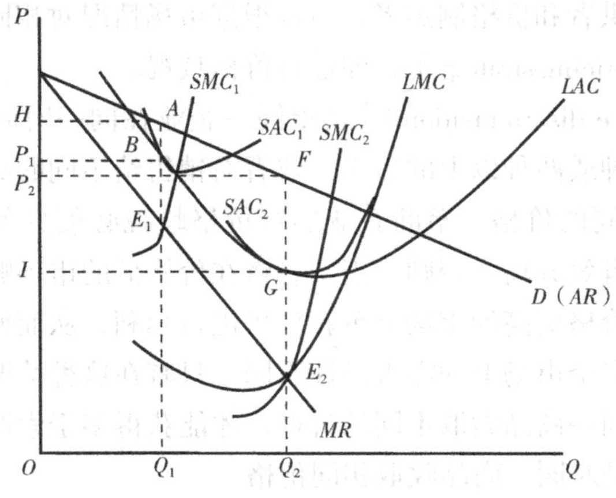

图 6.7　垄断厂商的长期均衡

假定垄断企业目前的生产规模为 SAC_1、SMC_1 所示的生产规模，在 $SMC_1 = MR$ 所确定的产量水平 Q_1 上，垄断厂商实现了短期利润的最大化，获得了超额利润，其利润为矩形 HP_1BA 的面积。

由于长期中其他企业不能进入垄断市场，垄断企业可以通过调整规模实现更大的利润，因此 Q_1 并不是最优的生产规模。垄断企业将会把产量调整到 $MR = LMC = SMC_2$ 所确定的 Q_2 产量水平上，此时对应的生产规模为 SAC_2 和 SMC_2 所表示的生产规模。对应的总利润为矩形 IP_2FG 的面积，此时的利润大于短期内所获得的利润。

从图6.7可以看出，在 Q_2 产量水平上，MR 曲线、LMC 曲线、SMC 曲线交于一点，这表明企业利润最大化的条件 $MR = MC$，不仅在短期得到满足，而且在长期也得到满足，所以垄断厂商的长期均衡条件是：

$$MR = LMC = SMC \tag{6.3}$$

当这一条件满足时，$SAC = LAC$，即图形中 SMC_2 和 LMC 的交点对应的 LAC 上的点，也就是相应的 SAC 与 LAC 的切点。

第三节 价格歧视

不同于完全竞争市场中的所有商品按同一市场价格销售，完全垄断企业是市场上商品的唯一提供者和价格制定者，可以根据市场情况对相同成本的商品选取不同的定价策略（pricing strategy），即进行价格歧视。

价格歧视（price discrimination）[1]是指同一企业在同一时间对同一商品向不同的购买者索取两种或两种以上的价格，或者对销售给不同购买者的同一商品在成本不同时索取相同的价格。垄断企业实行价格歧视必须具备以下两个条件：①不同市场间可以有效分离。否则，消费者将在价格低的市场购买商品，或者把低价购进的商品在价格更高的市场上重新出售进行套利，从而使价格歧视难以维持。②被分隔开的多个市场上的需求弹性不同。只有在这种情况下，垄断者根据不同的需求弹性对同一商品索取不同的价格，才能获得多于索取相同价格时的利润，否则最佳策略是对同一商品收取相同价格。

一般来说价格歧视分为三类：一级价格歧视、二级价格歧视和三级价格歧视。

---

1 price discrimination: the practice of selling the same commodity at different prices to different customers, even though the costs for the two customers are the same

一、一级价格歧视

一级价格歧视（first-degree price discrimination），又称完全价格歧视（perfect price discrimination），是指企业根据消费者愿意为每单位商品付出的最高价格而为每单位商品制定不同的销售价格。从消费者行为理论已知，需求曲线反映了消费者对每单位商品愿意并且能够支付的最高价格。如果企业已知消费者的需求曲线，即已知消费者对每单位产品愿意并且能够支付的最高价格，它就可以据此逐个制定商品价格，如图 6.8 所示。

从图 6.8 中可以看出，第一单位商品的消费者愿意支付的最高价格为 P_1，企业就按 P_1 价格出售，第二单位商品的消费者愿意支付的最高价格为 P_2，企业就按 P_2 的价格出售，以此类推，直至企业销售完全部的 n 单位商品。这是一种理想的极端情况。假定厂商生产的平均成本为 P_N，则此时企业的利润为 P_NAB，而通常情况下，企业按单一价格 P_N 销售，利润为零。可见实行一级价格定价后，企业的利润增加了三角形 P_NAB 的面积。由消费者理论知，这部分面积正好是消费者剩余，因此，实行一级价格歧视的企业实际上是将所有消费者剩余榨光，将其转化为生产者的垄断利润。

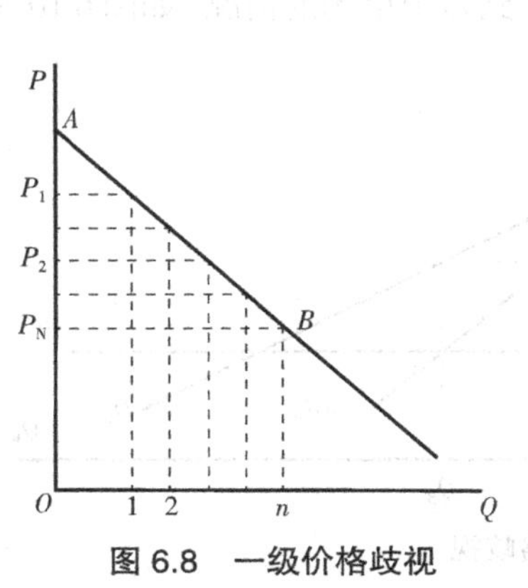

图 6.8　一级价格歧视

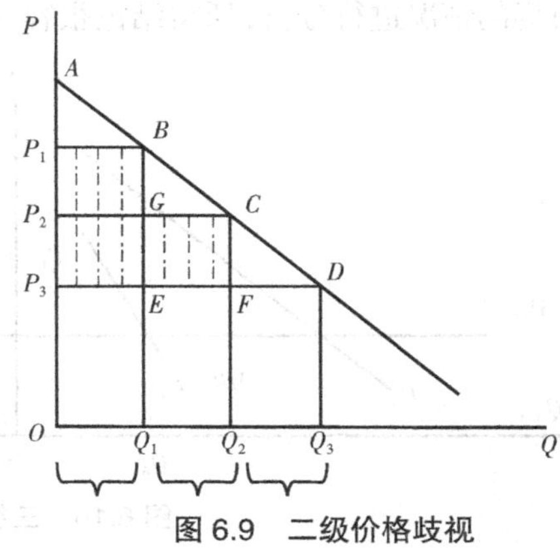

图 6.9　二级价格歧视

二、二级价格歧视

二级价格歧视（second-degree price discrimination ）是指垄断企业根据不同的购买量为消费者确定的价格。日常生活中，二级价格歧视比较普遍，如电力公司实行的分段定价等。二级价格歧视主要适用于那些容易度量和记录的劳务，如煤气、电力、水、电话通信等的出售，如图 6.9 所示。

假定消费者对电力公司产品的需求曲线为 D，当消费者的耗电量低于 Q_1 时，公司按 P_1 价格向消费者收费；当耗电量在 Q_1 和 Q_2 之间时，Q_1 以上的部分按 P_2 价格收费；当耗电量在 Q_2 和 Q_3 之间时，Q_2 以上的部分以更低的价格 P_3 收费。从图 6.9 中可见，二级价格歧视与一级价格歧视不同，对不同的数量制定不同的价格。假设垄断厂商的平均成本为 P_3，则销售量为 Q_3 时，厂商的收益为图中阴影部分 $FCGBP_1P_3$ 的面积。当按同一价格，例如 P_3 价格销售 Q_3 产量时利润则为零，因此阴影部分面积本属消费者剩余的一部分，在二级价格歧视下，厂商将这部分消费者剩余转化成了垄断利润。

三、三级价格歧视

三级价格歧视（third-degree price discrimination）是指垄断企业对同一种产品在不同的市场上（或对不同的消费者群体）收取不同的价格。实际生活中的例子很多，如同一种产品，国内市场和国际市场价格不一样，黄金时间和非黄金时间的广告费不一样等。三级价格歧视下资源配置效率的分析比较复杂。本书对最简单的两个子市场的情况进行分析，所得结论很容易推广到多个市场的情况，如图 6.10 所示。

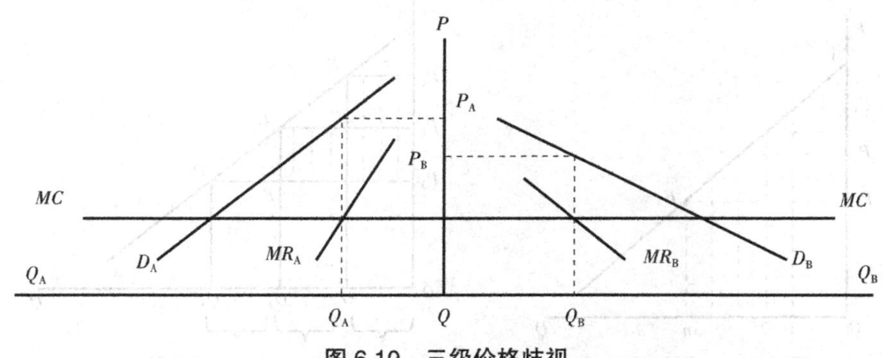

图 6.10　三级价格歧视

假定厂商的边际成本 MC 曲线为一水平线，但 A 市场的需求弹性较小、需求曲线较陡峭，B 市场的需求弹性较大、需求曲线较平坦。按照利润最大化原则，当 $MR = MC$ 时厂商利润最大。由此得出，A 市场的产量为 Q_A，价格为 P_A；B 市场的产量为 Q_B，价格为 P_B。由图中可以看出 $P_A > P_B$，这说明厂商可以根据不同的市场需求状况制定不同的价格，即对需求弹性较小的市场索取较高价格，对需求弹性较大的市场制定较低的价格。这一结论适用于更复杂的三级价格歧视情况。

第四节 垄断的效率代价

一、垄断的效率损失

由于缺乏竞争，垄断企业的高价格、高利润和低产出水平等会造成经济效率的损失，如图 6.11 所示。垄断企业为了利润最大化，选择在边际收益与边际成本相等之处进行生产，因此价格和产量分别是 P_m 和 Q_m。而在一个竞争性的市场中，价格必然等于边际成本，因而竞争性价格 P_c 和产出 Q_c 由平均收益曲线（即需求曲线）与边际成本的交点决定。

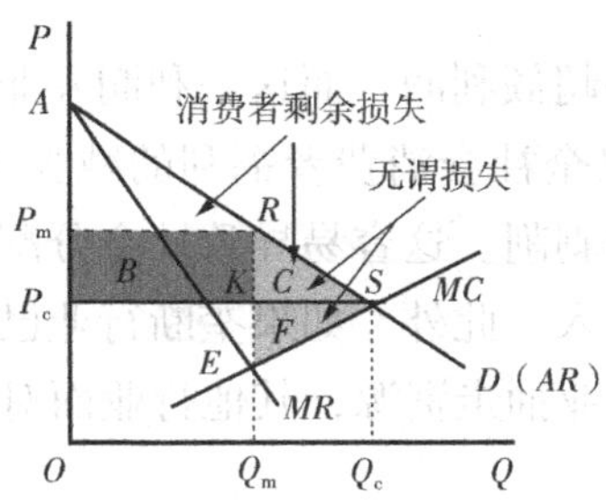

图 6.11　完全垄断带来的福利损失

垄断企业作为价格决定者，为利润最大化而制定的价格 P_m 高于竞争性条件下的 P_c，使消费者剩余减少了矩形 B 和三角形 C 对应的面积。同时，垄断企业的生产者剩余也减少了三角形 F 所对应的面积。B 从消费者手里转移到生产者手里，而 C 和 F 就是由于垄断而减少的社会总剩余，这种减少是社会福利的损失即无谓损失（deadweight loss），导致了经济效率低下。

二、垄断带来的其他影响

许多经济学家都认为垄断对经济有诸多不利，除了带来的社会总剩余损失外，其他不利影响有以下四方面。

1. 生产不足

图 6.11 中，因为在垄断企业的产量水平上，$P_m > MC$，说明用较少的追加资源就可以生产出较高价值的产品，从社会资源合理分配的角度看，表明企业的

产量不是最优，增加产量对社会更为有利。西方经济学家一般把完全竞争企业在长期平均成本曲线最低点生产的产量称为理想产量，把实际产量和理想产量之间的差额称为剩余生产能力。垄断企业存在剩余生产能力（$Q_c - Q_m$）。

2. 生产效率不高，存在生产资源的浪费

在完全竞争条件下长期均衡的条件是 $MR = AR = AC = MC$，即厂商是在最低的成本情况下保持着生产均衡，因此生产资源得到最优配置。而在完全垄断条件下的长期均衡中，由 MR 曲线与 MC（包括 SMC 与 LMC）曲线的交点确定均衡产量。此时，由于生产是在生产成本高于最低平均成本处保持均衡，因此资源未能得到最优配置。

3. 垄断造成社会分配不公和资源价格扭曲

垄断企业可以长期维持超额利润，而这一利润并非与投入相关。少数垄断资本家能保持垄断利润，是以全社会消费者福利的减少（如图 6.11 中的 $B+C$）为代价的，所以是对消费者的剥削。这容易导致社会分配不公平问题，部分行业长期高薪，部分行业长期低收入。此外，如果垄断行业已实现充分就业，垄断行业产量的增加将需要从其他行业抽走资源，其他行业面对的资源价格将会上升。

4. 垄断导致寻租行为

在实践中，垄断势力的社会成本可能超出图 6.11 中三角形 C 和 F 所表示的无谓损失。因为部分垄断与政府有关，垄断企业将会通过寻租行为来维持垄断地位。所谓寻租[1]（rent-seeking）是指花费大量金钱在社会的非生产性努力上以获取、维持或运用其垄断势力，如个人或利益集团为了牟取自身经济利益而对政府政策或政府官员施加影响的行为。

在寻租市场上，寻租者往往不止一个，单个寻租者的寻租代价只是整个寻租活动的经济损失的一个部分。整个寻租活动的全部经济损失等于所有单个寻租者寻租活动的代价总和。而且，这个总和还将随着寻租市场竞争程度的不断加强而增大。

就寻租行为的影响来说，首先，它造成了经济资源的扭曲配置，阻止了更有效的生产方式的实施；其次，它耗费了社会经济资源，使本来应该用于生产性领

1 rent-seeking: a non-productivity economic behavior that has great influence in modern society, i.e. the act of exerting influence on government policies or officials by individuals or interest groups for their own economic benefits

域的资源浪费在非生产性领域，浪费在对社会无益的行为上；再次，这些行为还会导致其他层次的寻租或避租行为。

实践专题之六 中国电信业改革与市场效率提升

1994 年以前一直是独家垄断的中国电信产业，在之后不到十年的时间里，发生了一系列让人目不暇接的变化。联通的进入、中国电信的纵向拆分、中国电信的再次拆分与电信产业重组、几大电信运营商的海外上市、电信服务竞争的空前激烈、小灵通的沉浮、牌照的扑朔迷离以及再次重组的种种猜测，再加上牌照的最终发放等，中国电信产业究竟发生了什么变化？有必要回顾一下中国电信行业的改革历程，并评价中国电信业改革的效率。

一、中国电信业的改革历程

1. 电信业第一次改革：联通成立，邮电分家

1994 年 7 月 19 日，联合铁道部、电力部以及广电部成立了中国联通，打破了电信的一家垄断。1998 年 3 月，邮电部被拆分为邮政局和信息产业部，同时，电信业政企分开，中国电信与原信产部脱钩，成为自负盈亏的企业。

2. 电信业第二次改革：电信和移动分离

1999 年 2 月，信产部拆分中国电信为新中国电信、中国移动和中国卫星通信，同时，网通公司、吉通公司和铁通公司获得了电信运营许可证，七雄初立。

3. 电信业第三次改革：电信南北拆分

2001 年 10 月，中国电信南北拆分的方案出台，北方 10 省划给中国网通。拆分重组后形成新的“5 + 1”格局，这五大电信巨头包括了中国电信、中国网通、中国移动、中国联通、中国铁通以及中国卫星通信集团公司。

4. 电信业第四次改革：三大运营商重组

2008 年 5 月 24 日，中国电信收购中国联通 cdma 网，中国联通与中国网通合

并成为新中国联通，中国卫通的基础电信业务并入中国电信，铁通并入中国移动。

5. 电信业第五次改革

共建共享、引入民资：2013 年 5 月 17 日发放首批 19 家虚拟运营商牌照，2014 年 7 月中国通信设施服务股份有限公司（俗称“铁塔公司”）正式挂牌成立。

二、中国电信市场的产业结构

市场结构是指特定的市场中企业数目与企业规模分布以及市场力量的分化程度。对市场结构、特别是市场垄断势力的衡量主要采用市场集中度这一指标。市场集中度是市场结构的一个主要决定因素，一般而言，集中度越高，某个企业市场支配的势力越大，竞争程度越低。采用赫芬达尔—赫尔希曼指数（HHI），以营业收入计算，测量出 1998—2005 年中国电信市场中各运营商市场份额的比例如表 6.2 所示：

表 6.2 四大运营商的市场份额比例 单位：%

年份	1998 年	1999 年	2000 年	2001 年	2002 年	2003 年	2004 年	2005 年
中国电信	99.04	62.91	53.41	50.24	31.44	34.66	31.50	29.03
中国移动	—	31.05	35.55	36.85	37.42	36.28	37.59	41.67
中国联通	0.96	6.04	11.04	12.91	13.41	15.36	15.45	14.93
中国网通	—	—	—	—	16.63	13.70	15.46	14.37
HHI	0.9810	0.4958	0.4238	0.4049	0.2845	0.2941	0.2883	0.3009

数据来源：各上市电信企业的年报

根据植草益基于赫芬达尔—赫希曼指数的产业市场形态划分标准表（见表 6.3）可知，1998 年至 2001 年期间，中国电信市场一直属于高位寡头垄断（Ⅰ）型的市场结构。所不同的是在 1995—1998 年期间，中国电信市场几乎被中国电信独家垄断；而在 1999 至 2001 年期间，随着中国移动的进入以及中国联通业务范围和竞争能力的不断提高，独家垄断经营的市场格局被打破，市场竞争格局初步形成。从 2002 年起，由于中国电信的南北拆分、一分为二和中国网通的成立，中国的电信市场结构转变为高位寡头垄断（Ⅱ）型的市场结构。

表 6.3　市场形态分类表

类型	HHI
高位寡头垄断（Ⅰ）型	HHI > 0.3
高位寡头垄断（Ⅱ）型	0.18 < HHI < 0.3
低位寡头垄断（Ⅰ）型	0.14 < HHI < 0.18
低位寡头垄断（Ⅱ）型	0.1 < HHI < 0.14
竞争（Ⅰ）型	0.05 < HHI < 0.1
竞争（Ⅱ）型	HHI < 0.05

三、中国电信改革对市场效率的提升

不难发现，电信行业改革的目标一直是打破垄断，实行资费市场化，提高公众福利，提升市场效率。那么，经过五次改革后，是否达到了提升市场效率的目标呢？一般来说，衡量市场效率最为直观的指标是市场的产量水平与价格水平及其动态变化。此外，消费者剩余的增加也是很重要的指标。如果市场的产量水平在持续增长，价格水平在持续下降，消费者剩余也增加了，我们就说市场的效率在持续提升。接下来分别从产量、价格和消费者剩余三个方面分析中国电信市场改革的效率提升情况。

1. 产量

近 10 年来中国电信市场的业务总量，即均衡产量，经历了一个指数式的快速增长过程。按照 2000 年价格计算，从 1998 年到 2004 年，中国电信市场的均衡产量由 1562 亿元迅速增加到了 9148 亿元，六年间翻了 2.55 番，或者说经过六年时间产量增长了 486%，年均增长率高达 34.26%（如图 6.12 所示）。从福利经济学的观点看，产量的强劲增长反映了中国电信市场整体效率的显著提升。

2. 价格

在市场产量快速增长的同时，电信产品的均衡价格则是持续走低（如图 6.13 所示）。按照相对价格计算，中国电信产品的平均价格从 1998 年的 1.17 下降到

2004年的0.57，六年间下降了51%，年均降价11.21%。从福利经济学的观点看，价格的大幅下降，从另一个侧面反映了中国电信市场整体效率的显著提升。

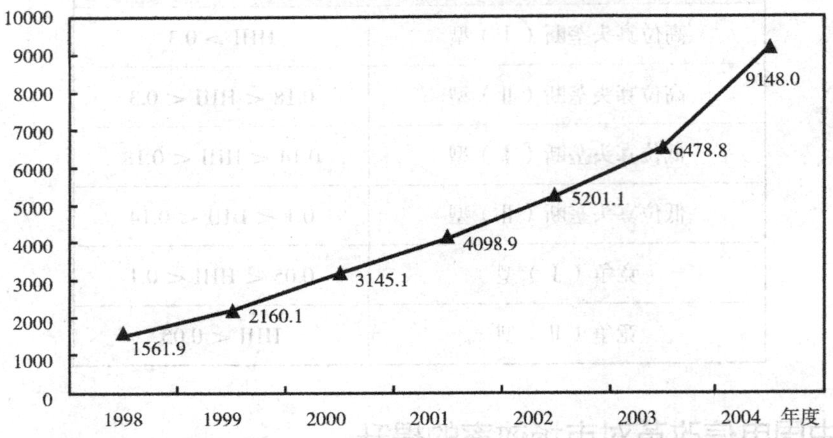

图 6.12 中国电信市场的均衡产量（基年：2000 年，单位：亿元）

*数据来源：《2002—2004 中国通信统计年度报告》（国家信息产业部编）

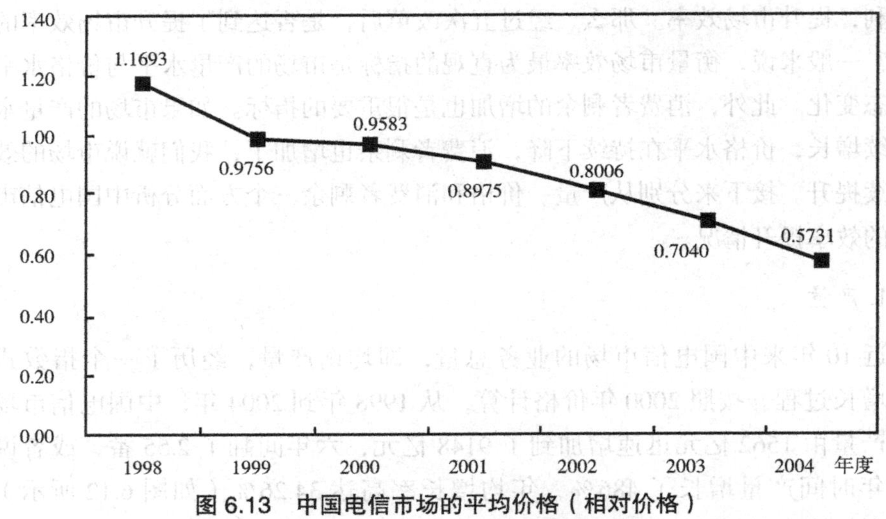

图 6.13 中国电信市场的平均价格（相对价格）

*数据来源：根据《2002—2004 中国通信统计年度报告》（国家信息产业部编）整理

3. 消费者福利

通过上面的直观考查，我们可以初步认为：无论是从市场产量的角度还是从市场价格的角度，中国电信市场正在经历一个效率不断提升的过程。接下来，从消费者福利的角度看看中国电信市场的效率变化。

由图 6.14 可见，自 1998 年以来，中国电信市场经历了一个持续的消费者福利增长过程，这正好与中国电信市场的改革历程相一致。按 2000 年价格计算，在 1998 年至 2004 年的六年时间里，中国电信市场的消费者福利总共增长了 2173 亿元，平均每年增长 362 亿元，这是一个巨大的数字。应特别注意，从 1998 年到 1999 年中国电信市场的消费者福利剧增了 576 亿元，而这段时间正好是中国电信市场经历剧烈变革的时期。之后，从 1999 年到 2004 年，中国电信市场的消费者福利始终处于不断上升之中。其中，从 2001 年到 2002 年，消费者福利增加到了 340 亿元，其所对应的时段为中国电信市场的结构定型时期。从 2002 年起中国电信市场进入相对稳定的市场化运行阶段，市场的消费者福利继续呈现强劲增长的势头，在 2003—2004 年间达到 648 亿元的巨量。显然，中国电信市场的改革带来了消费者福利的极其显著的增长，市场效率得到了空前的提升。

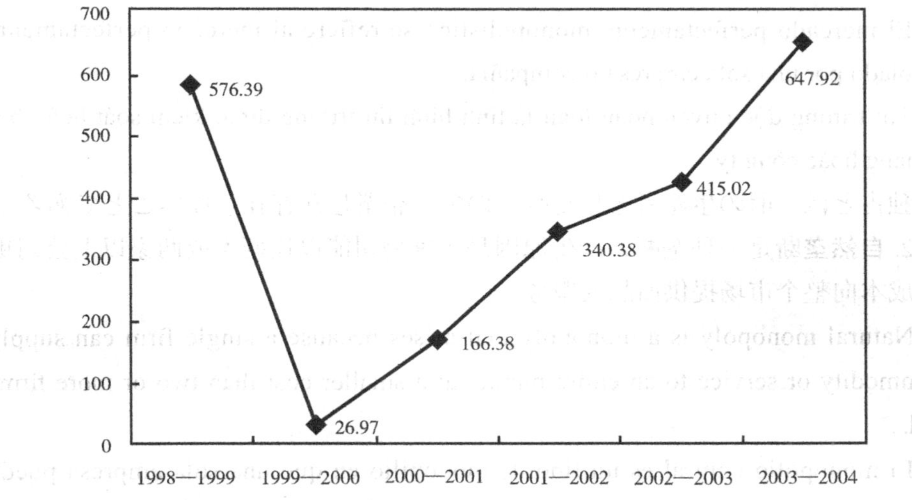

图 6.14　中国电信市场的消费者福利估计（基年：2000 年，单位：亿元）

（资料来源：高锡荣《中国电信市场改革效率之消费者福利分析》[36]、宗良《我国电信产业市场结构管制效果分析》[37]）

本章小结

1. 垄断市场是指完全由一家企业或公司所控制的市场结构。垄断者是其市场的唯一卖方，可以自行定价。形成垄断的原因有独家控制资源、拥有专利权、政府特许权、自然垄断。

2. 垄断企业的需求曲线与平均收益曲线重合并且都向右下方倾斜，边际收益曲线位于平均收益曲线之下，也向右下方倾斜。

3. 通过生产边际收益等于边际成本的产量来实现利润最大化，垄断企业可以长期保持高额垄断利润。垄断企业不存在固定的供给曲线。

4. 垄断企业可以利用其市场控制权对消费者进行一级、二级和三级价格歧视。

5. 垄断厂商降低了市场效率并带来了其他不利影响。

本章专业术语解释

1. **完全垄断市场**是指完全由一家厂商或公司所控制的市场。

Perfectly monopolistic market refers to the market which is perfectly controlled by a single firm or company.

El mercado perfectamente monopolístico se refiere al mercado perfectamente controlado por una sola empresa o compañía.

Thị trường độc quyền hoàn toàn là tình hình thị trường được kiểm soát hoàn bởi một hang hoặc công ty .

独占とは、財の生産者として唯一の独占企業しか存在しないことである。

2. **自然垄断**是一种垄断，产生原因是一家公司能以比两家或两家以上公司更低的成本向整个市场提供商品或服务。

Natural monopoly is a monopoly that arises because a single firm can supply a commodity or service to an entire market at a smaller cost than two or more firms could.

El monopolio natural es un tipo de monopilio en que una sola empresa puede suministrar un bien o servicio a todo el mercado a un costo menor que dos o más empresas.

Độc quyền tự nhiên là độc quyền vì một công ty có thể cung cấp hàng hóa hoặc dịch vụ cho toàn bộ thị trường với chi phí thấp hơn hai hoặc nhiều công ty.

自然独占とは、産業全体の生産量を複数の企業で生産より1社で1生産した方が、全体の総費用が少なく効率であることである。

3. **价格歧视**是指以不同价格向不同客户销售相同商品的行为。

Price discrimination is the practice of selling the same commodity at different prices to different customers.

La discriminación de precios es el acto de vender el mismo bien a diferentes precios a diferentes clientes.

Phân biệt giá cả là hành vi bán cùng một mặt hàng với mức giá khác nhau cho các khách hàng khác nhau.

価格差別とは、独占企業が同じ財でも異なる消費者に異なる価格で販売することである。

4. **无谓损失**是由于市场扭曲（如税收）导致的总盈余下降。

The deadweight loss is the fall in total surplus that results from a market distortion, such as a tax.

La pérdida irrecuperable es la caída del excedente total que resulta de una distorsión del mercado, como un impuesto.

Tổn thất tải trọng là sự sụt giảm tổng thặng dư do thị trường bị bóp méo（chẳng hạn như thuế）.

デッドウェイト・ロスとは、市場のねじり（課税）により社会全体の経済的損失である。

5. **寻租**是一种非生产性活动，指个人或利益集团为了牟取自身经济利益而对政府政策或政府官员施加影响的行为。

Rent-seeking is a non-productivity economic behavior that has great influence in modern society, i.e. the action through which personal or interest group exert influence on the government policy or government official in order to seek economic benefits.

Búsqueda de rentas es un comportamiento de individuos o grupos de interés para influir en las políticas gubernamentales o funcionarios gubernamentales para sus propios intereses económicos.

Trục lợi là hoạt động phi sản xuất, là hành vi cá nhân hoặc một tổ chức tạo ảnh hưởng cho chính sách của chính phủ hoặc cán bộ chính phủ để giành lợi ích kinh tế cho mình.

レントシーキングとは、民間企業などが政府や官僚組織へ働きかけを行い、法制度や政治政策の変更を行うことで、自らに都合よく規制を設定したり、または都合よく規制の緩和をさせるなどして、超過利潤（レント）を得るための活動を指すことである。

综合练习

一、单项选择题

1. 垄断存在于（　　）的情形中。

A. 一种产品只有一个卖方

B. 卖方至少对索要的价格有一定程度的控制能力

C. 卖方赚取的利润超过了正常的投资利润与风险补偿之和

D. 卖方通过成功的广告活动维持其市场地位

2. 一家企业随着产量增加表现出以下哪些特点，这家企业就是自然垄断？（　　）。

A. 边际收益递减　　B. 边际成本递减

C. 平均收益递减　　D. 平均总成本递减

3. 在完全垄断市场上，企业的需求曲线（　　）。

A. 与企业的边际收益曲线重合　　B. 与平行于数量轴的价格线重合

C. 位于边际收益曲线的下方　　D. 向右下方倾斜

4. 垄断厂商利润最大化的原则是（　　）。

A. 边际成本等于平均成本　　B. 边际成本等于边际收益

C. 边际成本小于边际收益　　D. 边际成本大于边际收益

5. 对于所有向消费者收取相同价格的以利润最大化为目标的垄断者，价格 P、边际收益 MR 和边际成本 MC 之间的关系是（　　）。

A. $P = MR$，以及 $MR = MC$　　B. $P > MR$，以及 $MR = MC$

C. $P = MR$，以及 $MR > MC$　　D. $P > MR$，以及 $MR > MC$

6. 如果一个垄断者的固定成本增加，它的价格将（　　），而它的利润将（　　）。

A. 增加；减少　　B. 减少；增加

C. 增加；保持不变　　D. 保持不变；减少

7. 关于垄断竞争市场的长期均衡，以下哪种说法是正确的？（　　）。

A. 价格高于边际成本　　B. 价格等于边际收益

C. 企业有正的经济利润　　D. 企业的生产处于平均成本最低时

8. 当垄断者从收取单一价格转为完全价格歧视时，它减少了（　　）。

A. 产量　　B. 企业的利润

C. 消费者剩余　　D. 总剩余

9. 与社会最优水平相比，垄断企业会选择（　　）。

A. 过低的产量和过低的价格　　B. 过高的产量和过低的价格

C. 过高的产量和过高的价格　　D. 过低的产量和过高的价格

10. 垄断引起无谓损失是因为（　　）。

A. 垄断企业比竞争企业赚取更高的利润

B. 一些潜在的消费者不去购买价值高于生产者的边际成本的商品

C. 购买该商品的消费者不得不支付高于边际成本的价格

D. 垄断减少了他们的消费者剩余

二、判断题

1. 当生产成本增加时，垄断者的利润不会下降，因为垄断者总可以向消费者索取更高的价格。（　　）

2. 完全垄断企业的生产效率是最低的。（　　）

3. 在 $MR = MC$ 的均衡产量上，企业必然获得正的利润。（　　）

4. 如果垄断企业实施一级价格歧视，则社会福利能够达到最大化。（　　）

5. 三级价格歧视要求企业在需求价格弹性小的市场上制定较低的产品价格。（　　）

6. 垄断企业在短期内可能获得负的经济利润。（　　）

7. 垄断可能来源于专利等政府特殊许可。（　　）

8. 电影院通过价格歧视增加了利润。（　　）

9. 打破垄断引入竞争是针对垄断的低效率的公共政策。（　　）

10. 政府可以通过价格管制降低垄断带来的无谓损失。（　　）

三、问答题

1. 垄断厂商短期均衡时一定能取得经济利润吗？为什么？

2. 什么垄断厂商的需求曲线是向右下方倾斜的？请说明相应的 AR 曲线和 MR 曲线的特征及关系。

3. 长期均衡时，完全竞争企业与完全垄断企业有何不同？

4. 垄断市场如何导致低效率？

第七章

市场失灵与微观经济政策

第二到第五章里我们讨论了完全竞争市场下消费者和企业的行为决策，正如曼昆所说，市场通常情况下是组织经济活动的一种好方法，也就是说通常情况下市场能够实现资源的最优配置。但是，当存在市场势力（如第六章所述的垄断）和不满足完全竞争的一些条件时，就会出现市场失灵，损失资源配置效率。本章分析市场失灵以及相应的政府微观政策。

第一节 市场失灵的定义

在市场结构为完全竞争的条件下，价格的信号作用是充分的、有效的，引导着供给与需求这两股市场力量去实现市场主体行为选择的最优化，从而让整个经济达成均衡，实现资源配置的帕累托最优状态，此时的市场机制是成功的，称“市场成功”，也叫“看不见的手”原理。“看不见的手”原理的实现依赖诸多苛刻的假设前提，譬如市场结构的完全竞争性、价格机制作用的充分发挥、市场行为的理性、信息交流的充分性、成本收益的非外溢性等。因此，可以概括如下[38]：①假如有足够多的市场；②假如所有的消费者和生产者都按竞争规则行事；③假如存在均衡状态，那么，在这种均衡状态下的资源配置就会达到帕累托最优状态。

然而，这些假设前提在现实经济生活中发生缺失或出现或多或少的偏离，往往使得市场机制并不总是能够带来资源配置的有效状态，这一现象被西方经济学者们称为“市场失灵”。所谓市场失灵（market failure）[1]，是指市场在某种场合不能提供符合社会效率条件的商品或劳务。概括来说，市场失灵往往由以下几种情况引起：①不完全竞争，譬如垄断；②外部影响；③公共物品和公共资源；④不完全信息和非对称信息；⑤失业或收入分配。

上述五种情况又可以归为两类：一类是由于商品和服务的特点而导致的市场失灵，包括外部影响、公共物品和公共资源；一类是由于市场的特点而导致的市场失灵，包括不完全竞争、不完全信息和非对称信息、失业或收入分配等。

---

1 market failure: the failure of the market to provide goods or services in line with the conditions of social efficiency on certain occasions

第二节 典型的市场失灵

这一节我们先讨论由于市场的特点而导致的市场失灵，然后再讨论因商品和服务的特点而导致的市场失灵。

一、不完全竞争

完全竞争是资源配置达到帕累托状态的必要条件之一，在各种不完全竞争（imperfect competition）的情况下，则会出现市场失灵。从垄断竞争到寡头垄断，再到完全垄断，市场垄断程度越来越大，对完全竞争的偏离也越来越大，市场失灵的程度也就会越来越大。

垄断厂商和消费者之间就如何分配增加产出所得收益这个问题可能存在很大的分歧，只要市场不是完全竞争的，只要厂商面临的需求曲线不是一条水平线，而是向右下方倾斜的，则厂商的利润最大化原则就是边际收益等于边际成本（$MR = MC$），而不是价格等于边际成本。当价格大于边际成本时，就出现了低效率的资源配置状态。由于协议协商的各种现实困难，潜在的帕累托改进难以实现，就会出现无效率的垄断情况。关于垄断导致的低效率及其他影响已在第六章第四节详细讨论过，此处不再赘述。

二、不完全信息和非对称信息

信息是经济行为主体在经济决策中所应具备的知识，它的价值在于能降低经济行为主体的决策风险，或减少其决策失误。经济学里对这种信息的描述，往往区分了不完全信息（incomplete information）和非对称信息（asymmetric information）。

完全竞争模型是假定完全信息的，即市场供求双方对于所交换的对象具有充分的、对称的信息，但显然这不是符合经济生活现实的一种假定。首先，现实经济中的信息常常是不完全的。这里的信息不完全不仅是指那种绝对意义上的不完全，即由于认识能力的限制，人们不可能知道在任何时候、任何地方发生的或将要发生的任何情况，而是指相对意义上的不完全，即市场经济本身不能够生产出足够的信息并有效地配置它们。[28]其次，现实经济中不同经济行为主体的信息缺乏程度也是有差异的。信息是一种稀缺的、有价值的资源，要想获得足够的信息需要支付足够的费用。一方面不同经济行为主体为获得信息而愿意支付的费用是有差异的，另一方面费用支付往往发生在信息交割之前，这会导致买卖双方对信息真实价值的评估出现差异，进而引起信息不对称。应该说，非对称信息是许多商业情形的现实特征，一种商品的卖者常常比买者更了解商品的质量；工人比雇主更了解自己的技能和能力；公司的经理比公司的所有者更了解公司的成本、竞争地位和投资机会，等等。

经济学家们通常把非对称信息所涉及的经济行为的内容和行为特征归为两类：

1. 隐蔽的行为与道德风险

当一个人成为代理人（agent），代表另一个人即委托人（principal）完成一些工作时，可能会出现隐蔽的行为（hidden action）。如果委托人不能完全监督代理人，而代理人会选择不忠诚或不合意的行为，这就产生了道德风险（moral hazard）问题。例如，当一个人应聘到某企业作雇员之后，该企业不可能完全监控该雇员，该雇员的行为在应聘到岗后可能会发生改变。当应聘雇员觉得被发现偷懒的概率较小时，道德风险就可能发生了。

2. 隐蔽的特征与逆向选择

当卖者对出售的商品知道得比买者多时就会出现隐蔽特征（hidden characteristics）。隐蔽特征会引起被称为逆向选择（adverse selection）的问题——买者有选择低质量商品的风险。逆向选择往往会在以下两种市场（或类似市场）上出现：

二手汽车（second-hand car）市场。旧车的卖主对车的质量比未来买主拥有更多的信息，即通常所说的"卖家总比买家精"。高质量的二手车价格更高，但旧车价格高了可能卖不出去。结果市场上低质量的车多，而卖家隐藏了劣质车的一些信息。尽管买主可以雇一个机械师检查车，但是车主卖车的行为本身就已经说明车可能是一辆次品，否则为什么会卖掉一辆可靠的车呢？

保险（insurance）市场。保险公司不愿意把保险卖给年龄大的老人，比如在美国，超过 65 岁的人无论以怎样的价格都难以买到医疗保险。老人生重病的风险确实非常高，那为什么不能通过提高保险费来反映这种高风险呢？原因就在于：即使保险公司坚持对客户进行身体检查，也无法比买保险的投保者自身拥有更多关于其身体健康状况的信息。往往越是身体欠佳的人越会隐瞒一些健康信息，而且更倾向于买保险，这样在买保险的人群中不健康的比例越来越大，从而迫使保险价格上升。相反，身体健康的人意识到自己身体犯病的低风险后，就不会购买保险，如此反复，承保成为无利可图的事。

三、失业或收入分配

失业是自由竞争市场中经济失灵最主要的表现。按凯恩斯的分析，充分就业只有在经济繁荣时才能达到，而经济繁荣取决于投资。当储蓄不能被投资所吸收时，经济就会由繁荣走向衰退，从而导致大量的失业。而储蓄之所以不能完全被投资吸收，是因为随着投资的增加，资本边际生产力有不断下降的趋势。因此，在市场机制无法使投资与储蓄达到均衡时，就必须由政府承担投资的职能。

消费者的市场力量在相当程度上取决于各自的收入，收入的不平等难以保证市场竞争的平等。显然，在收入分配失衡的社会中，市场根据消费者需要而进行的资源配置不可能达到帕累托最优，人们往往期待政府承担起促进收入平等的角色。

四、外部影响

1. 外部影响及其分类

一般均衡理论阐明的一个重要道理在于，人与人之间或经济行为主体之间的经济行为会发生相互影响和相互冲突：一个人最大化自己利益的行为，构成了一切其他人最大化自己利益的一个约束条件。在现实中，还存在另外一种相互影响，这种影响不通过影响价格而直接影响他人的经济环境或经济利益，转移了自己行为的后果而没有由自己完全承担这种后果，即没有将这种影响计入市场交易的成本和价格之中，我们将这种相互影响的效果称为外部影响，或称外部性（externality）[1]，即经济行为主体的经济行为已经在事实上对其他人造成了影响，却并没有为此承担后果。

比较经济行为所带来的私人成本与社会成本，或者是行为的私人收益与社会收益，外部性可以分为正外部性（即外部经济）和负外部性（即外部不经济），前者

---

1 externality: external influence or external economy, meaning that the economic behavior of economic actors has in fact caused an impact on others, but did not bear the consequences

即指经济行为主体为其经济行为所付出的私人成本大于社会成本，或者从其经济行为中获得的私人利益小于社会利益，而后者则指经济行为主体为其经济行为所付出的私人成本小于社会成本，或者从其经济行为中获得的私人利益大于社会利益。

因为外部性既可以产生在生产层面上，也可以产生在消费层面上，所以外部性可以划分为四种类型，见表 7.1：

表 7.1　外部性的类型[30]

		外部性的后果	
		正外部性（外部经济）	负外部性（外部不经济）
外部性的来源	生产的外部性	当一个生产者采取的经济活动对他人产生了有利的影响而自己却不能从中得到报酬时，便产生了生产的外部经济。	当一个生产者采取的经济活动使他人付出了代价而未给他人以补偿时，便产生了生产的外部不经济。
	消费的外部性	当一个消费者采取的行动对他人产生了有利的影响而自己却不能从中得到补偿时，便产生了消费的外部经济。	当一个消费者采取的行动使他人付出了代价而未给他人以补偿时，便产生了消费的外部不经济。

例如，企业为员工提供岗位技能培训，后来员工跳槽到竞争对手那里工作，但该企业却不能向员工的新单位索取培训费用，此时，企业从培训员工中得到的私人利益就小于该活动的社会利益，产生了生产的外部经济；而一个公民自愿接受教育，把自己培养成更值得信赖的公民、更友善的邻居等，其他社会成员和邻居却无须为该公民的教育付费，这就产生了消费的外部经济；当化工厂因为排放污水而污染了河流，或者因为排放烟尘而污染了空气，影响周围人民的生活环境时，却无须支付额外的排污费用，这导致其排污的成本将由其他社会成员支付，这就是生产的负外部性；而吸烟者让周围的人吸入二手烟并危害被动吸烟者的健康，但并未就此支付相应的费用，就产生了消费的负外部性。

2. 外部影响的特征

简而言之，外部影响是市场交易对交易双方之外的第三方所造成的影响。外部影响的特征主要包括以下几点：

（1）外部影响独立于市场机制之外。这是最重要的特征，也就是说市场机制无力对产生外部性的厂商给予惩罚或激励。

（2）外部性产生于决策范围之外，因而往往具有伴随性特征。厂商在做决策时所考虑的首要因素是在私人成本核算的基础上实现私人利益的最大化，这样，负外部性的生产者的产出水平将超过最优水平。例如工厂污染的产生，只是生产过程的伴随物，不是故意制造的效应。它是市场机制容许产生或消费者在做出决策时可以忽视的行为结果。

（3）外部性与受损者之间存在某种关联性。例如邻居家的狗狂吠，让你睡不着觉，于是便产生了外部性，但如果你并不介意，那就不能说有外部性存在了。

（4）外部性具有某种强制性。在很多情况下，外部性施加在承受者身上时具有某种强制性，如机场的轰鸣声、马路上的拥挤现象和汽车废气污染现象等，这种强制性是不能由市场机制解决的。

（5）外部性不可能完全消除。比如前面讲到的化工厂污染就是不可能完全消除的。不仅市场机制无能为力，政府干预也只能是限制污染，使之达到人们能接受的某种标准，百分之百地消除是不可能的。

3. 外部影响和资源配置失当

各种形式的外部影响的存在造成一个严重后果：资源配置将偏离完全竞争条件下的帕累托最优状态。也就是说，即使假定整个经济仍然是完全竞争的，但由于存在着外部影响，“看不见的手”在外部影响面前迷路了，整个经济的资源配置不可能达到帕累托最优状态，除非外部经济的有利因素正好与外部经济的不利因素相互抵消。

例如工厂排放的污水，很多情况下，有关污染问题的法律也不好明确。如果只对小部分人的利益造成损害，则很难就工厂得到的利益达成协议。即使达成协议，工厂面对众多受害者就像是一个垄断者，在这种情况下也会破坏资源的最优配置状态。

五、公共物品和公共资源

1. 不同类型的物品

经济学家们通常从物品的两个不同的特征维度来区分其类型，一是排他性，一是竞用性。排他性（excludability），即可以阻止一个人对其进行使用的物品特征；竞用性（rivalness）[1]，即一个人使用一种物品就减少了其他人使用该物品的机会这一特征。根据这两个特征维度，物品可以分为四类：

（1）私人物品（private goods），既有排他性又有竞用性的物品。

1　rivalness：有的经济学教科书翻译为“竞争性”，有的翻译为“竞用性”。此处采用后一种译法，以示与 competitiveness 的区别

（2）公共物品（public goods），既无排他性也无竞用性的物品。

（3）共有资源（common resources），或公共资源，有竞用性但无排他性的物品。

（4）俱乐部物品（club goods），有排他性但无竞用性的物品。

归纳并举例于表 7.2：

表 7.2 物品的性质、分类及例举

		竞用性	
		有	无
排他性	有	私人物品 譬如：水果、自行车、笔记本电脑、服装、拥挤的收费交通等	俱乐部物品 譬如：消防、有线电视、不拥挤的收费道路等
	无	共有资源（公共资源） 譬如：新鲜空气、海洋的鱼、清洁的环境、拥挤的不收费道路等	公共物品 譬如：国防、知识、路灯、无线电视、公海上的航标灯、不拥挤的不收费道路等

在更广泛的意义上，经济学家们往往把除私人物品之外的其他三类物品统称为公共物品，其中：既无竞用性又无排他性的公共物品被称为纯公共物品，无竞用性却能轻松排他的俱乐部物品和有竞用性却无排他性的共同资源被通称为准公共物品，即无法同时做到排他性和竞用性的物品。

根据表 7.2，公共物品的识别标准和流程如图 7.1 所示：

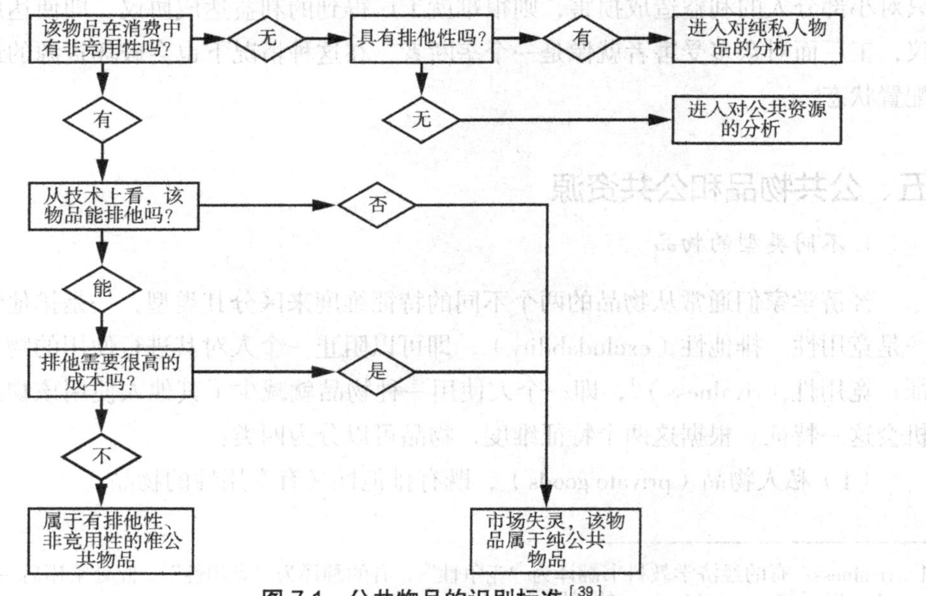

图 7.1 公共物品的识别标准[39]

2. 公共物品的供给与消费

（1）供给方面。市场机制决定的公共物品的供应量会远远小于帕累托最优状态要求的数量。以布坎南为代表的新一代制度经济学家甚至认为那些能够保证社会经济正常而又有效运行的法律、公共安全和自然秩序都是公共产品，不能由市场本身提供。具备非排他性和非竞用性这两种特征的公共物品，自由市场没有能力提供，或者产量不足，因而只有通过公共政策由政府来生产。

（2）消费方面。在自利原则（self-interest principle）的驱使下，人们希望将私人物品变成免费的或部分支付或象征性支付的优效型物品[1]，进一步又希望把基本免费的这些优效型物品变成自然垄断的公共物品（俱乐部物品），如煤电水、交通、电话通信等，希望它们更便宜，政府补贴更多。希望把国防这样的纯公共物品的范围扩大到所有的社会福利部门，如失业保险、社会安全保险、公共交通等。这就是搭便车（free-rider）[2]，即消费者在自利心理的驱动下希望消费产品时不付费或至少是少付费的一种行为，或采取了这种行为的人。搭便车心理是一般的人类心理趋势，它说明了人们普遍要求政府提供更多的纯公共物品这一消费趋势。

第三节 政府职能与治理市场失灵的公共政策

市场通常是组织经济活动的一种好方法，但市场不是万能的，有时也会出现市场失灵，从而降低了资源配置效率。因此，需要政府对市场失灵进行干预调节。

一、政府的作用与职能

在市场失灵的情况下，市场经济的运行无法实现资源的最优配置，而这就为政府干预市场运行提供了有力的依据。政府是社会公共利益的代表，按“父

1　指共有资源性质的公共物品，属准公共物品的一种，如社会卫生保健、必要的娱乐设施、公共绿地、教育等

2　free-rider: a person who receives the benefit of a commodity but avoids paying for it

爱主义”观点，政府认为社会中的每个人并不都真正知道如何使自己的利益最大化，尤其是教育水平低者、未成年人等。市场失灵需要政府对之进行调节和干预，发挥“看得见的手”的功能。政府的职能不是代替市场机制的作用，而主要是弥补市场的不足，解决市场解决不了的问题，其作用主要围绕效率、公平和稳定展开。就政府的职能来说，现代财政学之父、公共经济学家理查德·阿贝尔·马斯格雷夫将其总结为资源配置、收入分配和宏观经济稳定三个方面，而后萨缪尔森和诺德豪斯在其合作的《微观经济学》里给出了拓展（见表 7.3）：

表 7.3　政府在市场经济中的三个主要职能[30]

理查德·阿贝尔·马斯格雷夫	配置职能	分配职能	稳定职能
萨缪尔森 诺德豪斯	政府通过促进竞争、控制诸如污染这类外部性问题以及提供公共产品等活动来提高经济效率。	政府通过财政政策和预算支出等手段，有倾斜地向某些团体进行收入再分配，从而增进公平。	政府通过财政政策和货币政策促进宏观经济的稳定和增长，在鼓励经济增长的同时，减少失业和降低通货膨胀。

基于以上三个职能，政府治理市场失灵的公共经济政策通常包括干预垄断行业、纠正外部影响、信息调控、引入生产配额、提供公共物品等。

二、干预垄断行业

垄断会导致资源配置缺乏效率，而且采取垄断高价会降低消费者的福利水平，因此政府有必要对其进行干预。政府对垄断进行干预的措施有很多，例如拆分垄断企业、制定严厉的反托拉斯法规、直接管制具有公共事业性质的自然垄断行业等。常用的有三种方法：

1. 价格管制

价格管制（price control）是指由政府控制垄断企业产品的价格，主要用于自然垄断行业，其原则主要有两个：一是规定商品价格须按照其边际成本来定价，防止垄断企业凭借其垄断地位限制产量、谋求高价销售。二是为了防止企业定价过高产生过高的利润，政府确定一个合理的资本回报率，按成本加适当的回报率来确定价格。

除此之外，政府也可以采取价格限制的方式来干预垄断：

1）价格上限

价格上限（price ceiling）是指合法交易特定产品、服务或生产要素的最高价格。最典型的价格上限——租金上限——是指政府规定收取的房租不得高出某一特定水准，否则视为非法的一种规制，其效应取决于它被设定的水平是高于还是低于均衡房租水平。如果均衡房租水平低于租金上限，不会有什么改变；如果均衡房租水平高于租金上限，会引发法律与市场的冲突，造成住房的短缺，进而会出现黑市和住房寻找活动的增加。

租金上限所造成的损失大小取决于供给弹性和需求弹性的大小。供给和需求越缺乏弹性，住房短缺就越小，无谓损失也就越小。价格的调整会使商品的需求量等于供给量，虽然价格上限会阻碍价格机制配置稀缺资源，但如果这一机制是为社会上的低收入者服务的，那么就可能被认为是公平的。

2）价格下限

价格下限（price floor）是合法交易某一特定产品、服务或生产要素的最低价格，其效应取决于它被设定在均衡价格之下还是之上，生活中最为普遍的应用是最低工资。在劳动力市场上，工资率影响着劳动力的供给和需求，其灵活调整使劳动力的需求量等于劳动力的供给量。工资率越低，企业对劳动力的需求量就越大；工资率越高，家庭愿意提供的劳动力数量就越多。最低工资法是这样一种政府规制，规定在低于某一特定工资水平的情况下雇佣劳动力为非法，其目的是提高低工资者的收入。需要注意的是，受“收益—成本”核算的限制，在工资下限的情况下，企业可能减少雇工数量，从而又增加了工作寻找活动和非法雇佣现象。其实，就最低工资的结果而言，它对那些因最低工资失业的人是不公平的，而在最低工资下找到工作的人又是受益的，因为它使劳动力市场供求弹性降低，保证了员工的工资水平。

2. 实施反托拉斯法

各国政府都有名称不同的反对垄断、保护竞争的立法，最为突出的是美国，由美国司法部或联邦贸易委员会实施，对违法的垄断企业提起诉讼，进行行政惩罚或法律制裁。从 1890 年到 1950 年，美国国会通过一系列法案以反垄断，其中包括谢尔曼法、克莱顿法、联邦贸易委员会法、惠特—李法和塞勒—凯弗维尔法等，统称反托拉斯法。美国反托拉斯法规定，限制贸易的协议或共谋、垄断或企图垄断市场、兼并、排他性规定、价格歧视、不正当的竞争或欺诈行为等都是非法的。

3. 国有化

国有化，即对垄断性的企业实行国有，由政府经营，这种方法在实行过程中还存在一些困难。例如，无论用哪种原则定价，都取决于成本，管理部门难以准确确定成本，垄断者则可以运用瞒天过海的方法加大成本。反垄断法的实施取决于法院裁决，而裁决结果取决于各种因素。国有化被证明是低效率的。

三、纠正外部影响

外部经济效应的存在使得企业或消费者的边际成本与社会边际成本不一致，从而导致市场机制的配置不是社会最优。主张政府干预的人认为，在有外部经济效应的条件下，市场就不再是理想的机制了。外部影响有正负之分，首先，负的外部影响是指某个经济行为主体的活动使他人或社会受损，而造成外部不经济的人却没有为此承担成本的现象。对于这类外部影响的纠正措施，主要是政府借助一定的税收政策降低企业产出，实现整个社会的高效率。正的外部影响是指由于个人或企业的活动使其他人受益又不能让他们为此支付报酬的情况。对此类外部影响的纠正，政府可以提供津贴，提高具有正外部性的市场的效率，以此实现整个社会的帕累托最优状态。

外部影响的纠正有两条主要思路，一是通过私人方案来解决，一是通过对应的公共政策来解决。

1. 私人方案

（1）道德规范（moral codes）和社会约束（social sanction）。号召人们“做正确的事”，如不乱扔垃圾。尽管有禁止乱扔垃圾的法律，但这些法律并没有严格实行过，大多数人不乱扔垃圾只是因为这样做是错误的。这就是道德规范在人们心里所起的作用。

（2）慈善事业。可以通过发展慈善、关爱社会的道德教育，鼓励有经济能力的企业和个人通过慈善事业关爱孤寡老人和儿童、回报社会。这样既增加了社会公平，又可以为企业树立良好的企业形象。

（3）进行私人市场上的有效合并。如养蜂人与水果园合并，蜜蜂可以在果园采集花粉生产蜂蜜，同时，蜜蜂的采蜜帮助果园的果树授粉，从而提高产量。

（4）利益各方签订合约。可以依靠有关各方的私利来解决外部性问题，也就是可以通过扩大企业规模，组织一个足够大的经济实体来将外部成本或收益内在化，从而纠正外部性带来的效率损失。在通常情况下，一个企业的生产必然会影响到另外一个企业。如果该影响是正的外部性，则第一个企业的生产就会低于社会最优水平；反之，如果影响是负的，则第一个企业的生产就会超过社会最优水平。但是，如果把这两个企业合并为一个企业，则此时的外部影响就消失了。

（5）科斯定理（the Coase Theorem）[1]。如果私人各方可以无成本地就资源配置进行协商，那么，私人市场就能解决外部性问题，并有效地配置资源。科斯定理说明：私人经济主体可以解决他们之间的外部性问题。无论最初的权利如何分配，有关各方总可以达成一种协议，在这种协议中每个人的状况都可以变好，而且结果是有效率的。

2. 针对外部性的公共政策

1）管制（regulation）和指导（conduct）

当采用法律和经济手段不能纠正由外部性引起的资源配置不当时，就存在着国家进行行政调节的可能性。政府调节机制将确定资源的最优配置，从行政上指示生产者提供最优的产量组合，调整电力和石化等高污染工业的生产布局，严格限制厂址的选择。

2）税收和补贴

用于纠正负外部性影响的税收被称为庇古税（Pigou tax），以纪念最早提出这种税收用途的经济学家阿瑟·庇古（Arthur Pigou, 1877—1959）。庇古提出了著名的修正性税收，即用税收 / 补贴的形式促使私人成本与社会成本相一致。政府可以通过对有负外部性的活动征税和补贴有正外部性的活动来使外部性内在化。只要税率不是太高并且超过外部影响的边际不经济成本，税收会使完全竞争企业的产量接近社会最优产量，进而对改善市场效率起到积极作用。

3）排污许可证

很多情况下之所以出现资源配置低效是由于财产权不明确。例如上游污染者给使用下游水资源的用户造成损失，如果给予下游用户以使用一定质量水源的财产权，则上游污染者就会因污染行为受罚，或者污染者在生产时为避免受罚就会特别注意减少下游用户的损失。产权（property right）是个人或单位使用资源或资产的权利。政府可以通过调查研究，确认社会所能容忍或承受的环境污染程度，

1　the Coase Theorem: a proposition that if private parties can bargain without cost over the allocation of resources, they can solve the problem of externalities on their own

然后规定各企业的允许排污量。这种排污标准只要严格执行，人们对该政策下所形成的污染程度就能有比较确切的估计。

4）外部效应内部化

在有外部经济效应的条件下，市场经济之所以达不到有效率的配置，是因为市场机制独立、分散的决策系统并没有把外部经济效应考虑进去。例如造纸厂在决定产量时，没有考虑污染所带来的社会成本，因而低估成本，导致产量过高。如果我们能通过某种方式使市场决策者本身承担或享受外部效应，他们就会纠正决策，改善配置。以造纸厂和养鱼为例，如果二者属于同一业主，那么造纸厂污染给养鱼所增加的成本仍然是该公司的内部成本。合并使得外部效应内部化，公司在决定造纸产量时，要追求其总利润最大化，就不能不顾及污染成本，这种协调就会带来帕累托改善。

四、信息调控

市场的价格机制并不能够解决或者至少是不能有效解决不完全信息的问题，在这种情况下就需要政府在信息方面进行调控，其主要目的是保证消费者和生产者能够得到充分的和正确的市场信息，增加市场的透明度，以便他们能够做出正确选择。

解决信息不对称的做法通常有两种：一是发信号（signaling），即有信息的一方采取行动向无信息的一方透露信息。二是筛选（filtration），即无信息的一方采取行动使有信息的一方披露信息。例如，就保护消费者而言，常见的政府措施包括这样一些规定：发行新股票或新债券的公司必须公布公司的有关情况、产品广告上不得有不合乎实际的夸大之词、某些产品必须有详细的使用说明书、香烟上必须标明“吸烟有害健康”的字样、食品和化妆品需要经过政府有关部门的抽查或检验，等等。

显然，当存在不对称信息时，市场也许不能有效地配置资源，公共政策改善市场结果也并不明显，因为私人市场有时可以运用发信号和筛选解决问题，而政府很少比私人各方拥有更多的信息，因此它不能改善不完善的资源配置。这样，市场即使不是最优的，也是次优的；政府本身是一种不完善的制度。

五、引入生产配额

生产配额是在某一特定时期内允许生产的上限。烟叶、棉花、制药所需的化工产品等的市场时常会受到生产配额的限制，其效应主要取决于它被设定在均衡数量之上还是之下，配额在一定程度上会影响产品的价格。生产配额是否公平，取决于生产者和消费者的收入和经济状况，例如政府帮助身处困境的生产者克服自然灾害就被认为是公平的。

六、提供公共物品

市场虽然对非排他性公共物品有需求，但是无法由市场本身生产和提供。政府可以直接参与经济活动，向市场提供那些市场机制本身不能也不应提供的具有非竞用性和非排他性的公共物品，比如国防、街道路灯等，以此提高整个社会的福利水平。

而政府介入公共物品的供给以后，对公共物品的供应要坚持适当适度原则，太多或太少同样不能实现帕累托最优。一般来说，政府对公共物品的提供包括三种形式：①中央政府直接经营，例如造币厂和中央银行；②地方政府直接经营，例如医院、自然资源保护、博物馆等；③地方公共团体经营，例如自来水、工业水、电、煤气的供应等。此外，政府还通过预售安排或政策安排等适当方式将公共物品委托给私人企业进行间接生产，例如通过签订合同、授予经营权、经济资助、政府参股等形式合作。

实践专题之七 中国的自然资源管理与稀土政策沿革

在经济学的视域里，公共资源，如公共的水体、滩涂、森林、矿产资源等，之所以可能触发“公地悲剧”的原因在于其非排他性的物品性质，以及由此引致的所有权人监督缺位。因此，规避“公地悲剧”的重要政策出发点应该是做好权责界定、理顺权益关系、强化有效制衡。

一、中国的自然资源管理改革

2013 年 11 月发布的《中共中央关于全面深化改革若干重大问题的决定》第十四条提出了要健全国家自然资源资产管理体制和完善自然资源监管体制，而《关于 < 中共中央关于全面深化改革若干重大问题的决定 > 的说明》第十条进一步对“健全国家自然资源资产管理体制和完善自然资源监管体制”做了阐释，具体如下：

“健全国家自然资源资产管理体制是健全自然资源资产产权制度的一项重大改革，也是建立系统完备的生态文明制度体系的内在要求。

我国生态环境保护中存在的一些突出问题，一定程度上与体制不健全有关，原因之一是全民所有自然资源资产的所有权人不到位，所有权人权益不落实。针对这一问题，全会决定提出健全国家自然资源资产管理体制的要求。总的思路是按照所有者和管理者分开和一件事由一个部门管理的原则，落实全民所有自然资源资产所有权，建立统一行使全民所有自然资源资产所有权人职责的体制。

国家对全民所有自然资源资产行使所有权并进行管理和国家对国土范围内自然资源行使监管权是不同的，前者是所有权人意义上的权利，后者是管理者意义上的权力。这就需要完善自然资源监管体制，统一行使所有国土空间用途管制职责，使国有自然资源资产所有权人和国家自然资源管理者相互独立、相互配合、相互监督。

我们要认识到，山水林田湖是一个生命共同体，人的命脉在田，田的命脉在水，水的命脉在山，山的命脉在土，土的命脉在树。用途管制和生态修复必须遵循自然规律，如果种树的只管种树、治水的只管治水、护田的单纯护田，很容易顾此失彼，最终造成生态的系统性破坏。由一个部门负责领土范围内所有国土空间用途管制职责，对山水林田湖进行统一保护、统一修复是十分必要的。”

二、中国的稀土政策沿革

稀土是一种重要的自然资源，被广泛应用于新能源、新材料和电子通信、国防、航天航空等高新技术产业，是元素周期表中镧系元素镧（La）、铈（Ce）、镨（Pr）、钕（Nd）、钷（Pm）、钐（Sm）、铕（Eu）、钆（Gd）、铽（Tb）、镝（Dy）、钬（Ho）、铒（Er）、铥（Tm）、镱（Yb）、镥（Lu），加上与其同族的钪（Sc）和钇（Y），共 17 种元素的总称。

中国拥有较为丰富的稀土资源。中国的稀土储量约占世界总储量的 23%，全国22个省市自治区有稀土矿藏分布。

中国对稀土资源的管理政策沿革可以反映国家对自然资源管理改革的态度和进展。大事纪年整理如下：

20世纪80年代，颁布《矿产资源法》，对国家规划矿区、对国民经济具有重要价值的矿区和国家实行保护性开采的特定矿种，开始实行有计划的开采。

1985年，开始实行稀土产品出口退税政策，中国稀土对外出口逐年递增。

1991年，将离子型稀土矿产列为国家实行保护性开采的矿种，从开采、选冶、加工到市场销售、出口等各个环节实行有计划的统一管理。

1998年，实施稀土产品出口配额许可证制度，并把稀土原料列入加工贸易禁止类商品目录。

2000年，开始对稀土实施开采配额制度。

2002年，国家发展计划委员会发布《外商投资稀土行业管理暂行规定》，禁止外商在中国境内建立稀土矿山企业，不允许外商独资举办稀土冶炼、分离项目（限于合资、合作），对于稀土冶炼、分离类项目，不论投资额大小，一律由各省、自治区、直辖市及计划单列市计委上报国家计委审批。同时，鼓励外商投资稀土深加工、稀土新材料和稀土应用产品。

2005年，取消了稀土出口退税，压缩了出口配额企业名额。

2006年，实施稀土开采总量控制管理。4月，国土资源部开始停止发放稀土矿开采许可证，开始了对“稀土矿的开采、加工和出口”的调控。

2007年，将稀土生产纳入指令性生产计划管理。国家发改委和商务部公布了新的《外商投资产业指导目录》，目录中“钨、钼、锡（锡化合物除外）、锑（含氧化锑和硫化锑）等稀有金属冶炼”“稀土冶炼、分离（限于合资、合作）”被列入限制外商进入领域，而钨、锑、稀土的“勘查、开采、选矿”则完全禁止外资进入。

2008年，发布《全国矿产资源规划》（2008—2015年），对稀土等保护性开采特定的矿种实行规划调控、限制开采、严格准入和综合利用。12月，商务部公布《2009年稀土出口企业名单》，入册企业（20家）比2007年减少19家。

2009年，将保护性开采特定矿种的勘查、开采的登记、审批权限上收。4月，国土资源部发布了新的《稀土矿开采总量控制指标》，进一步降低国内产能，并继续冻结新的开采许可证。当年底，工信部审议通过《2009—2015年稀土工业发展规划》，明确指出，未来6年中国稀土出口配额的总量将控制在3.5万吨/年以内。初级材料仍被禁止出口。

2010 年 5 月，工信部发布了《稀土行业准入条件》（征求意见稿）。这是我国第一次从生产规模方面设置稀土准入门槛。2010 年 9 月初，国务院正式发布《关于促进企业兼并重组的意见》，首次把稀土列为重点行业兼并重组的名单，并减少稀土出口。

2011 年，国家统一调整了稀土矿原矿资源税税额标准，调整后的税额标准为：轻稀土（包括氟碳铈矿、独居石矿）60 元 / 吨；中重稀土（包括磷钇矿、离子型稀土矿）30 元 / 吨，比调整前的 0.4 元 / 吨 —2 元 / 吨的税额标准有了大幅度提高。

2011 年 2 月，环境保护部发布《稀土工业污染物排放标准》，自 2011 年 10 月 1 日起实施。这是“十二五”期间环境保护部发布的第一个国家污染物排放标准，标准的制定和实施将提高稀土产业准入门槛，加快转变稀土行业发展方式，推动稀土产业结构调整，促进稀土行业持续健康发展。

2011 年 5 月，《国务院关于促进稀土行业持续健康发展的若干意见》提出坚持控制总量和优化存量，加快实施大企业大集团战略，积极推进技术创新，建立稀土战略储备体系。实施稀土资源地储备和产品储备，划定首批 11 个稀土国家规划矿区，编制完成稀土资源重点规划区（矿区）专项规划。严格矿业权管理，实施矿业权设置方案制度，原则上继续暂停受理新的稀土勘查、开采登记申请，禁止现有开采矿山扩大产能。严格控制开采、生产总量，降低资源开发强度，延缓资源衰竭，促进可持续发展。

（资料来源：中华人民共和国国务院新闻办公室《中国的稀土状况与政策》[40]、李绍飞《中国稀土政策历史沿革》[41]）

本章小结

1. 市场不是万能的，市场运行的自身问题主要是市场失灵的问题。市场失灵是指在有些情况下仅仅依靠价格调节并不能实现资源的最优配置。

2. 市场失灵的产生主要是由于不完全竞争、外部影响、公共物品和公共资源、不完全信息和非对称信息、失业或收入分配等。

3. 外部影响（外部性）是指经济行为主体的经济行为已经在事实上对其他人造成了影响，却并没有为此承担后果。外部性可分为：生产的外部经济、消费的外部经济、生产的外部不经济、消费的外部不经济。

4. 公共物品有两个基本特征：非排他性，即不可以阻止一个人使用该物品；

非竞用性，即一个人使用一种物品不会减少了其他人的使用机会。在公共物品的使用上，人们普遍具有搭便车的心理。

5. 信息的不对称包括隐蔽的行为与道德风险、隐蔽的特征与逆向选择。

6. 解决市场失灵的对策是政府干预。政府干预并不是代替市场机制的作用，而是作为市场调节不足的补充手段，解决市场机制所解决不了的问题。

7. 一般说来，在市场经济中，政府有配置、分配和稳定三个职能。政府可以通过干预垄断行业、纠正外部影响、信息调控、引入生产配额、提供公共物品等措施矫正市场失灵。

本章专业术语解释

1. **市场失灵**指市场在某些场合下不能提供符合社会效率条件的商品或劳务。

Market failure refers to the failure of the market to provide goods or services in line with the conditions of social efficiency on certain occasions.

Falla del mercado se refiere a que el mercado no puede ofrecer el producto o el trabajo de acuerdo con la eficiencia social.

Thất bại thị trường là thị trường trong tình huống không thể phân phối hàng hóa và dịch vụ phù hợp với hiệu suất xã hội.

市場の失敗とは、自由に競争が行われている市場で価格の自動調節機能が働かず、効率的な資産配分が達成されない状況のことである。

2. **外部影响**，或称外部性、外部经济，是指经济行为主体的经济行为已经在事实上对其他人造成了影响，却并没有为此承担后果。

External influence, also known as or externality, external economy, means that the economic behavior of economic actors has in fact caused an impact on others, but did not bear the consequences.

Influencia externa, o externalidad, economía externa, se refiere al hecho de que el comportamiento económico del actor económico ha causado un impacto en otras personas de hecho, pero no ha pagado ni ha recibido ninguna compensación por este efecto.

Ngoại ứng còn được gọi là ảnh hưởng ngoại hiện, ngoại tác, hoặc ảnh hưởng ngoại lai. Là hành động của một đối tượng có ảnh hưởng trực tiếp đến phúc lợi của một đối tượng khác, nhưng không gánh chịu những tổn thất do mình gây ra.

外部性とは、ある個人・企業の行動が市場を経ずにたの経済主体の行動に与える影響である。

3. **公共物品**是指既没有排他性也无竞用性的物品。

Public goods refer to the goods that are both non-excludable and non-rivalrous.

Bienes públicos se refieren a un bien que no es excluyente ni rival.

Hàng hóa công cộng là hàng hóa mang tính chất không thể loại trừ và không cạnh.

公共財とは、非排除性と非競合性がある財の事である。

4. **搭便车者**：从商品中获得好处但避免付款的人

free-rider: a person who receives the benefit of a commodity but avoids paying for it

free rider: una persona que recibe el beneficio de un bien pero evita pagarlo

bởi Hitchhiker: những người thụ hưởng các lợi ích từ hàng hóa mà không chịu những chi phí cần thiết

便乗者：商品から利益を得ても支払いを避ける人

5. **公共资源**是指没有排他性但有竞用性的物品。

Public resources are goods that are rivalrous but are non-excludable.

Los recursos público se rivales pero no excluibles.

Tài nguyên công là các mặt hàng không độc quyền nhưng cạnh tranh.

共有資源とは、排除不可能で 消費の競合性がある財の事である。

6. **价格上限**：合法交易特定产品、服务和生产要素的最高价格

price ceiling: a legal maximum on the price of a commodity or service, or a productive factor

precio máxico: un máximo legal sobre el precio de un bien o servicio

giới hạn giá: mức giá cao nhất mà một sản phẩm, dịch vụ và các yếu tố sản xuất cụ thể được giao dịch hợp pháp

価格の上限：規制とは、政府は価格がある価格基準を超えないように価格を規制することである

7. **价格下限**：合法交易特定产品、服务和生产要素的最低价格

price floor: a legal minimum on the price of a commodity or service, or a productive factor precio mínimo: un mínimo legal sobre el precio de un bien o servicio

giá sàn: mức giá tối thiểu khi mua bán hợp pháp những hàng hóa, dịch vụ hoặc yếu tố sản xuất đặc biệt

価格の下限：規制とは、政府は価格がある価格基準を下回らないように価格を規制することである

8. **科斯定理**认为，如果私人各方可以无成本地就资源配置进行协商，那么，私人市场就将总能解决外部性问题，并有效地配置资源。

The Coase Theorem is a proposition that if private parties can bargain without cost over the allocation of resources, they can always solve externalities and allocate resources efficiently.

Teorema de Coase si las partes privadas pueden negociar la asignación de recursos sin costo alguno, los mercados privados siempre podrán resolver las externalidades y asignar los recursos de manera eficiente.

Định lý Coase cho rằng nếu các bên có thể thương lượng về việc tái phân phối nguồn lực mà không tốn chi phí thì thị trường tư nhân sẽ luôn giải quyết được vấn đề về ảnh hưởng ngoại hiện và phân phối nguồn lực một cách hiệu quả.

コース定理とは、取引費用が存在しない場合、両者が交渉することによってどちらが損失補填をしたとしても最適な資源配分を達成できることである。

9. **政府失灵**是指由于现实经济的复杂性以及政府机制本身的缺陷，政府这只"看得见的手"（在调节市场失灵时）也往往出现失灵的情况。

Government failure refers to the fact that, due to the complexity of the real economy and the defects of the government mechanism itself, the visible hand of the government (when regulating the market) often fails.

Falla del gobierno al hecho de que debido a la complejidad de la economía realy los defectos del propio mecanismo de gobierno, la "mano visible" del gobierno (al regular la falla del mercado) muchas veces falla.

Thất bại của chính phủ là do sự phức tạp của kinh tế hoặc cơ cấu chính phủ có chỗ thiếu sót, "bàn tay hữu hình" của chính phủ xảy ra tình huống không hiệu quả.

政府の失敗とは、経済メカニズムの中、政府主導の裁量的経済政策が意図したような成果をあげられず、経済活動が非効率化することである。

综合练习

一、单项选择题

1. 市场失灵是指（　　）。

A. 私人部门和公共部门之间资源配置不均

B. 不能产生任何有用成果的市场过程

C. 以市场为基础对资源进行配置的低效率

D. 收入分配不均

2. 为了提高资源配置效率，政府对竞争性行业厂商的垄断行为是（　　）。

A. 支持的　B. 放任不管的　C. 干预的　D. 取缔的

3. 政府在市场经济中的主要职能是（　　）。

A. 配置职能　B. 分配职能　C. 稳定职能　D. 以上都对

4. 公共物品具有（　　）的特征。

A. 共享性　B. 非排他性　C. 无偿性　D. 以上都对

5. 按照公共选择理论的观点，政府具有（　　）的特性。

A. 经纪人　B. 理性人　C. 社会人　D. 自然人

6. 根据科斯定理，只要（　　），私人就能有效解决外部性问题。

A. 目前存在的外部效应是正的，而不是负的

B. 政府将财产转让给受害方

C. 私人各方可以以足够低的交易成本进行交易

D. 企业决定适当的生产水平

7. “买者不如卖者精”这句俗语讲的是（　　），它容易引致（　　）。

A. 信息不对称；逆向选择　B. 信息不完全；逆向选择

C. 信息不对称；道德风险　D. 信息不完全；道德风险

8. 公共场所吸烟属于（　　）上的负外部性。

A. 时间和空间　B. 消费和空间

C. 生产和空间　D. 时间和消费

二、判断题

1. 现实生活中，市场一直可以促使资源配置达到帕累托最优状态。（　　）

2. 公共物品具有非排他性和非竞用性。（　　）

3. 在存在外部性的情况下，竞争性市场的结果仍会是帕累托最优状态。（　　）

4. 从社会的角度看，私人成本和社会成本的差异是导致市场失灵的原因。（　　）

5. 政府干预可以完全解决市场失灵问题。（　　）

6. 逆向选择和道德风险普遍存在的主要原因是外部性。（　　）

7. 网约车的出现缓解了出租车市场的垄断问题。（　　）

8. 开征自然资源税是为了解决共有资源的非排他性问题。（　　）

三、问答题

1. 市场失灵是如何产生的？
2. 怎样理解外部影响？政府应该怎样解决外部影响？
3. 市场机制能够解决信息不完全和不对称问题吗？

第八章

宏观经济的基本数据

国民经济是人类赖以生存和发展的基础，是企业和居民相互依存和共同发展的有机整体。宏观经济学将一个国家的国民经济视作一个整体，研究其波动和增长规律与机制，并提出相应政策的建议。在研究宏观经济运行规律及其机制之前，先要了解其运行状态。描述宏观经济运行的三个指标极其重要：一是刻画经济总体规模的国内生产总值，二是刻画资源利用程度的失业率，三是刻画物价水平变动的通货膨胀率。本章主要介绍这三大数据指标。

第一节 国内生产总值

一、国内生产总值的内涵

国内生产总值（gross domestic product, GDP）[1]，是指一个国家或地区在一定时期（通常为一年）内运用生产要素所生产的最终产品和劳务的市场价值的总和。国内生产总值是根据国土原则统计的，只要是在一国领土内生产的产品和劳务，都要计算在其中，它是衡量一个国家整体经济状况的最重要的指标。萨缪尔森曾指出：“GDP 是 20 世纪最伟大的发现之一。”没有 GDP 这个指标，我们就无法进行国与国之间经济实力以及贫穷和富裕的比较。

在理解 GDP 的内涵时应注意以下几点[43]：

（1）一定时期生产出来的价值总和。国内生产总值通常指一年内生产出来的价值总和，在计算国内生产总值时不应包括以前生产的产品和劳务。

（2）最终产品的价值总和。在计算时不应包括中间产品的价值，以避免重复计算。最终产品是指最后供人们使用的产品，中间产品是指在后面环节的生产中作为投入的产品。在实际中，区分最终产品和中间产品十分困难。为解决这一问题，在具体计算时可采用增值法，即只计算在生产各阶段中所增加的价值。可以用一个例子来说明：

---

1 GDP: the market value of all final goods and services produced within a country in a given period of time

表 8.1　国内生产总值核算中的重复计算　　单位：元

生产阶段	厂商 A	厂商 B	厂商 C	全部厂商合计
购买产品支出	0	90	170	相互销售总额 260
新产品价值增加	80	60	90	增值总额 230
最终产品价值	80	150	260	销售总价值 490

在表 8.1 中，三个厂商最终产品的价值增加为 230 元，但是如果按销售总价值计算则为 490 元，其中，存在 260 元的重复计算。

（3）最终产品包括有形产品和无形产品。在计算国内生产总值时，旅游、服务、卫生、教育等行业提供的劳务，按其所获得的报酬计入国内生产总值。由于全部的生产部门包括物质和非物质部门，因此，国内生产总值不仅包括有形产品的价值，也包括无形产品的价值。

（4）一般仅指市场交易造成的价值。不经过市场销售的最终产品（如家务劳动、自给性产品等）不计入国内生产总值，非法交易的产品也不计入国内生产总值。计算国内生产总值时会受最终产品数量和市场价格水平的影响。

（5）国土原则。国土原则是指生产总值的计算按一国经济领土范围内本国居民和外国居民生产的物质和劳务的价值进行计算。所以，国内生产总值既包括本国国民在本国领土内生产活动的产值，也包括外国居民在本国领土内生产活动的产值，但不包括本国居民在国外生产活动的产值。

从 GDP 的含义不难看出，GDP 只是用来衡量市场经济活动的价值，并不能全面反映经济增长的质量。

二、国内生产总值的计算方法

国内生产总值（GDP）的计算一般采用支出法、收入法和部门法，最常用的是支出法和收入法。

1. 支出法

支出法（expenditure approach）是按社会最终使用产品的支出来计算国内生产总值，即将一年内所有社会成员用于最终产品和劳务购买所支出的市场价格加总计算，得出社会最终产品的价值总和。从经济循环的角度看，也就是从产品市场加以统计。

1）支出法计算 GDP 的组成部分

支出法计算国内生产总值时，各个国家的具体统计项目有差异，以我国为例，主要包括以下四大项：

（1）消费。消费（consumption, C）是指在一定时期内最终产品和劳务消费的支出合计，包括居民个人消费支出和政府消费支出。居民个人消费是指常住居民在一定时期内的最终产品和劳务消费支出，包括购买耐用品（如小汽车、家用电器等）、非耐用品（如食品、衣服等）和劳务，但购买新住房除外。

（2）投资。投资（investment, I）是指在一定时期内经济体各项投资的合计，包括政府和私人固定资产投资的形成与库存增加。固定资产形成是指政府和私人生产单位在一定时期内通过购买和自制所形成的固定资产价值，在统计上等于固定资产投资完成额减去不形成固定资产的费用。库存增加是指流动资产中的实物增加额，包括：①生产单位购入的原材料、燃料和各种储备资料的增加额；②在生产单位生产的在制品、半成品和产成品，重点是成品。将企业存货计入 GDP，可以保证按生产法核算 GDP 与按支出法核算 GDP 协调一致。此外，购买的新住房也统计在投资中。

（3）政府购买。政府购买（government purchase, G）是指各级政府在一定时期内购买最终产品和劳务的消费支出，如政府花钱开办学校、建设道路、提供国防等方面的支出。政府购买只是政府支出的一部分，政府支出的另一部分如转移支付、公债利息等都不计入 GDP。因为从 GDP 的定义来看，它是进入市场交易的产品和劳务的市场价值，这些转移支付并没有引起产品购买或者劳务交换的发生。

（4）净出口。净出口（net export, NX）是指出口减去进口（X–M）。出口（X）是指本国厂商向国外销售的产品和劳务，出口数额反映了外国购买者对本国当期生产的产品及劳务的购买，将出口额计入总支出可保证与生产法测算的 GDP 相一致。进口（M）是指外国厂商向本国销售的产品和劳务，进口额反映了本国购买者对外国产品和劳务的购买，用支出法测算 GDP 时应将这部分流向国外的支出予以剔除，以确保所有的支出都发生在国内产出的产品和劳务上。

2）支出法计算 GDP 的公式

上面讨论了支出法计算国内生产总值的四个组成部分，其计算公式为：

国内生产总值 GDP = 消费支出 + 投资支出 + 政府购买 + 净出口支出

$$= C + I + G + NX \tag{8.1}$$

其中，$NX = X - M$。

如果从各项支出的用途看，总消费、总投资、总购买、净出口可分解为用于消费的支出和用于投资的支出。

$$\begin{aligned}\text{国内生产总值} &= \text{用于消费的支出} + \text{用于投资的支出}\\ &= \text{消费} + \text{投资} = C + I \qquad (8.2)\end{aligned}$$

消费、投资、政府购买、净出口之和是一定时期社会所拥有的总需求。

2. 收入法

收入法（income approach）也称要素收入法或要素支付法，它是指从收入的角度出发，把一国一年内所有生产要素提供者的收入所得加总，以计算出该年的国内生产总值的办法。最终产品市场价值除了生产要素收入构成的成本，还有间接税、折旧、公司未分配利润等内容。收入法计算国内生产总值时，主要包括以下四大项：

（1）劳动者报酬。劳动者报酬是指在一定时期内以各种形式支付给劳动者的报酬，主要包括工资（货币工资和实物工资）、奖金、津贴、补助和社会保险。

（2）固定资产折旧（depreciation of fixed assets）。固定资产折旧是指一定时期内为在生产中已耗费的固定资产而提取的补偿价值，它是生产经营活动中的转移价值。

（3）生产税净额。生产税净额是指一定时期内生产单位向政府缴纳的各项生产税与政府向生产单位支付的补贴相抵之后的差额。生产税也就是间接税，是对货物和劳务征收的税金。

（4）营业盈余。营业盈余是指一定时期内生产要素在生产过程中所创造的增值价值，是企业经营效益的体现，包括业主收入、净利息、企业利润和公司红利等。业主收入是指个体劳动者和私营业主的经营收入。净利息是指借贷利息的差额。企业利润是指从企业经营收入中扣除税收、红利、公积金后形成的利润。

劳动者报酬、固定资产折旧、生产税净额和营业盈余的合计是一定时期内社会所拥有的总收入。如果从各项收入的用途看，劳动者报酬、固定资产折旧、生产税净额和营业盈余可以分解为用于消费的收入和用于储蓄的收入。从收入法的角度计算国内生产总值如公式（8.3）：

$$\begin{aligned}\text{国内生产总值 GDP} &= \text{工资} + \text{利息} + \text{利润} + \text{租金} + \text{折旧} + (\text{间接税} - \text{政府补贴})\\ &= \text{用于消费的收入} + \text{用于储蓄的收入}\\ &= \text{消费} + \text{储蓄} = C + S \qquad (8.3)\end{aligned}$$

由于各生产要素所得是其在生产中产生的贡献，所以，从这个角度来看，也可以说劳动者报酬、固定资产折旧、生产税净额和营业盈余的合计是一定时期内社会所拥有的总供给。

3. 部门法

部门法（department approach）又称生产法和增加值法（added value approach），是按生产物质产品和提供劳务的各个部门的产值来计算的国内生产总值，用这种方法可以反映国内生产总值的来源。国民经济部门存在着错综复杂、纵横交错的投入产出关系，所以用部门法计算 GDP 时要避免重复计算，只计算新增加的价值。对于卫生、教育、行政、司法等无法计算增值的部门，按该部门职工的工资收入加总计入国内生产总值。不同国家对于部门的分类不同，比如在美国，按部门法来统计国民收入时，包括以下部门：农林渔业、采矿业、制造业、运输业、邮电业和公用事业、电煤水业、批发和零售业、金融、不动产、服务业、政府服务、政府企业等。

计算国内生产总值的三种方法是从不同角度、不同侧面来测算宏观经济活动的。从理论上讲，统计的结果应该是一样的，即所谓的“国民收入三面等值原则”。如果三种方法计算的结果不一致，一般以支出法统计的结果为准，利用统计误差调整收入法和部门法所得的数值。

三、国内生产总值与其他总量的关系

1. 国民生产总值

国民生产总值（gross national products, GNP）[1]，是指一定时期（通常是一年）内本国国民所生产的最终产品和劳务的市场价值的总和。国民生产总值与国内生产总值的异同如下：①国民生产总值与国内生产总值在核算的时期、价值构成等方面相同。也就是说，它们都是指一年内生产出来的价值总值；都是指最终产品的价值总值；最终产品都包括有形产品和无形产品；都是按市场价格计算。②国民生产总值与国内生产总值在核算范围上不同。国民生产总值依据国民原则进行核算，国内生产总值依据国土原则进行核算。国土原则，是指本国领土范围

1 GNP: the market value of all final goods and services produced by a nation’s permanent residents in a given period of time, irrespective of the location of production

内生产的产品和劳务的价值，都要计入生产总值。国民原则，是指本国国民生产的产品和劳务的价值，都要计入生产总值。这里的本国国民既包括本国国内公民，也包括旅居外国的本国公民和取得居住权的外国公民。也就是说，国民生产总值包括一国公民在本国和外国所生产的最终产品的价值总和。

国民生产总值与国内生产总值相互联系：

国民生产总值 = 国内生产总值 + 国外要素净收入

= 国内生产总值 + 本国公民在国外的资本和劳务收入 − 外国公民在本国的资本和劳务收入　　（8.4）

例如，2010 年的国内生产总值为 401202 亿元，国外要素净收入为 2058 亿元，那么国民生产总值为：

国民生产总值 = 国内生产总值 + 国外要素净收入

= 401202 + 2058

= 403260（亿元）

上面提到的国外要素净收入（net income from foreign factors），指本国公民投在国外的资本和劳务的收入与外国公民投在本国的资本和劳务的收入的差额，该数据可以在《中国统计年鉴》中的国际收支平衡表中查阅到。如果国外要素净收入大于零，本国公民投在国外的资本和劳务的收入大于外国公民投在本国的资本和劳务的收入，则国民生产总值大于国内生产总值；反之，如果国外要素净收入小于零，本国公民投在国外的资本和劳务的收入小于外国公民投在本国的资本和劳务的收入，则国民生产总值小于国内生产总值。表 8.2 是 2016—2021 年我国国民生产总值与国内生产总值的统计数据，从中可以看到我国国外要素净收入的状况。

表 8.2　2016—2021 年国民生产总值与国内生产总值　统计单位：亿元人民币

	2016 年	2017 年	2018 年	2019 年	2020 年	2021 年
国民生产总值	743408.3	831381.2	914327.1	984179	1000164	1133518
国内生产总值	746395.1	832035.9	919281.1	986515.2	1015986.2	1143669.7
国外要素净收入	−2986.8	−654.7	−4954	−2336.2	−15822.2	−10151.7

资料来源：根据中经专网《中国经济年鉴》整理计算，在此基础上计算国外要素净收入

依据上述统计资料，可以进行国民生产总值与国内生产总值的比较分析。2016—2021 年我国国民生产总值总体小于国内生产总值，并且差额呈增长趋势，说明我国公民投在国外的资本和劳务的收入小于外国公民投在我国的资本和劳务的收入，反映了我国 2016—2021 年增大了引进外资的力度，对外开放幅度加大。

2. 国内生产净值

国内生产净值（net domestic product, NDP）[1] 指一个国家在一定时期内生产的最终产品与劳务的净增加值，即国内生产总值中扣除了折旧以后的产值。国内生产净值不同于国内生产总值，它反映的是社会经济扣除了消耗掉的折旧之后的国民经济活动水平，同时也影响到当年新创造财富的计算。国内生产净值的计算公式为：

$$国内生产净值 = 国内生产总值 - 折旧 \tag{8.5}$$

例如：2003 年国内生产总值为 129822.21 亿元，折旧为 20511.9 亿元，那么国内生产净值为：

$$\begin{aligned}国内生产净值 &= 国内生产总值 - 折旧\\ &= 129822.21 - 20511.9\\ &= 109310.31（亿元）\end{aligned}$$

与国内生产净值相对应的是国民生产净值（NNP），计算公式为：

$$国民生产净值 = 国民生产总值 - 折旧$$

$$或者：国民生产净值 = 国内生产总值 - 折旧 + 国外要素净收入 \tag{8.6}$$

例如，2003 年国内生产总值为 129822.21 亿元，折旧为 20511.9 亿元，国外要素净收入为 -648.8 亿元，国民生产净值为多少？

$$\begin{aligned}国民生产净值 &= 国内生产总值 - 折旧 + 国外要素净收入\\ &= 129822.21 - 20511.9 + (-648.8)\\ &= 108661.51（亿元）\end{aligned}$$

3. 国民收入

国民收入（national income，NI）[2] 指一个国家在一定时期生产中使用的各种生产要素所得到的全部收入，即工资、利息、租金与利润之和。国民收入直接体现了各项生产要素的收入，国民收入总是依据国民原则进行统计的。因此，如果依据国内生产总值统计国民收入，必须进行调整。国民收入的计算公式为：

$$国民收入 = 国民生产净值 - 间接税$$

$$或者：国民收入 = 国内生产净值 - 间接税 + 国外要素净收入 \tag{8.7}$$

---

1 net domestic product (NDP): the net value of final products and services produced within a country in a given period of time, that is, GDP minus losses from depreciation

2 national income: the total income earned by a nation's residents with the production of goods and services

例如，2003 年国内生产净值为 109310.31 亿元，间接税为 18533.36 亿元，国外要素净收入为 -648.8 亿元，那么国民收入为：

国民收入 = 国内生产净值 − 间接税 + 国外要素净收入

= 109310.31 − 18533.36 +（−648.8）

= 90128.15（亿元）

表 8.3　1998—2003 年国内生产净值与国民收入统计表　单位：亿元人民币

	1998 年	1999 年	2000 年	2001 年	2002 年	2003 年
国内生产总值	82780.25	87671.13	97209.31	106766.26	118020.19	129822.21
固定资产折旧	11981.24	13209.04	14972.41	16779.28	18493.77	20511.9
国内生产净值	70799.01	74462.09	82236.9	89986.98	99526.42	109310.31
国外要素净收入	−1378	−1488.1	−1214.1	−1586.9	−1237	−648.8
国民生产净值	69421.01	72973.99	81022.8	88400.08	98289.42	108661.51
间接税	11790.55	12567.81	14802.57	15768.87	17218.23	18533.36
国民收入	57630.46	60406.18	66220.23	72631.21	81071.19	90128.15

资料来源：根据中经专网《中国经济年鉴》整理计算

依据上述统计资料和表 8.3，可以进行国内生产净值占比和国民收入占比分析。1998—2003 年我国国内生产净值占国内生产总值的比重逐年上升，反映了新创造的价值增加，经济效益好转。我国国民收入占国内生产总值的比重也逐年上升，反映了各项要素的收入增加，经济实力增强。

四、名义 GDP、实际 GDP 与人均 GDP

1. 名义 GDP、实际 GDP 与 GDP 折算指数

由于国内生产总值（GDP）是用货币来计算的，因此，一国国内生产总值的变动受两个因素的影响：一是生产的物品和劳务的数量变动，另一个是物品和劳务的价格变动。因此，同样的最终产品实物量按不同的价格计算会得出不同的国内生产总值。用当年价格计算的全部的最终产品和劳务的市场价值的总和称为名义国内生产总值（nominal GDP）[1]。用某一年作为基期的价格计算出来的全部最

1　nominal GDP: valuing the production of goods and services at current prices

终产品和劳务的市场价值总和称为实际国内生产总值（real GDP）[1]。

名义 GDP 与实际 GDP 之比，称为国内生产总值折算指数（GDP deflator）：

$$\text{GDP 折算指数} = \frac{\text{某年名义 GDP}}{\text{某年实际 GDP}} \times 100 \qquad (8.8)$$

如果知道了 GDP 折算指数，就可以将名义 GDP 折算为实际的 GDP。其公式为：

$$\text{实际 GDP} = \text{名义 GDP/GDP 折算指数}$$

国内生产总值 GDP 折算指数是重要的物价指数指标，反映一国某年的通货膨胀情况。但是，由于我国长期以来都不使用国内生产总值折算指数作为反映通货膨胀的物价指数，所以国内生产总值折算指数对于我国国民经济分析的意义不大。除国内生产总值折算指数外，反映物价指数的还有消费价格指数和零售价格指数。消费价格指数是反映不同时期的生活消费品价格和服务项目价格的变动趋势和程度的物价指数。零售价格指数是反映不同时期市场零售物价总水平的变动趋势和程度的物价指数。消费价格指数从买方和生活费用的角度考查物价指数，符合通货膨胀特征，因此，我国长期使用消费价格指数作为反映通货膨胀的物价指数。

于是有：

$$\text{实际 GDP} = \text{名义 GDP/ 消费价格指数} \qquad (8.9)$$

例如，2010 年名义国内生产总值为 401202 亿元，消费价格指数为 103.3，那么实际国内生产总值为：

$$\begin{aligned}\text{实际 GDP} &= \text{名义 GDP/ 消费价格指数} \times 100 \\ &= 401202/103.3 \times 100 \\ &= 388385.29\text{（亿元）}\end{aligned}$$

表 8.4　2006—2010 年的名义与实际国内生产总值的统计表　单位：亿元人民币

	2006 年	2007 年	2008 年	2009 年	2010 年
名义国内生产总值	216314.4	265810.3	314045.4	340902.8	401202
消费物价指数	101.5	104.8	105.9	99.3	103.3
实际国内生产总值	213117.64	253635.78	296549.01	343305.94	388385.29

资料来源：根据国家统计局《国家统计数据库》整理计算

1　real GDP: valuing the production of goods and services at constant prices

依据上述统计资料和表 8.4，可以进行名义 GDP 与实际 GDP 的比较分析。改革开放前二十年，我国实际国内生产总值与名义国内生产总值相差不大，这是因为国民经济处于良性运行状态，物价指数较为平稳，通货膨胀率和失业率没有太大变化，市场平稳。

2. 人均国内生产总值

国内生产总值有助于我们了解一国的经济实力与市场规模，而人均国内生产总值则有助于了解一国的富裕程度与生活水平。人均国内生产总值（per capita GDP）[1] 是指用同一年的人口数量，除当年的国内生产总值的结果。其计算公式如下：

$$\text{某年人均国内生产总值} = \frac{\text{某年国内生产总值}}{\text{某年年末人口数}} \tag{8.10}$$

例如，2021 年国内生产总值为 1143670 亿元，年末人口数为 14.21 亿人，那么人均国内生产总值为：

$$\begin{aligned}\text{人均国内生产总值} &= \text{国内生产总值} / \text{年末人口数} \\ &= 1143670/14.21 \\ &= 80996.46\ (\text{元} / \text{人})\end{aligned}$$

表 8.5 2017—2021 年人均国内生产总值的统计表

	2017 年	2018 年	2019 年	2020 年	2021 年
国内生产总值 / 亿元	827122	900309	990865	1015986	1143670
年末人口数 / 亿人	13.90	13.95	14.00	14.05	14.12
人均国内生产总值 / 元	59505.18	64538.28	70776.07	72312.17	80996.46

资料来源：根据国家统计局《国家统计数据库》整理计算

从世界各国经济发展的经验来看，当一个国家的人均国内生产总值处于 3000 美元至 10000 美元之间时，说明国民经济已具备了相当实力。依据上述统计资料和表 8.5，近几年我国人均国内生产总值有所上升，这是因为我国人口增长减缓，国内生产总值稳定增长，必然使人均国内生产总值稳定增长，说明我国的经济实力有所增强。

1 per capita GDP: the ratio of GDP to the population of that year

五、GDP 指标的价值与缺陷

在宏观经济研究中，GDP 是最为常用且重要的指标。它能够反映一国经济的整体水平，比较不同国家的经济发展程度。它还是反映一国贫富状况和人们生活质量的重要指标，通常富国与穷国的人均 GDP 差异极大。人均 GDP 较高的国家，人们的预期寿命、受教育程度都较高，拥有电器的家庭较多，婴儿死亡率较低。衡量一个国家的经济增长速度，也是看两个时期之间的 GDP 增长了多少。但是，在衡量各国经济活动时，GDP 并非一个完美无缺的指标，因为它不能完全准确地反映出一国的实际经济状况。

1. GDP 指标的价值

国内生产总值是反映一个国家经济发展和经济实力的综合性指标，它标志着一个国家在一定时期内扩大再生产的状况和提高人民生活水平的能力。国内生产总值的增长速度反映着国民经济的增长速度，按人口平均计算的国内生产总值反映着一个国家的经济发展水平和人民生活水平，以及一个国家的富裕程度。分析国内生产总值不仅有上述意义，还具有如下作用：

（1）作为政府编写经济文件的主要参考依据。政府有关经济的文件和活动，例如西方国家的经济咨文、预算咨文、税制变动、就业水平研究等，以及我国的经济计划、发展纲要等，几乎没有一项不用国内生产总值和它的主要项目作为主要参考依据。

（2）作为表明国家经济周期变化的指标。西方国家通常把连续两个季度的国内生产总值的停滞或下降视为社会经济出现危机的标志，把连续两个季度的国内生产总值的高速发展作为社会经济有可能出现通货膨胀的标志。同样，我国也经常注意国内生产总值等总量指标的变化，并相应地采取不同的经济政策。

（3）作为学术机构和报刊进行经济预测的依据。学术机构和报刊在对宏观经济进行分析和研究时，总是运用国内生产总值等统计资料进行论证，并相应地得出结论和寻找规律。

2. GDP 指标的缺陷

（1）GDP 不能反映一个国家的真实产出。在 GDP 计算中，有些经济活动是无法计入的。首先，非市场交易活动得不到反映。GDP 的数据是按照市场价格计算的，但那些没有经过市场交易又的确能够增加实际产出的经济活动无法计入其中，例如，家务劳动、自给自足的生产、自愿的社会服务等。这些活动也提供产品与劳务，但由于不通过市场，没有市场价格，GDP并没有因此而增加。有一个经典的例子说明了这一点：某位男士雇用了一位保姆为其处理日常生活事务，并向她支付工资，这部分价值要计入GDP。后来该男士爱上了这位保姆，并和她结婚了，虽然新的女主人还在做同样的工作，但她不能再为GDP作贡献了，因为她的工作变成了自给性服务。其次，非法经济活动也无法计入GDP。例如，非法的黄、赌、毒活动，为偷税而进行的地下经济活动、黑市交易等。这些经济活动无法用市场价格标价，因此无法纳入官方统计。在不同的国家，这部分未计入GDP的活动差别很大，高者达三分之一，低者也有10%左右。

（2）GDP不能衡量人们经济福利的真实状况。GDP衡量的是一个国家的产出，但是产出的增加并不总是能够改善人们的经济福利状况。例如，用于战争的军火生产增加能够增加GDP，但并不能给人们带来福利；引起污染的生产也带来了GDP，但污染大大降低了人们的生活质量；汽车创造了庞大的价值，增加了GDP，但GDP从来不计算严重的交通堵塞占用了人们多少时间；人们加班加点工作就能增加GDP，但闲暇的减少引起的福利损失也许抵消了生产更多的产品和劳务所带来的福利。

（3）GDP不能反映增长的代价。采伐树木可能增加GDP，过度放牧可能增加GDP，把污染物越多地排放到空气和水中，GDP可能就越高。GDP反映了产出的增长，却不能反映资源消耗和环境破坏。

（4）GDP不能衡量实际国民财富。例如，洪水泛滥破坏了堤坝、房屋和道路，但GDP并不会因此而下降，因为灾后重建的大量投资反而增加了GDP；城市不断修路修桥盖大楼，由于质量规划等原因，没多久就要推倒、拆除、重建或翻修；马路“拉链”每次豁开，挖坑填坑，GDP都增加。但是，国家总财富并没有随之而增加。

（5）GDP不反映收入分配的差距。两个生产同样GDP的国家，一国贫富严重不均，另一国收入分配比较平均，显然，两国人民并不同样幸福。

3. GDP指标的纠正

由于GDP指标的上述缺陷，一些经济学家和联合国都提出对GDP的统计项目进行调整。到目前为止，人们所提出的纠正GDP缺陷的衡量指标主要有以下几个：

（1）经济福利尺度（MEW）和纯经济福利（NEW）。这是在20世纪70年代，由美国经济学家托宾、诺德豪斯和萨缪尔森提出的概念。这些经济学家认为，经济活动的最终目的是家庭福利的增进，而福利更多地取决于消费，而不是生产。

GDP 是对生产的衡量，而 MEW 和 NEW 是要衡量对人类福利做出贡献的消费。因此，MEW 和 NEW 是在 GDP 的基础上减去那些不能对福利做出贡献的项目（如国防、警察等），减去对福利有负作用的项目（如污染、环境破坏的影响等），再加上那些对福利做出贡献却又没有计入 GDP 的项目（如家务劳动、自给性生产等），加上闲暇的价值（根据闲暇的机会成本计算）。当然，这些项目应如何进行计算却还是没有完全解决的问题。经济学家根据美国的统计资料指出：人均 MEW 或 NEW 的增长要比 GDP 慢，为了取得 MEW 和 NEW 的增长，往往要牺牲一些 GDP 的增长。

（2）绿色 GDP。为了纠正 GDP 的不足，1993 年联合国提出了“绿色 GDP”的概念，要求把环境改善等因素考虑到经济发展中来。绿色 GDP 是在 GDP 的基础上减去经济增长对环境和生态的影响后得出的数值，它能够比较真实地反映人们福利水平的变化。

第二节 失 业

一、失业的界定与测量

1. 失业的界定

《牛津高阶英汉双解（第 9 版）》对失业（unemployment）[1]的解释是：① the fact of a number of people not having a job；the number of people without a job（失业、失业人数）；② the state of not have a job（无业、没有工作）。这两个解释分别从人数和状态来解释了什么是失业。而《现代汉语词典（第 7 版）》对失业的解释是：“有劳动能力的人找不到工作。”这两个定义都没有对经济学统计意义上的失业做出完整的解释。没有工作的人并不都是失业，有劳动能力、不愿工作的人以及有劳动能力的老人和小孩都可能不是失业。因此，理解和测量失业之前有必要弄清楚什么是失业。

在经济学范畴中，失业是指在法定劳动年龄范围内的一个人愿意并有能力为

1 unemployment: the situation where a person within the legal working age is willing and able to work for remuneration but has not found a job

获取报酬而工作但尚未找到工作的情况。法定劳动年龄是由政府规定的一个年龄段，对于劳动年龄，不同国家往往有不同的规定。中国和美国法定工作年龄均为16周岁以上至退休年龄（多为65周岁）。

2. 失业的测量

由前面对失业的界定可知，失业是针对法定年龄内有劳动能力和劳动意愿的人口而言的，而这些人口中，部分被雇佣、有工作（即就业中），部分未被雇佣但正在积极寻找工作（即处于失业状态），这些人统称为劳动力（labor force）。因此：

$$劳动力 = 就业人数 + 失业人数$$

西方经济学家通常以劳动力失业率的高低来作为衡量充分就业的尺度。失业率（unemployment rate）[1]是指失业人数对劳动力人数的百分比，用公式表示为：

$$失业率 = \frac{失业人数}{劳动力人数} \times 100\% \tag{8.11}$$

另外，一个国家的劳动力参与率也是宏观经济中的重要指标。所谓劳动力参与率（labor force participation rate）[2]是指一个国家的劳动力占成年人口的比率，其计算公式如下：

$$劳动力参与率 = \frac{劳动力人数}{成年人口数} \times 100\% \tag{8.12}$$

劳动力参与率是用来衡量人们参与经济活动状况的指标。根据经济学理论和各国的经验，劳动参与率反映了潜在劳动者个人对于工作收入与闲暇的选择偏好。它一方面受到个人保留工资、家庭收入规模以及性别、年龄等个人人口学特征的影响，另一方面也受到社会保障的覆盖率和水平、劳动力市场状况等社会宏观经济环境的影响。中国的劳动力参与率偏高，这是由中国的工资和福利政策、教育和社会保障的发展程度等多方面原因共同决定的。

二、失业的类型与原因

古典经济学中的劳动力市场均衡只是一种理想的模型，实际生活中存在着各种失业现象，因此失业是现代社会的中心问题之一。一般来说，可以根据产生的原因将失业分为三种类型：摩擦性失业、结构性失业和周期性失业[42]。

1　unemployment rate: the percentage of unemployed people to the number of labor force

2　labor force participation rate: the ratio of the labor force of a country to the adult population

1. 摩擦性失业

摩擦性失业（friction unemployment）是由于人们在不同的地区和不同职业中，以及生命周期的不同阶段间不停地变换工作而引起的失业。这是一种由于劳动力的正常流动而引起的失业，因此是一种自然失业。在一个动态经济中，各地区、各行业、各部门之间劳动需求的变动是经常发生的，这种变动必然引起劳动力的流动，因此总有一部分人或自愿或被迫离开原来的地区和职业。劳动力从旧的工作岗位到新的工作岗位之间的转换需要一段时间，这一段时间内，劳动力就处于失业状态；当他们找到新的工作时，又会流出失业队伍。

摩擦性失业具体分为以下几种类型：

（1）求职性失业。求职性失业是指劳动者不满意现有的工作，自动离职去寻找更理想的工作所造成的失业，“炒老板鱿鱼”就是这种情况。时下国内流行一种高校毕业生“先就业后择业”的观念，虽然有助于学生就业，但将来可能会造成求职性失业。

（2）失职性失业。失职性失业是指劳动者被雇主解聘，被迫寻找新工作所造成的失业，“被老板炒鱿鱼”就是这种情况。与求职性失业中劳动者自动离职不同的是，失职性失业中劳动者是被迫离职的。

（3）寻职性失业。寻职性失业是指新加入劳动力队伍的劳动者，由于暂时没有找到工作，而正在寻找工作所造成的失业，大学毕业生刚离开学校，正在社会上寻找工作即是这种状况。

造成摩擦性失业的具体原因主要有以下几点：

（1）劳动力市场的组织状况。主要包括劳动力市场供求信息的完整性、职业介绍与指导的完善与否、劳动力流动性的大小等。比如由于劳动力市场供求信息的不完整、不充分，并不是每一个雇主和劳动者都可以得到完全的工作或求职信息，雇主找到所需的劳动者和失业者找到合适的工作都需要花费一定的时间，因此造成摩擦性失业。

（2）失业者寻找工作的能力与愿望。主要包括失业者的工作能力和学历高低、获得工作的难易程度、劳动者劳动的愿望等。

（3）社会保障的程度。主要包括最低工资标准、失业救济制度的完善与否、退休制度等。

2. 结构性失业

结构性失业（structure unemployment）是由于生产技术水平、消费结构、产业结构、城市变化、人口增长速度以及政府开支或税收政策变化等引起的经济环境变化最终造成的大量长期的失业，它也是一种自然失业。此时，劳动力的供给与需求在总量上也许是平衡的，但在结构上并不一致。于是，一方面出现了有人找不到工作的失业现象，另一方面又存在有工作无人做的职位空缺现象。出现这种失业与职位空缺现象并存的原因，是由于随着经济结构的调整，对某些劳动力的需求增加，对另一些劳动力的需求减少，与此同时劳动力的供给却没有做出迅速调整。由于这种失业的根源在于劳动力的供给结构不能适应劳动力需求结构的变动，所以称为结构性失业。

结构性失业有以下几种类型：

（1）技能性失业。技能性失业是指由于劳动力的技能不能适应经济结构、地区结构和性别结构的变动而引起的失业，这种失业一般会集中体现在某一个结构变动的时期。比如在现代社会中，很多从事传统民间艺术的艺人会由于民俗文化的衰落而失业，这就属于技能性失业。

（2）技术性失业。技术性失业是指在经济增长的过程中由于技术进步而引起的失业，属于这种失业的劳动力大都是文化技术水平低，不能适应现代化技术要求的非技术型劳动力。比如在纺织、机械等传统劳动密集型行业中应用现代先进技术后，就会造成大量非技术型员工失业。

（3）季节性失业。季节性失业是指某些行业由于生产的季节性变动而引起的失业，一般季节性行业（如旅游业、农业等行业）经常出现这种失业。比如广大的农村，在农忙季节需要大量劳动力，但一过了秋季，就称为农闲季节，对劳动力的需求大大减少，原来的劳动力大都会面临季节性失业问题。

造成结构性失业的具体原因主要有以下几点：

（1）经济结构的变化，产业的兴衰转移。随着经济结构的调整，一些老行业衰落甚至萎缩，另一些新兴行业蓬勃发展。新兴行业缺少合格的技术人员，存在职位空缺，而老行业又有大量人员失业，这就是结构性失业。前些年国内高科技行业人才紧缺，而一些传统行业人员大量过剩就属于这种情况。

（2）经济发展的区域性差异。在一个国家的经济发展过程中，往往会出现区域性的不平衡，有些地区经济发展迅速，有些地区经济停滞甚至衰落，这种地区发展的差异也会造成结构性失业。经济落后地区存在失业，而经济发展快的地区却可能存在职位空缺。

（3）就业人口的性别构成不合理。20 世纪以来劳动力构成中的一个主要变化是妇女劳动力人口的不断增长。虽然妇女就业率的提高有助于妇女社会地位的提高，但也使劳动力市场供大于求的现象更加明显，为结构性失业埋下了潜在的危机。比如在失业率上升时，许多国家呈现出的妇女失业率大大高于平均失业率的现象就是证明。

摩擦性失业和结构性失业在任何国家和任何动态经济中都是不同程度存在的，因此，又被称为自然失业或充分就业。自然失业（natural unemployment）[1]是指由于经济中某些难以避免的原因而引起的失业。

3. 周期性失业

周期性失业（cyclical unemployment）[2]是指由于社会总需求不足而引起的失业。它一般只是在经济周期的萧条阶段才存在，故称周期性失业。

经济发展是有周期性的，在经济繁荣时期社会总需求会上升，在经济萧条时期总需求就会不足，所以周期性失业常与经济周期同步，在经济繁荣时期比较少见，在经济萧条时期就大量出现。如 1982 年美国经济大衰退时，全国 50 个州中有 48 个州的失业率都上升了。这种几乎在每个地区都发生的失业率上升现象表明这种增加了的失业主要是周期性的。

周期性失业的原因可以用紧缩性缺口来说明。在经济周期的萧条阶段，由于社会总需求不足，社会实际总需求小于经济周期繁荣阶段可以达到的社会总需求，即实际的社会总需求小于充分就业时的社会总需求，所以出现紧缩性缺口（也就是实际的社会总需求与充分就业时的社会总需求的差额）。紧缩性缺口导致企业的生产积极性下降，大量企业倒闭，幸存的企业也会减产，因此整个社会对劳动力的需求会减少许多，从而使社会失业人口增加，造成周期性失业。可以用图 8.1 说明周期失业的原因。

图 8.1 中，横轴 OY 代表国民收入，纵轴 $O\text{–}AE$ 代表总支出。当国民收入为 Y_t 时，经济中实现了充分就业，Y_t 为充分就业时的国民收入。实现这一国民收入水平所要求的总支出水平为 AE_0，即充分就业时的总支出。但现在的实际总支出为 AE_1，这一总支出水平决定的国民收入为 Y_e，$Y_e < Y_t$，这就必然引起失业。$Y_e < Y_t$ 是由于 $AE_1 < AE_0$ 造成的，因此，实际总支出 AE_1 与充分就业总支出 AE_0 之间的差额就是造成这种周期性失业的根源。这种失业由总支出或总需求不足引起，故而也称为“需求不足的失业”。

既然周期性失业的原因在于社会总需求不足，那么社会总需求不足的原因又

---

1 natural unemployment: unemployment caused by inevitable factors in the economy

2 cyclical unemployment: unemployment due to the aggregate demand deficiency

是什么呢？凯恩斯认为造成社会总需求不足的原因是三大心理规律，即边际消费倾向递减规律导致消费不足，资本的边际效率递减规律导致投资需求不足，流动性偏好规律使利率的下降有一个最低限度，低于这一限度的利率则无法刺激投资。消费需求和投资需求的不足最终导致社会总需求的不足。

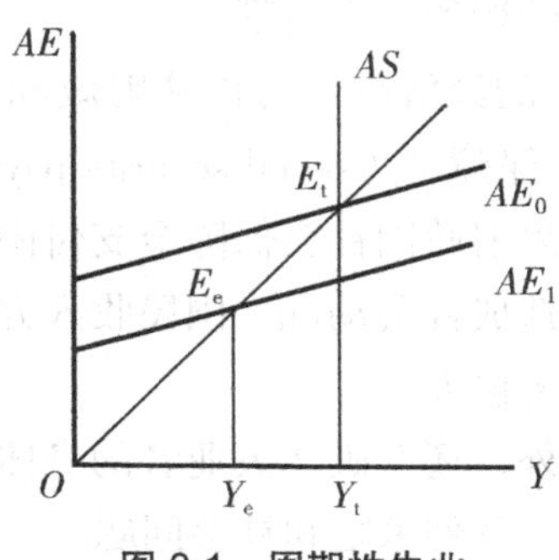

图 8.1　周期性失业

三、失业的经济后果

萨缪尔森曾在他的《经济学》一书中对失业的经济损失有过如下描写[17]：高失业伴随着高水平的生产损失或者高水平的生产停顿——就好像干脆把相同数量的汽车、食品和房屋扔进大海……在高失业期间的损失是现代经济中有文献记载的最大浪费。据估计，它们比垄断或关税和配额导致的浪费所造成的缺乏效率（或"无谓的损失"）要大许多倍。

过高的失业率会带来一系列经济、社会和个人问题，影响经济的正常发展，甚至引发社会的不稳定。

1. 失业的经济损失

失业的经济损失究竟有哪些呢？失业的经济损失可以从个人、企业和社会三个方面分析：

（1）对于个人来说，如果是非自愿失业，会给失业者本人及其家庭造成损失，因为他们失去了本来用劳动可以换得的收入。而收入的减少，又造成他们生活水平的下降。当然，如果是自愿失业，则会给失业者带来闲暇（leisure）的享受。

（2）对企业来说，失业的最大经济损失是人力资本的损失。人力资本（human capital）[1] 是指劳动者受到的教育和获得的技能的价值。人力资本来源于劳动者所

1　human capital: the value of the laborer's education and skills

受的教育和从工作中获得的经验，还包括长期形成的工作习惯。失业给人力资本造成了双重损失：一是失业者已有的人力资本得不到应用；二是失业者无法通过工作增加自己的人力资本。虽然劳动者个人和企业都会因为失业而造成人力资本的损失，但企业的损失会更大，因为对企业来说，人力资本的价值是企业产品生产的重要因素，能够为产品的增值做出贡献。

（3）对社会来说，失业的经济损失可以从财政和国民收入两个方面分析。财政方面，失业增加了社会保障金（social security payments）和福利（welfare）的支出，造成财政困难。如果财政因社会保障金支付困难而降低失业救济标准，必然影响社会的安定，甚至造成社会动乱。国民收入方面，失业造成实际国民收入减少，这是失业最大的经济损失。

失业除了造成经济损失外，还会破坏失业者的身体和精神健康，带来诸如酗酒、自杀等消极现象，造成一系列家庭和社会问题。

2. 奥肯定律

失业会带来经济损失，特别是会造成实际国民收入的减少。那么，失业的经济损失究竟有多大呢？美国经济学家阿瑟·奥肯（Arthur Okun）在 20 世纪 60 年代根据统计资料回答了这个问题。奥肯应用统计方法，提出了用以说明失业率与实际国民收入增长率之间关系的一条经验规律，这条规律被称为“奥肯定律”（Okun’s Law）。这一规律表明：失业率每增加 1%，则实际国民收入减少 2.5%；反之，失业率每减少 1%，则实际国民收入增加 2.5%。这表明失业率与实际国民收入增长率呈负相关。但要注意，失业率与实际国民收入增长率之间 1∶2.5 的关系只是一个平均数，是根据统计资料得出的，在不同时期、不同国家这个数字会略有不同。

奥肯定律可以用下面的公式来表示：

$$\frac{Y-Y_f}{Y_f}=-a(u-u^*) \quad (8.13)$$

公式中，Y 为实际产出，Y_f 为潜在产出，u 为实际失业率，u^* 为自然失业率，a 为大于零的参数。

奥肯定律的一个重要结论是，为防止失业率的上升，实际 GDP 必须保持与潜在 GDP 同样快的增长。如果政府想要失业率下降，那么，经济社会实际 GDP 的增长必须快于潜在 GDP 的增长。

第三节 通货膨胀

通货膨胀是一种纸币现象，凡是实行纸币制度，都有可能发生通货膨胀。由于现在世界各国实行的都是纸币制度，因此通货膨胀又是一个世界性的问题，也是争论最多的问题之一。

一、通货膨胀的概念与衡量

1. 通货膨胀的概念

关于通货膨胀，虽然经济学界没有给出统一的定义，但多数经济学家倾向于接受这样的解释，即通货膨胀（inflation）[1]是指物价水平的普遍而持续的上涨。换句话说，通货膨胀就是单位货币的购买力（即单位货币所能购买的商品和劳务的数量）不断下降的现象，也就是一般人所说的“钱不值钱了”的现象。

从通货膨胀的概念，我们可以看出它有以下两个方面的特征：

（1）通货膨胀是指物价水平的普遍上涨。通货膨胀不是指一种或几种商品的价格上涨，而是指物价水平的普遍上涨，即物价总水平的上涨。如果只是一种或少数几种商品的价格在上涨，我们不能断定就是发生了通货膨胀。比如，我们不能单从房价的上涨就推断发生了通货膨胀。

（2）通货膨胀时期物价水平的上涨必须持续一定时期。如果物价只是一次性、暂时性、季节性地上涨，不能称为通货膨胀。比如节假日期间，宾馆、饭店的收费标准一般都会上升，我们就不能说发生了通货膨胀。因为节假日过后，这些收费标准又会由于客人的减少而降低。

2. 通货膨胀的衡量[42]

经济学中使用物价指数来衡量通货膨胀，下面首先介绍物价指数的概念，然后介绍不同的物价指数及其在计算通货膨胀时的利弊。

1）物价指数的概念

物价指数是表明某些商品的价格从一个时期到下一个时期变动程度的指数。物价指数一般不是简单的算术平均数，而是加权平均数，即根据某种商品在人们日常生活总支出中所占的比例来确定其价格的加权数的大小。比如住房和食品，

1 inflation: a general and sustained rise in the price level

前者在人们的日常生活总支出中所占的比例较大，它的价格变动情况在价格总水平中相应占较大比例，其价格的加权数也就较大；后者在人们的日常生活总支出中所占的比例较小，它的价格变动情况在价格总水平中相应占较小比例，其价格的加权数也就较小。

物价指数需要用一个时期的物价作为基期物价，物价指数计算的就是报告期的物价比基期的物价变动了多少，用公式表示就是：

$$\text{物价指数} = \frac{\text{报告期物价水平}}{\text{基期物价水平}} \tag{8.14}$$

比如去年的物价指数是 100，去年为基期，今年的物价比去年上升了10%，则今年的物价指数就是 100 ×（1 + 10%）= 110。

2）物价指数的类型

由于统计的口径、方法和选择对象不同，反映物价水平变化的物价指数也有多种。根据其计算时所包含的商品品种的不同，通常有以下几种类型：

（1）消费者物价指数（consumer price index，CPI），又称生活费用指数。它是衡量各个时期居民家庭日常消费的生活用品和劳务的价格变化的指标，消费者物价指数在第三章第五节中已经讨论过。消费者物价指数既可以作为通货膨胀的测定指标，又可以作为工资和津贴调整的依据。

其计算公式为：

$$\text{通货膨胀率} = \frac{\text{现期消费者物价指数} - \text{基期者消费物价指数}}{\text{基期消费者物价指数}} \times 100\% \tag{8.15}$$

世界各国都倾向于根据本国居民的消费习惯，选定一些有代表性的生活必需品和服务项目，并以这种方法编制出来的物价指数来判断本国是否发生了通货膨胀。消费者物价指数能衡量消费品的价格变动，这是消费者比较关心的，因此它是当今世界广泛使用的物价指数，我国目前也使用它来衡量通货膨胀状况。但是，这一指数局限于对居民家庭消费的商品和劳务的统计，而把国家消费和集团消费排除在指数之外，这是它的主要缺陷。

（2）零售物价指数（retail price index，RPI）。它是衡量各个时期市场上商品零售价格总水平变动趋势和程度的指标。零售物价指数的优点在于资料比较容易收集，对价格变动情况和趋势的反应比较直观、比较快速。因此，许多国家以零售物价指数的变化来衡量通货膨胀状况。需要注意的是，消费者物价指数和零售物价指数不仅在反映的内容和包括的范围上有所不同，两者的统计口径也不一样。消费者物价指数只统计市场上零售给居民的生活消费品和劳务，不包含社会公共需要的商品和劳务；而零售物价指数的统计范围则既包括市场上零售给居民的生活消费品和劳务，还包含社会公共需要的商品和劳务。消费者物价指数比零售物价指数更贴近居民的生活实际。

（3）批发物价指数（producer price index，PPI），又称生产者价格指数。它是衡量各个时期生产资料与消费资料批发价格变化的指标。如果已知基期的批发物价指数，再算出报告期的批发物价指数，即可看出其价格变动情况，从而判断是否发生了通货膨胀。批发物价指数代表的商品的范围较为广泛详尽（如在美国就包含大约 3400 种商品）和实用，所以，一些经济学家认为批发物价指数最适合于衡量通货膨胀。由于批发物价指数与产品出厂价格紧密相关，因此它是厂家比较关心的物价指数。

（4）国内生产总值折算指数（GDP deflator）。它是衡量各个时期一切商品与劳务价格变化的指标。国内生产总值折算指数被定义为名义国内生产总值对实际国内生产总值的比率，即按当年价格计算的国内生产总值对按固定价格或不变价格计算的国内生产总值的比率。其计算公式为：

$$\text{国内生产总值折算指数}=\frac{\text{按报告期价格计算的报告期产值}}{\text{按基期价格计算的报告期产值}}\times 100\% \qquad (8.16)$$

国内生产总值折算指数的统计范围包括一切商品和劳务，因此，它比消费者物价指数和批发物价指数更能全面地反映社会物价总水平的变动趋势，西方国家大多用其来反映通货膨胀。但需要注意的是，由于国内生产总值通常每年统计一次，因此，国内生产总值折算指数不能迅速反映物价总水平的变动情况。

需要指出的是，上述四种物价指数由于计算时所包含的商品不尽相同，因此其数值也各不相同。但这四种物价指数都能反映出基本相同的通货膨胀变动趋势，使用最多的则是消费者物价指数。

二、通货膨胀的类型

通货膨胀按不同的标准可以划分成不同的类型，常见的划分方法是按照物价上涨速度或通货膨胀的程度来划分。物价上涨速度或通货膨胀的程度可以用通货膨胀率来表示，其计算公式是：

$$\text{报告期通货膨胀率}=\frac{\text{报告期物价水平}-\text{基期物价水平}}{\text{基期物价水平}}\times 100\% \qquad (8.17)$$

公式中的物价水平用物价指数来表示。

根据通货膨胀率的大小，通货膨胀可以划分为以下几种类型：

1. 温和的通货膨胀

温和的通货膨胀（modest inflation）是指通货膨胀率低且物价水平较为稳定。

一般认为，在温和的通货膨胀情况下，物价上涨速度不超过两位数（即在 10% 以下），而且人们对于这种通货膨胀比较容易预测，其对经济的负面影响一般不大。温和的通货膨胀在大多数发达工业国家中是比较常见的。以瑞典为例，1954—1967 年间物价上涨了 64%，年平均通货膨胀率为 3.9%，而且每年变化不大，比较稳定，最低时不低于 2.5%，最高时也不高于 5%。

2. 急剧或奔腾的通货膨胀

急剧或奔腾的通货膨胀（sharp inflation）是指通货膨胀率高且物价水平持续攀升。一般认为，在急剧或奔腾的通货膨胀情况下，物价上涨速度高达两位数（即在 10% 到 100% 之间）。这种通货膨胀率会使经济发生严重扭曲。由于货币购买力迅速下降，人们更愿意囤积商品而不愿意持有货币，金融市场陷于瘫痪。急剧或奔腾的通货膨胀的典型例子是 20 世纪 70 年代的南美洲国家，如巴西和阿根廷，都出现了两位数的通货膨胀率。

3. 恶性通货膨胀

恶性通货膨胀（runaway inflation）是指通货膨胀率高且失去控制的物价水平。一般认为，在恶性通货膨胀下，物价上涨的速度高达三位数以上（即超过 100%），通货膨胀完全失去了控制，货币极度贬值。这种通货膨胀会导致金融体系乃至整个经济的崩溃，甚至导致一个政权的垮台。

三、通货膨胀的成本

通货膨胀受到密切关注并且通常被认为是一个严重的宏观经济问题，人们如此关注和重视它是因为通货膨胀是有成本的。从理论的角度来看，通货膨胀给整个经济施加了两种类型的成本：预期到的通货膨胀成本和未预期到的通货膨胀成本[43]，本章主要讨论预期到的通货膨胀成本。

1. 皮鞋成本（shoe-leather cost）

在通货膨胀期间，人们将减少现金和活期存款使用，增加定期存款以保证利息收益，在一定程度上保证其收入的购买力。皮鞋成本是对人们频繁地出入银行而消费掉的生产资源的一个隐喻，包括燃料花费、劳动产出损失以及资本限制等。在超级的通货膨胀背景下，皮鞋成本可能导致经济崩溃。

2. 菜单成本（menu cost）

也叫调整价格的成本，它指通货膨胀期间餐厅老板修订菜单的成本，包括决定新价格的成本、印刷新菜单的成本、把新菜单送到中间商和顾客手中的成本、为新价格做广告的成本，甚至包括处理顾客对价格变动的恼怒反应的成本。

3. 引起税收扭曲（tax distortion）

预期通货膨胀率的上升会引起名义利率的上升，上升的这部分名义利率（nominal interest rate）是对通货膨胀的补偿，实际利率（real interest rate）并没有改变，但由于税率不变，利息税把名义利率提高后的全部利息作为储蓄所增加的收入看待，政府对它按不变的税率征税，实际利率下降了，通货膨胀增加了利息收入的税收负担。在这种情况下，人们就会增加当前的消费，减少储蓄，从而使投资者无法得到足够的资金来源。类似的情况还存在于实行累进税的场合。在发生通货膨胀时，企业和个人将因为名义收入的上升而被迫承担较高的税率，这种税负的加重会影响生产的积极性。

4. 相对价格的扭曲使资源无法得到有效配置（ineffective allocation of resources）

在通货膨胀的环境下，价格水平频繁变动，引起企业间产品相对价格的变动。市场经济是依靠相对价格配置稀缺资源的，当通货膨胀扭曲了相对价格时，企业和消费者的投资决策和消费决策也被扭曲了，市场也就不能把资源配置到最好的用途，从而不可避免地带来效率损失。比较突出的表现是由于通货膨胀增大了未来的不确定性，企业为避免风险，往往从生产周期较长的产业转向生产周期较短的产业，经济中各种短期行为、投机行为盛行。这显然不利于经济的长期发展。

5. 混乱与不便（confusion and inconvenience）

货币作为计价单位，是人们用来表示和记录债务的工具。换句话说，货币是衡量经济交易的尺度。这种尺度的一致性使经济当事人能够容易地比较产品和服务的价格。当产品和服务的价格水平上升时，会计师也会错误地衡量企业的收入支出，因为通货膨胀使不同时期的货币有不同的真实价值。所以，存在通货膨胀的经济中，企业利润的计算更加复杂。因此，在某种程度上，通货膨胀使投资者无法区分成功与不成功的企业，这又抑制了金融市场把经济中的储蓄配置到不同类型投资中的作用。

实践专题之八 中国宏观经济的数据结构

一、我国的国内生产总值核算

我国国内生产总值基本上是按国际通行的核算原则，对各种类型的资料来源进行加工计算得出的。主要资料来源包括三部分：第一部分是统计资料，包括国家统计局系统的统计资料，如农业、工业、建筑业、批发零售贸易、餐饮业、固定资产投资、劳动报酬、价格、住户收支统计资料及国务院有关部门的统计资料，如交通运输、货物和服务进出口、国际收支统计资料；第二部分是行政管理资料，包括财政决算资料、工商管理资料等；第三部分是会计决算资料，包括银行、保险、航空运输、铁路运输、邮电通信系统的会计决算资料等。统计资料在越来越多的领域采用抽样调查方法和旨在避免中间层次干扰的超级汇总法。基本计算方法采用国际通用的现价和不变价计算方法。

人们会发现，不同时期发布的同一年的国内生产总值数据往往不一样，这是因为国内生产总值的数据核算有个不断向客观性、准确性调整的过程。首先是初步估计过程。某年的国内生产总值，先是在次年的年初，依据统计快报进行初步估计。统计快报比较及时，但范围不全，准确性不很强。初步估计数一般于次年2月28日发表在《中国统计公报》上。其次是在次年第二季度，利用统计年报数据对国内生产总值数据进行重新核实。年报比快报统计范围宽，准确度也更高，采用这类资料计算得到的国内生产总值数据是初步核实数，一般在第二年的《中国统计年鉴》上公布。至此，工作仍未结束，因为国内生产总值核算除了大量统计资料外，还要使用诸如财政决算资料、会计决算资料等大量其他资料，这些资料一般来得比较晚，大约在第二年10月才能得到，所以在第二年年底时，根据这些资料再做一次核实，叫最终核实。最终核实数在隔一年的《中国统计年鉴》上发布。三次数据发布后，如果发现新的更准确的资料来源，或者基本概念、计算方法发生了变化，为保持历史数据的准确性和可比性，还需要对历史数据进行调整。我国在1995年利用第一次第三产业普查资料对国内生产总值历史数据进行过一次重大调整。表8.6是我国近年来的国内生产总值数据。

表 8.6　2012—2021 年我国国内生产总值数据

单位：亿元人民币

指标	2021 年	2020 年	2019 年	2018 年	2017 年	2016 年	2015 年	2014 年	2013 年	2012 年
国内生产总值	1143669.7	1013567.0	986515.2	919281.1	832035.9	746395.1	688858.2	643563.1	592963.2	538580.0
第一产业增加值	83085.5	78030.9	70473.6	64745.2	62099.5	60139.2	57774.6	55626.3	53028.1	49084.6
第二产业增加值	450904.5	383562.4	380670.6	364835.2	331580.5	295427.8	281338.9	277282.8	261951.6	244639.1
第三产业增加值	609679.7	551973.7	535371.0	489700.8	438355.9	390828.1	349744.7	310654.0	277983.5	244856.2
人均国内生产总值 / 元	80976	71828	70078	65534	59592	53783	49922	46912	43497	39771

数据来源：国家统计局网站

二、我国的 CPI 计算

1. 统计范围

消费者物价指数（CPI）涵盖全国城乡居民生活消费的食品烟酒、衣着、居住、生活用品及服务、交通和通信、教育文化和娱乐、医疗保健、其他用品和服务等 8 大类、262 个基本分类的商品与服务的价格。

2. 调查方法

采用抽样调查方法，抽选确定调查网点，按照“定人、定点、定时”的原则，直接派人到调查网点采集原始价格。数据来源于全国各省（区、市）的上万家价格调查点，包括商场（店）、超市、农贸市场、服务网点和互联网电商等。

3. 计算公式

CPI =（一组固定商品按当期价格计算的价值 / 一组固定商品按基期价格计算的价值）× 100%

4. 统计方法

各省（区、市）调查总队要在当地抽选调查市县和价格调查点。具体包括如下步骤：

第一步，调查市县自主选定的价格调查点。

市县要确定价格调查的商店、农贸市场和服务网点（统计术语称之为调查点），调查点的确定方法如下：将所有调查点分别以零售额和经营规模为标志，从高到低排队；依据所需调查点数量进行等距抽样，并结合大小兼顾及分布合理的原则抽选。

第二步，价格采集。

各省（区、市）都有固定的价格调查人员和临时调查员，按统一规定进行价格收集工作。调查点确定以后，各市县价格调查人员就要按照规定时间对选定的商店、市场和服务网点的商品或服务价格，采用“三定”原则进行收集调查登记。“三定”原则即定点、定时、定人直接采价。定点，就是到已选定的调查点，即固定的调查商店和农贸市场，以保障价格资料来源的稳定性和可比性。定时，即在固定的日子和时间采价，以保证基期价格和报告期价格在时间上具有可比性，因为采集价格的时间不同，商品的价格就可能存在差异。这一点鲜活商品体现得最为明显，比如新鲜蔬菜，通常是上午刚上市时价格高一些，晚上收市时价格则低一些。因此，在进行价格调查时，不但每个月的调查次数和日期应保持一致，每次调查的时间也应相对固定。定人，就是在一定时期内由固定调查人员去调查，这是为了避免因调查人员的频繁变动而引起人为的价格调查误差，保持价格资料的稳定性、连续性和可比性。同时，各地也常常利用价格采集点的计算机管理系统作为辅助性调查工具。同一规格品的价格必须同质可比，即产品性质基本相同，可以进行比较；如果商品的挂牌价格与实际成交价格不一致，应调查采集实际成交价格；对于与居民生活密切相关、价格变动比较频繁的商品（如蔬菜、鲜果等鲜活食品），至少每 5 天调查一次价格；一般性商品每月调查采集 2 ~ 3 次价格。

第三步，数据上报。

市县每月将调查的价格资料通过网络上报给省（区、市）调查总队，经过审核后由调查总队在规定的时间内将数据上报到国家统计局。

三、我国的失业人口统计

1. 我国失业人口统计与国际规则的一致性

失业率是反映劳动力市场供需情况的指标。进入劳动力市场或者说在寻找工作的劳动力才形成劳动力市场供给，而未进入劳动力市场或者说虽有劳动能力、但未在寻找工作的人员形成不了劳动力市场供给，如一些有劳动能力的人员，出于各种考虑不想或不愿寻找工作，就未形成劳动力市场供给，仅仅是劳动力市场的潜在供给。由于经济规模以及劳动力供需结构的原因，不是所有的劳动力供给都能实现就业，最终劳动力供给就表现为失业和就业两种状态，也就是劳动力供给等于就业人数加上失业人数。失业率就是失业人数除以劳动力供给，以反映劳动力市场的供需情况，这一定义也是国际劳工组织（ILO）推荐的反映劳动力市场供需情况的国际通用指标。这一指标之所以被普遍接受为反映劳动力市场供需的指标，是因为当失业率高的时候，就意味着愿意寻找工作的人中找到工作的人在减少；低的时候，意味着寻找工作的人中找到工作的人在增加，能够反映出愿意寻找工作的人找到工作的情况，折射出劳动力市场的供需情况。

2. 我国失业人口统计的特殊性

我国调查失业率的概念和方法与国际标准是一致的，但也有我国自身的特点。

我国失业率调查基本上是按照国际劳工组织的推荐标准进行统计的。失业率是失业人数除以劳动力供给，其中劳动力供给等于失业人数加上就业人数。失业人数是当前没有工作，近3个月积极寻找工作，如果有合适工作能在2周内去工作的人；就业人数是为取得报酬工作1小时及以上的人，包括因休假、临时停工等未上班但继续领取工资的人。这与国际劳工组织的推荐标准是一致的。由于在短时间获取全部失业人数和就业人数存在困难，国际劳工组织推荐了抽样调查。我国目前失业率数据也是通过抽样调查获取的，也就是在全国范围内按随机原则抽取一定住宅，然后对住宅内所有16岁及以上的人口的就业状况进行调查，以获取就业人数和失业人数的数据。

国际劳工组织之所以提出的是推荐标准，就是考虑到各国的实际情况不同，各个国家按照推荐标准结合本国实际提出具体的做法，才是符合实际的。各国开展失业率调查时，在概念、方法等原则方面都是一致的，但在具体做法上又都存在着不同程度的差异。如对于因单位原因暂时离岗，但雇主给出明确返岗日期者，美国将其直接视为失业，而欧盟要求必须有寻找工作行为，才能视为失业。

我国在开展失业率调查时，始终坚守概念和方法等方面与国际标准一致，但也根据我国的情况，对一些具体问题做了一些符合实际的处理。主要表现在以下几个方面：一是体现出了外来人口，外来常住人口虽然户籍不在城镇，但也在城镇失业率调查的覆盖范围内；二是体现出了农业和非农业人口，对农业和非农业人口采用一致的就业失业标准，从事农业的人口农闲时间如果正在寻找工作但没有找到，也属于失业人口；三是体现出全年龄就业状况，考虑到农村的老年人仍会继续务农，城镇的许多人退休后也选择继续工作，因此就业和失业人口没有年龄上限。

3. 对我国失业率调查的说明

（1）是否包括农业户籍人口。我国失业率调查覆盖了城镇和乡村，调查对象包括城乡所有人口，无论是城镇户籍人口还是农业户籍人口都是失业率调查的对象。即使农业户籍人口现居城镇，如被抽中，就是失业率调查的对象。同样，城镇户籍人口现居农村，如被抽中，也是失业率调查的对象。

（2）是否包括农民工。我国失业率调查在全国城乡随机抽取住宅（包括农民工可能聚集的宿舍、简易房和工棚等），调查员将对住宅内的所有人进行调查，因此失业率调查当然包括农民工，只不过在城镇常住的农民工会被统计到城镇调查失业率中，在乡村常住的农民工会被统计到乡村调查失业率中。

（3）失业人口的界定。根据国际劳工组织的统一标准，失业人口要满足没工作、找工作和能工作三个条件。没工作的人并不一定属于失业，如不找工作的家庭妇女、退休老人和丧失劳动能力的人，就不是失业人口；疫情期间失去工作的人，多数暂时不找工作或不能去工作，也不是失业人口。

（4）劳动力供给的界定。劳动力供给是就业人数与失业人数之和，并非所有成年人天然就是劳动力，那些既不就业也不失业的人不属于劳动力供给。失去工作的人如果不找工作，就会退出劳动力供给；没有工作的人开始积极找工作，无论是否找到，都会视为劳动力供给。

（资料来源：新华网，统计局对我国失业统计的解读）

本章小结

1. 国内生产总值（GDP），是指一个国家或地区在一定时期（通常为一年）内运用生产要素所生产的最终产品和劳务的市场价值的总和。与国内生产总值相关的其他指标有国民生产总值、国内生产净值、国民收入等。

2. 国内生产总值（GDP）的计算一般采用支出法、收入法和部门法。常用的是支出法和收入法。支出法是按社会最终使用的产品来计算的国内生产总值，即将一年内所有社会成员为最终产品和劳务购买而支出的市场价格加总计算；收入法也称要素收入法或要素支付法，它是指从收入的角度出发，把一国一年内所有生产要素提供者的收入所得加总计算，从而得出该年的国内生产总值。最终产品市场价值除了生产要素收入构成的成本，还包括间接税、折旧、公司未分配利润等内容。

3. 国内生产净值（NDP）指一个国家在一定时期内生产的最终产品与劳务的净增加值，即国内生产总值中扣除了折旧以后的产值；国民收入（NI）指一个国家在一定时期生产中使用的各种生产要素所得到的全部收入，即工资、利息、租金与利润之和；人均国内生产总值是指用同一年的人口数量，除当年的国内生产总值的结果。

4. 失业是指一定年龄范围内（世界上多数国家为 16 ～ 65 岁），有劳动能力、愿意工作而没有工作，并且正在寻找工作的状态。衡量经济中失业状况的最基本指标是失业率。失业率是指失业人口占劳动力人口的比率。失业可以根据其产生的原因分为三种类型，即摩擦性失业、结构性失业和周期性失业。

5. 通货膨胀是指物价水平普遍而持续的上涨。它有以下两个方面的特征：首先是物价水平的普遍上涨；其次是物价水平的上涨必须持续一定时期。衡量通货膨胀的指标是物价指数，主要有消费者物价指数、零售物价指数、批发物价指数、国内生产总值折算指数等几种类型。

本章专业术语解释

1. **国内生产总值**（GDP）指一国或一地区在一定时期（通常为一年）内运用生产要素所生产的最终产品和劳务的市场价值的总和。

Gross domestic product (GDP) is the market value of all final goods and services produced (using factors of production) within a country or a region in a given period of time, usually a year.

Producto interno bruto (PIB) es el valor de mercado de todos los bienes y servicios finales producidos dentro de un país en un período de tiempo determinado.

Tổng sản phẩm nội địa (GDP) là tổng giá trị thị trường của tất cả hàng hóa và dịch vụ cuối cùng được sản xuất ra trong phạm vi một quốc gia hoặc một lãnh thổ với tất cả yếu tố sản xuất trong một khoảng thời gian nhất định (thường là một năm).

国内総生産（GDP）とは、一定期間内にある国や地域で生産要素を使って、生み出された最終的消費された物やサービスの市場価値の総和である。

2. **国民生产总值**（GNP ）指一国或一地区在一定时期（通常是一年）内本国国民所生产的最终产品和劳务的市场价值的总和。

Gross national product (GNP) is the market value of all final goods and services produced by a nation's permanent residents of a country or a region in a given period of time, irrespective of the location of production, usually a year.

Producto nacional bruto (PNB) es el valor de mercado de todos los bienes y servicios finales producidos por los residentes permanentes de una nación dentro de un país o región en un período de tiempo determinado.

Tổng sản lượng quốc gia (GNP) là tổng giá trị thị trường của các sản phẩm và dịch vụ cuối cùng mà công dân của một quốc gia hoặc một lãnh thổ làm ra trong một khoảng thời gian nhất định (thường là một năm).

国民総生産（GNP）とは、一定期間内にある国や地域の本国民が生み出された最終財やサービスの市場価値の総和である。

3. **国内生产净值**（NDP）指一个国家在一定时期生产的最终产品与劳务的净增加值，即国内生产总值中扣除了折旧以后的产值。

Net domestic product (NDP) is the net (added) value of final products and services produced within a country in a given period of time, that is, GDP minus losses from depreciation.

Producto interno neto (PIN) es el valor neto de los productos y servicios finales producidos dentro de un país en un período de tiempo determinado, es decir, el PIB menos las pérdidas por depreciación.

Sản phẩm quốc nội ròng (NDP) là tổng giá trị gia tăng ròng của các sản phẩm và dịch vụ cuối cùng của một quốc gia hoặc một lãnh thổ trong một khoảng thời gian nhất định (thường là một năm), được tính bằng cách trừ giá trị hao mòn từ tổng sản phẩm quốc nội (GDP).

国内純生産（NDP）とは、国内総生産から国の資本財の減価償却・固定資本消耗を差し引いたものである。

4. **国民收入**（NI）指一个国家在一定时期生产中使用各种生产要素所得到的全部收入，即工资、利息、租金与利润之和。

National income is the total income earned by a nation's residents with the production of goods and services using various factors of production in a given period of time, i.e. the sum of wages, interest, rent, and profits.

Ingreso nacional es el ingreso total obtenido por los residentes de una nación en la producción de bienes y servicios.

Thu nhập quốc dân (NI) là tổng thu nhập của một quốc gia trong một thời gian nhất định (thường là một năm) với tất cả yếu tố sản xuất，tức là tổng giá trị của lương bổng, lãi suất，tiền thuê và lợi nhuận.

国民所得（NI）とは、ある国の労働者と企業が生産活動に参加したことによってて受け取った所得を総額を示すものである。すなわち、賃金総額、利息、賃料、企業利益である。

5. **名义** GDP 指用当年价格计算的全部的最终产品和劳务的市场价值的总和。

Nominal GDP refers to the total market value of all final goods and services calculated at current prices.

El PIB nominal valora la producción de bienes y servicios a precios corrientes.

GDP danh nghĩa là là tổng giá trị thị trường của các sản phẩm và dịch vụ cuối cùng được tính theo giá thị trường hiện tại.

名目 GDP とは、比較したい都市の価格を基準に物価変動の調整ぜず国内総生産（GDP）を評価したものである。

6. **实际** GDP 指用某一年作为基期的价格计算出来的全部最终产品和劳务的市场价值总值。

Real GDP values the production of goods and services at constant prices.

El PIB real valora la producción de bienes y servicios a precios constantes.

GDP thực là tổng giá trị thị trường của các sản phẩm và dịch vụ cuối cùng được tính theo giá thị trường của một năm nhất định.

実質 GDP とは、物価変動による影響を取り除き、その年に生産された財やサービスの本当の価値を示した国内総生産（GDP）である。

7. **失业**是指凡在法定劳动年龄范围内的劳动者，愿意并有能力为获取报酬而工作但尚未找到工作的情况。

Unemployment refers to the situation where a person within the legal working age is willing and able to work for remuneration but has not found a job.

El desempleo se refiere a los casos en los que una persona dentro de la edad legal para trabajar está dispuesta y capaz de trabajar para obtener una remuneración，pero aún no ha encontrado un trabajo.

Thất nghiệp là tình huống mà một người trong độ tuổi lao động hợp pháp sẵn sàng và có khả năng làm việc để được trả lương nhưng chưa tìm được việc làm.

失業とは、法定労働年齢の範囲内で一人が希望し、報酬を得るために働く能力があるが、まだ仕事が見つからない場合。

8. **失业率**是指失业人数对劳动力人数的百分比。

Unemployment rate refers to the percentage of unemployed people to the number of labor force.

La tasa de desempleo se refiere al porcentaje del número de desempleados frente a la fuerza de trabajo.

Tỷ lệ thất nghiệp là tỷ lệ phần trăm số người thất nghiệp so với số người lao động.

失業率とは、労働者数に対する失業者数の割合を意味する。

9. **自然失业**指由于经济中某些难以避免的原因而引起的失业。

Natural unemployment refers to unemployment caused by inevitable factors in the economy.

Desempleo natural se refiere al desempleo causado por la razón inevitable en la economía.

Thất nghiệp tự nhiên là những trường hợp thất nghiệp do những nguyên nhân không thể tránh được trong quá trình phát triển kinh tế.

自然失業率とは、経済において労働市場の需給が調整された長期的避けられない均衡状態における失業率である。

10. **周期性失业**指由于社会总需求不足而引起的失业。

Cyclical unemployment refers to unemployment due to the aggregate demand deficiency.

Desempleo cíclico se refiere al desempleo debido a la deficiencia de la demanda agregada.

Thất nghiệp chu kỳ là thất nghiệp xảy ra khi tổng nhu cầu xã hội giảm sút.

循環的失業とは、すべて経済サイクル内で起こる成長と生産にみられる定期的増減に関連して、社会的総需要不足による失業である。

11. **通货膨胀**指物价水平普遍而持续的上涨。

Inflation refers to a general and sustained rise in the price level.

Inflación se refiere a un aumento general y sostenido en el nivel de precios.

Lạm phát là hiện tượng vật giá phổ biến tăng nhanh và liên tục.

インフレとは、一般的に物価が継続的に上昇する状態である。

12. **通货膨胀率**：与上一个时期相比，物价指数变动的百分比

inflation rate: the percentage of change in the price index from the preceding period

tasa de inflación: el cambio porcentual en el índice de precios desde el período anterior

tỷ lệ lạm phát: phần trăm thay đổi trong chỉ số giá so với giai đoạn trước

インフレ率：一定期間にわたって経済の価格水準が全般的に上昇する比率である

综合练习

一、单项选择题

1. GDP 与 GNP 的区别在于（　　）。

A. 是否包括中间产品　　B. 是否用现值计算

C. 是否包括劳务　　D. 是否为国土原则

2. 下面哪项不用于 GDP 的支出计算法？（　　）。

A. 总消费　　B. 政府购买

C. 固定资产形成　　D. 固定资产折旧

3. 国内生产总值与国内生产净值的差额出自（　　）。

A. 间接税　　B. 直接税　　C. 折旧　　D. 工资

4. 国民收入核算中最基本的总量是（　　）。

A. 国内生产净值　　B. 国民生产总值

C. 个人收入　　D. 个人可支配收入

5. 经济中的非正常失业被称为（　　）。

A. 效率工资失业　　B. 摩擦性失业

C. 周期性失业　　D. 自然失业率

6. 假设一国劳动力人口为 2000 万，就业人数为 900 万，失业人数为 100 万。该国经济中的失业率为（　　）。

A. 11%　　B. 10%　　C. 8%　　D. 5%

7. 如果 1987 年底的物价指数是 128，1988 年底的物价指数是 136，那么，1988 年的通货膨胀率是（　　）。

A. 4.2%　　B. 5.9%　　C. 6.25%　　D. 8%

8. 根据自然失业的假定，当实际通货膨胀率比预期的低时，（　　）。

A. 失业率会暂时上升

B. 企业会增加产出以补偿其下降的利润

C. 失业率会暂时下降

D. 企业利润会上升，从而增加劳动力的雇佣数量

9. 成本推进的通货膨胀的原因是（　　）。

A. 工会和企业家把工资和产品价格定在超出它们应有的价值水平上

B. 由于过多的政府支出所引起的价格上涨

C. 由于超额的总需求引起的价格上涨

D. 由于商品价格上涨而不是实际交易量的增加而引起的销售额的增加

10. 通货膨胀率可以用（　　）衡量。

A. 消费者价格指数　　B. 消费者价格指数的变化

C. 特定商品价格的百分比变化　D. 特定商品价格的变化

二、判断题

1. 无论房东把房子租给别人住还是自己住，他所得到的或他本该得到的租金总额都包括在 GNP 中。（　　）

2. 如果一国的国民生产总值等于消费支出加总投资和政府购买，那么，该国的出口一定等于进口。（　　）

3. 折旧费用是国民生产总值的一部分。（　　）

4. 转移支付增加了，GNP 也会增加。（　　）

5. 政府购买增加了，储蓄也会相应增加。（　　）

6. 通货膨胀是指日常用品的价格水平的持续上涨。（　　）

7. 当经济发生通货膨胀时，所有人均受其害。（　　）

8. GDP 是最受关注的经济统计数据，因为它被认为是衡量一个社会经济福祉的最佳单一指标。（　　）

9. 皮鞋成本、菜单成本和税收扭曲都是通货膨胀的成本。（　　）

10. 充分就业是指有劳动能力的人都有工作。（　　）

三、问答题

1. 怎样理解国内生产总值？

2. 总收入与总支出的相互关系如何？

3. 什么是失业？失业有哪些类型？

4. 通货膨胀的成本有哪些？

第九章

总需求—总供给模型及其应用

宏观经济学讨论的核心内容是国民收入的决定及其波动，全社会的总供求决定了整个社会的价格和产量，也就是国民收入由全社会的总供求决定。总需求—总供给模型是理解国民经济运行的基础模型，也是分析政策作用机制和效果的重要工具，是整个宏观经济学的关键内容之一。本章将分析价格水平与社会总供给（AS）、总需求（AD）的关系，即推导出总需求、总供给曲线，然后构建AD-AS 模型。在此基础上，运用该模型去考查各种外生冲击对宏观经济波动的影响机制。

第一节 总需求 AD

一、总需求的构成

总需求（aggregate demand, AD）[1] 是一个经济社会在一定时期内所有成员对最终商品和服务的有效需求的总和。有效需求指既有购买愿望又有货币支付能力的需求，这一需求通常以产出水平来表示。

度量总需求的指标称为总支出。总支出（aggregate expenditures, AE）是用支出法计算的 GDP，包括家庭消费 C 、企业投资 I、政府购买 G 和净出口 NX。家庭和政府需要购买商品与服务，企业需要进行投资，这些均构成经济内部的需求，再加上来自国外的需求，就构成经济中的总需求。总需求可以用总支出这个统计指标来度量，因此可以得到以下等式：

$$AD = AE = C + I + G + (X - M) \tag{9.1}$$

在总支出的四个组成部分中，消费占的比例最大，在发达国家占总支出的三分之二左右；最小的部分是净出口；投资的比例在不同的国家有所不同，通常发展中国家投资的比例大一些；政府购买则取决于政府规模的大小和对经济的干预程度。一般来说，各国的政府购买大于投资，并且有上升趋势。

1 aggregate demand (AD): the sum of effective demand for the final goods and services by an economic society in a certain period

二、总需求曲线的图形刻画

1. 总需求曲线的图形

总需求曲线（aggregate demand curve）表示在其他条件不变时，每一种物价水平与家庭、企业、政府和国外客户愿意并且能够购买的商品和服务的数量之间关系的图形[42]。

我们首先列出总需求表。总需求表反映了当其他影响购买支出的因素不变时，在每一价格水平上，由实际国内生产总值决定的需求量。依据总需求表可以绘制出总需求曲线，就是各种价格水平和与其分别对应的实际国内生产总值的需求量的图形表示。因此，总需求是指实际国内生产总值需求量与物价水平之间的整体关系。可以用表 9.1 反映这种关系。

表 9.1　总需求表

	物价水平（GDP 折算数）	实际国内生产总值 / 万亿元
a	140	3.5
b	120	4.5
c	100	5.5

根据表 9.1 可以作出总需求曲线，如图 9.1 所示。

在图 9.1（a）中，横轴 Y 代表实际国内生产总值，纵轴 P 代表物价水平，连接各点的 AD 曲线为总需求曲线。总需求曲线表示了在其他影响因素不变的情况下，物价水平与实际国内生产总值之间的关系。从图 9.1（a）中可以看出，这两者间是反向变动关系，即总需求曲线向右下方倾斜，这就是说：当物价水平高时，实际国内生产总值的需求量低；当物价水平低时，实际国内生产总值的需求量高。

现代经济学家通过物价变动对总支出和总需求的影响，来说明总支出曲线与总需求曲线的相互关系。如图 9.1（b）所示，横轴 Y 代表实际国内生产总值，纵轴 AE 代表总支出。当图 9.1（a）中的物价水平较低时，图 9.1（b）中的实际总支出较大，反之，则实际总支出较小。例如：当物价水平为 100 时，总支出曲线 AE_1 与 45 线相交于 c，均衡的支出为 5.5 万亿元；当物价水平为 120 时，总支出曲线 AE_2 与 45 线相交于 b，均衡的支出为 4.5 万亿元；当物价水平为 140 时，总支出曲线 AE_3 与 45 线相交于 c，均衡的支出为 3.5 万亿元。我们也可以这样理解，物价水平与实际总支出反向变动，由此引申出了总需求曲线。

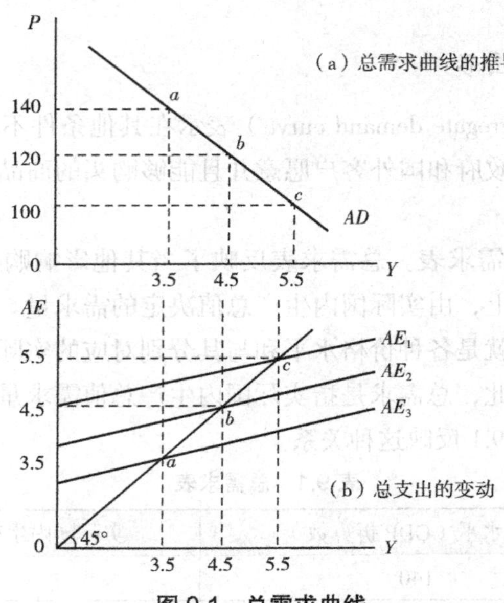

图 9.1　总需求曲线

2. 总需求曲线向右下方倾斜的原因

可以通过如下三个效应来直观解读总需求曲线向右下方倾斜的原因。

（1）财富效应（wealth effect）[1]。人们的消费需求取决于收入和财产的多少。收入和财产增加，必然引起消费增加。财产取决于物价水平的高低，这是因为财产可以分为实际财产与名义财产。在名义财产不变时，实际财产取决于物价水平。如果物价水平下降，实际财产就会增加；相反，实际财产就会减少。因此，财富效应就是指物价水平的变动通过对实际财产的影响而作用于实际消费。

当物价水平上升时，实际财产就会减少，消费也会随之减少；相反，当物价水平下降时，实际财产就会增加，消费也会随之增加。由于消费是总需求的一个组成部分，因此，物价水平与总需求呈反方向变动关系。可以用下列关系式表示：物价水平↑（表示增加）→实际财产↓（表示减少）→消费↓→总需求↓，或者物价水平↓→实际财产↑→消费↑→总需求↑。

（2）利率效应（interest effect）[2]。影响投资需求的因素很多，其中一个重要

1　wealth effect: the influence of the price level on the actual consumption through affecting the actual property

2　interest effect: the influence of the price level on the investment through affecting the interest rate

因素就是利率。因为利率决定了投资的成本，所以投资函数通常是指利率对投资的影响。当人们为追求利润最大化进行投资时，如果利率上升，则会导致投资成本增加，扣除成本后的净利润率就会下降，投资必然减少；相反，如果利率下降，则会导致投资成本减少，净利润率上升，投资必然增加。所以，投资与利率呈反方向变动。利率效应就是物价水平通过影响货币供需，进而对利率产生影响而作用于投资。

因此，从投资的角度看，总需求与物价水平呈反方向变动关系。可以用下列关系式表示：物价水平↑→实际货币需求量↓→利率↑→投资↓→总需求↓，或者物价水平↓→实际货币需求量↑→利率↓→投资↑→总需求↑。

（3）汇率效应（exchange effect）[1]。净出口尽管会受多种因素影响，但其中最重要的影响因素还是汇率。一国汇率上升，即相对于外国货币本国货币更值钱，这时如果外国产品价格不变，用本国货币表示的外国产品的价格下降，从而进口增加；用外国货币表示的本国产品的价格上升，从而出口减少。汇率上升引起一国进口增加，出口减少，净出口减少；汇率下降引起一国出口增加，进口减少，净出口增加。汇率效应就是物价水平通过对汇率的影响进而影响净出口。

可以用下列关系式表示：物价水平↑→利率↑→汇率↑→净出口↓→总需求↓，或者物价水平↓→利率↓→汇率↓→净出口↑→总需求↑。

财富效应、利率效应和汇率效应分别说明了价格水平对消费、投资和净出口的影响。当物价上升时，财富效应使实际财产减少，消费减少；利率效应使投资减少；汇率效应使一国汇率上升，净出口减少。这样，物价上升就引起总需求减少，这正是总需求曲线所表明的关系。

三、总需求曲线的移动

总需求曲线表明了价格水平与全社会需求总量呈反向关系，这是在假定其他因素不变的前提下。但是其他因素中的一种或几种变动时，也会引起既定价格水平下商品与服务需求量的变动，从而引起总需求曲线的移动。要理解总需求曲线的移动，首先要分清楚是沿着总需求曲线移动，还是总需求曲线本身在移动。

在物价水平不变的条件下，任何改变消费、投资、政府购买或净出口的事件都会移动总需求曲线[43]。

---

1 exchange effect: the influence of the price level on net export through affecting the exchange rate

（1）消费变动引起的移动。在价格水平既定时，任何使消费支出增加的事件（如减税、转移支付增加、股市繁荣等）都会使总需求曲线向右移动，如图 9.2 所示；相反，则使总需求曲线向左移动，如税收增加、股市低迷等。

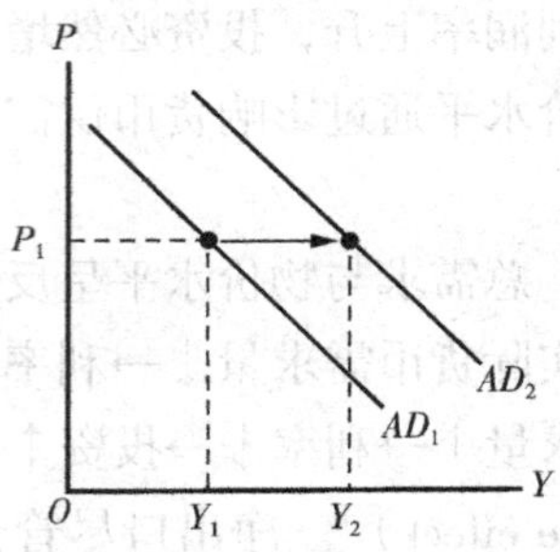

图 9.2　总需求曲线移动

（2）投资变动引起的移动。在价格水平既定时，任何使投资支出增加的事件（如税收减免、企业补贴增加、利率的下降等）都会使得总需求曲线向右移动；相反，如税收增加、利率上升、疫情等，都会导致投资减少，从而使需求曲线向左移动。

（3）政府购买变动引起的移动。在价格水平既定时，任何使政府购买支出增加的事件（如提高公务员工资、修高铁或者高速公路等）都会使总需求曲线向右移动；相反，如减少国防支出、减少修建中小学校舍等则会导致政府购买减少，从而使总需求曲线向左移动。

（4）净出口变动引起的移动。在价格水平既定时，任何使出口增加（如本币贬值、国外经济繁荣等）和进口减少（如征收进口关税等）的事件都会使得总需求曲线向右移动；相反，任何使出口减少（如本币升值、国外经济萧条等）和进口增加（如免征进口关税等）的事件都会使得总需求曲线向左移动。

第二节　总供给 AS

总供给（aggregate supply, AS）[1] 是指一个经济社会在一定时期内所生产出来

1　aggregate supply (AS): the sum of all goods and services produced by an economic society in a certain period

的所有商品和服务的数量总和。总供给曲线表示在其他条件不变时，物价水平与社会生产活动实际可以提供给市场的最终使用的商品和服务总量之间的关系。总供给（AS）也就是一个经济的总产出，其市场价值总和构成该社会这一时期的GDP总量。通常当我们度量总供给水平时，习惯使用总产出的概念。总供给的度量也可使用总收入的指标，把所有生产要素的收入加总起来就是经济中的总收入。

总供给曲线AS比AD曲线复杂一些，一定要区分短期总供给曲线（short-run AS curve）与长期总供给曲线（long-run AS curve）。

一、长期总供给曲线

1. 长期总供给曲线的图形刻画

所谓的长期，就是指价格和货币工资具有完全伸缩性。在长期内，一个经济的商品和服务的实际总产量取决于其劳动、资本、自然资源以及可以用于把这些生产要素变为商品和服务的技术[44]。根据货币中性理论，货币量并不影响劳动、资本、自然资源以及技术的供给，即物价水平并不影响实际GDP的长期决定因素。因此，长期总供给曲线（LAS）是一条表示总供给与物价水平之间不存在任何关系的竖线，如图9.3所示。

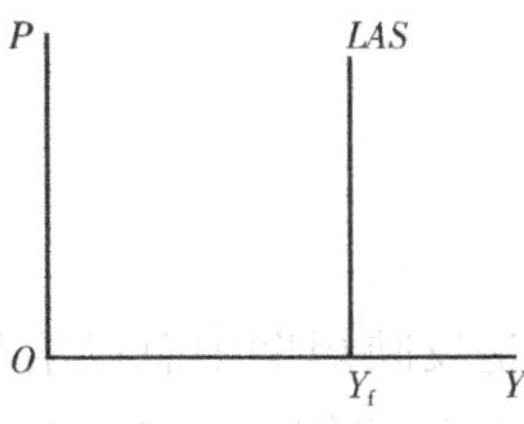

图9.3 长期总供给曲线

2. 长期总供给曲线的移动

长期总供给，也就是充分就业的总供给，即充分就业GDP或潜在国民收入。潜在国民收入（potential national income）[1]是指经济中既定资源充分利用时所能达到的国民收入水平，它取决于制度、资源与技术进步。因此，我们可以根据这

---

1 potential national income: the level of national income which can be achieved by making full use of the resources in an economic society

些因素确定长期总供给曲线的位置。随着潜在国民收入的变动，长期总供给曲线也会移动。正常情况下，长期总供给曲线随经济增长而向右方平行移动；如果发生自然灾害或战争，一个经济的生产能力被破坏，长期总供给曲线也会向左移动。在图 9.4 中，由于制度、资源与技术进步（technical progress）决定的潜在国民收入 GDP 为 Y_0，长期总供给曲线为 LAS_0。随着经济的增长，长期总供给曲线向右移动到 LAS_1，潜在 GDP 增加为 Y_1。如果发生了不利于经济生产能力的冲击，则长期总供给曲线向左移动到 LAS_2，潜在 GDP 减少为 Y_2。凡是影响劳动、资本、自然资源和技术进步的因素，都会最终引起总供给曲线的移动。

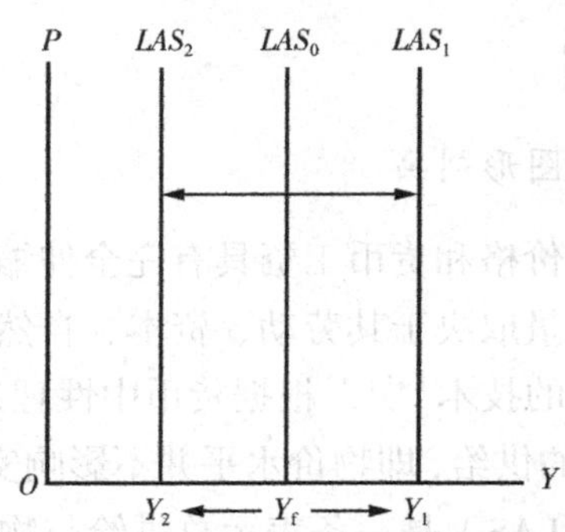

图 9.4 长期总供给曲线的移动

二、短期总供给曲线

1. 短期总供给曲线

短期总供给曲线（SAS）是反映短期中总供给与物价水平之间关系的一条曲线。换言之，短期总供给曲线告诉我们，短期内每一种物价水平所对应的经济中的总供给量。

一般来说，宏观经济学关于长期总供给曲线的争议不大，但关于短期总供给曲线却有较多的争议。基于不同的假设，有三种短期总供给曲线，即古典总供给曲线、凯恩斯总供给曲线和常规总供给曲线[43]，本书仅探讨介绍常规总供给曲线，如图 9.5 所示。*SAS* 代表常规的短期总供给曲线，向右上方倾斜，表示总供给随物价水平的上升而上升。

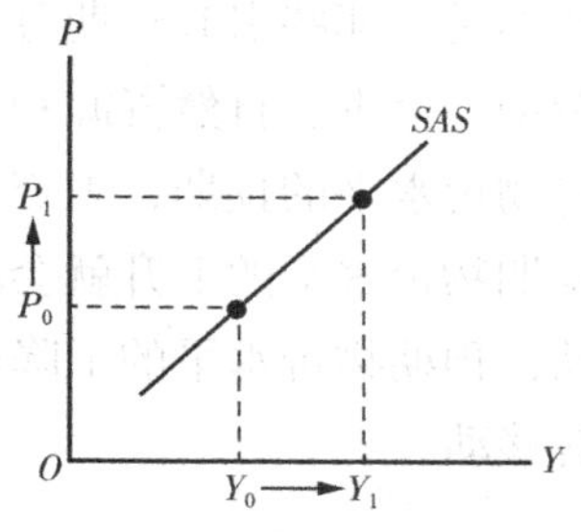

图 9.5　短期总供给曲线

2. 短期总供给曲线向右上方倾斜的原因

在图 9.5 中，当物价水平从 P_0 上涨到 P_1 时，供给量从 Y_0 增加到 Y_1。物价水平与短期供给量之间的这种正相关关系使得短期总供给曲线向右上方倾斜，这可以用三个方面的理论加以解释。这三个理论虽然在细节上有所差异，但它们都是基于人们对物价水平的预期来讨论的。

（1）黏性工资（sticky wages）理论。由于劳动合同和社会规范等原因，名义工资在短期内是黏性的，它们调整缓慢。企业和工人在已知实际物价水平之前就根据他们预期的物价水平签订了合同，设定了名义工资。如果物价上涨但劳动成本不变，生产有利可图，企业就会提高产量和增加雇佣工人，更高的物价水平就引起更高的产量，因此短期总供给曲线向右上方倾斜。

（2）黏性价格（sticky prices）理论。由于存在菜单成本，调整价格是有成本的，因此许多价格在短期内是黏性的。假设中央银行出人意料地增加货币供给，在长期中，物价水平上升；在短期内，没有菜单成本的企业会立即提高价格，有菜单成本的企业则需要时间来提高价格。同时，有菜单成本的企业价格相对较低，这会增加他们对产品的需求，所以他们会提高产量和增加雇用工人。因此，高物价水平与高产出联系在一起，短期总供给曲线向右上方倾斜。

（3）错觉理论（misconception theory）。企业可能会混淆物价水平的变动与它们所出售商品相对价格的变动。例如，当实际物价高于预期物价时，企业会在注意到所有产品价格上升之前看到它自己出售产品价格的上升，并据此认为它自己出售产品的相对价格上升，进而提高产量和增加雇用工人。因此，物价水平的上升会引起产出的增加，从而使短期总供给曲线向右上方倾斜。

3. 短期总供给曲线的移动

无论是长期总供给曲线还是短期总供给曲线，都是要探讨任一物价水平下商品与服务的供给量。值得注意的是，那些引起长期总供给曲线移动的因素也会使短期总供给曲线移动，比如劳动、资本、自然资源和技术。只影响短期总供给曲线位置移动的新变量是人们对物价水平的预期，工资、价格和错觉都是根据预期的物价水平确定的。因此，预期物价水平的上升就会减少商品与服务的供给量，并使短期总供给曲线向左移动；预期物价水平的下降就会增加商品与服务的供应量，并使短期总供给曲线向右移动。

第三节 AD-AS 模型对经济波动的解释

一、AD-AS 模型的结构

我们在了解总需求曲线与总供给曲线的基础上，就可以建立总需求—总供给模型。把总需求曲线与总供给曲线放在一张图上，就可以得出总需求—总供给模型，如图 9.6 所示。

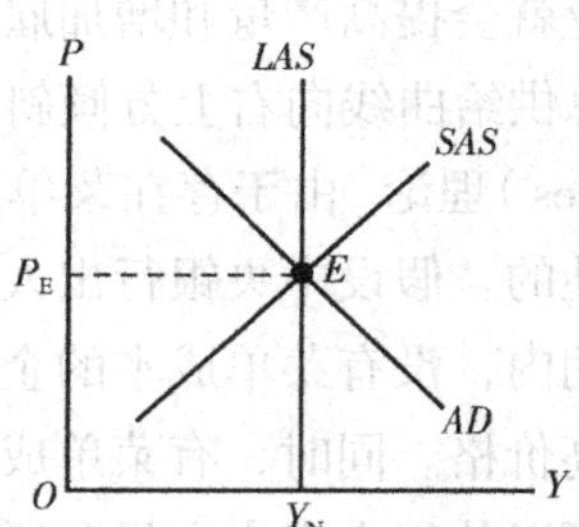

图 9.6　总需求—总供给模型

在图 9.6 中，总需求曲线 *AD* 与短期总供给曲线 *SAS*、长期总供给曲线 *LAS* 相交的 *E* 点就决定了均衡的国内生产总值为 Y_N，均衡的物价水平为 P_E。这时总需求与总供给相等，实现了宏观经济的均衡。

总需求—总供给模型决定的是均衡的国内生产总值，但要注意的是，均衡的国内生产总值并不一定等于充分就业的国内生产总值。总需求与短期总供给决定的均衡的国内生产总值可能大于、小于或等于充分就业时的国内生产总值。到底会出现哪一种情况，要以不受物价水平影响的潜在总供给为参照，如图 9.7 所示。

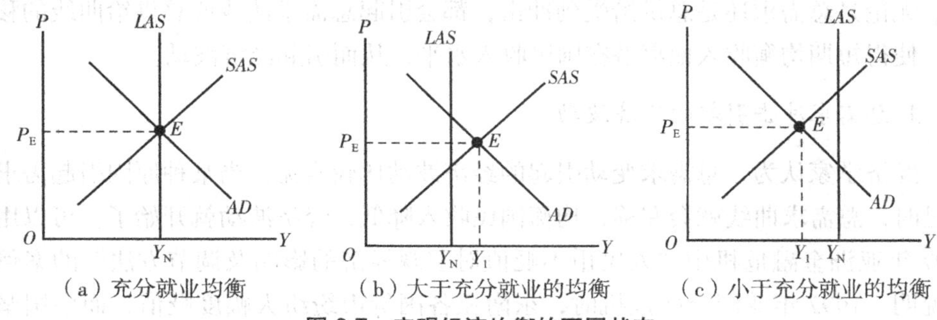

图 9.7　宏观经济均衡的不同状态

在图 9.7（a）中，总需求曲线与短期总供给曲线以及长期总供给曲线正好相交于同一点。这时均衡的国内生产总值正好等于充分就业的国内生产总值 Y_N，经济中实现了充分就业均衡。这是最理想的宏观经济状况。在图 9.7（b）中，总需求曲线与短期总供给曲线相交时，长期总供给曲线在交点的左边。这时均衡的国内生产总值为 Y_1，大于充分就业的国内生产总值 Y_N。这种均衡称为大于充分就业的均衡。这时，资源被过度利用，资源短缺使资源价格上升，最终会引起物价上升，因此，会导致经济过热，存在通货膨胀的压力。在图 9.7（c）中，总需求曲线与短期总供给曲线相交时，长期总供给曲线在交点的右边。这时均衡的国内生产总值为 Y_1，小于充分就业的国内生产总值 Y_N。这种均衡称为小于充分就业的均衡。这时，资源没有得到充分利用，经济中存在失业。

在上述三种均衡中，只有图 9.7（a）表示的充分就业均衡是理想的，其他两种均衡的结果无论是通货膨胀还是失业都不理想。宏观经济学正是要从总需求和总供给的角度说明经济波动的原因。

二、对经济波动的解释

在宏观经济学中，总供给与总需求是用来阐明均衡国民收入决定、通货膨胀和失业等问题的最重要的宏观经济变量。当经济社会中的总供给等于总需求时，就实现了宏观经济均衡，这时的国民收入既不增加也不减少，处于不再变动的状态，称为均衡的国民收入。既然国民收入水平是由总供给和总需求共同决定的，那么，均衡国民收入决定的基本条件就是：长短期总供给等于总需求。也就是说，当一国一定时期内对商品和服务需求的总和与同一时期的总产出相等时，国民收入处于均衡状态。但是当实际国内生产总值偏离均衡时，就会导致通货膨胀与失业。无论是总需求还是总供给受到冲击，都会引起总需求曲线或总供给曲线的移动，使得短期均衡收入偏离潜在国民收入水平，从而引起经济波动。

1. 总需求冲击引起的经济波动

经济学家认为，总需求变动引起的经济波动比较常见。当某种原因引起需求不足时，总需求曲线就会左移，均衡国民收入降低，经济波动就开始了。可以用1997年亚洲金融危机中“人民币不贬值对宏观经济的影响及调节方法”的案例来说明。1997年亚洲金融危机时，东南亚各国货币纷纷大幅度贬值，而中国坚持人民币不贬值的承诺。当其他国家货币贬值（汇率下降）而一国不贬值时，就意味着该国货币相对于其他国家货币升值了（汇率上升）。由于中国和东南亚许多国家有类似的出口产品结构与出口对象，人民币相对升值，使国内价格未变的商品在国际市场上价格上升，这样中国的出口就会减少。出口是总需求的一部分，出口减少引起总需求的减少。这对宏观经济状况的影响可以用总需求 — 总供给模型来分析，如图9.8所示。

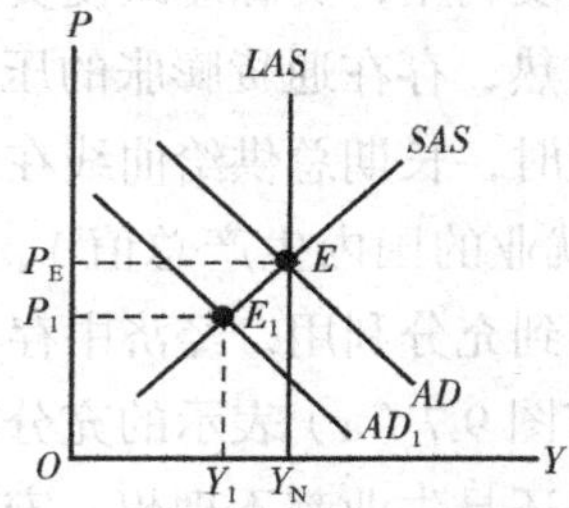

图 9.8　人民币不贬值与总需求减少

在图9.8中，中国原来的经济处于充分就业均衡状态，从图上看就是短期总供给曲线 *SAS*、总需求曲线 *AD* 与长期总供给曲线 *LAS* 相交于 *E*。这时均衡的国内生产总值为 Y_N，也是充分就业的国内生产总值，物价水平为 P_E。人民币不贬值使得出口减少，总需求减少，总需求曲线由 *AD* 向左移动至 AD_1。这时，总需求曲线 AD_1 与原来的短期总供给曲线 *SAS* 相交于 E_1，决定了均衡的国内生产总值为 Y_1，Y_1 小于充分就业的国内生产总值 Y_N，物价水平为 P_1，低于充分就业均衡时的物价水平 P_E。

2. 总供给冲击引起的经济波动

总供给冲击（supply shock）是引起经济波动的另一个重要原因，总供给冲击对经济波动的影响可以用20世纪三次石油危机的案例加以说明。

石油危机（oil crisis）是指世界经济或各国经济受到石油价格变化的影响而产生的经济危机。1960 年 9 月石油输出国组织（OPEC）成立，主要成员包括伊朗、伊拉克、科威特、沙特阿拉伯和南美洲的委内瑞拉等国，而石油输出国组织也成为世界上控制石油价格的关键组织。迄今公认的三次石油危机分别发生在 1973 年、1978 年和 1990 年。

第一次危机（1973 年）：1973 年 10 月，第四次中东战争爆发。为打击以色列及其支持者，石油输出国组织的阿拉伯成员国于 12 月宣布收回石油标价权，并将其原油价格从每桶 3.011 美元提高到 10.651 美元，使油价猛然上涨了两倍多，从而触发了第二次世界大战之后最严重的全球经济危机。持续三年的石油危机对发达国家的经济造成了严重的冲击，美国的工业生产下降了 14%，日本的工业生产下降了 20% 以上，所有工业化国家的经济增长都明显放慢。

第二次危机（1978 年）：1978 年底，世界第二大石油出口国伊朗的政局发生剧烈变化，伊朗亲美的温和派国王巴列维下台，引发第二次石油危机。此时又爆发了两伊战争，全球石油产量受到影响，从每天 580 万桶骤降到 100 万桶以下。随着产量的剧减，油价在 1979 年开始暴涨，从每桶 13 美元猛增至 1980 年的 34 美元。这种状态持续了半年多，此次危机成为 20 世纪 70 年代末西方经济全面衰退的一个主要原因。

第三次危机（1990 年）：1990 年 8 月初，伊拉克攻占科威特以后，伊拉克遭受国际经济制裁，使得伊拉克的原油供应中断，国际油价因而急升至 42 美元的高点。美国、英国经济加速陷入衰退，全球 GDP 增长率在 1991 年跌破 2%。

如图 9.9 所示，石油是工业生产重要的投入要素，其价格上涨会引起供给的减少，从而引起经济波动。

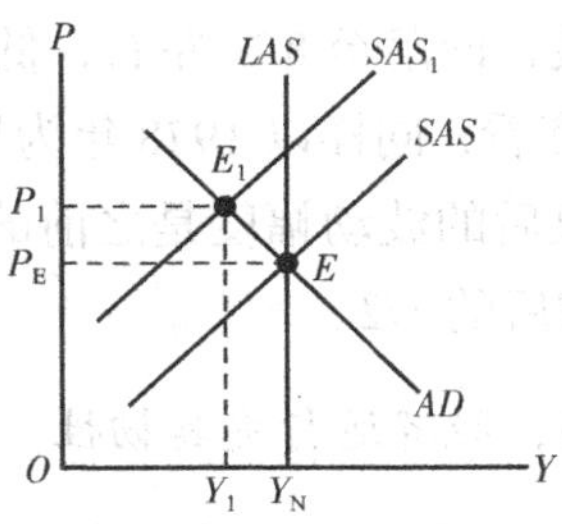

图 9.9　石油危机与经济波动

当油价上涨时，工业生产成本大幅上升，*SAS* 曲线向左移动（假设 *LAS* 不变），短期均衡点由 E 移动到 E_1，P 上升、Y 下降，失业率上升。从 E 移动到 E_1 的过程中，物价上涨、增长停止，简称滞胀（stagflation）[1]。

总结总需求与总供给变动对宏观经济的影响，可以归纳出：总需求增加，均衡的国内生产总值增加，物价水平上升；总需求减少，均衡的国内生产总值减少，物价水平下降。总供给减少，均衡的国内生产总值减少，物价水平上升；总供给增加，均衡的国内生产总值增加，物价水平下降。

实践专题之九 中国经济波动的特征及原因

一、中国经济波动的特征

总结改革开放以来的经验，中国的经济波动具有如下特征。

1. GDP 增长冲高回落，波动幅度持续收窄

在综合考查经济波动前，先对中国 GDP 增长率作一个全面的描述性统计特征分析，总结归纳 1978 年启动改革开放、1992 年提出社会主义市场经济、2007 年爆发次贷危机等几个重要时间节点前后阶段经济增长的表现特征。结果发现，随着时间的推移，2008 年以来 GDP 增长冲高回落，波动幅度持续收窄。具体而言，一是从 GDP 增长率的平均位势看，以 1978 年为界，前低后高的趋势较为明显，改革开放后要平均高出之前 3 个百分点。2008 年以前，中国 GDP 增长率的均值持续攀升，其中在 1993—2007 年，均值更是超过 10%。2008 年国际金融危机之后，GDP 增长率逐渐开始放缓，回落至 8% 左右，低于改革开放后的均值水平。二是从 GDP 增长率的波动幅度看，同样以 1978 年为界，不论是标准差还是极差，波动幅度持续收窄。改革开放后的波动幅度是之前的 1/4，2008 年国际金融危机之后的波动幅度又是改革开放后的 1/2。

2. 经济波动的稳定性提高，经济运行更具韧性

1978 年以来，周期波动幅度变小，持续性变长，协同性变强，多数年份的波动成分为正（在改革开放前的 26 个年度中，有多达 14 个年度的产出波动成分

1　stagflation: a period of falling output and rising prices

为负）。即使是周期波动特征最为明显的投资变量，稳定性也有明显改善。目前，中国经济运行仍处于第 4 轮周期当中，产出、消费和投资三大指标的波动成分均处在由正转负的过程中。尽管目前已步入经济周期的"下半场"，但距最终形成周期的谷位还需要一段时间。

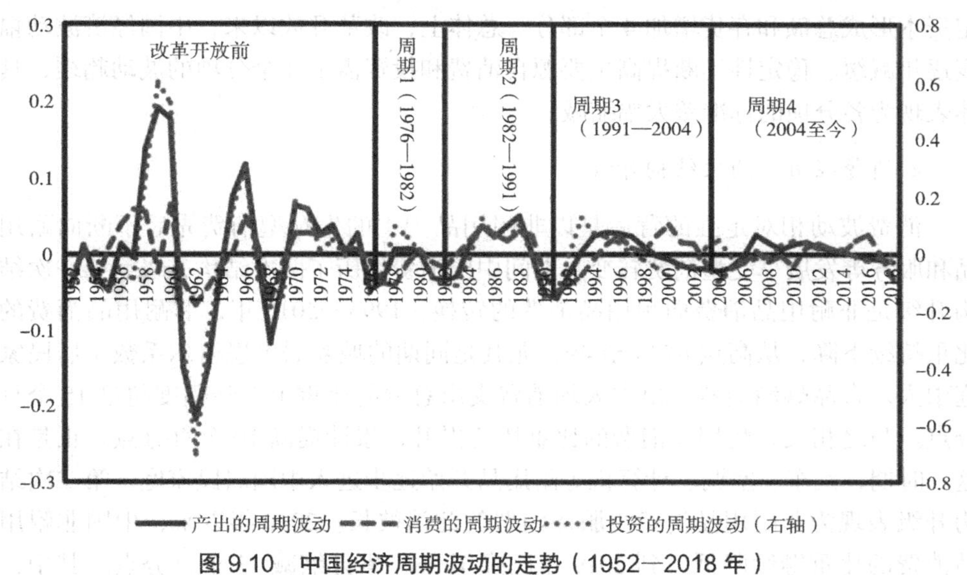

图 9.10　中国经济周期波动的走势（1952—2018 年）

3. 中国与全球经济波动的协同性增强

一是波动性特征。尽管中国 GDP 增长率的均值远高于全球水平，但整体的变异系数则低于全球水平，这表明改革开放以来中国 GDP 持续增长，且未出现时正时负的现象。随着时间的推移，中国与全球 GDP 增长率均呈前高后低的走势。与之相反，两者的变异系数在前期一同走低，但后期走势出现了分化，即中国的变异系数继续走低、全球的变异系数则快速增大至前期 2 倍以上的水平。

二是动态协同性特征。经济周期性协同性通常采用 Cerqueira 和 Martins 的同步化指数（以下简称为"CM 同步化指数"）来衡量。从动态协同性指标看，中国与全球以及美国的 CM 同步化指数具有明显的阶段性特征。以 2000 年为界，CM 同步化指数从一致性较弱转向基本同步。1978 年改革开放以来，中国逐步融入全球市场，经济波动表现出一定的协同性，但一致性水平仍然较低，尤其是在 20 世纪 80 年代末至 90 年代中前期，CM 同步化指数持续为负。进入 21 世纪，以中国加入 WTO 为标志，除 2008 年国际金融危机前后年度之外，CM 同步化指数始终维持在 0 ~ 1 的正值区间，显示出中国与全球经济波动基本实现同步。

二、可能的解释

1. 总需求项下的各分项波动趋缓

按支出法中的消费和投资需求将中国 GDP 分解为居民消费、政府消费、固定资本形成总额和存货增加 4 个部分。总体上，改革开放以来，中国经济波动幅度逐年减缓、稳定性不断提高主要源自消费和投资需求 4 个分项的波动趋缓，具体表现为各分项的标准差大幅缩减。

2. 消费经历了两次结构升级

消费波动相对走强的背后是以非耐用品为主的生存型消费先后不断向耐用品和服务等发展享受型消费转变，期间中国消费经历了两次结构升级。第一次结构升级是非耐用品消费向耐用品消费的转换。1995—2010 年，非耐用品消费的比重持续下降，从高点 67 降至 49，尤其是同期的城乡居民恩格尔系数（居民家庭中人均食品烟酒消费支出占人均消费支出总额的比重）下降幅度超过 15 个百分点。与之相反，耐用品消费的比重快速提升，累计提高 10 个百分点。正是在这一时期，汽车、空调、计算机等耐用品开始逐步进入中国居民家庭。第二次结构升级表现为非耐用品消费与服务消费的此消彼长。2010 年以来，中国非耐用品消费的比重继续降低，到 2019 年已降至 36，累计缩减 13 个百分点。其中，2017 年中国居民恩格尔系数首次低于 30%，符合联合国粮农组织对最富裕国家的标准要求。同一时期，服务消费的比重则持续提升，不仅 2016 年首次超越非耐用品消费的比重，而且目前占比达到 43%，成为中国首要的居民消费支出项目。

3. 投资的驱动作用

近年来，中国经济发展方式正从投资驱动型向消费拉动型转换，消费对经济增长的作用持续增强，已成为经济增长的第一驱动力。正因如此，投资与产出间的波动协同模式发生了一定改变，主要体现为近期投资从产出的领先变量转变为产出的滞后变量。

4. 中国经济深度融入全球经济

对于中国与全球经济波动逐步实现同步的现象，最主要的原因是中国经济规模不断扩大且深度融入全球经济，对世界经济增长的贡献大幅提升，国际地位和影响力显著增强。

（资料来源：徐文舸《中国经济波动特征的典型化事实研究：现象、原因及启示》[45]）

本章小结

1. 总需求表反映了当其他影响购买支出的因素不变时，在每一价格水平上，由实际国内生产总值决定的需求量。总需求曲线向右下方倾斜，可以用财富效应、利率效应和汇率效应加以解释。

2. 总供给曲线表示经济中总供给与物价水平之间的关系，包括短期总供给曲线与长期总供给曲线。短期总供给曲线向右上方倾斜，表示总供给随物价水平的上升而上升。长期总供给曲线是向上垂直的，表示总供给要受经济中资源与其他因素的制约，不可能随物价的上升而无限增加。

3. 短期总供给曲线向右上方倾斜的部分，可由黏性工资理论、黏性价格理论和错觉理论解释。长期总供给也就是充分就业的总供给，即充分就业 GDP 或潜在 GDP。

4. 宏观经济均衡是指当各种相互作用的宏观经济变量之间达到某种平衡，彼此不再变动时，经济处于一种相对稳定的状态。宏观经济均衡是在总需求与总供给的相互作用中实现的，当经济中的总供给等于总需求，即总产出等于总支出时，宏观经济就实现了均衡。

5. 经济波动分需求冲击引起的波动和供给冲击引起的波动。当总需求不足引起经济波动时，经济衰退，失业率上升；当投入品价格上涨引起经济波动时，产出减少，物价上涨，称为滞胀。

本章专业术语解释

1. **总供给**（AS）是一个经济社会在一定时期内所生产出来的所有商品和服务的数量总和。

Aggregate supply (AS) is the sum of all goods and services produced by an economic society in a certain period.

Oferta agregada es la suma de todos los bienes y servicios que produce una sociedad económica en cierto período.

Tổng cung (AS) là tổng khối lượng hàng hoá và dịch vụ cuối cùng do một nền kinh tế xã hội sản xuất trong một khoảng thời gian nhất định.

総供給（AS）とは、ある経済社会において一定期間に生み出された財・サービスのの総量である。

2. **总需求**（AD）是一个经济社会在一定时期内所有成员对最终商品和服务

的有效需求的总和。

Aggregate demand (AD) is the sum of effective demand for the final goods and services by an economic society in a certain period.

Demanda agregada es la suma de la demanda efectiva de los bienes y servicios finales por parte de una sociedad económica en un período determinado.

Tổng cầu (AD) là tổng số nhu cầu hữu hiệu của tất cả thành viên trong một nền kinh tế xã hội về hàng hóa và dịch vụ cuối cùng trong một khoảng thời gian nhất định.

総需要とは、ある経済社会社会において一定期間に社会構成員の最終財・サービスの総有効需要である。

3. **潜在的国民收入**是经济中既定资源充分利用时所能达到的国民收入水平。

Potential national income is the level of national income which can be achieved by making full use of the resources in an economic society.

Ingreso nacional potencial es el nivel de ingreso nacional que se puede lograr haciendo un uso completo de los recursos en la sociedad económica.

Thu nhập quốc dân tiềm tàng là mức thu nhập quốc dân đạt được khi các nguồn lực sẵn trong nền kinh tế được tận dụng tối đa.

潜在国民所得（GDP）とは、現存する経済構造のもとで、社会資源（生産要素）を最大限に投入した場合、達成可能な国民所得の水準である。

4. **经济波动**指随着时间推移，经济变量围绕长期趋势而起伏的运动。

Economic fluctuation is the fluctuation movement of economic variables around the long-term trend over time.

La volatilidad económica se refiere al movimiento de variables económicas que fluctúan en torno a tendencias a largo plazo con el tiempo.

Thăng trầm kinh tế là vận động thăng trầm của phần thay đổi của kinh tế xung quanh xu thế lâu dài tùy theo thời gian.

景気変動とは、市場機構を中心に運営している経済社会は、長期的傾向にめぐって、絶えず経済変動を繰り返すことである。

5. **滞胀**：产出下降、物价上涨的时期

stagflation: a period of falling output and rising prices

estanflación: un período de caída de la producción y aumento de los precios

lạm phát kèm suy thoái: thời kỳ sản lượng giảm xuống, vật giá tăng lên

スタグフレーション：産出が減少、物価が上昇する経済現象である

综合练习

一、单项选择题

1. 总需求包括（　　）。

A. 只有家庭想要购买的商品和服务的数量

B. 只有家庭和公司想要购买的商品和服务的数量

C. 只有家庭、公司和政府想要购买的商品和服务的数量

D. 家庭、公司、政府和国外客户想买的商品和服务数量

2. 以下哪种影响有助于解释总需求曲线的斜率？（　　）。

A. 汇率效应　　B. 财富效应

C. 利率效应　　D. 以上都对

3. 一般价格水平的衡量标准是（　　）。

A. 石油价格　　B. 通货膨胀率　　C. 名义利率　　D. GDP 折算指数

4. 根据利率效应，总需求向右下方倾斜是因为（　　）。

A. 低物价增加了货币持有量的价值和消费支出

B. 低物价减少了货币持有量的价值和消费支出

C. 低物价减少了货币持有量，增加了贷款，利率下降，因而投资支出增加

D. 低物价增加了货币持有量，减少了贷款，利率上升，因而投资支出减少

5. 其他条件不变时，（　　）这一因素引起 AD 曲线左移。

A. 价格水平下降　　B. 政府支出减少

C. 税收减少　　D. 名义货币供给增加

6. 长期总供给曲线表示的是（　　）。

A. 经济处于充分就业状态的产出水平

B. 经济中资源还没有得到充分利用

C. 在价格不变时，总供给可以无限增加

D. 价格水平提高，产出水平可以增加

7. 大多数经济学家主要使用总需求和总供给模型来分析（　　）。

A. 经济的短期波动

B. 宏观经济政策对个人商品价格的影响

C. 国际贸易政策的长期影响

D. 生产力和经济增长

8. 引起滞胀的是（　　）。

A. 总需求曲线向左移动　　B. 总需求曲线向右移动

C. 总供给曲线向左移动　　D. 总供给曲线向右移动

9. 长期总供给曲线的位置（　　）。

A. 由资源使用和技术决定　　B. 是失业率为零的位置

C. 当货币供应量增加时向右移　　D. 经济将停止增长的位置

10. 长期总供给曲线右移是因为（　　）。

A. 技术进步　　B. 价格水平下降

C. 货币供应量增加　　D. 以上都对

二、判断题

1. 当物价水平变动而其他条件不变时，实际 GDP 需求量也发生变动，这种变动用总需求曲线的移动来表示。（　　）

2. 与微观经济学中一样，总需求曲线向下倾斜是因为当价格水平上升时，消费者的购买力下降。（　　）

3. 如果资本边际效率等其他因素不变，利率的上升将使投资量减少。（　　）

4. 潜在 GDP 取决于物价水平，所以长期 AS 曲线是表示潜在 GDP 的一条垂线。（　　）

5. 一般而言，技术进步不会造成长期总供给曲线的移动。（　　）

6. AD-AS 模型是决定实际 GDP 和物价水平之间关系的模型。（　　）

7. 股市的突然崩溃会使总需求曲线移动。（　　）

8. 均衡的国民收入一定等于充分就业的国民收入。（　　）

9. 对于滞胀问题，传统的凯恩斯主义无能为力。（　　）

10. 在短期，总供给曲线具有正的斜率，那么增加政府购买会引起价格水平上升和实际产出增加。（　　）

三、问答题

1. 有三个因素有助于解释总需求曲线的斜率，哪两个不那么重要？为什么？

2. 疫情给经济带来了什么影响？请用总需求—总供给模型进行分析。

3. 假设消费者对未来的经济状况感到悲观，总需求和产出会发生什么变化？政府可能需要做些什么来保持产出稳定？

第十章
宏观经济政策

由上一章的分析可知，在市场机制的作用下，需求与供给之间的冲突可以通过价格的变动来协调，最终达到总需求与总供给相等的均衡状态。但是在现实中，经济运行往往会受到各种各样难以预见因素的干扰。在干扰的影响下，原有的均衡状态会被破坏，实际产出会偏离均衡产出，导致失业或者通货膨胀，从而形成经济波动。在这种情况下，政府就有可能使用适当的宏观经济政策来积极地干预经济运行，从而迅速地消除各种干扰对国民经济的影响，避免干扰引起的经济波动。本章主要针对短期波动的宏观调控政策工具、政策工具的运用及存在的问题进行分析。

第一节 宏观经济政策的目标和工具

一、宏观经济政策目标

宏观经济政策（macro-economic policy）[1] 是指国家运用其所掌握和控制的各种宏观经济变量，为实现其总体经济目标而制定的指导原则和政策措施[42]。任何一种宏观经济政策的制定都是为了实现一定的经济目标，宏观经济政策的目标有四种：充分就业、价格稳定、经济增长和国际收支平衡[43]。

1. 充分就业

充分就业是指不存在周期性失业的一种经济状态。周期性失业是可以消除的，当周期性失业率大于零时，政府会通过相应的政策予以消除。经济中会一直存在不同程度的摩擦性失业和结构性失业，所以显然现实中失业率也不会等于零。当周期性失业率为零、只存在摩擦性失业时，即当失业率等于自然失业率时，就实现了充分就业。在任何一个经济中自然失业都是无法避免的，自然失业也是社会可以接受的，不会影响社会的稳定。

---

1 macro-economic policy: the guideline and policy measures made by the government to achieve its overall economic aims with the variety of macro-economic means controlled by the government

2. 价格稳定

价格稳定（price stability）[1] 是指总体价格水平稳定，一般用价格指数来表示价格水平的变化。价格稳定不是指总体价格水平固定不变，而是指价格指数的相对稳定，不出现大的通货膨胀。价格稳定成为宏观经济政策目标，是因为通货膨胀是有成本的。实践表明，战后西方国家的通货膨胀已经无法完全消除。因此，当经济中只存在温和的通货膨胀时，就认为已经实现了价格稳定。

3. 经济增长

经济增长（economic growth）是指某个国家或地区在一定时期内全社会的人均产量和人均国内生产总值的持续增长。衡量经济增长的方法，一般是计算一定时期内实际国民生产总值或国内生产总值的年均增长率。对每个国家而言，经济增长是指在一个特定的时期内国民经济达到一个适度的增长率，这种增长率既能满足社会发展的需要，又是人口增长、资源和技术进步所能达到的。同时，经济增长还应该考虑环境保护问题，以实现可持续增长。

4. 国际收支平衡

国际收支平衡（international balance of payment）[2] 是指在一定时期内一个国家的汇率相对稳定，同时既无国际收支赤字又无国际收支盈余的状态。国际收支平衡对现代开放型经济是至关重要的，其收支情况不仅反映了一国的对外经济情况，还可以反映该国的经济稳定程度。过度的国际收支赤字或盈余，都会对国内经济发展带来不利的影响。前者会给一国带来沉重的债务负担；后者会造成资源的闲置，机会损失大。

上述四大目标在总体上是一致的，但是它们之间也存在着矛盾。①充分就业与价格稳定是矛盾的。根据曼昆十大经济学原理之十：“社会面临通货膨胀与失业之间的短期权衡取舍”，因此在短期内失业与通货膨胀之间存在着交替关系。要实现充分就业，就必须运用扩张性财政政策和货币政策，而这些政策又会由于财政赤字的增加和货币供给量的增加而引起通货膨胀。②充分就业与经济增长有一致的一面，也有矛盾的一面。经济增长一方面会提供更多的就业机会，有利于充分就业；另一方面经济增长中的技术进步又会引起资本对劳动的替代，相

1　price stability: the stability of the general price level

2　international balance of payment: a relatively stable exchange rate of one country's currency during a certain period of time, a state that is free of international deficit and surplus

对减少生产对劳动的需求，使部分工人，尤其是文化技术水平较低的工人失业。③充分就业与国际收支平衡之间也有矛盾，因为实现充分就业会引起国内生产总值增加，而在边际进口倾向既定的情况下，国内生产总值增加会引起进口增加，从而使国际收支状况恶化。此外，在价格稳定与经济持续均衡增长之间也存在矛盾，因为在经济增长过程中，通货膨胀是难以避免的。

宏观经济政策目标之间的矛盾要求政策制定者确定每一次调控的重点政策目标，或者对这些目标进行协调。政策制定者在确定宏观经济政策目标时，既要受自己对各项政策目标重要程度的理解的制约，要考虑国内外各种政治因素，同时又要受社会可接受程度的制约。不同流派的经济学家对政策目标有不同的理解。例如，凯恩斯主义经济学家比较重视充分就业与经济增长，而货币主义经济学家则比较重视物价稳定，这些对政策目标都有相当重要的影响。从我国近十年的实际情况来看，不同时期也有不同的政策目标偏重，例如 2017—2019 年的政策目标是兼顾充分就业与物价稳定，2020—2021 年的政策目标是经济恢复、促就业、稳外资、稳外贸、稳预期，强调四个目标的兼顾。2017—2021 年我国的宏观经济政策目标见表 10.1。

表 10.1　2017—2021 年中央经济工作会议定下的政策基调与具体目标

会议时间	政策基调	就业	物价	经济增长	国际收支平衡
2017 年	稳中求进	注重解决结构性就业矛盾	房价管控	经济社会持续健康发展	促进贸易平衡
2018 年	稳中求进	稳就业摆在突出位置	调控房地产市场	持续健康发展	稳外资、稳外贸
2019 年	稳中求进	稳就业	稳地价、稳房价、稳预期	量的合理增长和质的稳步提升	稳外资、稳外贸
2020 年	稳中求进	促进重点群体多渠道就业、稳就业	稳预期	经济持续恢复和高质量发展	双循环
2021 年	稳字当头、稳中求进	解决高校就业、健全灵活就业、稳就业	稳预期	质的稳步提升和量的合理增长	稳外资、稳外贸

二、宏观经济政策工具

宏观经济政策工具是指用来达到政策目标的具象手段。宏观经济政策具有环境依赖性，与经济发展特点和发展阶段密切相关。结合苏剑、陈阳和刘伟的相关研究[47-49]，我们认为宏观经济政策工具中包括了需求管理、供给管理、价格管理和对外经济管理。

1. 需求管理

需求管理（demand management）[1] 是通过调节总需求来实现一定政策目标的宏观经济政策工具，是凯恩斯素来重视的政策工具。需求管理包括财政政策与货币政策。需求管理政策就是在价格不变的情况下改变总需求，反映在图上，需求管理政策就是使总需求曲线的位置或者斜率发生变动的政策[48]，如图 10.1 所示。

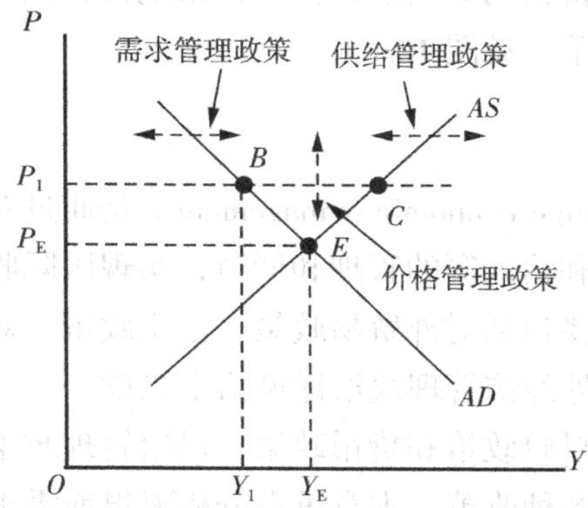

图 10.1　基于总需求—总供给模型的宏观调控体系

2. 供给管理

供给管理（supply management）[2] 是通过对总供给的调节，实现一定的政策目标的宏观经济政策工具。供给即生产，在短期内影响供给的主要因素是生产成本，特别是生产成本中的工资成本。在长期内影响供给的主要因素是生产力，即经济潜力的增长。因此，供给管理政策包括控制工资与物价的收入指数化政策、改善劳动力市场状况的人力政策以及促进经济增长的增长政策。供给管理政策就是在价格不变的情况下改变供给的政策，反映在图上，供给管理政策就是使总供给曲线的位置或者斜率发生变动的政策，如图 10.1 所示。

1　demand management: a macro-economic means to achieve certain aims by regulating the overall demand

2　supply management: a macro-economic policy to achieve certain aims by regulating the overall supply

3. 价格管理

价格管理（price management）是通过调整价格来稳定经济的政策。这个政策在计划经济下经常被用于实现其他经济或非经济的目的。价格管理的目的是消除价格刚性和恢复市场机制的功能，一旦市场机制的功能得以恢复，就不需要需求管理政策和供给管理政策，因此价格管理是宏观经济调控中的治本之策；需求管理和供给管理是在价格刚性短期内无法被完全、快速消除的情况下的治标之策。价格政策的核心是保证价格的灵活性，消除价格刚性，恢复市场机制的功能，价格管理的工具是各种改革（见图 10.1）。

4. 对外经济管理

对外经济管理（foreign economic management）是通过对国际贸易、国际资本流动、劳务的国家输出和输入等的管理和调节，实现国际收支平衡的目标。在对外经济管理政策中，主要包括对外贸易政策、汇率政策、对外投资政策和国际经济关系协调政策等，对外经济管理政策详见第十二章。

需求管理政策包括财政政策和货币政策，供给管理政策主要包括收入和人力政策，价格管理主要是各种改革。本章重点分析凯恩斯需求管理的财政政策和货币政策，供给管理和价格管理政策将在实践专题中讨论。

第二节 财政政策及其运用效果

一、财政的构成与财政政策工具

1. 财政的构成与财政政策

财政就是政府“理财之政”。综观我国几千年来留存下来的古籍，可以看到“国用”“国计”“度支”“理财”等一类用词，都是关于当时的“财政”或政府理财之道的记载。从本质上来说，财政是一种国家或政府的经济行为，即政府对资财的收入和支出的管理活动。作为一个经济过程，财政包括财政收入和财政支出两个部分。财政收入主要来源于税收和国债，财政支出主要有社会消费性支出、财政投资性支出和转移支出。

财政政策（fiscal policy）[1]是运用税收收入和政府支出来调节经济的经济政策，旨在通过税收与政府支出来消除通货膨胀缺口或通货紧缩缺口，调节经济以保持经济稳定发展。只要有政府就有财政政策，但传统财政政策的任务是为政府的各种支出筹资，能够实现财政收支平衡是财政政策的最高原则，而凯恩斯主义的现代财政政策不仅要为政府支出筹资，还要调节经济、实现稳定。

2. 税收

税收（tax）是指国家为了向社会提供公共产品、满足社会共同需要，按照法律的规定，参与社会产品的分配，强制、无偿取得财政收入的一种规范形式。税收是一种非常重要的财政政策工具[18]。

政府税收是财政收入的主要来源，主要包括个人所得税、公司所得税、社会保险费、销售税、货物税、财产税等。根据计算依据，税收可分为两类。①从量税。从量税是指以课税对象的数量（重量、面积、件数）为依据，按固定税额计征的一类税。从量税实行定额税率，具有计算简便等优点，如我国现行的资源税、车船使用税和土地使用税等。②从价税。从价税是指以课税对象的价格为依据，按一定比例计征的一类税。从价税实行比例税率、累进税率和累退税，税收负担比较合理，如我国现行的增值税、营业税、关税和各种所得税等税种就属于从价税。

税收的变化会对人们的经济活动产生一种激励效应。当税率过高时，人们不愿意努力工作以争取更多的收入，因为随着收入减少，税收也会减少，见图10.2。

图 10.2 中的坡形曲线即所谓的拉弗曲线（Laffer Curve），由供应学派的代表人物之一阿瑟·拉弗（Arthur Laffer）提出。值得注意的是，曲线顶点所对应的税率可能是任何值，不一定是中点，这取决于人们对纳税的态度与反应，如在战争等特殊时期该税率可能偏大。同时还可知，任何数额的税收（顶点除外）都可以由两种税率来获得，如当税率为高税率 t_3 和低税率 t_2 时，税收均为 T_0。但拉弗将图中 T_0 线以上的部分称为禁区，因为这时如果提高税率，私人和企业的生产活动都会减少，税收也会下降。

1 fiscal policy: the policy that ensures economic stability and development with the means of government expenditure and taxation to ease inflation or deflation

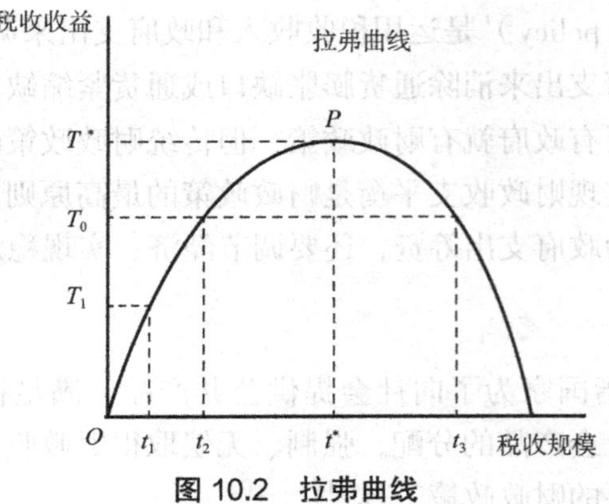

图 10.2 拉弗曲线

税收作为政府的收入手段，既是国家财政收入的主要来源，也是国家实施财政政策的手段之一。税收作为政策工具，既可以通过改变税率来实现，也可以通过变动税收总量来实现，如以一次性减税来达到刺激社会总需求增加的目的。一般说来，降低税率、减少税收都会引起社会总需求的增加和国民产出的增长；反之则相反。因此，在需求不足或者供给过少时，可采取减税措施来抑制经济衰退；在需求过剩或者供给过多时，可采取增税措施来抑制通货膨胀。

3. 政府支出

政府支出（government expenditure）是指国家各级政府支出的总和，由许多具体的支出项目构成，主要可以分为政府购买和政府转移支付两类。

政府购买主要指政府对商品和服务的购买，这是决定国民收入大小的重要因素之一，其规模直接关系到社会总需求的增减。购买支出对整个社会总支出水平具有十分重要的调节作用：在总支出水平不足时，政府可以提高购买支出水平，如举办公共工程，增加社会整体需求水平，以此同衰退进行斗争；反之，当总支出水平过高时，政府可以采取减少购买支出的政策，降低社会总体需求，以此来抑制通货膨胀。因此，变动政府购买支出水平是财政政策的有力手段。

政府转移支付（government transfer of payment）大都具有福利支出的性质，如社会保险福利津贴、抚恤金、养老金、失业补助、救济金和各种补助费等。除失业补助、养老金等福利费用外，其他转移支付项目如农产品价格补贴也应随经济风向而改变。政府转移支付也是一项重要的财政政策工具。一般来讲，在总支出水平不足时，失业会增加，这时政府应增加社会福利费用，提高转移支付水平，从而增加人们的可支配收入和提高消费支出水平，社会有效需求因此而增加；在总支出水平过高时，通货膨胀率上升，政府应减少福利支出，降低转移支付水平，从而降低人们的可支配收入和社会总需求水平。

4. 公债

公债（public bonds）是政府对公众发行的债券，或者公众对政府的债权。当政府收入不足以弥补政府支出时，就会发行公共债券以增加政府收入。政府的公债一般有短期、中期和长期债务三种：短期期限一般为 3 个月、6 个月或 1 年，利率较低；中期债券期限为 1 年以上 5 年以下；长期债一般指 10 年以上。中长期债由于风险大而利率较高。政府发行公债既影响财政收入，属于财政政策的一部分，也影响货币市场供求，两者共同影响社会总供求。因此，公债也是实施宏观经济调控的政策工具之一。

二、财政政策的运用效果

财政政策的运用就是通过政府支出与税收的变动来影响总需求或者总供给，进而影响国民收入水平、调节经济活动，以达到既定的目标。可以根据经济所处的不同阶段，分别采取扩张性或者紧缩性财政政策[42]。

1. 扩张性财政政策的运用效果

扩张性财政政策（expansionary fiscal policy）[1]就是通过增加政府支出和减少税收来刺激经济的政策。具体来说，在经济萧条时期，由于总需求小于总供给，国民经济中存在失业，政府就要通过扩张性的财政政策来刺激总需求，以达到充分就业的目标。主要可从投资和消费两个方面进行刺激，例如：增加政府公共工程支出与政府采购有利于刺激私人投资，增加转移支付可以增加个人消费，这样就会刺激总需求；减少个人所得税（主要是降低税率）可以使个人可支配收入增加，从而增加个人消费；减少公司所得税可以使公司可支配收入增加，从而增加私人投资，这样也会刺激总需求。扩张性财政政策对需求影响的传导机制如下：

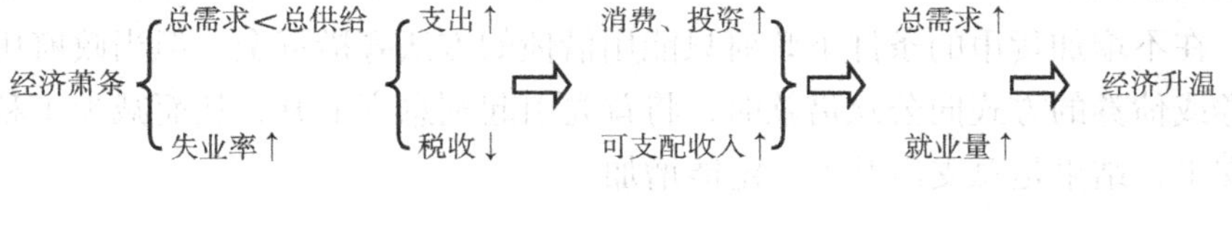

经济萧条 { 总需求<总供给；失业率↑ } { 支出↑；税收↓ } ⇒ { 消费、投资↑；可支配收入↑ } ⇒ 总需求↑；就业量↑ ⇒ 经济升温

1 expansionary fiscal policy: to stimulate the economy by increasing government expenditure and decreasing taxation

2. 紧缩性财政政策的运用效果

紧缩性财政政策（contractionary fiscal policy）[1]就是通过减少政府支出与增加税收来抑制经济总需求的政策。在经济繁荣时期，由于总需求大于总供给，国民经济中存在通货膨胀，政府需要通过紧缩性的财政政策来抑制总需求，以达到物价稳定的目标。政府公共工程支出与政府采购的减少有利于抑制投资，转移支付的减少可以减少个人消费，这样就抑制了总需求；增加个人所得税（主要是提高税率）可以使个人可支配收入减少，从而减少个人消费；增加公司所得税可以使公司可支配收入减少，从而减少私人投资，这样也会抑制总需求。紧缩性财政政策的传导机制如下：

上述财政政策工具的运用反映了凯恩斯主义斟酌使用的财政政策的观点。凯恩斯主义经济学家认为，斟酌使用的财政政策要逆经济风向行事。当总支出不足、失业持续增加时，政府要实行扩张性财政政策，增加政府支出、减税或双管齐下，以刺激总需求，解决衰退和失业问题；反之，当总支出过高、价格水平持续上涨时，政府要实行紧缩性财政政策，减少政府支出、增税或双管齐下，以抑制总需求，解决通货膨胀问题。这种交替使用的扩张性和紧缩性财政政策，称为补偿性财政政策。

三、财政政策的局限性

实际中财政政策的实施会受到多种因素的制约。例如，当政府用借债的方法增加支出以提高国民收入水平时，会提高银行利率，从而减少私人投资，由此产生所谓的挤出效应（crowding-out effect）。当政府决定增加支出而不同时增加税收时，在不增加货币的条件下政府只能用借债的方法筹措资金。但当政府用出售国库券或债券的方式向公众借款时，将首先引起利息率上升，从而减少了私人的投资支出，结果是总支出并不一定能增加。

---

1 contractionary fiscal policy: to constrain the economy by decreasing government expenditure and increasing taxation

又如，任何一项政策，从决策到对经济发生影响都会有一个时间间隔，这种时间间隔就叫政策时滞。在财政政策的使用过程中就存在着决策时滞和作用时滞的问题，这些都会影响到财政政策的效力。财政政策的时滞主要包括决策时滞和作用时滞。

1. 决策时滞

决策时滞（decision time lag）是指从认识到有必要采取某种政策到实际做出决策所需要的时间。一般来说，财政政策的变动，无论是政府购买还是税收变动，都要经过一个完整的法律过程。尤其在西方国家，这个过程包括提出方案、议会讨论、政府部门研究、各利益集团的院外活动，最后经过总统批准才能执行。由于任何一项财政政策措施都会涉及不同阶层、不同集团和不同部门的利益，要使各方对要实现的政策目标和政策措施达成一致，或者达到大多数人的意见一致，是相当不容易的，所需的时间较长。

2. 作用时滞

作用时滞（function time lag）是指从政策执行到政策在经济中完全发生作用、达到调控目标之间的时间间隔。财政政策的作用时滞较短，因为财政政策对总需求有较为直接的影响。但不同的财政政策的作用时滞也有差别，某些财政政策对总需求有即时的作用，例如增加政府购买支出会直接增加总需求。减税会即时增加个人可支配收入，但对消费支出的影响则要经过一定时间后才能产生。财政政策挤出效应的作用时滞最长，因为扩张性财政政策在引起总需求和国民收入的变动后，国民收入的增加又引起货币需求的增加，利率上升后投资减少。一般来说，在短期内，扩张性财政政策产生乘数效应，在较长期时间后才会产生挤出效应。

由于财政政策存在时滞问题，特别是其决策时滞较长，这使财政政策工具对经济状况的变动反应较慢。比如当经济衰退时，政府为刺激总需求而提出增支减税的方案，但两年后该方案才最后通过，此时经济可能已经复苏，实施已经通过的扩张性财政政策不仅不能起到刺激经济回升的作用，还会加剧经济波动，引起经济急速膨胀。

四、财政政策的自动稳定器

政府的财政收支及其变动会直接或间接地影响宏观经济运行，但由于财政政策实施中有挤出效应，其作用也存在时滞效应，可能会出现超出调节预期的效果。这时可以考虑经济系统的自动稳定器作用。

自动稳定器（automatic stabilizers）[1]是指经济系统本身存在的一种会减少各种干扰对国民收入冲击的机制，能在经济繁荣时期自动抑制膨胀，在经济衰退时期自动减轻萧条，无须政府采取任何行动。经济学家认为，现代财政制度本身就具有自动稳定经济的功能。财政制度的这种内在稳定经济的功能主要通过三个方面得到发挥[42]。

1. 政府税收的自动变化

曼昆认为最重要的自动稳定器是税制。当经济衰退时，政府所征收的税收量会自动减少：在税率不变的情况下，由于政府税收的自动减少，留给人们的可支配收入也会自动地增加一些，从而使消费需求也自动地上升一些。在实行累进税的情况下，经济衰退使纳税人的收入自动进入较低的纳税档次，政府税收下降的幅度会超过收入下降的幅度，从而可起到抑制衰退的作用。反之，当经济繁荣时，失业率下降，人们收入自动增加，税收会随个人收入增加而自动增加，可支配收入也就会自动地减少一些，从而使消费和总需求也自动地下降一些。在实行累进税的情况下，繁荣使纳税人的收入自动进入较高的纳税档次，政府税收上升的幅度会超过收入上升的幅度，从而起到抑制通货膨胀的作用。由此可以认为，税收这种因经济变动而自动发生变化的内在机动性和伸缩性，是一种有助于减轻经济波动的自动稳定因素。

2. 政府支出的自动变化

这里的政府支出主要是指政府的转移支付，包括政府的失业救济和其他社会福利支出。当经济出现衰退与萧条时，失业增加，符合救济条件的人数增多，失业救济和其他社会福利开支就会相应增加，这样就可以抑制人们的收入特别是可支配收入的下降，进而抑制消费需求的下降。当经济繁荣时，失业人数减少，失业救济和其他福利支出也会自然减少，从而抑制可支配收入和消费的增长。

3. 农产品价格支持制度

政府通常对农产品价格实行补贴或支持。当经济繁荣时，农产品价格上升，政府将减少对农产品的价格补贴，这样既抑制了农产品价格的进一步上涨，又减

1 automatic stabilizers: automatic fiscal changes that will reduce the fluctuation in the business cycle

少了财政支出，抑制了总需求；反之，当经济萧条时，农产品价格下降，政府将增加对农产品的价格补贴，以防止农产品价格进一步下降，同时增加了政府支出，刺激了总需求。

从理论上讲，财政政策的自动稳定机制是存在的。但是，这种自动稳定器调节经济的作用是十分有限的。它只能减轻经济萧条或通货膨胀的程度，并不能改变萧条或通货膨胀的总趋势；它只能对财政政策起到自动配合的作用，并不能代替财政政策。因此，尽管某些财政政策具有自动稳定器的作用，但仍然需要政府有意识地运用财政政策来调节经济。

第三节 货币政策及其运用效果

货币政策（monetary policy）[1]是中央银行通过控制货币供应量并相应调节利率，以影响投资和整个经济，由此达到一定经济目标的行为。目前，学术界普遍认为，货币政策影响均衡产出的主要渠道是利率。货币政策通过调控货币政策工具来影响货币政策的中介目标，进而实现货币政策的最终目标。因此，货币政策中有最终目标、中介目标和工具三个层次的概念。本部分讨论中央银行作为货币政策的调控者，是怎样通过货币政策工具来调控宏观经济，进而实现其政策意图的。

一、银行体系和货币供求关系

要了解货币政策，必须首先了解货币、银行以及银行在货币供求中的作用，因为货币政策要通过银行制度来实现。

1. 货币

什么是货币？货币就是钱，这是从财富意义上来讲的。对一个经济学家来说，货币并不是指所有财富，它只是财富的一种类型。货币是经济中人们经常用于相

1　monetary policy: the policy that influences macro-economic activities made by the central bank, to control currency supply and interest rates and then to achieve certain economic development goals

互购买商品与服务的一组资产，是可以很容易地用于交易的资产存量。货币包括有内在使用价值的商品货币（commodity money）和没有内在价值的法定货币（fiat money）。历史上的商品货币有黄金、贝壳、香烟等，法定货币即有政府法令规定的货币，如纸币和硬币。

货币除了其计价单位、财富储藏的作用，其最重要的一项功能是作为能被他人接收的支付手段。因此从金融市场的角度来说，其他可以用作支付手段的金融资产也应被视为货币。在金融市场比较发达成熟的工业化国家里，经济学家把“通货”（currency）及其相关的金融资产都称作货币，并根据它们作为支付手段时被接受的广泛性和容易性而定义出 M1、M2、M3 三类货币。M1 是狭义的货币，主要包括通货、活期存款、旅行支票和其他相关支票等；M2 是狭义货币的扩展，在 M1 的基础上增加个人小额定期存款、共同基金、储蓄存款等；M3 则是广义的货币，是在 M2 的基础上再加上企事业单位的定期存款以及外汇存款。因此，宏观经济学意义上的货币比我们日常生活中的“钱”有着更为广义的概念。货币政策中的货币主要是指 M2。

2. 银行体系

银行属于金融中介机构之一，包括中央银行和商业银行。

1）中央银行

中央银行是一国的最高金融当局，它统筹管理全国的金融活动，实施货币政策以影响经济。当今世界除少数地区和国家外，几乎所有独立的国家和地区都设立了中央银行，在中国是中国人民银行，在美国是联邦储备体系（简称美联储），在英国是英格兰银行，在法国是法兰西银行，在德国是德意志联邦银行，在日本是日本银行，一般认为，中央银行具有三个职能[43]：

（1）作为发行的银行，发行国家的货币。

（2）作为银行的银行，既为商业银行提供贷款（用票据再贴现、抵押贷款等办法），又为商业银行集中保管存放准备金，还为商业银行集中办理全国的结算业务。

（3）作为国家的银行，第一，代理国库，一方面根据国库委托代收各种税款和公债价款等收入作为国库的活期存款，另一方面代理国库拨付各项经费，代办各种付款与转账；第二，提供政府所需资金，既用贴现短期国库券等形式为政府提供短期资金，也用帮助政府发行公债或直接购买公债的方式为政府提供长期资金；第三，代表政府与外国发生金融业务关系；第四，执行货币政策；第五，监督、管理全国金融市场的活动。

2）商业银行

除中央银行外，其他银行都叫商业银行。之所以被称为商业银行，是因为早先向银行借款的人都经营商业，但后来工业、农业、建筑业、消费者也日益依赖商业银行融通资金，故其客户遍及经济各部门，业务也多种多样，这时之所以仍叫商业银行，只是沿用旧称而已。我国的商业银行包括：大型商业银行（中国工商银行、中国银行、中国农业银行、中国建设银行、交通银行）、中小型商业银行、农村金融机构、中国邮政储蓄银行以及外资银行等。

商业银行的主要业务是负债业务、资产业务和中间业务。负债业务主要是吸收存款，包括活期存款、定期存款和储蓄存款。资产业务主要包括放款和投资两类业务。放款业务是为企业提供贷款，包括票据贴现、抵押贷款等。投资业务就是购买有价证券以取得利息收入。中间业务是指为顾客代办支付事项和其他委托事项，从中收取手续费的业务。

3. 银行在货币供求中的作用

说明了什么是商业银行和中央银行以后，我们再来看看银行在货币供求中的作用。总的来看，中央银行主要在一定范围内的货币市场提供一定数额的货币，商业银行主要通过存款创造货币。

商业银行如何创造货币呢？商业银行同其他厂商一样，其经营目的是盈利。商业银行盈利的主要手段是一方面低息接受存款，另一方面把吸收的存款以贷款的形式高息放出去。由于放贷可以盈利，商业银行总是希望把尽可能多的存款用于放贷。但是，如果把所有顾客的全部存款都用于放贷的话，存款顾客就会面临着损失的风险。因此，政府就用银行法来规定每个银行放款的最大限度，也可以说至少要保留多少存款不能用于放贷，这个法定的最少保留的存款比例就是银行存款准备金率（reserve requirement ratio）[1]。放贷出去的贷款可以继续存入下一个商业银行，下一个商业银行继续保留其存款的法定比例准备金后，剩余的钱可以继续放贷给下下一个银行……依此类推，你会发现银行系统中许多银行增加了一笔存款，根据前面对宏观经济学中货币的定义，增加了的存款也就算是增加了货币，因此也叫创造了货币。创造了多少货币呢？这就得用到货币乘数这个概念，假设银行法定准备金率为 r_d，那么货币创造乘数 $k=1/r_d$。举例来说，假设张三将100万元人民币存入中国建设银行自己的账户里，法定准备金率 r_d 为 20%（则乘

1 reserve requirement ratio: the portion of deposits that banks hold as reserves

数 $k=1/r_d$ 为 5），中国建设银行将留下 20 万元作为准备金，剩余的 80 万元放贷给李四去采购 A 厂的材料；A 厂又将得到这笔 80 万元存入中国工商银行，工商银行又留下这 80 万元的 20% 即 16 万元，剩余的 64 万元继续放贷……就这样不断地放贷下去，最后银行系统的存款增加了：$80 \times 5 = 400$ 万元，即货币系统的供给增加了 400 万元。也就是说，货币市场里的货币增加了 400 万元，在人们对货币需求没有改变的情况下，由供求定理可以知道：货币市场的利率必然下降。

二、货币政策工具

中央银行为实现其特定的经济目标而实施的控制货币供应量、调节利率和信贷条件的方针、政策和措施的总称就是货币政策。同财政政策一样，货币政策也是国家调节和干预经济的主要政策之一。

所谓货币政策工具（monetary policy instrument），就是中央银行操纵货币政策的具体手段。货币创造有两个环节——基础货币的创造和广义货币的派生。央行是基础货币的创造者，自然对基础货币的数量和价格有很强的掌控力。所以，绝大多数货币政策工具都是调控基础货币的政策工具。

货币政策具有以下特点：第一，间接作用于消费者和生产者，货币政策不直接作用于消费者和生产者，货币政策直接作用于货币的供求，通过货币供求的变化引起市场利息率的变动，并通过市场利息率的变动这一信息，指导生产者和消费者的存贷款，调节生产者和消费者的供求关系，最终使社会总供给与社会总需求达到平衡；第二，货币政策由中央银行直接决定，所经过的环节少，即内在时延小，但它的作用比较间接，完全发生作用的外在时延长。

中央银行调控货币主要使用以下三大货币政策工具[42]：

1. 存款准备金率

存款准备金（deposit reserve）[1] 指各商业银行吸收的存款中，按一定比例缴存中央银行的那部分资金，如果比率是法定的则称为法定存款准备金率。中央银行改变准备金率，则可以通过对准备金的影响来调节货币供给量，从而可以改变银行创造货币的多少。假定商业银行的准备金率正好达到法定要求，这时，中央银行降低准备金率就会使商业银行产生超额准备金（excess reserve），这部分

1 deposit reserve: monetary funds prepared by financial enterprises to meet customer withdrawals and fund liquidation

超额准备金可以作为贷款放出，从而又通过银行创造货币的机制增加货币供给量，降低利息率；相反则反之。法定准备金率与银行创造的货币量和货币供给成反比。

从理论上说，变动法定准备金率是中央银行调整货币供给最简便的办法。然而，在现实中，中央银行一般不愿轻易使用这一手段。其原因在于，变动法定准备金率的作用十分猛烈。一旦准备金率变动，所有银行的信用都必须扩张或收缩。再者，如果准备金率变动频繁，商业银行和所有金融机构的正常信贷业务都会受到干扰而无所适从。自改革开放以来，我国已初步建立了存款准备金率制度，中央银行也多次使用这一政策工具。调整法定准备金率的作用最为剧烈，它虽然有助于经济摆脱严重的萧条或通货膨胀，但同时也可能因为冲击力过大而使经济变得不稳定。

2. 再贴现率

再贴现率（rediscount rate）是指商业银行向中央银行借款时的利息率。中央银行改变再贴现率，可以改变商业银行向中央银行借款的数量，从而改变货币供应量。中央银行降低再贴现率，可以使商业银行得到更多的资金，这样可以增加贷款，贷款的增加又可以通过货币创造机制增加流通中的货币供给量，降低利息率；相反则反之，即再贴现率与货币供应量呈负相关。再贴现率高，货币供应量小；再贴现率低，货币供应量大。再贴现率政策在西方国家得到了相当广泛的运用，取得了良好的效果。我国中央银行（中国人民银行）也曾多次通过调整再贴现率来调节经济运行。通过变动再贴现率来控制货币供应量的效果是有限的，事实上，再贴现率政策往往作为补充手段和其他政策结合在一起执行。

3. 公开市场业务

公开市场业务（open market operation）[1] 是指中央银行在金融市场上买进或卖出政府债券，以调节货币供应量。公开市场业务中所指的债券主要有国库券、公债和其他政府债券等。公开市场业务的操作，可以调节货币供应量。买进政府债券，货币投放市场，从而增加了货币供给量。卖出政府债券，收回货币，从而减少货币供给量。我国从1996年开始进行以国债为主要对象的公开市场业务操作，已经取得了一些成效，但其作为主导操作工具仍有一些问题需要解决，如规模、

1 open market operation: meaning that the central bank buys or sells government bonds in the financial market to adjust the money supply

期限结构、持有人结构不合理以及市场不完善等。公开市场业务是一种灵活而有效的调节货币量的工具，在西方国家得到了广泛的运用，对平抑经济的周期性波动起到了良好的作用。这是目前各国中央银行控制货币供给最重要也是最常用的工具。

上述三大货币政策常常需要配合使用。除上述广泛采用的宏观货币政策工具外，各国还使用一些辅助性的货币政策手段。①道义劝告。中央银行以各种方式将自己的意图通知各商业银行，并希望它们遵照执行。②管理保证金数额。在有的国家，如美国，购买股票不必马上支付全部金额，而只需先缴部分保证金。这样，中央银行可以通过提高或降低保证金额来控制信用规模。③控制抵押贷款。为了控制不动产抵押贷款以影响建造住宅的支出，中央银行对签订抵押贷款合同时必须立即支付的现金数额和偿还贷款的年限做出规定。④调节分期付款。中央银行对购买耐用消费品时应付现金的比例和分期付款的年限做出规定，借此来调节信贷在消费信贷和其他用途之间的分配。

三、货币政策的运用效果

1. 运用货币政策的前提[42]

1）货币政策独立性的确立

货币政策作为一项总量政策，应该是一项中长期政策，而不是一项短期政策。它与其他政策是一种相互配合的关系，但其本身应该是独立的。确保货币政策独立性的实质内容，就是要确立中央银行的独立地位，也就是说，要确立中央银行唯一货币政策主体的地位。

2）金融市场的形成

金融市场既是中央银行货币政策实施的基础，也是实现宏观调控软着陆的关键。金融市场的形成，不仅可以更好地筹集和融通货币资金，从而增加金融商品供给，还可以增加中央银行调控的信号和渠道，增加货币政策调控的弹性，从而保证中央银行宏观货币政策的有效实施。

3）利率变动的有效性

货币政策是通过中央银行调节货币供给量，从而影响利率来间接影响总需求。货币供给量可以影响利率是以下面的假定为前提的：公众只是在货币和债券这两种形式下进行选择，债券是货币唯一的替代物。货币供给增加与债券购买量增大、债券价格上升、利率下降之间存在一定的因果关系。

2. 货币政策的运用效果

在不同的经济形势下，中央银行要运用不同的货币政策来调节经济活动，主要包括扩张性货币政策和紧缩性货币政策。

1）扩张性货币政策的运用

扩张性货币政策（expansionary monetary policy）[1]就是通过增加货币供给量降低利率、刺激总需求的货币政策。在萧条时期，由于总需求小于总供给，为了刺激总需求，就要运用在公开市场上买进有价证券、降低贴现率并放宽贴现条件、降低存款准备金率等政策手段。这些政策可以增加货币供给量，降低利率、刺激投资，从而增加总需求、推动经济增长和减少失业。

2）紧缩性货币政策的运用

紧缩性货币政策（tight monetary policy）[2]就是通过减少货币供给量提高利率、抑制总需求的货币政策。在繁荣时期，由于总需求大于总供给，为了抑制总需求，就要运用在公开市场上卖出有价证券、提高贴现率并严格贴现条件以及提高存款准备金率等政策手段。这些政策可以减少货币供给量，提高利率、减少投资，抑制总需求。

上述货币政策工具的运用也反映了凯恩斯主义斟酌使用的货币政策的观点。凯恩斯主义经济学家认为，就像斟酌使用的财政政策一样，斟酌使用的货币政策也要“逆经济风向”行事。当总支出不足、失业持续增加时，中央银行就要增加货币供给，刺激总支出，以解决衰退和失业问题；反之，当总支出过多、价格水平持续上涨时，中央银行就要减少货币供给，抑制总支出，以解决通货膨胀问题。简言之，大量失业时要实行扩张性货币政策，通货膨胀时则实行紧缩性货币政策。这种交替使用扩张性和紧缩性的货币政策，被称为补偿性货币政策。

四、货币政策的局限性

货币政策由中央银行根据经济情况选择合适的政策工具，部分政策工具存在

1　expansionary monetary policy: to decrease interest rates and to stimulate aggregate demand by increasing the supply of money

2　tight monetary policy: to increase interest rates and to curb aggregate demand by decreasing the supply of money

一定的局限性，需要配合使用。同时，货币政策首先作用于货币市场，然后通过货币市场的利率变化影响投资消费，从而影响总需求，进而起到调整经济波动的作用。

相对于财政政策，货币政策决策时滞较短。因为货币政策由中央银行决定，无须政府有关部门讨论，也无须议会批准，各利益集团也难以进行院外活动，决策也快得多。因此，货币政策在短期内可经常变动，对经济进行微调。例如，在美国，决定货币政策的是美联储的公开市场委员会。该委员会每周六开会，根据经济状况来决定货币政策，对经济进行微调，这有助于经济的稳定。

但是货币政策对经济的作用时滞却比较长，这是因为货币政策对总需求的影响不是直接的，它的作用是逐渐发生的。当中央银行改变货币供给量时，只有在经过一段时间之后，随着利率的改变，才会有越来越多的家庭和企业对此做出反应。如果某项投资决策是企业在数月或数年前做出的，那么该投资决策对利率变动的反应的时滞会更长。这种时滞的长短会影响货币政策的时滞。一般来说，在成熟的市场经济国家，货币政策变动对总需求发生较大的作用需要 6—9 个月的时间，而这些作用可持续两年。即使利率变动引起了投资变动，由投资变动到引起均衡国民收入变动之间也存在一个时间间隔。通常投资变动后首先引起企业存货变动，这种存货变动会引起企业的生产调整，然后才引起均衡国民收入水平的变动。

由于货币政策的时滞，中央银行也不能对经济状况的变动做出及时的反应，常常是经济衰退已经发生，中央银行才出台货币政策，该政策在经过一个相当长的过程后发挥作用时，经济状况可能已经改变了。货币政策不仅起不到抑制经济衰退的作用，反而可能引起经济的不稳定。货币政策之所以存在时滞问题，很重要的原因是中央银行难以对经济做出准确的预测。如果决策者可以提前一年正确地预期到经济状况，并且及时地做出政策决策，在这种情况下，货币政策虽然存在时滞，但可以起到稳定经济的作用。但是，实际上决策者很少知道经济的风会怎么刮，最好的决策者也只能在经济衰退和经济过热发生时对经济变动做出反应。

西方经济学中，财政政策和货币政策主要属于需求管理政策，它们被凯恩斯主义者作为稳定经济最主要的宏观经济政策。

实践专题之十 中国宏观经济调控政策实践

传统宏观经济调控主要是基于凯恩斯主义的需求管理政策的实施，但是当前宏观经济学已经发展到总供求模型了。中国宏观调控政策是基于总供求模型的，包括需求管理政策、供给管理政策、市场环境管理政策。本实践专题主要根据近年来中国关于宏观调控的文件，尤其是2021年的《政府工作报告》（以下简称《报告》），来分析中国特色的宏观调控政策体系的应用实践。

一、需求管理政策工具的应用

1. 凯恩斯主义需求管理政策

凯恩斯主义需求管理政策工具的财政政策和货币政策在中国的宏观总需求调控中得到了普遍应用。

从财政政策在需求管理方面的应用来看，政府主要通过扩张性的财政政策来刺激总需求，坚持扩大内需这个战略基点，充分挖掘国内市场潜力。政府主要从投资和消费两个方面进行刺激：①投资方面。《报告》提出，要继续加强基础设施建设，“中央预算内投资安排6100亿元。继续支持促进区域协调发展的重大工程，推进‘两新一重’建设，实施一批交通、能源、水利等重大工程项目，建设信息网络等新型基础设施”“新开工改造城镇老旧小区5.3万个”。②消费方面。如《报告》中指出，“对小微企业和个体工商户年应纳税所得额不到100万元的部分，在现行优惠政策基础上，再减半征收个人所得税”，体现了政府通过减税降费增加个人可支配收入来刺激消费的需求管理。

就货币政策方面来说，《报告》指出，“今年拟安排地方政府专项债券3.65万亿元，优化债券资金使用，优先支持在建工程”“优化存款利率监管，推动实际贷款利率进一步降低，继续引导金融系统向实体经济让利”。

2. 需求侧创新与改革

关于需求侧创新的论述主要有以下两方面：①国内高质量投资和消费需求。《报告》提出，要“强化国家战略科技力量，推进国家实验室建设，完善科技项目和创新基地布局”“支持有条件的地方建设国际和区域科技创新中心”，这些都是具有高收益的优质投资需求。“加大 5G 网络和千兆光网建设力度，丰富应用场景”，这也将刺激相关信息产品供给，给消费者带来更高的边际效用，从而增加优质消费需求。②通过扩大对外开放进行需求侧创新。《报告》指出，在贸易方面，要“发展跨境电商等新业态新模式，支持企业开拓多元化市场”“创新发展服务贸易”。在关注国际市场多元化的同时，更加注重新型贸易方式对出口需求量和质的刺激。

需求侧改革主要体现在社保体系的完善方面。《报告》指出，“提高退休人员基本养老金、优抚对象抚恤和生活补助标准。推进基本养老保险全国统筹，规范发展第三支柱养老保险。完善全国统一的社会保险公共服务平台。加强军人军属、退役军人和其他优抚对象优待工作，健全退役军人工作体系和保障制度。继续实施失业保险保障扩围政策”。这些改革既提高了部分群体的社保标准，也强调了社保使用的便利性和覆盖范围，通过提高收入水平和便利化消费来改善人民生活、扩大总需求。同时，这些政策有助于提高低收入者的收入水平，可以提高国家作为一个整体的边际消费倾向，从而通过另一条途径扩大消费。

综上看来，在需求管理方面，中国政府在凯恩斯传统的货币政策和财政政策的基础上，更加注重发挥创新支持政策和需求侧改革在刺激优质需求中的作用。

二、供给管理政策工具应用

供给管理主要通过影响企业的成本、生产率及其他负担进行宏观调控。

1. 要素价格政策

在融资成本方面，《报告》提出要“进一步解决中小微企业融资难题”“延长小微企业融资担保降费奖补政策，完善贷款风险分担补偿机制”“引导银行扩大信用贷款、持续增加首贷户，推广随借随还贷款，对受疫情持续影响行业企业给予定向支持”“适当降低小微企业支付手续费”“今年务必做到小微企业融资更便利、综合融资成本稳中有降”。这就是通过降低企业融资成本、拓宽企业融资渠道来促进实体经济发展的货币政策。

在工资政策方面，《报告》指出要“继续降低失业和工伤保险费率，扩大失业保险返还等阶段性稳岗政策惠及范围”“继续实施失业保险保障扩围政策”“继续对灵活就业人员给予社保补贴”。通过社保和就业补贴改革，减轻企业社保支出的负担，也就降低了工资成本，有利于提高企业的生产积极性，从而扩大总供给。

在降低企业生产经营成本方面，《报告》提出要“推进能源、交通、电信等基础性行业改革……降低收费水平……进一步清理用电不合理加价，继续推动降低一般工商业电价。中小企业宽带和专线平均资费再降10%”“取消港口建设费，将民航发展基金航空公司征收标准降低20%”等。这些措施的实施有利于降低企业的生产经营成本，从而扩大供给。

2. 财政政策

财政政策主要体现在减免税费方面，如《报告》提出，“继续执行制度性减税政策，延长小规模纳税人增值税优惠等部分阶段性政策执行期限，实施新的结构性减税举措”“将小规模纳税人增值税起征点从月销售额10万元提高到15万元”“对小微企业和个体工商户年应纳税所得额不到100万元的部分，在现行优惠政策基础上，再减半征收所得税”“确保市场主体应享尽享”。

3. 供给侧创新与改革方面

（1）供给侧创新方面。供给侧创新指通过工艺创新、原料创新等措施提高企业生产率，扩大总供给。例如通过改造传统产业，引进新技术，提高传统产业的生产效率，鼓励新兴产业和高科技产业的发展等。《报告》在提升农业、制造业的生产率方面都提出了相应的措施，并且强调了对基础研究和新兴产业发展的支持，体现了对于供给侧创新的高度重视。在提高农业方面，要“开展农业关键核心技术攻关”“推进农业机械化、智能化”“发展新型农村集体经济”。在制造业创新与升级方面，要“用税收优惠机制激励企业加大研发投入，着力推动企业以创新引领发展”“对先进制造业企业按月全额退还增值税增量留抵税额，提高制造业贷款比重，扩大制造业设备更新和技术改造投资”。在新兴产业方面，要“发展工业互联网，促进产业链和创新链融合，搭建更多共性技术研发平台，提升中小微企业创新能力和专业化水平”“加大5G网络和千兆光网建设力度，丰富应用场景”。

（2）供给侧改革方面。供给侧改革，即通过制度变迁来调整生产方面临的各种约束和激励，达到调节供给的目的，包括行政体制、企业体制、创新体制、财税金融体制等方面的改革。《报告》就供给侧改革有多处论述，如在降低行政制度成本方面，提出要“深化‘证照分离’改革，大力推进涉企审批减环节、减材料、减时限、减费用”。在创新制度建设方面，《报告》提出要“强化企业创新主体地位，鼓励领军企业组建创新联合体，拓展产学研用融合通道，健全科技成果产权激励机制”。在深化财税金融体制改革方面，《报告》提出要“落实中央与地方财政事权和支出责任划分改革方案”“深化农村信用社改革，推进政策性银行分类分账改革”“稳步推进注册制改革，完善常态化退市机制，加强债券市场建设”。在国有企业改革方面，《报告》提出“各类市场主体都是国家现代化的建设者，要一视同仁、平等对待……深化国有企业混合所有制改革”。在对外开放方面，《报告》提出要“进一步缩减外资准入负面清单”“推动服务业有序开放，增设服务业扩大开放综合试点”“促进内外资企业公平竞争，依法保护外资企业合法权益”。这有利于实现生产要素的最优配置，吸引更多的外商投资，借鉴先进的技术和管理方式，从而促进中国企业的发展壮大。

三、市场环境管理政策工具的应用

市场环境管理主要是价格及形成价格的市场环境的改革。就 2021 年中国在市场环境改革方面的工作，《报告》指出：“提请全国人大常委会审议法律议案 9 件，制定修订行政法规 37 部”“充分发挥市场在资源配置中的决定性作用，更好发挥政府作用，推动有效市场和有为政府更好结合”“纵深推进‘放管服’改革，加快营造市场化、法治化、国际化营商环境”“把有效监管作为简政放权的必要保障，全面落实监管责任，加强对取消或下放审批事项的事中事后监管”。

在价格刚性和市场竞争秩序方面，《报告》提出要“允许所有制造业企业参与电力市场化交易，进一步清理用电不合理加价”。针对一些行业的垄断现象和完善市场竞争秩序上，《报告》提出“各类市场主体都是国家现代化的建设者，要一视同仁、平等对待”“构建亲清政商关系，破除制约民营企业发展的各种壁垒”“强化反垄断和防止资本无序扩张，坚决维护公平竞争市场环境”。在减少审批环节上，《报告》提出“加强数字政府建设，建立健全政务数据共享协调机制，推动电子证照扩大应用领域和全国互通互认，实现更多政务服务事项网上办、掌上办、一次办”。在道德法治环境的建设上，《报告》提出要“加强社会信用体系建设……保障妇女、儿童、老年人、残疾人合法权益”“加强法律援助工作，启动实施‘八五’普法规划……完善社会治安防控体系”。

从《报告》可以看出，中国的宏观调控体系不局限于凯恩斯主义的需求管理。中国特色的宏观调控体系更为宽泛，主要包括需求管理、供给管理和市场环境管理三个部分，总体来说，是以市场环境管理为主，供给管理次之，需求管理为辅。

（资料来源：苏剑《宏观经济学中国版》[48]、2021 年《中国政府工作报告》）

本章小结

1. 需求管理是通过对总需求的调节，实现总需求等于总供给，以达到既无失业又无通货膨胀的目标。需求管理包括财政政策与货币政策。中国特色的宏观调控体系既包括需求管理，也包括供给管理和市场环境管理。

2. 财政政策是通过政府支出与税收来调节经济的政策。凯恩斯主义的现代财政政策不仅要为政府支出筹资，还要调节经济、实现稳定。财政政策的主要内容包括政府支出与税收。政府支出就是政府对商品和服务的购买，主要体现在：公共工程支出（如政府投资兴建基础设施）、政府采购（政府对各种产品与劳务的采购）以及转移支付（如各种福利支出等）。政府税收是财政收入的主要来源，主要包括个人所得税、公司所得税和其他税收。

3. 自动稳定器是指经济系统本身存在的一种会减少各种干扰对国民收入冲击的机制，能在经济繁荣时期自动抑制膨胀，在经济衰退时期自动减轻萧条，无须政府采取任何行动。财政政策内在的稳定经济的功能主要通过政府税收的自动变化、政府支出的自动变化、农产品价格支持制度得到发挥。但这种自动稳定器调节经济的作用是十分有限的。它只能减轻经济波动程度，并不能改变经济波动的总趋势。

4. 货币政策是中央银行为实现其特定的经济目标而实施的控制货币供应量、调节利率和信贷条件的方针、政策和措施的总称。货币政策工具包括存款准备金率、再贴现率和公开市场业务，其中公开市场业务是中央银行控制货币供给最重要也是最常用的工具。

本章专业术语解释

1. **宏观经济政策**是指国家运用其所掌握和控制的各种宏观经济变量，为实现其总体经济目标而制定的指导原则和政策措施。

Macro-economic policy is the guideline and policy measures made by the government to achieve its overall economic aims with the variety of macro-economic means controlled by the government.

Política marcoreconómica es la directriz y las medidas políticas adoptadas por el gobierno para lograr sus objetivos económicos generales con la variedad de medios marcoeconómicos contralados por el gobierno.

Chính sách kinh tế vĩ mô là nhà nước vận dụng các biến số trong kinh tế vĩ mô mà mình nắm và kiểm soát，đặt những nguyên tắc và chính sách để thực hiện các mục tiêu kinh tế vĩ mô.

マクロ経済政策とは、経済に対する政府は経済手段を運用し、国内総生産の増大を目標とする国の経済政策を実施することである。

2. **充分就业**是指不存在周期性失业的一种经济状态。

Full employment means an economic state that is free of periodic unemployment.

Pleno empleo se refiere a un estado económico que carece de desempleo periódico.

Toàn dụng lao động là một loại trạng thái của nền kinh tế mà nằm ngoài thất nghiệp chu kỳ.

完全就業とは、循環的失業のない経済状況である。

3. **经济增长**是指某个国家或地区在一定时期内全社会的人均产量和人均国内生产总值的持续增长。

Economic growth indicates the continual increase in the total production per capita and the GDP per capita in one country or region during a certain period of time.

Crecimiento económico indica el aumento continuo en la producción total per cápita y el PIB per cápita medido por un país o región durante un cierto período de tiempo.

Tăng trưởng kinh tế là sản lượng bình quân và GDP bình quân đầu người của tất cả mọi thành viên của một quốc gia hoặc một lãnh thổ liên tục tăng trưởng trong một khoảng thời gian nhất định.

経済成長とは、一国や一地域において一定期間内に一人当たりGDPが持続的成長することである。

4. **国际收支平衡**是指在一定时期内一个国家的汇率相对稳定，同时既无国际收支赤字又无国际收支盈余的状态。

International balance of payment means a relatively stable exchange rate of one country's currency during a certain period of time, a state that is free of international deficit and surplus.

Balanza de pagos internacional significa un tipo de cambio relativamente estable de un país durante un cierto período de tiempo, un estado que no tiene déficit ni superávit internacionales.

Cán cân thanh toán quốc tế là trong một khoảng thời gian nhất định trong một quốc gia, hối đoái tương đối ổn định, đồng thời không bị thâm hụt cũng không có dư thừa trong thu chi quốc tế.

国際収支の均衡とは、一定期間内に一国の為替レートが相対的安定する。同時に国際収支の黒字もなければ、赤字もない状況である。

5. **需求管理**是调节总需求以实现一定政策目标的宏观经济政策工具。

Demand management is a macro-economic means to achieve certain aims by regulating the overall demand.

Gestión de demanda es un medio macroeconómico para lograr ciertos objetivos mediante la regulación de la demanda general.

Quản lý nhu cầu là công cụ chính sách kinh tế vĩ mô để thực hiện một mục tiêu chính sách nào đó qua việc điều tiết tổng cầu.

総需要管理政策とは、経済社会の総需要を調節を通じて、一定の政策目標を達成するマクロ経済政策のツールである。

6. **供给管理**是调节总供给以实现一定政策目标的宏观经济政策工具。

Supply management is a macro-economic policy to achieve certain aims by regulating the overall supply.

Gestión de oferta y demanda es una política macroeconómica para logara algunos objetivos mediante la regulación de la oferta y la demanda en general.

Quản lý cung ứng là công cụ chính sách kinh tế vĩ mô để thực hiện một mục tiêu chính sách nào đó qua việc điều tiết tổng cung. Cung ứng tức là sản xuất.

総供給管理政策とは、経済社会の総供給を調節を通じて、一定の政策目標を達成するマクロ経済政策のツールである。

7. **对外经济管理**是通过对国际贸易、国际资本流动、劳务的国家输出和输入等的管理和调节，实现国际收支平衡的目标。

Foreign economic management is the regulation of international trade, international capital flow and the export and import of labor service in order to achieve the balance of payment.

Gestión económica exterior es la regulación del comercio internacional, el flujo de capital internacional y la salida y entrada de servicios con el fin de lograr la balanza de pagos.

Quản lý kinh tế đối ngoại là qua việc quản lý và điều tiết mậu dịch quốc tế, lưu thông vốn quốc tế, xuất nhập khẩu lao động cấp quốc gia v.v., thực hiện mục tiêu thu chi cân bằng quốc tế.

対外経済管理とは、国際貿易、国際資本移動、労働力の移動などの管理と調節を通じて、国際収支均衡目標を実現することである。

8. **财政政策**是指通过政府支出与税收来消除通货膨胀缺口或通货紧缩缺口，调节经济以保持经济稳定发展的政策。

Fiscal policy is the policy that ensures economic stability and development with the means of government expenditure and taxation to ease inflation or deflation.

La política fiscal es la política que asegura la establidad económica y el desarrollo con los medios del gasto público y los impuestos para aliviar la inflación o la deflación.

Chính sách tài khóa là một phương tiện được chính phủ sử dụng để điều chỉnh mức chi tiêu và thuế suất để trừ bỏ chỗ hở của lạm phát hoặc giảm phát，điều tiết kinh tế để giữ gìn phát triển kinh tế một cách bền vững.

財政政策とは、政府が歳出や歳入の調整を通じて、デフレ下での需要不足とインフレの下での超過需要との問題を取り除くことによって、安定した経済発展を保つ政策である。

9. **扩张性财政政策**是通过增加政府支出和减少税收来刺激经济的政策。

Expansionary fiscal policy is a policy to stimulate the economy by increasing government expenditure and reducing taxation.

La política fiscal ampliada es estimlar la economía aumentando el gasto público y disminuyendo los impuestos.

Chính sách mở rộng là chính sách tăng chính phủ chi tiêu và giảm thuế để kích thích kinh tế.

積極的財政政策とは、政府は歳出増大と減税によって、経済を刺激する経済政策である。

10. **紧缩性财政政策**是通过减少政府支出与增加税收来抑制经济的政策。

Contractionary fiscal policy is a policy to constrain economy by decreasing government expenditure and increasing taxation.

El encurecimiento de política fiscal es restringir la economía mediante la disminución del gasto público y el aumento de los impuestos.

Chính sách thắt chặt là chính sách giảm chính phủ chi tiêu và tăng thuế để hạn chế kinh tế.

消極的財政政策とは、政府の歳出減少や増税によって、経済を抑制する経済政策である。

11. **挤出效应**
crowding-out effect
el efecto del desplazamiento
hiệu ứng lấn át
クラウディングアウト

12. **财政政策的自动稳定器**
automatic stabilizers of a fiscal policy
los estabilizadores automáticos de la política fiscal
chính sách tài khóa ổn định tự động
財政政策的経済自動安定機能

13. **农产品价格支持制度**
price support system for agricultural products
sistema de apoyo a los precios de produtos agrícolas
kế hoạch trợ giá sản phẩm nông sản
農産物価格維持制度

14. **货币政策**是中央银行为实现其特定的经济目标而实施控制货币供应量、调节利率和信贷条件的方针、政策和措施的总称。

Monetary policy is the general term for the guidelines, policies, and measures implemented by the central bank to control the money supply, adjust interest rates, and credit conditions in order to achieve its specific economy's goals

La política monetaria es el término general para las políticas, políticas y medidas que el Banco Central aplica para controlar la oferta monetaria, ajustar los tipos de interés y las condiciones crediticias para lograr sus objetivos económicos específicos.

Chính sách tiền tệ là tên gọi chung của các chính sách, chính sách và biện pháp mà các ngân hàng trung ương thực hiện để kiểm soát nguồn cung tiền, điều chỉnh lãi suất và điều kiện tín dụng để đạt được các mục tiêu kinh tế cụ thể của họ.

金融政策とは、中央銀行が特定の経済目標を実現するために実施する金融供給量の制御、金利と与信条件の調整の方針、政策と措置の総称である。

15. **存款准备金**指各商业银行吸收的存款中，按一定比例缴存中央银行的那部分资金；准备金与全部存款的比率就是存款准备金率。

Deposit reserve refers to the portion of funds deposited in the central bank in a certain proportion from the deposits absorbed by various commercial banks. The fraction of the total deposits is the deposit reserve ratio.

El requisito de reserva de depósitos se refiere a la absorción de los depósitos de todos los bancos comerciales en el depósito por un cierto porcentaje de esa parte de los fondos del Banco Central.

Dự trữ bắt buộc là tiền gửi mà các ngân hàng thương mại hấp thụ buộc phải giữ một phần vào ngân hàng trung ương theo tỉ lệ nhất định, tỉ lệ dự trữ bắt buộc tức là tỉ lệ giữa tiền giữ buộc phải và toàn bộ tiền gửi.

預金準備金とは、各商業銀行が預り預金の中、一定比率で中央銀行に預ける金額である；準備金と全部預り預金の比率は預金準備率をいう。

16. **再贴现率**是指商业银行向中央银行借款时的利息率。

Rediscount rate is the interest rate at which commercial banks borrow money from the central bank.

La tasa de redescuento es la tasa de interés que los bancos comerciales piden prestado dinero al banco central.

Lãi suất tái chiết khấu là lãi suất mà ngân hàng trung ương cho các ngân hàng thương mại vay.

ディスカウントレートとは、商業銀行が中央銀行に借入利子率である。

17. **公开市场业务**是指中央银行在金融市场上买进或卖出政府债券，以调节货币供应量。

Open market operation means that the central bank buys or sells government bonds in the financial market so as to regulate the money supply.

La operación de mercado abierto se refiere a que el banco central compra o vende bonos del gobierno en el mercado financiero para regular la oferta y la demanda de divisas.

Nghiệp vụ thị trường mở liên quan đến việc ngân hàng trung ương mua và bán chứng khoán chính phủ trên thị trường tài chính để điều tiết lượng cung cấp tiền tệ.

公開市場操作とは、中央銀行が杞憂市場で国債・社債・手形など有価証券を売買することによってマネタリベースの量をコントロールすることである。

18. **扩张性货币政策**即通过增加货币供给量降低利率、刺激总需求的货币政策。

Expansionary monetary policy refers to the monetary policy that stimulates aggregate demand by increasing money supply and decreasing interest rates.

La política monetaria ampliada consiste en disminuir la tasa de interés y estimular la demanda general aumentando la oferta de dinero.

Chính sách tiền tệ mở rộng là chính sách kích thích tổng cầu qua việc tăng lượng cung cấp tiền tệ và giảm lãi suất.

金融緩和策とは、マネタリベースの増加、利子率の低下によって総需要を刺激する金融政策である。

19. **紧缩性货币政策**即通过减少货币供给量提高利率、抑制总需求的货币政策。

Tight monetary policy is to increase interest rate and curb aggregate demand by decreasing the money supply.

La poítica monetaria restirctiva es aumentar la tasa de interés y controlar la demanda general al disminuir la oferta de dinero.

Chính sách tiền tệ thắt chặt là chính sách hạn chế tổng cầu qua việc giảm lượng cung cấp tiền tệ và tăng lãi suất.

金融引き締め策とは、マネタリベースの減少、利子率の上昇によって総需要を抑制する金融政策である。

20. **供给侧改革**

supply-side reform

reforma del lado de la oferta

cải cách supply side

供給側改革

综合练习

一、单项选择题

1. 宏观经济政策的目标是（　　）。

A. 通货膨胀率为零、经济加速增长

B. 稳定通货、减少失业、保持经济稳定增长

C. 充分就业、通货膨胀率为零

D. 充分就业、实际工资的上升率等于或超过通货膨胀率

2. 凯恩斯主义所重视的政策工具是（　　）。

A. 供给管理　　B. 需求管理

C. 需求管理与供给管理并重　　D. 以上都不对

3. 财政政策（　　）。

A. 涉及财政支出和财政收入　　B. 包括工作岗位创造计划

C. 包括最低工资立法　　D. 包括失业保险

4. 按照凯恩斯主义的政策主张，在经济萧条时应使用的政策有（　　）。

A. 扩张性的财政政策　　B. 紧缩性的财政政策

C. 扩张性的货币政策　　D. 紧缩性的货币政策

5. 一般来说，财政政策运用过程中，政府行为产生的“时滞”主要有（　　）。

A. 作用时滞和决策时滞　　B. 实验和执行时滞

C. 预测时滞　　D. 以上都存在

6. 以下哪一个是自动稳定器的例子？当经济陷入衰退时，（　　）。

A. 更多人有资格领取失业保险补贴

B. 股票价格下跌，尤其是周期性行业的股票

C. 国会听取可能的一揽子刺激方案

D. 美联储改变联邦基金的利率目标

7. 货币政策（以美国为例）由以下主体和工具决定：（　　）。

A. 总统和国会（涉及改变政府开支和税收）

B. 总统和国会（涉及改变货币供应量）

C. 联邦储备委员会（涉及改变政府支出和税收）

D. 中央银行（涉及改变货币供应量）

8. 中央银行最常用的货币政策工具是（　　）。

A. 法定准备金率　B. 公开市场业务　C. 再贴现率　D. 道义劝告

9. 提高法定准备金率的政策适用于（　　）。

A. 经济繁荣时期　B. 经济萧条时期　C. 以上都对　D. 以上都不对

10. 运用财政政策、货币政策对需求进行调节时，（　　）。

A. 财政政策直接影响总需求

B. 货币政策通过利率变动对总需求发生影响

C. 财政政策间接影响总需求

D. 货币政策直接影响总需求规模

二、判断题

1. 政府税收具有稳定经济的作用。（　　）

2. 总支出水平不足时，政府应该提高转移支付水平，以增加社会总需求。（　　）

3. 增加税收和增加政府支出都属于扩张性的财政政策。 (　　)

4. 在总需求不足时，政府可采取扩张性的财政政策来抑制衰退。 (　　)

5. 存款准备金率政策是中央银行控制货币供给量的最主要手段。 (　　)

6. 在经济衰退期间，政府往往会出现预算赤字。 (　　)

7. 货币是一种资产，包括 M1、M2、M3。 (　　)

8. 自动稳定器不能完全抵消经济的不稳定现象。 (　　)

9. 在经济衰退期间，失业保险金往往会上涨。 (　　)

10. 公开市场业务是中央银行用以稳定国民经济的主要政策工具之一。 (　　)

三、问答题

1. 简述基于 AD-AS 模型的宏观经济政策体系下，宏观经济调控的目标及政策工具。

2. 需求管理包括哪些内容？在一国经济持续低迷时，如何运用需求管理来调节经济活动？

3. 简述并评论财政制度的自动稳定器功能。

第十一章

经济增长与经济发展

第九章和第十章讨论的经济波动以及用于对付波动的经济政策都属于短期分析的范围，为了重点分析这些经济波动的形成原因、波动对国民经济的影响以及经济政策的经济稳定作用的相关原理，我们假设潜在的生产能力水平是固定的。但从较长的时间范围来看，这一假设显然是不合理的。因此，在分析一个经济的长期运行时，就应注意这条长期增长趋势线的位置和走向。长期增长趋势的差异，使得一些国家经济发展较快，而另一些国家则相对落后。在这一章里，我们从长期的视角讨论经济增长和经济发展。

第一节 经济增长

一、经济增长的定义与衡量

1. 国民收入的长期趋势与波动

为了更好地认识和了解经济增长，有必要先说明国民收入的长期趋势及其波动，这可以用经济周期来说明。经济周期（economic cycle）[1]，又叫经济增长的周期波动、商业循环，是指经济增长过程中国民收入及总体经济活动水平有规律地呈现上升和下降的周而复始的运动过程。经济增长的周期波动是经济增长过程中的普遍现象。

经济周期可以分为两个大的阶段，即扩张阶段（expansion phase）和收缩阶段（contraction phase）。如果更细一些，则每一个典型的经济周期包括四个阶段和两个转折点，即繁荣（prosperity）、衰退（recession）、萧条（depression）和复苏（recovery）这四个阶段，以及顶峰（peak）和谷底（bottom）这两个转折点。可以用图 11.1 来说明经济周期的阶段划分以及各阶段的特点。

图 11.1 中，纵轴表示国民收入（Y），横轴表示时间（t），向右上方倾斜的直线 N（细线）是一条趋势线，表示经济的长期增长趋势过程。GDP 的趋势过程是经济中生产要素被充分利用时 GDP 所经历的过程。给定一个特定的时期，细

---

1 economic cycle: also known as cyclical fluctuation or commercial cycle of economic growth, referring to the regular rising and falling cyclical process of national income and overall economic activity in economic growth

线所对应的产量为经济中现有资源被充分利用时所能生产的产量，也就是充分就业产量或潜在产量（potential output）。图 11.1 中波浪式的粗线表示不同时期国内生产总值 GDP 的实际路径。从图 11.1 中可以看出，经济的实际产量不总是处于其趋势水平，即充分就业的水平，更经常的是产量围绕其趋势波动：顶峰—衰退—萧条—谷底—复苏—繁荣—顶峰—衰退—萧条—谷底……，如此周而复始。从一个顶峰到下一个顶峰之间，即为一个经济周期。经济增长周期的各个阶段有其各自的特点[42]。

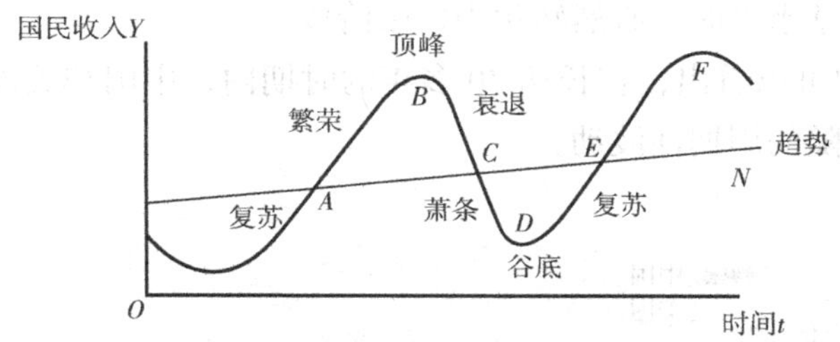

图 11.1　国民收入的趋势与波动

（1）繁荣阶段。繁荣阶段是经济活动高于正常水平的一个阶段。在这个阶段，生产迅速增加，投资增加，信用扩张，劳动力、原材料和银行贷款开始变得短缺，供不应求现象频繁发生，价格水平趋于上涨，发生通货膨胀。繁荣阶段的最高点即顶峰，此时国民经济的总产出量达到最大点，此后经济随时会进入衰退阶段。

（2）顶峰。顶峰是经济活动变化的最高点，也是经济周期的上转折点，在这一点上，经济从扩张转向收缩。在这一点上，由于企业开工充足，实现了充分就业，现有生产能力得到充分利用，就业和产量水平达到最高点，但价格开始下降，公众的情绪由乐观开始转向悲观。

（3）衰退阶段。衰退阶段是从繁荣阶段到萧条阶段之间的一个过渡阶段。在这个阶段，经济活动水平在达到最高点后开始从顶峰下降，由于生产过剩，价格、就业和产量水平随之下降，公众对未来感到悲观。当经济继续衰退，低于正常水平时，必然转化为萧条阶段。

（4）萧条阶段。萧条阶段是经济活动低于正常水平的一个阶段。在这个阶段，生产急剧减少，投资减少，信用紧缩，劳动力、原材料和银行贷款都显得过剩，供大于求的现象十分严重，价格水平大幅下跌，失业严重。萧条阶段的最低点即谷底，此时国民经济的总产出量达到最低点。由于企业倒闭、失业增加、收入下降、社会有效需求减少等现象还要持续一段时间，经济增长速度只是缓慢上升，而后社会经济才转入复苏阶段。

（5）谷底。谷底是经济活动变化的最低点，也是经济周期的下转折点，在这一点上经济从收缩转向扩张。在该点，由于企业倒闭、失业增加，社会中存在大量的失业工人和闲置的生产设备，就业和产量水平跌至最低，但价格水平开始回升，公众对未来的看法正由悲观开始转为乐观。

（6）复苏阶段。复苏阶段是从萧条阶段到繁荣阶段的一个过渡阶段。在这个阶段，经济活动走出谷底而开始回升。随着投资的逐渐增加，闲置的机器设备得到利用，价格水平和就业量也开始上升，公众对未来感到更加乐观。当经济继续复苏、高于正常水平时，必然转化为繁荣阶段。

从图 11.2 中可以看出，在长达 30 多年的时期内，中国和美国经济呈趋势性增长，但也有伴随的周期性波动。

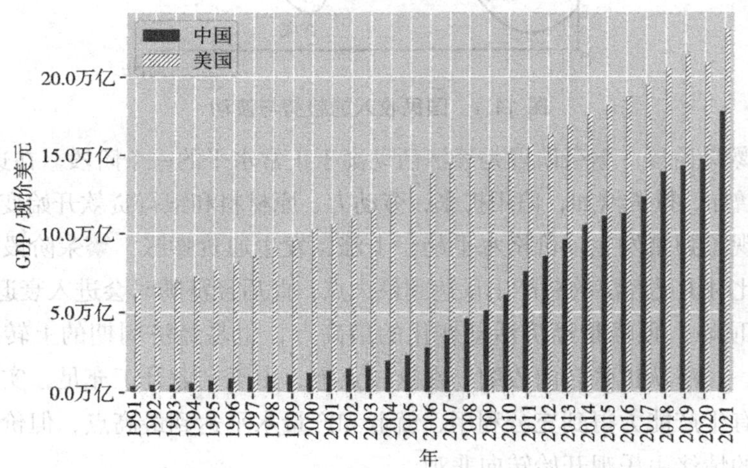

图 11.2　中国和美国 GDP 对比图（1991—2021 年）

2. 经济增长的衡量[42]

1）经济增长的概念

经济增长理论是现代宏观经济学的一个重要组成部分，它是对国民收入增长的研究，它通过研究实现经济增长的条件以及影响经济增长的因素等问题，来解释国民收入或产量长期发展的情况。西方经济学界一般将 1939 年英国经济学家哈罗德发表的《论动态理论》一文作为经济增长理论出现的标志。

经济增长（economic growth）[1]是指一个国家或地区在一定时期内生产的产品和劳务总量的增加。在宏观经济学中，经济增长通常被规定为GDP（产量）的增加。在经济分析中，通常用一国实际GDP的增长率或国民收入的增长率作为衡量指标，该指标消除了价格变动因素，能准确真实地反映一国经济的实际生产能力和综合国力水平。美国经济学家西蒙·库兹涅茨曾给经济增长下过这样一个定义：一个国家的经济增长，可以定义为给居民提供种类日益繁多的经济产品能力的长期上升，这种不断增长的能力是建立在先进技术以及所需要的制度和思想意识之相应调整的基础上的。

从库兹涅茨关于经济增长的定义我们可以看出，经济增长的定义应该包含三层含义：第一，经济增长集中表现在经济实力的增长上。经济实力的增长，是经济增长的标志。而经济实力的增长表现为产品和劳务总量的增加，即国内生产总值的增加。如果考虑到人口的增加和价格的变动，经济增长也可以说是人均实际国内生产总值的增加。所以，经济增长最简单的定义就是国内生产总值的增加。需要注意的是，经济增长只是国内生产总值或人均实际国内生产总值的增加，而不是其他。第二，技术进步是实现经济增长的必要条件。也就是说，只有依靠技术的进步，经济增长才是可能的。在影响经济增长的各种因素中，技术进步是第一位的。第三，经济增长的充分条件是制度与意识的相应调整。也就是说，只有社会制度与意识形态与经济增长的需要相适应，技术进步才能发挥作用，经济增长也才成为可能。

2）经济增长的衡量指标

经济增长通常用国内生产总值、国民收入等指标来衡量。世界上曾存在两种国民经济核算方式（accounting mode）：一是物质产品平衡体系（即MPS体系），是计划经济国家采用的核算体系，其总量指标有社会总产值（TPS）、国民收入（NI）等；二是国民账户体系（system of national accounts，即SNA体系），是市场经济国家普遍采用的核算体系，其总量指标有国民生产总值（GNP）、国内生产总值（GDP）、国民生产净值（NNP）、国民收入（NI）等。

在SNA体系中，经济增长的衡量指标主要是国内生产总值（GDP）和国民收入（NI）。国内生产总值（GDP）是一个国家或地区在一定时期内（一般为一年）所生产的全部最终产品和劳务的价值的总和，表明一个国家在一定时期内经

1　economic growth: the increase in the total amount of products and services produced by a country or region within a certain period of time

济活动的总规模。GDP 是按照国土原则统计的，以地理上的国境为统计标准，其人口包括居住在本国的本国公民和居住在本国的外国公民，不包括居住在外国的本国居民。GDP 仅包括国内生产最终产品的市场价值，它不涉及国外。GDP 反映的是国内经济活动的总量，因此，GDP 水平能更好地反映一个国家对就业问题的解决能力。我国 1993 年与联合国 SNA 体系接轨后，最初采用 GNP 作为衡量经济增长的核心指标，党的十六大提出全面建设小康社会的目标后，国民生产总值（GNP）指标被国内生产总值（GDP）指标所取代。

目前，一般采用 GDP 总量或者人均 GDP 增长率来表示。若用 Y_t 表示 t 时期的 GDP 总量，用 Y_{t-1} 表示 t–1 时期的 GDP 总量，则总产量意义下的经济增长率（economic growth rate）为：

$$g_Y = \frac{Y_t - Y_{t-1}}{Y_{t-1}} \tag{11.1}$$

若用 y_t 表示 t 时期的人均 GDP，用 y_{t-1} 表示 t–1 时期的人均 GDP，则人均总产量意义下的经济增长率为：

$$g_y = \frac{y_t - y_{t-1}}{y_{t-1}} \tag{11.2}$$

二、经济增长的事实与基本特征

1. 经济增长的一些事实

第八章中已经指出，虽然 GDP 指标有着这样或那样的缺陷，但它仍不失为一个粗略地度量一国生活水平的现成指标。下面我们可以看到，国家间生活水平的差距如此之大，以至于即使一个不十分精确的指标也足以得到人们的关注。因此，我们先用 GDP 来考查国家间的收入水平差异，然后展示部分国家间增长率的差异。表 11.1 给出了 13 个国家多年的人均真实 GDP 及年均增长率情况[44]。

表 11.1　13 个国家多年人均真实 GDP 及其年均增长率

国家	时期	期初人均真实 GDP/ 美元	期末人均真实 GDP/ 美元	年均增长率 / %
巴西	1900—2014	828	15590	2.61
日本	1890—2014	1600	37920	2.59
中国	1900—2014	762	13170	2.53
墨西哥	1900—2014	1233	16640	2.31
德国	1870—2014	2324	46850	2.11

续表

国家	时期	期初人均真实GDP/美元	期末人均真实GDP/美元	年均增长率/%
印度尼西亚	1900—2014	948	10190	2.10
加拿大	1870—2014	2527	43360	1.99
印度	1900—2014	718	5630	1.82
美国	1870—2014	4264	55860	1.80
巴基斯坦	1900—2014	785	5090	1.65
阿根廷	1900—2014	2440	12150	1.44
孟加拉国	1900—2014	663	3330	1.43
英国	1870—2014	5117	39040	1.42

表11.1明显地反映了这样两个事实：

（1）国家间在人均真实GDP上存在差异，进而在生活水平方面存在着巨大的差异。以该表为例，2014年美国的人均真实GDP为55860美元，是13个国家中最高的，2014年孟加拉国的人均真实GDP仅为3330美元，是13个国家中最低的，2014年美国人均真实GDP约为孟加拉国人均真实GDP的17倍。换种方式说，一个代表性的美国工人1天的工作收入相当于一个代表性的孟加拉国工人17天的收入。

（2）人均真实GDP增长率方面存在差异，进而导致多年后人均真实GDP的巨大差异。表11.1显示，在同一时期内，不同国家和地区的经济增长率有显著差异，比如1900—2014年经济增长率最高的巴西为2.61%，而增长率最低是孟加拉国，从而导致到2014年后，巴西的人均真实GDP为15590美元，是2014年孟加拉国的4.68倍，而在1900年巴西仅为孟加拉国的1.25倍。在1870年，英国人均真实GDP为5117美元，是当时世界上人均真实GDP最高的国家，但是其在1870—2014年增长率是最低的。到2014年，英国的人均真实GDP还低于德国和加拿大，而加拿大和德国在1870年的人均真实GDP仅为英国的一半不到，这主要是其增长率太低引起的。由此可见，增长是重要的，因为随着时间的推移，增长较快的国家的收入可以达到更高的水平。

人均GDP尽管不是一个衡量人类福利的完美指标，但是正如曼昆所说的那样，GDP高的国家负担得起更好的医疗保健，负担得起更好的教育制度，也可以教育更多公民阅读和欣赏诗歌。总之，GDP确实衡量了人们过上一种有意义生活的投入能力[44]。

2. 经济增长的基本特征

按照库兹涅茨的分析，现代经济增长具有六个特征：

第一，按人口计算的产量的高增长率和人口的高增长率。这一个特征在经济增长过程中是十分明显的，可以用统计资料证明。1750 年以来的 200 多年中，发达国家人均产量的年均增长速度大致为 2%，人口每年平均增长 1%，因此总产量大约年均增长 3%。这意味着，人均产量每 35 年翻一番，人口每 70 年翻一番，实际国民生产总值每 24 年翻一番，增长速度远远快于 18 世纪末工业革命开始前的整个时期。

第二，生产效率（productivity）的增长迅速。在经济增长的过程中，所有投入的生产要素的产出效率都增长迅速。这是由于技术进步是实现经济增长的必要条件，而技术进步必然引起生产效率的提高。按库兹涅茨的估算，人均产量增长的 50% ~ 75% 来自生产率的增长。也就是说，技术进步对于现代经济的增长起了很大作用。

第三，经济结构的变革速度快。在经济增长过程中，从农业转移到非农业，从工业转移到服务业；生产单位生产规模的变化；劳动力职业状况的变化；消费结构的变化，等等，所有这些变革的速度都很快。在美国，1870 年全部劳动力的 53% 在农业部门，到 1960 年降到不足 7%。在一个世纪中，发达国家农业劳动力占全部劳动力的百分比减少了 30 到 40 个百分点。此外，生产单位的规模、企业组织形式、消费结构、国内国外供应的相对份额也都发生了变化。

第四，社会结构与意识形态的迅速改变。例如：城市现代化以及教育与宗教的分离就是整个社会现代化的一个组成部分，也是经济增长的必然结果。

第五，经济增长在世界范围内迅速扩大。发达国家凭借其技术力量，尤其是运输和通信方面的优势，通过和平或战争的形式向世界其他地方延伸，使整个世界都卷入经济增长之中，成为一个经济增长的统一体。

第六，世界各国经济增长的状况不平衡。目前世界上还有占总人口 75% 的国家是落后的，有些国家的经济成就远远低于现代技术的潜力可能达到的最低水平，同时，全球的贫富差距正在拉大。

过去一百年是世界经济飞速发展的重要历史阶段。特别是最近十多年来，虽然遇到重重困难和挫折，但世界经济从总体上看还是呈发展之势。然而，人们忧虑地看到：一方面发达国家特别是美国的经济持续较快增长，另一方面许多发展中国家经济发展缓慢，有的国家经济停滞不前甚至出现倒退。因此，南北差距，特别是发达国家和最不发达国家之间的差距不但没有缩小，反而越来越大。联合国开发计划署于2007年发表的《人类发展报告》显示，发达国家与发展中国家人均国内生产总值的差距已从1983年的43倍扩大到当前的60多倍。占世界人口20%的发达国家所拥有的世界总产值高达86%，而占世界人口75%以上的发展中国家所占比例仅为14%。世界经济在不断发展，而全球最不发达国家的数量也在逐年上升。10年前世界最不发达国家总共有36个，目前已经增加到46个。

三、经济增长的决定因素

影响经济增长的因素很多，对经济增长要素的分析也各不相同。在经济增长过程中必须投入各种生产要素，因此，生产要素的投入量和生产率是经济增长的直接制约因素，经济体制是影响经济增长的核心因素[42]。

1. 生产要素的投入量

生产要素包括劳动力、资本、自然资源。生产要素的投入将使经济增长，反之，生产要素减少，经济增长将受到制约。生产要素的投入是经济增长的第一推动力。

1）劳动力

劳动力是生产要素中的能动性要素，是经济增长的直接推动者。劳动力的增加可以分为劳动力数量的增加与劳动力质量的提高，劳动力数量的增加来源于人口自然增长、劳动参与率提高、移民和劳动时间的增加。近几十年来，许多国家经济实现增长就是由于国内劳动力数量的增加。在这些国家，随着人口的增加和妇女社会地位的提高，越来越多的年轻人和妇女参加了工作，成为经济增长的重要推动力量。由于劳动力数量的增加并不一定提高劳动生产率，因此，经济增长还需要靠劳动力质量的提高来推动，况且劳动力数量的不足可以由质量的提高来弥补。一般来说，在经济发展初期，人口增长迅速，经济增长中劳动力的作用主要表现为劳动力数量的增加。在经济发展到一定阶段之后，人口增长率下降，劳动时间缩短，这时劳动力的质量就成为一国经济增长中最重要的因素。

劳动力质量表现为劳动者的技术、知识、健康程度和纪律性，劳动力质量的提高主要来自人力资本投资。人力资本是指劳动者通过教育、培训和经验而获得的知识和技能的积累。这些知识和技能的积累也是一种重要的资本存量，它体现在劳动者的素质上，看不见摸不着，但能有效地提高产量水平。形成人力资本的支出称为人力资本投资，它包括投入的资金和必要的学习时间。所以，同物质资本一样，人力资本也是一种生产出来的生产要素。我们应该像增加物质资本一样增加对人力资本的投资，即增加对教育的投资，提高国民素质，并且重视对企业员工的培训，不断提高劳动者的工作技能。

2）资本

资本也是最基本的生产要素之一，它是经济增长的物质条件。这里的资本指的是物质资本和货币资本两种形态。物质资本主要是指厂房、机器设备及各种配套设施等；货币资本包括现金、银行存款等。如果资本总量增加而劳动力数量不变，就相当于每个劳动力使用的机器设备等资本增加了，产量自然就会增加，整个经济也因此实现增长；如果在资本增加的同时人口也在增加，由于资本的增加一般要大于人口的增加，因此，人均资本量也会增加，推动经济实现增长。总之，资本的增加会促进经济增长。一般来说，在经济增长的开始阶段，资本增加的贡献较大，许多经济学家因此把增加资本作为实现经济增长的首要任务。美国在 20 世纪前半期，资本在经济增长中所做出的贡献占 11%左右。应该指出，在经济增长的开始阶段，资本增加所做出的贡献还要更大一些，所以在大多数经济高速发展的国家中，10% ~20%的产出都用于净资本的形成。战后西方国家经济增长的经验告诉我们，储蓄多从而资本增加大的国家，如日本，经济增长率是比较高的。我国在 20 世纪 90 年代后之所以能实现经济的持续快速增长，从资本因素来说，一方面是由于连续多年保持发展中国家吸引外资最多国家的地位，对外资有强大的吸引力；另一方面是我国的高储蓄率使国内居民储蓄连年攀升，从而保证了经济增长对资本的巨大需求。

3）自然资源

自然资源是指自然界提供的生产投入，主要包括土地、河流、森林和矿藏等。按照自然资源耗竭和更新的特点，又可分为两种形式：可再生的（森林、风力、太阳能等）与不可再生的（石油、煤炭等）。一个国家的自然资源状况对经济增长具有重要的促进或制约作用，丰富的自然资源会有利于一个国家经济的持续增长，而缺乏所需的自然资源则会对经济活动造成限制，在一国经济发展的初期更是如此。对于发展中国家来说，在经济发展初期都要伴随着一个缓慢而艰难的资本积累过程，需要依靠大量的投资，然而这个过程在具备丰富自然资源的国家就显得相对容易一些。如亚洲的马来西亚、拉丁美洲的委内瑞拉、智利等国，它们利用优越的自然条件，建立起相关产业，并通过出口换取所需的资本，从而大大缩短了资本的积累过程，为经济起飞打下了基础。相反，一些自然资源贫乏的国家，如非洲南部的一些国家，自然资源条件对于这些国家的经济增长造成明显的制约。随着一国经济发展水平的提高和技术的进步，自然资源条件对经济增长的制约作用会下降。首先，随着技术进步，不少资源是可以替代的，如许多金属构件就可由塑料或陶瓷替代，甚至随着技术进步，人们不仅会发现资源的新用途，还会发明出许多新材料。其次，随着技术的进步和生产率的提高，人们对原材料等自然资源的依赖性日益下降，特别是新技术革命下产生的许多新产业，所耗费的资源极少。最后，由于运输业运输技术的发展，运费降低，一国还可以通过进口来弥补本国资源的不足。例如日本是一个自然资源不足的国家，但日本通过国际贸易，进口它所需要的自然资源，并向自然资源丰富的国家出口其制成品，从而成为世界上最富裕的国家之一。再如韩国，其面积和资源与俄罗斯无法相比，但在国际贸易中所占的份额却远大于俄罗斯。

2. 生产要素的使用效率

生产要素的使用效率是指单位投入量的产出量。同样的要素投入，由于使用效率不同将产生极不相同的经济增长率。随着人类社会所面临的人口、资源、环境问题的加剧，通过提高生产要素的使用效率来促进经济增长具有更重要的意义。

1）技术进步

技术进步（technology progress）是提高生产要素使用效率的最直接因素，也是促进经济增长的重要因素。技术的进步意味着同样的生产要素（劳动力、资本等）的投入可以有更高的产出，或者是同样的产出可以使用更少的投入。如果没有技术的进步，劳动力质量的提高和资本的增加就都是有限的，正因为技术的进步是无限的，所以劳动力质量的提高和资本的增加才有可能是无限的，经济增长也才可能无限。随着经济的发展，技术进步的作用将越来越重要。值得注意的是，技术进步不仅指生产技术本身即生产设备的更新、生产工艺和方法的完善、劳动者素质的提高等，还包括管理制度的改善和管理水平的提高，采取新的组织与管理方法，改善资源的配置方式等。在经济增长中，技术进步是作为一种渗透性要素作用到劳动力、资本、自然资源等要素上的，通过提高生产要素的组合过程，从而提高生产要素的使用效率，促进经济增长。首先，技术进步促进了生产设备技术水平的提高和生产工艺水平的改善，从而提高了投入产出率；其次，技术进步促进了劳动者素质的提高，这不仅使劳动者能与先进的设备、先进的工艺相互配合，并充分发挥作用，而且促进劳动者生活方式的改善和观念的现代化；再次，技术进步促进了宏观和微观管理的改善和提高；最后，技术进步使经济结构发生巨大变革，促进产业结构合理化，从而使宏观结构效益和资源配置效率得到提高。

2）产业结构的变动

产业结构的变动是影响经济增长的重要因素。产业结构是指国民经济中各产业之间的比例关系和结合状况。由于生产要素在产业间配置的不均衡及不完全的市场对产业间要素流动的制约，宏观经济运行往往呈现出非均衡性，劳动力和资本等要素在不同产业的生产率和收益是有差别的。因此，推进产业结构调整和优化，促进要素从生产率较低的产业向较高的产业转移，能够提高产出水平、加速经济增长。随着人均收入水平的提高，人们的需求结构将会发生变化。如果产业结构不能随需求结构的变化而调整，将会导致供求结构的失衡，大量资源滞留在供过于求的衰退行业中，必然引起经济增长率的下降；反之，如果能适时调整产业结构，推动资源从衰退的产业向兴旺的产业转移，就能促进资源配置效率的提高，推动经济增长。第二次世界大战后迅速崛起的日本、韩国等国家的经济增长过程表明，加快产业结构转换是推动经济增长的重要因素。

3. 经济体制

传统的经济增长理论一般不考虑经济制度的因素，将经济制度因素作为“外生变量”而抽象掉。现实的经济运行却总是在一定体制背景下进行的，经济体制不仅为经济增长提供制度框架和平台，而且是经济增长的重要动力来源和保障基础。经济体制是影响经济增长的核心因素。马克思主义认为，经济制度是人类社会一定发展阶段的生产关系总和。一种社会形态经济制度的核心，是该社会的财产制度，以及由此决定的社会分配制度和交换制度。经济体制则是经济制度的具体实现形式，它是经济活动中各种经济行为规则、政府的经济法规、经济的组织制度和监控制度的总和。

根据生产关系一定要符合生产力的规律，经济体制状况对经济增长有促进和阻碍作用。当经济体制和生产力发展相适应时，就能促进经济增长；当经济体制和生产发展水平不相适应时，就会阻碍经济增长。20 世纪 70 年代之后，以美国经济学家科斯、诺斯等为代表的新制度经济学深入研究了制度和经济增长的关系。他们认为，制度和资本、技术等要素一样，是经济增长的一个内生性变量。诺斯还从历史的角度阐明，即使技术条件基本不变，只要经济制度发生变化（包括组织形式的革新、市场制度的变化、经营管理方式的革新、产权制度的变革等），生产率也能提高，经济也能增长。

上述影响经济增长的因素是相互影响、相互作用的，但每个因素在经济增长中的作用不尽相同。

四、绿色增长

1. 绿色增长（green growth）的内涵

“绿色”通常指环境保护和资源节约，特别是针对有限资源的使用以及温室气体的排放，也可看作一个动词，即“绿色化”。经济学上的“增长”主要是针对生产、收入和生活条件的，狭义上的理解则是经济的增长，因此一些绿色增长的实证研究中经常使用 GDP 或 GNP 作为增长的量化指标。近年来为研究具体的绿色增长成果，又出现了绿色 GDP 等概念。

张旭（2016）指出，绿色增长一词已然超越了“绿色”和“增长”机械组合所形成的狭隘内涵，它代表着人类“力图通过一种平衡环境危害和长远经济增长的方式以促进经济的增长与发展”的努力[49]。2005 年联合国亚洲及太平洋经济社会委员会（ESCAP）将其定义为“为推动低碳、惠及社会所有成员的发展而采取的环境可持续的经济过程”，但这一理解仅包含其经济属性，并未明确其自然属性和方法论，因而具有较强的抽象性。经济合作与发展组织（OECD）关注绿色增长之后对绿色 GDP 进行过两次界定。一次是在 2009 年 OECD 部长级理事会会议上，将其定义为“在防止代价昂贵的环境破坏、气候变化、生物多样化丧失和以不可持续的方式使用自然资源的同时，追求经济增长和发展”[50]。其中之所以包含对环境成本的考量，是受到绿色 GDP 兴起的影响。这一界定表达了 OECD 希望通过推动绿色增长降低环境资源成本，以变相促进经济增长的发展思路，虽具有一定的理论基础，但仍是缺乏全局观和公平观的狭隘认识。另一次是在 2011 年发表的《迈向绿色增长》报告中，OECD 继续深化对这一概念的认识，将其修订为“在确保自然资产能继续提供人类福祉所需的资源和环境服务的同时，促进经济增长和发展”[51]，揭示了绿色增长的本质内涵，阐明了经济发展、代际公平、环境保护三者的关系。因其表述更加完整，成为至今最受认可、影响最广的一种定义。

2. 绿色增长的必要性

我国经济增长方式的特征一是经济长期高度依赖低成本资源和生产要素的高强度投入，二是经济增长高度依赖投资和出口拉动。随着社会的发展，这样的增长方式越来越难以为继，主要有以下原因：生产要素的低成本优势开始减弱，资源环境承载能力接近极限，投资持续高增长的矛盾越来越尖锐，出口过快增长面临的风险越来越大。我国正在加快产业结构调整，转变经济增长方式，使经济向绿色增长的方向迈进。

3. 绿色增长的实现手段

绿色增长的实现仅仅依靠政府之力是远远不够的，它要求举全社会的力量协同合作，才能达到预期的目标。政府、企业、公众、科研院所、环保组织、国际组织等都对推动绿色增长发挥着重要作用。主要有以下实现手段：

建立循环经济工业园区、循环经济农业示范区，形成绿色发展先导效应；建立健全生态环境补偿机制，包括下游地区对上游地区、开发地区对保护地区、生态受益地区对生态保护地区等。减少资源消耗、环境污染，其中资源包括水资源、矿产资源、土地资源等，环境污染物主要包括二氧化硫、氮氧化物、氨氮等。控制高耗能、高排放行业的低水平扩张和重复建设；淘汰落后产能；前沿节能降耗新技术、新工艺的引进、研发、应用；实施强制性能耗物耗标准；建立节能降耗目标责任评价考核；建成绿色产业体系；构建绿色发展保障机制，如资源有偿使用、生态环境补偿、节能减排约束、循环经济统计评价、生产者责任延伸制度。发挥财政杠杆的引导和推动作用，政府投资向结构调整和绿色增长倾斜；严格环境监管监测，建立污染事故应急预警系统，加强环境执法，完善排放许可、限期治理、建设项目的环境影响评价制度，强化项目环境准入控制、环境保护目标责任制、企业年度环境报告制度、总量控制指标考核。

第二节 经济发展

一、经济发展的内涵与衡量

1. 经济发展的内涵

经济发展（economic development）[1] 是指发展中国家通过各个时期的经济发展战略的实施，使其经济实现工业化的过程。从广义上看，经济发展是指一个国家或地区随着经济增长而出现的经济、社会和政治的整体演进，它不仅包括这一

1 economic development: the economic industrialization process in developing countries through the implementation of the economic development strategy of various periods

个国家或地区经济的量的增长，而且包括经济的质的变化。具体地说，经济发展的内涵包括三个方面[42]：

一是经济数量的增长，即一个国家或地区通过增加投入或提高效率获得更多的产品和劳务产出，它构成了经济发展的物质基础。

二是经济结构的优化，即一个国家或地区投入结构、产出结构、区域结构、就业结构、社会阶层结构、收入分配结构、消费结构等各种结构的协调和优化，是经济发展的必然环节。

三是经济质量的提高，即一个国家或地区经济效益水平、社会和个人福利水平、居民实际生活质量、经济稳定程度、自然生态环境的改善程度以及政治、文化和人的现代化进程，是经济发展的最终标志。

库兹涅茨曾对经济发展做出了一个经典的说明。他认为，经济发展首先表现为一个国家满足本国人民日益增长的各种需要的能力的持续提高，这种提高建立在对各种先进的现代化技术的应用这一基础之上。而要保证先进技术的不断开发和充分应用，则必须有相应的制度和意识形态的调整。

2. 衡量经济发展的指标[42]

经济发展涉及经济社会各个层面的变化，因此，衡量经济发展的指标不是单一的，而应该既要有量方面的指标，又要有质方面的指标。但是，究竟使用哪些指标可以较准确地测定经济发展水平，直到现在还没有一个统一的定论。

在衡量社会经济发展的总量指标上，无论是对发达国家的经济发展，还是对发展中国家的经济发展，流行观点所用的衡量标准通常都是国民生产总值指标体系。主要有：①国内生产总值和人均国内生产总值；②国民收入和人均国民收入。如前所述，国内生产总值或国民收入只是衡量一个国家或地区经济增长的综合指标，而经济发展是一个国家或地区基于经济增长的经济社会全面改善的过程，因此，国内生产总值或国民收入这样的单一性指标并不足以反映经济发展这样一个整体化、多方面、综合性演变过程的结果。实际上，没有一个单一的指标能完整地衡量发展。于是，人们一直在设法弥补这一缺陷，建立其他的综合指标体系，以补充或者替代传统的衡量标准。

衡量社会经济发展的相对指标主要有：①发展速度，即按可比价格计算的前后两个时期总量数字的对比；②工业化率，即制造业附加值与国内生产总值的对比；③文盲率，即不识字的人数在一国人口总数中所占的比重。联合国在其第二个十年（1970—1980）的发展战略中，也明显注意把社会发展目标集中于教育、保健、营养、住房、收入分配和土地制度等方面。近年来，发展中国家兴起“新的发展战略”，把发展理解为满足人们的基本需要和人自身的发展。联合国第三个十年（1980—1990）的发展战略明确指出，发展的最终目的是在全体人民参与发展过程和公平分配收入的基础上，不断提高人民的福利；经济增长、生产性就业和社会平等、健康水平、居住条件、教育水平等都是发展的根本和不可分割的因素。

总之，对经济发展水平的衡量涉及经济、政治、社会等许多方面的因素，因此，其指标体系的确立是一项极为复杂的工作。虽然至今还没有统一的指标体系，但人们已达成了基本共识：不能仅仅用国民生产总值指标体系来衡量经济发展水平。

二、经济增长与经济发展的区别与联系

在现实生活中，人们往往把经济增长与经济发展混为一谈，认为经济增长了，就是经济发展了；国内生产总值高速增长了，就是经济快速发展了。其实这种认识是不正确的。经济增长与经济发展并不是一回事，二者是既相区别又相联系的概念[42]。

1. 经济增长与经济发展的区别

经济增长是指一个国家或地区国民经济总量（如国内生产总值和国民收入）的增长，它主要以国内生产总值增长率和人均国内生产总值增长率作为衡量指标。虽然在这种增长过程中也可能伴随经济结构的变化，但这种变化不是经济增长所追求的主要目标，它的主要目标是量的增加而非质的变化。而经济发展不仅包括国民经济总量的增加，还包括经济结构的基本变化，以及分配情况、社会福利、文教卫生、意识形态等一般条件的变化。其中，经济结构的变化是经济发展的标志，即一个国家或地区的经济从以传统农业为中心的缓慢增长，转变为以现代工业为中心的持续稳定发展。衡量经济发展的主要指标是经济结构、社会福利、文教卫生、环境质量以及经济效益的状态，它表明人类社会经济生活的质的变化。如果说经济增长是一个单纯的量的概念，那么经济发展就是比较复杂的质的概念。经济发展不仅包括经济增长的速度、增长的平稳程度和结果，还包括国民的平均生活质量，如教育水平、健康卫生标准、人均住房面积等，以及整个经济结构、社会结构等的总体进步。

2. 经济增长与经济发展的联系

经济增长包含在经济发展之中，它是促成经济发展的基本动力和物质保障。一般而言，经济增长是手段，经济发展是目的；经济增长是经济发展的基础，经济发展是经济增长的结果。虽然在个别条件下有时也会出现无增长而有发展的情况，但从长期看，没有经济增长就不会有持续的经济发展。

总之，一方面，经济增长包含在经济发展之中。持续稳定的经济增长是促进经济发展的基本动力和必要的物质条件，经济发展是经济持续稳定增长的结果，国民生活水平的提高、经济结构和社会形态等的进步也都很大程度上依赖于经济增长。因此，没有经济增长便谈不上经济发展。另一方面，经济增长并不等同于经济发展。如果经济增长了，经济结构和其他经济条件未发生根本变化，将有可能造成社会贫富悬殊扩大，也有可能造成经济效益低下，更谈不上经济发展，表现为所谓“有增长而无发展”的现象。经济发展应该是指一个国家经济、政治、社会文化、自然环境、结构变化等方面的均衡、持续和协调的发展，它是反映一个经济社会总体发展水平的一个综合性概念。

发展中国家在实现本国工业化起飞的初始阶段，有可能出现有悖于经济发展宗旨的现象。比如说，为了工业的高速增长而对农业实行高积累政策，使农业发展延滞，农民生活长期得不到明显的改善，产业结构严重失衡。

三、影响经济发展的基本因素

影响经济发展的因素很多，既有经济因素，也有非经济因素。由于经济发展包含经济增长，影响经济增长的因素必然同样影响经济发展。但经济发展又不同于经济增长，因此，影响经济发展的还有另外一些主要因素。这里主要介绍影响经济发展的 3 个因素[42]。

1. 资源配置

资源配置（allocation of resources）是影响经济发展的重要因素。在社会经济各部门中，有的部门生产率高，有的部门生产率低，如果资源（包括劳动、资本、土地等生产要素）从生产率低的部门转移到生产率高的部门，就会引起整个经济的总生产率的提高，由此带来经济增长率的提高，从而促进经济发展。例如，劳动力从生产率低的传统农业部门转移到生产率高的现代工业部门，全社会的生产率就会大大提高，社会经济结构也会因此得到优化。在当代发达国家的经济中，生产率高的行业（如商业、金融、医疗等服务性行业）占了主要部分（如美国这一比例就高达 70% 左右），而发展中国家的经济却以生产率低的行业（主要是传统农业）为主（不少发展中国家这一比例高达 90% 以上）。

2. 社会政治环境

社会政治环境优良与否，对社会经济发展至关重要。一个国家只有政局稳定，才能保证社会经济更快地发展。发达国家政局一般比较稳定，相反，一些发展中国家自独立以来，政局经常动荡不安，政变、动乱不断，在此背景下，经济活动根本无法正常进行，更谈不上经济增长和发展。非洲大陆是世界上最贫穷的大陆，经济长期发展缓慢，其中一个重要原因就是政局的不稳定。

3. 自然生态环境状况

自然生态环境包括人类赖以生存的土地、水、大气、生物等，它是经济发展的一个重要影响因素。工业革命以后，随着大工业的形成，人口增加，人类改造利用自然环境和自然资源的规模和程度日益扩大，环境问题也就日益突出。如今环境问题已成为全人类共同面临的全球性问题。特别是许多发展中国家，由于在发展经济的过程中忽视对环境的保护，加上一些发达国家转嫁环境污染危机，使其生态环境变得非常脆弱。这严重制约了这些发展中国家的经济发展。

此外，人口、教育、文化、对外开放水平等，也都是影响经济发展的因素。

四、新的经济发展模式与可持续发展战略

1. 新的经济发展模式[42]

新的经济发展模式是效益型、集约型、外向型的平衡发展模式，其主要特征是：第一，以满足人民日益增长的物质文化生活需要、增进人民福祉为根本目标，一切经济活动以增加人民的实惠为出发点。第二，转变经济增长方式，以不断提高经济效益为中心。经济发展的主要途径是科技进步和劳动生产率的提高，是实行内涵式扩大再生产，不仅要讲求积累量的增加，更要讲求积累效果的提高。第三，重点发展与平衡协调发展相结合，即要求经济的发展是平衡的、协调的。要以实现平衡协调发展为发展重点，并同非重点部门的发展结合起来，不以牺牲非重点部门的发展为代价。第四，自力更生与对外开放相统一，即要在强调自力更生的基础上实行对外开放，积极利用外资以弥补国内资金的不足，进口外国资源

以补充国内资源的短缺，积极引进国外技术以加快国内技术进步的步伐，不断扩大出口以增加外汇。

中国经济发展正处于从传统的计划经济向现代市场经济的转变时期。中国经济的发展模式要从过去以高速增长为主要目标、外延发展为主导方式和以重工业为中心，忽视自然生态环境保护的非均衡发展模式，逐步转向在不断提高经济效益的前提下，以满足人民物质文化、生态需要为目的和以内涵发展为主导方式，保护自然生态环境的相对平衡的新的经济发展模式。

实现中国经济发展模式的转变，实现中国经济发展的主要目标，着重应从以下几个方面进行努力：

第一，要在转变经济增长方式、提高经济效益的基础上，争取实现较高的经济增长速度。在经济增长过程中把速度与效益有机地统一起来。

第二，要在大力发展农业的基础上，实现工业化。工业化绝不应该局限于工业部门，而应该涵盖整个国民经济。具体来说，工业化至少应该包括工业和农业的机械化、现代化。中国是一个人口大国，也是一个农业大国，实践证明忽视农业或靠牺牲农业来发展工业的经济发展模式在中国是完全行不通的。

第三，要在提高科学技术水平、实现产业结构优化的基础上，实现现代化。中国经济发展的目标是三重的：一方面是要完成工业化的历史任务；另一方面是要完成以产业结构升级为主要内容的整个国民经济的现代化；再一方面是要实现自然生态环境的优化。中国产业结构的优化，包括产业结构的合理化和升级。要实现产业结构的合理化就要对原有的产业进行技术改造，实行技术革新；要实现产业结构升级就要大力发展新兴产业和高技术产业。因此，只有提高科学技术水平、实现产业结构的优化，才能实现经济的现代化。

第四，要在保护自然生态环境系统的基础上，实现经济与环境的协调发展。世界经济发展的历史证明，人类在追求巨大物质财富的同时会造成自然资源浪费和环境污染，20 世纪 50 年代以来的经济增长已经对整个地球的生态系统和不可再生资源的合理运用造成了危害，因此，经济、社会、环境的可持续发展已成为当代世界的主题。中国的生态平衡和资源保持状况已不容乐观，如果我们不高度重视，必然造成进一步的恶化，影响经济的持续稳定发展。显然，中国经济的发展绝不能以对自然资源的掠夺性开发、对土地的掠夺性经营和牺牲自然生态环境为代价，破坏人类赖以生存和发展的自然生态系统，而是要在人与自然关系协调的基础上，促进经济发展，保持生态环境优化，实现经济和环境的协调发展。

总之，树立科学发展观，促进中国经济社会的全面协调可持续的高质量发展，就是要实现经济增长、社会发展和科技进步的共同发展，要实现生产增长、生活提高、生态改善的全面发展。这就是中国经济发展应该选择的模式。

2. 我国的可持续发展战略[42]

改革开放以来，我国经济取得了举世瞩目的成就。在充分肯定成绩的同时，我们应清醒地看到，我国在经济快速发展的同时也积累了不少矛盾和问题，主要是城乡差距、地区差距、居民收入差距持续扩大，就业和社会保障压力增加，教育、卫生、文化等社会事业发展滞后，人口增长、经济发展同生态环境、自然资源的矛盾加剧，经济增长方式落后，经济整体素质不高和竞争力不强等。这些矛盾和问题已越来越成为社会和经济发展的制约因素。究其原因，是由于长期以来，我们片面追求经济增长的速度，而忽视了社会经济的全面发展。

由于片面追求经济增长的速度，粗放式的经济增长方式没有根本改变，目前我国的经济正面临人口、资源、能源、环境的制约与压力。依靠高投入维持的经济高速增长是不可能持久的，更谈不上社会的全面进步和造福子孙后代。有鉴于此，我国亟需实行可持续发展战略。

我国的人均资源并不多（人均水资源拥有量仅为世界平均水平的1/4，石油、天然气、铜、铝等重要矿产资源人均储量分别为世界平均水平的8.3%、4.1%、25.5%、9.7%，生态环境又先天脆弱，而多年来盛行的高消耗、高污染、低效益的粗放扩张型经济增长方式，使得资源、能源浪费大、环境破坏严重等问题日益凸显。资料表明，曾经我国每创造1美元国内生产总值所消耗的能源是美国的4.3倍、德国和法国的7.7倍、日本的11.5倍。

出于对世界未来发展走向的充分把握和对我国国情的深刻分析，在国内国际总体发展趋势的大背景下，1992年6月，我国政府在巴西里约热内卢联合国环境与发展大会上庄严签署了《环境与发展宣言》，其后又在全世界率先组织制定了《中国21世纪议程——中国21世纪人口、环境与发展白皮书》，作为指导我国国民经济和社会发展的纲领性文件，开启了我国可持续发展的进程。1996年我国正式把可持续发展作为国家的基本发展战略，引起了国际社会的巨大反响。2004年3月，时任国务院总理温家宝在十届全国人大二次会议上作政府工作报告时强调了“科学发展观”的概念，指出我们要坚持科学发展观，按照“五个统筹”的要求，正确处理改革、发展、稳定的关系，推动经济社会全面、协调、可持续发展，并要求将科学发展观全面导入各级政府的执政理念和实际工作中。2016年9月19日，时任国务院总理李克强在纽约联合国总部主持“可持续发展目标：

共同努力改造我们的世界——中国主张”座谈会时指出：“发展必须是可持续的，是经济、社会、环境的协调发展。可持续发展还是开放、联动、包容的发展，是全球的共同事业。”

中国国家环保局根据联合国环境与发展大会反映的全球动向和经验，结合我国二十多年来环境保护工作的实际和经验，针对中国的环境和发展问题，提出了对策。它们是：①实行可持续发展战略；②采取有效措施，防止工业污染；③深入开展城市环境综合治理，认真治理城市“四害”；④提高能源利用效率，改善能源结构；⑤推广生态农业，坚持不懈地植树造林，切实加强生物多样性保护；⑥大力推进科技进步，加强环境科学研究，积极发展环保产业；⑦运用经济手段保护环境；⑧加强环境教育，不断提高全民族的环境意识；⑨健全环境法制，强化环境管理；⑩参照国际社会环境与发展精神，制定我国的行动计划。

第三节 促进经济发展的政策

在第四章我们已经讨论了影响单个企业生产的四种要素，即劳动、资本、土地、企业家才能。从本章分析的经济增长和发展的决定因素来看，影响经济发展的主要因素包括：技术、资本、劳动力以及经济社会制度等，本章将再次探讨与这几方面相关的促进政策。

一、促进技术进步

根据新经济增长理论即内生经济增长理论，内生的技术进步是保证经济持续增长的决定因素，这为设计促进增长的政策提供了理论基础。研究与开发（R&D）模型认为，技术进步取决于研发投入和研发成果的保护。因此，政府促进技术进步的政策可以体现为两个方面：①对研发活动投入进行补贴。政府应对企业研发活动给予税收减免甚至补贴，对无法盈利的科学研究领域予以财政支持。比如基础科学研究领域一般投入大、见效慢，甚至没有经济效益，只能由政府提供资金及其他资源。②对研发成果的保护。如果认定该产品是原创的，政府就授予专利，给予发明者在规定年限内排他性地生产该产品的权利。通过允许发明者从其发明中获得利润，尽管只是暂时的，专利制度仍提高了个人和企业从事研究的积极性。因此，需要建立、健全保护知识产权方面的法律，加大对知识产权的保护和对盗版等侵犯知识产权行为的打击力度。

二、鼓励资本积累

资本是经济增长的必要前提，没有物质资本存量的增长，就很难取得任何形式的经济增长，所以资本形成被当作经济增长的最基本的前提条件。尤其对于发展中国家来讲，要保持一定的经济增长速度，就必须保持适当的资本积累，也就是资本要有一定的增长。资本存量的增长是储蓄和投资推动的，鼓励资本形成便主要归结为鼓励储蓄和投资。这在储蓄和经济增长之间会形成一种良性循环，较高的经济增长会促进比较高的储蓄率，而较高的储蓄率反过来又会促进经济的高速增长。因此，促进储蓄和投资的相关政策都有利于积累资本，从而促进经济发展。

三、增加劳动力数量和质量

劳动力对经济发展的影响体现为两个方面：数量和质量。

（1）劳动力的数量。对于任何处于某一特定时期的经济体，只要非劳动资源的供应量是固定的，必然存在一个与之相适应的适度人口规模。事实表明，环境污染、生态破坏以及对资源掠夺式的利用等既与追求经济增长有关，也与人口迅速增长有关。因此，当人口的增长使社会经济的可持续发展受到威胁时，我们就应该控制人口的增长以减少这种威胁。但是人口的减少，也必然导致劳动力的减少。因此，国家应根据经济社会发展的劳动力状况对人口做出可持续发展的政策规划。

（2）劳动力的质量。劳动力的质量也可以换一种说法：人力资本。所谓人力资本就是通过教育、培训和经验而获得的知识和技能。人类社会在经历漫长的农业经济、辉煌的工业经济之后，正逐步迈入一个崭新的经济发展阶段——知识经济时代。相对于以土地和劳动力为主要投入的农业经济和以资本和自然资源为主要投入的工业经济，知识经济以人力资本（即物化的知识）为主要资源，它具有投入要素可无限地反复使用、经济长期持续发展、知识要素报酬递增等特点，这正是可持续发展所要求的。人力资本对人类社会和自然环境的和谐发展还具有促进作用，因为使人类社会和自然环境和谐发展的重要途径是减少资源，特别是不可再生资源的开采和利用，这就要求人类找到这些资源的替代物，而这种替代要求有一定的技术，更要求有一定的人力资本。因此，要实现可持续发展，必须强化人力资本的积累。

提高教育水平是积累人力资本的主要途径，普及基础教育、加强职业教育、实现高等教育平民化等，都有助于实现高经济增长。在职培训是积累人力资本的一条有效途径。在职培训往往针对性很强，而且见效快。因此，政府政策应该首先提供良好的教育、培训体系，并鼓励人们利用这样的体系，同时应该采取各种财政或税收手段来鼓励企业进行在职培训。

四、建立适当的制度

生活水平的国际差异部分归因于物质和人力资本的投入差别，部分归因于使用这些投入的生产效率的差别。各国生产效率水平不同的一个重要原因就是配置稀缺资源的经济制度不同，因此，建立适当的经济制度对经济增长是非常有必要的。

所谓制度，就是在一定历史条件下形成的政治、经济、文化等方面的体系，而经济制度是指能支配个人和企业经济行为的一套规则、体制和惯例。其中，影响经济增长的最基础、最根本的经济制度是产权（property rights）保护，即对财产的保护，以免被他人占用。经济当事人要求产权保护，这样才有激励去投资。否则，他们的成果可能会轻易被别人拿走。如果一家卖小面的店预计吃面的人不会给钱，店主就不会努力开面馆。只有店主相信能从卖小面中获得收益，他才会有动力做好小面，从而卖得更多。维护产权的基本方式是法制，而法制可以保护合同的被强制执行、使专利发明人依法维护自己的利益等。因此，需要建立相关的经济、法律和社会安全制度来保护产权。

五、加强国际合作

1. 促进投资、生产与贸易合作

任何一个国家都不一定具备实现充分经济增长的所有要素，比如部分贫穷和发展中国家的国内储蓄不足，导致投资和物质资本不足，也有部分国家技术落后，还有国家存在自然资源不足和生产链不全的短板等。而促进经济增长的技术、资本、劳动力和自然资源的比例可以因生产模式而有所差异，但都是不可或缺的。当一个国家的经济增长受制于其中的一个或者几个要素时，可以通过吸引外资、国际贸易和产业链、供应链合作来解决问题。因此，需要建立促进经济发展的相关政策制度，比如自由贸易、外商投资法等。

2. 加强可持续发展方面的合作

可持续发展是世界各国的共同使命，世界各国有必要加强这方面的合作，但现实并不令人满意。以环境问题为例，发达国家拥有雄厚的经济实力，为其国内环境问题的防治提供了必需的财力，也取得了较好的效果，但与此同时，他们却转嫁环境污染危机给发展中国家，以邻为壑，损人利己。其实此类行为从长远看也是损人不利己的，因为自然环境和自然资源的破坏将引起一系列地区性乃至全球性的严重生态后果，发达国家到时候又岂能独善其身？因此，各国应充分认识到人类根本利益的共同性，必须采取相关的政策促进可持续发展的相互合作，共同建设美好的未来。

实践专题之十一 中国的绿色低碳发展实践

改革开放40多年以来，中国的经济发展取得了喜人成绩。然而，这些成就背后是对资源投入的长期依赖，在经济发展的同时，自然资源和生态环境也承受了巨大压力。习近平总书记在主持中共中央政治局第三十六次集体学习时强调，要贯彻新发展理念，坚定不移地走生态优先、绿色低碳发展道路，着力推动经济社会发展全面绿色转型。为推动高质量发展，实现碳达峰碳中和的目标，需要在资源和环境的双重约束下，转变资源利用方式，不断提高资源利用效率。绿色发展是21世纪人类发展的共同主题，是中国经济转型的根本方向。对于中国乃至全世界，绿色发展的重要性和紧迫性都不言而喻。各国政府纷纷采取行动，努力引领绿色发展。

一、绿色发展是中国发展的大势所趋

改革开放 40 多年来，中国迅速发展成为世界第二大经济体，但是，在享受着总体小康等改革开放美好成果的同时，我们也感受到了非绿色发展所带来的苦果。工业化在创造巨大物质财富的同时，也造成了资源的过度开发和环境的持续破坏，导致人与自然的矛盾日益突出。传统的“先污染，后治理”的发展模式是不可持续的。一方面，中国是一个人均自然资本相对贫瘠的国家，资源环境已成为制约经济社会可持续发展的重要瓶颈；另一方面，中国已超过美国成为能源消费和二氧化碳排放第一大国，经济发展造成的大气污染、土壤污染、资源枯竭、生态失衡、水污染、沙漠化等生态破坏和环境污染问题直接影响着人民群众的健康生活。《2017 中国生态环境状况公报》显示，2017 年，全国 70.7% 的城市的空气质量不达标，32.1% 的水属于第三类以下水质，全国 66.6% 的监测点地下水水质较差或非常差。滥用农药、过度使用化肥和塑料薄膜，造成土壤被严重污染。同时，城市垃圾产生量和清运量大幅增长，而垃圾处理能力低导致环境污染严重。水利部公布的全国第二次遥感调查结果显示，中国 31.1% 的国土面积被侵蚀，严重的土地流失和退化更是加剧了土地的供需矛盾。中国是世界上最大的污染排放国，也是最大的资源消耗国之一。《BP 世界能源统计年鉴 2017》显示，2016 年中国一次能源消费量占世界的 23%，碳排放总量占全球的 27.3%。

严峻的环境形势和经济下行压力迫使中国政府和人民重视绿色发展。面对严峻的生态环境形势，如何形成节约资源和保护环境的绿色发展方式，是我国发展中需要着力解决的问题。2011 年 3 月，在全国人大通过的“十二五”规划纲要中，“绿色发展，建设资源节约型、环境友好型社会”首次被列为重要章节。“十三五”规划首次将“绿色发展”作为五大发展理念之一纳入并系统化，提出到 2020 年，我国单位 GDP 用水量、单位 GDP 能源消耗、单位国内生产总值二氧化碳排放量分别下降 23%、15% 和 18%。2014 年，《中美气候变化联合声明》明确提出，碳排放计划在 2030 年达到峰值，非化石能源占比达到 20%。2015 年，中国作为《联合国气候变化框架公约》的缔约方，提交“中国国家自主贡献”。

要正确处理好经济发展和生态环境保护的关系，牢固树立保护生态环境就是保护生产力、改善生态环境就是发展生产力的理念，更加自觉地推动绿色发展、循环发展、低碳发展，不以牺牲环境为代价换取一时的经济增长。从“黑色发展”到“绿色发展”的尽快转型是中国的必然选择和根本出路。习近平生态文明思想是中国绿色发展的行动指南，把绿色发展战略提升到人类文明的高度，指出“我们既要绿水青山，也要金山银山。宁要绿水青山，不要金山银山。而且绿水青山就是金山银山。”党的十九大报告强调，我国必须转变发展方式、优化经济结构、转换增长动力，转向高质量发展，并提出必须树立和践行“绿水青山就是金山银山”的理念，坚持人与自然和谐共生。中国开启了推进绿色发展的新篇章，进入了生态文明建设的新时代，同时，绿色发展已经成为国家发展的战略目标和方向，成为中国发展的大势所趋。

二、城市是中国推进绿色发展的重中之重

绿色发展理念的提出及践行有其深刻的现实背景。城市作为人类生产生活和经济发展高级化的集聚地，因技术创新、管理效率提升、人口持续净流入而地理空间扩张、人口规模上升，不仅象征着一个国家政治、经济、文化和技术的前沿和先进方向，而且代表着先进的生产、美好的生活和社会的进步。然而，中国的城市在经历了40余年的粗放高速经济增长之后环境污染十分显著。中国依然是发展中国家，2021年人均GNI（1.25万美元）与世界银行公布的高收入国家门槛值（1.2695万美元）仅“一步之遥”。中国的城市依然处于城市化的提升、工业化的发展阶段，人口和工业的增加会导致中国城市的环境污染上升，中国城市的环境污染形势非常严峻。中国的城市化发展进程亦表明，资源环境问题主要集中发生在城市区域，如大气污染、水体污染、固体废弃物污染、噪声污染、土壤污染等在城市环境中的破坏作用不容忽视。汽车尾气、工业废气等造成城市空气污染，居民深受雾霾困扰，由于空气污染而导致医院呼吸道疾病门诊率急剧升高。城市垃圾问题日益突出，全国约2/3的城市被垃圾环带包围，而中国城市的垃圾无害化处理能力较低，造成了一系列的严重危害。城市的工业废水、废渣以及生活污水、垃圾和农药化肥施用等使土壤质量下降，进而危及人们的生活和健康。因此，城市是推进绿色发展的重中之重。随着生活水平的提高，城市居民对环境的需求和期望提高了，传统粗放的“先污染、后治理”发展模式已经行不通了，绿色发展之路才是中国城市的必然选择和根本出路。

三、大湾区探索产业绿色发展转型模式，构建绿色经济增长新体系

绿色低碳、可持续发展，是粤港澳大湾区建设世界一流湾区的重要主题。党

的二十大报告提出“加快发展方式绿色转型”的目标，包括“完善支持绿色发展的财税、金融、投资、价格政策和标准体系，发展绿色低碳产业”。《粤港澳大湾区发展规划纲要》也明确表示支持香港打造大湾区绿色金融中心。近年来，大湾区绿色金融蓬勃发展，基础设施建设和产品服务创新都走在全国前列，一个绿色金融发展高地正在形成。粤港澳大湾区是中国经济高质量、可持续发展的新引擎，在推动产业链低碳转型、能源结构优化和绿色金融的发展中，发挥着独特的作用。未来，大湾区更应协同合作、完善金融标准和市场体系，建立与国际市场接轨的规则与标准，以实现粤港澳大湾区的可持续发展。

为推动大湾区传统产业的绿色转型，广东先后出台了《广东省制造业数字化转型实施方案及若干政策措施》《广东省数字经济促进条例》等多项政策。这为能源、生产、交通等领域的绿色产业发展指明了方向。另外，大湾区还发挥龙头企业的示范引领作用。例如，华为在东莞松山湖光大 We 谷建成广东省首个“华为云工业互联网创新中心”，截至 2022 年 10 月，该创新中心已扶持 113 家企业“上云用云”，涵盖制造业、软件、电子信息、生物医药等行业，使企业人力成本降低 40%，研发效率提升 30%，产品直通率提升 6%，生产效率提升 11%，有力助推了企业的绿色数字化转型。目前，大湾区正利用云计算、区块链技术、数字大数据等新一代信息技术，完善新型制造体系建设，实现数字化生产。

大湾区产业绿色转型之所以能取得长足成效，主要有以下两方面优势：一是大湾区经济结构成熟，产业化水平高，智能制造和产业集群形成了强大合力，这些因素都有利于绿色产业的发展，让产业的规模、技术水平、区域竞争力等处于领先地位。二是区内各个城市发挥自身优势，为大湾区绿色经济发展提供坚实支撑。香港是世界知名的金融中心，澳门第三产业发达，广州和深圳的高新技术走在全国前列，其他珠三角地区城市制造业产业链基础完备。大湾区汇聚区内各城市的特长，形成以新一代产业技术、智能制造、创新金融为主的可持续发展模式，推动战略性新兴产业集群发展，逐步驶上绿色经济的“快车道”。

实现“双碳”目标离不开金融体系的有力支持，绿色金融已经成为助力发展绿色经济的主要工具。大湾区内地九市拥有全国最大的制造业产业，其中上下游配套产业众多。在“双碳”目标的背景下，产业链上各环节的企业都面临着较大的绿色转型压力，绿色融资需求旺盛。而香港与澳门有着成熟的资本市场和开放的制度环境，香港也是亚洲规模最大的绿色债券市场，2021 年亚洲约三分之一的绿色债券在香港融资发行。因此，凭借粤港澳大湾区金融背景优势以及扎实的产业优势，湾区内各城市可以充分发挥协同效应，根据自身的经济基础、社会制度以及开放程度等对绿色金融进行试点尝试，有望率先实现碳中和，为全国实现“双碳”目标提供宝贵经验。

在产业基础方面，粤港澳大湾区城市间凭借不同的要素禀赋优势互补，产业错位竞争、差异化发展，共同形成完善的产业发展生态，为绿色金融创新提供更多契机。大湾区逐渐转型为以智能制造、信息技术、互联网金融为主的创新型发展模式，战略性新兴产业集聚不断形成，推动绿色金融和经济低碳转型迈向更高层次，在绿色金融政策体系构建、产品和服务实践、基础设施和服务平台建设等方面取得了一定进展。深交所、港交所、广期所三大重要金融基础设施建设不断完善；成立全国首个区域性绿色金融联盟“粤港澳大湾区绿色金融联盟”，持续创新绿色金融产品与服务；横琴、前海、南沙等三大粤港澳合作示范区内部金融改革创新不断取得新突破。相关基础设施与平台可以有效衔接和协调三地绿色金融资源，为绿色金融、金融科技等金融创新提供了重要保障。

（资料来源：“大湾区可探索产业绿色发展转型模式 构建绿色经济增长新体系”相关报道）

本章小结

1. 经济周期，是指经济增长过程中国民收入及总体经济活动水平有规律地呈现上升和下降的周而复始的运动过程。经济周期是经济增长过程中的普遍现象。不同学派的经济学家对引起经济周期的原因持有不同的观点。

2. 经济增长和经济发展是一国长期追求的目标，是整个社会发展的基础。经济增长是指一个国家或地区在一定时期内生产的产品和劳务总量的增加。经济发展是指一个国家或地区随着经济增长而出现的经济、社会和政治的整体演进，它不仅包括这一国家或地区经济的量的增长，而且包括经济的质的变化。经济增长是经济发展的基础，经济发展是经济增长的结果。

3. 影响经济发展的因素有：生产要素和生产要素的使用效率，包括劳动、资本、自然资源、技术进步、经济结构的变动和经济体制。

4. 促进经济发展的政策可以从技术进步、鼓励资本积累、劳动力数量和质量提升、建立适当的制度和加强国际合作等几个方面着手。

本章专业术语解释

1. **经济周期**又叫经济增长的周期波动、商业循环，是指经济增长过程中国民收入及总体经济活动水平有规律地呈现上升和下降的周而复始的运动过程。

Economic cycle, also known as cyclical fluctuation or commercial cycle of economic growth, refers to the regular rising and falling cyclical process of national income and overall economic activity in economic growth.

Ciclo económico, conocido también como fluctuación cíclica o ciclo comercial de crecimiento económico, se refiere al proceso cíclico regular de aumento y disminución del ingreso nacional y la actividad económica general en el crecimiento económico.

Chu kì kinh tế cũng được gọi là chu kì thăng trầm, tuần hoàn của sự tăng trưởng kinh tế. Trong quá trình tăng trưởng kinh tế, GDP và các hoạt động kinh tế vận động một cách có quy luật, lúc thì tăng lên, lúc thì giảm xuống, và luân phiên xảy ra.

景気循環とは、経済全体の活動水準及び国民所得である景気において、循環的見られる変動である。経済成長循環、商業循環ともよばれている。

2. **人力资本**是指劳动者通过教育、培训和经验而获得的知识和技能的积累。

Human capital refers to the accumulation of knowledge and skills that workers gain through education, training and experience.

Capital humano se refiere a la acumulación de conocimientosy habilidades que los trabajadores obtienen a través de la educación, la formación y la experiencia.

Vốn nhân lực là tổng thể kiến thức, kĩ năng và trình độ chuyên môn mà người lao động tích lũy được qua quá trình đào tạo, bồi dưỡng hoặc kinh nghiệm.

人的資本とは、労働者を教育・訓練による、特別な技能・技術資格と熟練を要する職業人材の累積である。

3. **物质资本**主要是指厂房、机器设备及各种配套设施等。

Physical capital mainly refers to a plant, machinery and equipment and various offiliated facilities.

Capital físico se refiere a la planta, el equipo y varias instalaciones auxiliares.

Vốn hiện vật là nhà xưởng, máy móc, các loại trang thiết bị v.v...

物的資本とは、工場、機械設備及び施設である。

4. **货币资本**包括现金、银行存款等。

Currency capital includes cash, bank deposite, etc.

Capital monetario incluye efectivo, depósito, etc.

Vốn tiền mặt bao gồm tiền mặt, tiết kiệm ngân hàng v.v...

貨幣資本とは、現金、銀行預金である。

5. **自然资源**是指自然界提供的生产投入，主要包括土地、河流、森林和矿藏等。

Natural resource refers to the production inputs provided by nature, which mainly includes land, rivers, forests and minerals, etc.

Recursos naturales se refiere a los insumos de producción proporcionados por la naturaleza, que incluye principalmente tierra, ríos, bosques y minerales.

Tài nguyên thiên nhiên là giới tự nhiên cung cấp vào sản xuất, tài nguyên thiên nhiên bao gồm ruộng đất, sông ngòi, rừng cây, khoáng sản v.v...

天然資源とは、生産に投入される自然界からの資源である。天然資源は土地、河川、森林、鉱物など含まれる。

6. **生产要素的使用效率**是指单位投入量的产出量。

Factors of production efficiency refer to the unit output of input.

Fatores de eficiencia de producción se refieren a la producción unitaria de entrada.

Hiệu quả sản xuất của yếu tố sản xuất là lượng sản xuất cho lượng đầu vào theo đơn vị.

生産要素使用効率とは、単位投入量に対する産出量である。

7. **产业结构**是指国民经济中各产业之间的比例关系和结合状况。

Industrial structure refers to the proportion and combination of various industries in the national economy.

La estructura industrial se refiere a la relación proporcional y la condición combinada entre industrias en la economía nacional.

Cơ cấu ngành là mối quan hệ tỉ lệ và tình hình kết hợp giữa các ngành trong nền kinh tế quốc gia.

産業構造とは、国民経済において各産業の比重や仕組み関係を表すものである。

8. **经济发展**是指发展中国家通过各个时期的经济发展战略的实施，使其经济实现工业化的过程。

Economic development refers to the economic industrialization process in developing countries through the implementation of the economic development strategy of various periods.

Desarrollo económico se refiere al proceso de industrilización económica en los países en vías de desarrollo a través de la implementación de estrategias de desarrollo económicos en varios períodos.

Phát triển kinh tế: Phát triển kinh tế là quá trình các nước đang phát triển thực hiện công nghiệp hóa kinh tế bằng chiến lược phát triển kinh tế trong các thời kỳ khác nhau.

経済発展とは、資本蓄積や技術進歩に伴い、未発達で低所得の国家経済が近代的な産業経済に生まれ変わるプロセスである。

9. **经济发展战略**是指一个国家（或地区）根据本国（或本地区）发展经济所面临的主观和客观条件，从全局和长远角度出发而制定的一个较长时期内经济发展所要达到的目标，以及实现这一目标的方针和步骤的总体决策。

Economic development strategy refers to the overall decision made by a country (or region) based on the subjective and objective conditions faced by the country (or region) in developing its economy, from a global and long-term perspective, to achieve the goals of economic development over a longer period of time, as well as the policies and steps to achieve this goal.

Estrategia de desarrollo económico se refiere al objetivo que debe alcanzar un país (o una región) en un período de tiempo relativamente largo de desaroollo económico basado en las condiciones subjetivas y objetivas que enfrenta un país (o una región) en su propio desarrollo económico y desde una perpectiva globaly de largo plazo, así como los lineamientos y políticas para logar esta decición general.

Chiến lược phát triển kinh tế là một quốc gia hoặc một lãnh thổ đứng trước các điều kiện chủ quan và khách quan, từ góc độ toàn cục và lâu dài đặt mục tiêu phát triển kinh tế trong một thời gian tương đối dài, và để thực hiện mục tiêu này đặt các chính sách về phương châm và bước đi.

経済発展戦略とは、一国（あるいは地域）はその国の経済発展状況におかれている主観的または客観的条件の下、総合的に長期にわたって経済発展の到達する目標、および目標実現にむけての方針とプロセスの政策を決定することである。

10. **可持续发展**是指既满足当代人的需求，又不损害后代满足其自身需求的能力的发展。

Sustainable development refers to a mode of human development in which resource use is aimed to meet human needs while preserving the environment so that these needs can be met not only in the present, but also for generations to come.

Desarrollo sostenible se refiere a un modo de desarrollo humano en el que el uso de los recursos tiene como objetivo satisfacer las necesidades humanas mientras se preserva el medio ambiente para que estas necesidades puedan satisfacerse no solo en el presente, sino también para las generaciones futuras.

Phát triển bền vững là thỏa mãn nhu cầu của người dân đương đại, đồng thời không tổn thương khả năng phát triển của các thế hệ sau để thỏa mãn nhu cầu của họ.

持続可能な発展とは、現世帯の人々の需要を満たすとともに、次世代の満足できる需要を損なわない発展である。

11. **衰退**：实际收入下降、失业率上升的时期

recession: a period of decline in real income and rise in unemployment

recesión: un período de disminución del ingreso real y aumento del desempleo

sụt giảm: sụt giảm là thời kỳ thu nhập giảm xuống, tỉ lệ thất nghiệp tăng lên

衰退：実質所得が減少、失業率が上昇する期間

综合练习

一、单项选择题

1. 在经济增长中起最大作用的是（　　）。

A. 劳动力　B. 资本家　C. 技术进步　D. 经济制度

2. 经济周期各阶段依次是（　　）。

A. 萧条、衰退、复苏、繁荣　B. 繁荣、衰退、萧条、复苏

C. 复苏、萧条、衰退、繁荣　D. 繁荣、萧条、衰退、复苏

3. 以下不属于可持续发展特征的是（　　）。

A. 强调经济增长是第一位的　B. 不排斥经济增长

C. 以提高生活质量为目的　D. 以保护自然资源为基础

4. 经济增长的标志是（　　）。

A. 失业率的下降　B. 先进技术的广泛应用

C. 社会生产能力的不断提高　D. 城市化速度的加快

5. GNP 是衡量经济增长的一个极好的指标，是因为（　　）。

A. GNP 以货币表示，容易比较

B. GNP 的增长总是意味着已发生的实际经济增长

C. GNP 的值不仅可以反映一国的经济实力，还可以反映一国的经济福利程度

D. 以上都对

6. 什么因素决定了一国公民的生活水平？（　　）。

A. 自然资源　　B. 出生率　　C. 生产率　　D. 失业率

7. 当经济进入衰退时，真实 GDP（　　），而失业率（　　）。

A. 上升；上升　　B. 上升；下降

C. 下降；上升　　D. 下降；下降

8. 以下哪些因素不是影响生产率的决定因素？（　　）。

A. 人均物质资本　　B. 人均人力资本

C. 人均自然资本　　D. 生产成本

9. 以下哪项被视为人力资本？（　　）。

A. 幼儿教育计划　　B. 岗位培训

C. 在职经历　　D. 以上都对

10. 当日本汽车制造商扩建其在美国的一个汽车厂时，对美国的 GDP 和 GNP 会有什么影响？（　　）。

A. GDP 增加、GNP 减少　　B. GNP 增加、GDP 减少

C. GDP 的增加大于 GNP 的增加　　D. GNP 的增加大于 GNP 的增加

二、判断题

1. 经济周期是经济中不可避免的波动。（　　）

2. 经济增长主要与经济中生产潜力的增长以及生产能力得到利用的程度有关。（　　）

3. 资本的增加是经济增长的重要因素。（　　）

4. 经济增长和经济发展是一国长期追求的目标，是整个社会发展的基础。（　　）

5. 自然资源包括可再生和不可再生两种形式，森林是不可再生资源的一个例子。（　　）

6. 依据真实 GDP 不能够判断一个国家经济的繁荣与否。（　　）

7. 生产率的决定因素包括物质资本、人力资本、自然资源和技术知识。（　　）

8. 生产率是指一个工人工作时间内所产生的商品与服务的数量。（　　）

9. 外国直接投资和国内投资对所有衡量经济繁荣的指标都有同样的影响。（ ）

三、问答题

1. 什么是经济增长？应如何理解经济增长？
2. 什么是经济周期？经济周期包括哪些阶段？
3. 什么是经济发展？经济发展与经济增长有什么区别和联系？

第十二章

开放的宏观经济

在一个封闭的经济体系里，消费者和生产者两股对立的力量通过“看不见的手”的原理共同决定了市场出清的价格和数量，决定着市场福利在国内各经济主体间的分配。然而，正如我们所看到和感受到的那样，当今大多数国家所消费的商品和服务都包含“外国货”，而生产的许多商品和服务也是出口到国外的，这体现了各经济体在世界范围内的相互依存性。这种依存性既体现在商品的相互交换上，也体现在生产要素的全球化配置上，这就构成了一个开放的宏观经济体系，催生了经济全球化、区域经济一体化、全球失衡等一系列真实世界的经济现象。

第一节 专业化、国际贸易与贸易利益

开放的经济体系中，供给和需求的“角力”不再局限在国内市场上，经济行为主体的经济决策需要充分考虑世界范围内的约束条件，市场出清的价格和数量也应该是在更广的世界范围内的出清，除非那种商品是不可贸易的。

一、生产可能、专业化生产与国际贸易

假设有两个生产要素禀赋几乎相同的国家——“A 国”和“B 国”，组织生产两种分别名为“工业品”和“农产品”的产品，为简化起见，只考虑生产过程中的单一生产要素投入，譬如劳动要素，两国的劳动要素均为 480 单位。进一步假定 A 国用 15 单位劳动要素可以生产 1 单位工业品，用 60 单位劳动要素可以生产 1 单位农产品，而 B 国的生产效率稍高，用 10 单位劳动要素可以生产 1 单位工业品，用 20 单位劳动要素可以生产 1 单位农产品，如表 12.1 所示。

表 12.1 要素总量与生产可能

	生产 1 单位产品投入的要素量		单一产品生产的最大可能产出量	
	工业品	农产品	工业品	农产品
A 国	15	60	32	8
B 国	10	20	48	24

当然，如果在封闭的经济体系下，每个国家都按照表 12.1 中的最大可能产出量来组织生产是不可思议的，因为无论在哪一种产品生产上耗尽要素资源，后果都将是该国消费者会缺少另一种未生产产品的消费。因此，比较合理的可能是，在各国消费者偏好的引导下，将该国的劳动要素“恰当”地分配到工业品和农产品两种产品的生产上去，譬如 A 国生产并消费 16 单位工业品和 4 单位农产品，而 B 国生产并消费 24 单位工业品和 12 单位农产品。

就这样，各国按照封闭经济体系的逻辑孤立地运行一段时间之后，A 国突然告诉了 B 国一个“秘密”，说“不如你减少一半的工业品生产吧，只要生产 12 单位，节约下来的劳动要素就多生产 6 单位农产品呗，而我把所有的劳动要素用来生产工业品，产出 32 单位，然后我用 15 单位工业品换你 5 单位农产品。”B 国一琢磨，成交！因为这样一来，B 国将有 27 单位工业品和 13 单位农产品可以消费，均多于贸易前的 24 单位和 12 单位！当然，A 国也会从这个“秘密”中受益，它将有 17 单位工业品和 5 单位农产品可以消费，均多于贸易前的 16 单位和 4 单位！正如表 12.2 所示。

表 12.2　生产专业化与贸易

		A 国		B 国		备注
		工业品	农产品	工业品	农产品	
分工与贸易前（封闭经济）	生产	16	4	24	12	各自市场出清，生产量与消费量相等
	消费	16	4	24	12	
分工与贸易后（开放经济）	生产	32	0	12	18	交换比例：3 单位工业品换 1 单位农产品；市场出清不再局限在国内，而是在世界市场内
	贸易	–15	+5	+15	–5	
	消费	17	5	27	13	
分工与贸易所得		+1	+1	+3	+1	所得（或可消费产品量）增加

注：表中的“+”表示进口商品增加，“–”表示出口商品减少。

两个国家从这个“秘密”中受益的主要原因是它们接受了专业化分工，打开了各自封闭的经济体系并进行了贸易。专业化分工其实是一种产出结构的调整。调整中，一个经济体有时候可能会放弃某种（或某些）产品的生产而专注于一种（或一些）产品的生产，这称为完全专业化，如表 12.2 中的 A 国；有时候则不涉及产品品类的增加与减少，只涉及产品产出数量的相应增减，被称为部分专业化，如表 12.2 中的 B 国。

接受生产的专业分工的经济体，必须依赖于贸易来互通有无或调剂余缺，以完整地获取分工与贸易所得。这种跨越国家边界的商品与服务的交换活动，即国际贸易（international trade）[1]。

二、专业化生产的动力：比较优势

为什么专业化分工与贸易可以给参与的双方带来利益呢？这得从生产成本和生产效率说起。

考查产品生产成本的一种方法是直接比较每一个经济体（个人、家庭、企业或国家）在产品生产上的投入大小。如果一个经济体生产某种产品所需要的投入较少，则该经济体在该产品的生产上有绝对优势。在表 12.3（a）中工业品和农产品两种产品的生产上，B 国需要的要素投入量分别只有 10 单位和 20 单位，均低于 A 国的 15 单位和 60 单位，投入更少，产出效率更高，在两种产品的生产上都有绝对优势；而 A 国则需要更多投入，产出效率更低，为绝对劣势。

表 12.3　生产成本、生产效率、绝对优势与比较优势

	（a）生产 1 单位产品投入的要素量（生产成本）		（b）生产 1 单位产品而放弃的另一产品的产出（机会成本）	
	工业品	农产品	工业品	农产品
A 国	15	60	1/4 单位农产品	4 单位工业品
B 国	10	20	1/2 单位农产品	2 单位工业品

还有另外一种考查生产成本的方法，叫机会成本，即为了得到一种产出而不得不放弃的另外所有其他生产机会中能够给经济行为主体带来的最大产出量。在表 12.3（b）中，如果 A 国决定生产 1 单位工业品，则需要投入 15 单位的劳动要素，这也意味着不可能再使用这 15 单位去生产农产品，相当于放弃了 1/4 单位的农产品生产，即 1 单位工业品的机会成本是 1/4 单位农产品；以此类推，A 国生产 1 单位农产品的机会成本就是 4 单位工业品。类似地，另一个国家——B 国——生产 1 单位工业品的机会成本是 1/2 单位农产品，而生产 1 单位农产品的机会成本是 2 单位工业品。显然，在单位工业品的生产上，A 国的机会成本要小于 B 国，而在单位农产品的生产上，A 国的机会成本要大于 B 国。“两优相权取其重，两

1　international trade: the exchange of goods and services across international borders

劣相权择其轻”，因此，在专业化分工中，A 国会分工生产其机会成本更小的工业品，而 B 国则分工生产其机会成本更小的农产品，这正是表 12.2 中所描述的分工格局。通常，如果一个生产者在生产一种产品时放弃了更少的其他产品的生产，即该产品生产的机会成本较小，就拥有比较优势（comparative advantage[1]）。比较优势的存在就是参与者愿意接受并从事专业化分工生产的动力。

三、交换比例、世界价格与贸易利益

表 12.2 中的分工与贸易模式得以进行，是以两个国家（A 国、B 国）都接受了 3 单位工业品交换 1 单位农产品的交换比例为前提的。那为什么 3 ∶ 1 的交换比例能被接受呢？

为了弄清楚这个问题，我们先回退到封闭经济体系中。假设所有劳动要素都是同质的，没有工作时间的差异，也没有产出效率等差异，也就是所有不同个体的劳动为生产过程提供的劳动价值是相等的，产品的价值高低只与劳动投入数量相关，而与劳动质量无关。在表 12.1 的封闭经济体系中，A 国市场上的农产品价值是工业品的 4 倍，即市场交换中 4 单位工业品才能交换到 1 单位农产品；而 B 国市场上的农产品价值是工业品的 2 倍，即市场交换中 2 单位工业品才能交换到 1 单位农产品。

再回到开放经济中，国际贸易意味着更长的交换周期、更多的交易障碍和更高的交易成本，那么要“说服”两个国家都参与到国际贸易中来，国际市场必须提供两国都能接受的交换比例。对 A 国而言，这意味着能够用少于 4 单位的工业品交换到 1 单位农产品，或者用 4 单位工业品能够交换到多于 1 单位的农产品，它才愿意参与国际贸易；而对 B 国而言，这意味着能够用 1 单位农产品交换到多于 2 单位的工业品，或者用少于 1 单位的农产品就能交换回 2 单位工业品，它才愿意参与国际贸易。而在表 12.2 中，3 单位工业品交换 1 单位农产品的比例恰好在两个国家愿意接受的交换比例之间，正好满足上述要求。

对应表 12.3 中的成本和效率分析，可以得出一般性的规律是：能够被贸易参与者接受的国际交换比例位于两个国家在其国内组织这两种产品生产的机会成本之间。

1 comparative advantage: the fact that a producer gives up less production of other products when producing one product, that is, a producer can produce a particular commodity at a relatively lower opportunity cost over others

生产成本和生产效率最终会反映到商品价格上，产品的交换比例也成了两种产品市场价格之比的倒数。我们把世界市场上某商品的通行价格称为世界价格。比较国内价格与世界价格之间的大小，低于世界价格的国内价格意味着生产上的比较优势和贸易上的出口机会，而高于世界价格的国内价格意味着生产上的比较劣势和进口贸易上的愿望。

图 12.1（a）中，世界市场价格 P_w 高于国内市场价格 P_d，该国选择出口有利可图。对应于世界市场价格 P_w，贸易品在国内市场上供过于求，国内市场供给过剩量 Q_{ex} 通过世界市场销售，即贸易品的出口量；图 12.1（b）中，世界市场价格 P_w 低于国内市场价格 P_d，该国选择进口有利可图。对应于世界市场价格 P_w，贸易品在国内市场上供不应求，供给短缺量 Q_{im} 由世界市场补足，即贸易品的进口量。

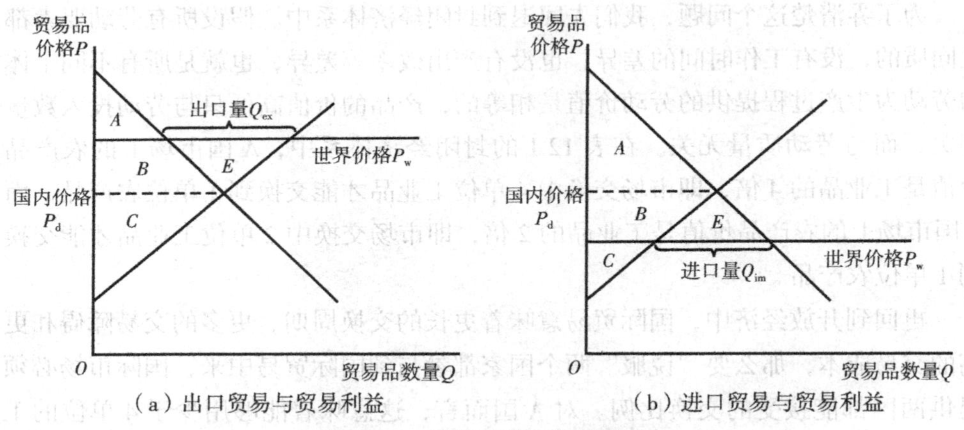

（a）出口贸易与贸易利益　　（b）进口贸易与贸易利益

图 12.1　国际贸易与贸易利益

我们可借用前面章节提到过的“剩余”概念来讨论贸易带来的福利变化。在图 12.1（a）的出口贸易中，国内消费者以高于国内市场价格 P_d 的世界市场价格 P_w 进行消费，消费者剩余减少了 B，减少到 A，与此同时，国内生产者也以高于国内市场价格 P_d 的世界市场价格 P_w 进行销售，生产者剩余在 C 的基础上增加了 B 和 E 两部分，合并计算，贸易给出口贸易参与经济体带来了 E 的福利增加；而在图 12.1（b）的进口贸易中，国内消费者以低于国内市场价格 P_d 的世界市场价格 P_w 完成消费，消费者剩余在 A 的基础上，增加了 B 和 E 两部分，与此同时，国内生产者也不得不以低于国内市场价格 P_d 的世界市场价格 P_w 进行销售，生产者剩余减少了 B 部分，合并计算，贸易给进口贸易参与经济体带来了 E 的福利增加。贸易利得变动总结于表 12.4。

表 12.4 国际贸易与贸易参与者的福利变动

	出口经济体			进口经济体		
	消费者剩余	生产者剩余	总剩余	消费者剩余	生产者剩余	总剩余
贸易前	$A+B$	C	$A+B+C$	A	$B+C$	$A+B+C$
贸易后	A	$C+B+E$	$A+B+C+E$	$A+B+E$	C	$A+B+C+E$
剩余变动	$-B$	+（$B+E$）	$+E$	+（$B+E$）	$-B$	$+E$

除了给贸易参与者带来上述静态福利效应，国际贸易还会因为如下理由获得更广泛的支持：

（1）增加了商品的多样性。每个经济体的产品结构并不尽然相同，自由贸易的存在为消费者获得本国所没有的产品提供了重要途径。

（2）获得规模经济的好处。当今世界的工业品生产，往往只有量大的时候才能降低生产成本，这被称为规模经济。在封闭经济条件下，小国受国内市场容量的限制，往往很难获得规模经济的好处，但贸易的存在却使得这些企业可以获得更大的市场空间，进而充分享受规模经济的好处。

（3）增加了竞争。垄断带来市场失灵，但开放贸易促进了竞争，使“看不见的手”的原理有了更多的施展空间和表现机会。

四、贸易壁垒与贸易利益的变动：以关税为例

国际贸易改善了贸易参与方的整体福利，同时也引起了贸易经济体内部利益的重新分配。如果这种利益再分配的结构不是合意的，譬如进口贸易带来的岗位减少，或者贸易品的低价进口损害了国内生产集团的利益，等等，就有可能引起贸易国内部受损利益集团的联合游说、联合施压，进而改变贸易经济体的自由贸易政策，提高或增设贸易壁垒（trade barrier），增加贸易成本。

关税（tariff）[1]，就是其中的典型代表，尤其是进口关税，被认为是保护国内市场、增加财税收入的有效办法。这里的关税是指对进出口商品征收的一种税收。进口关税的征收会改变国内市场价格，进而改变国内福利的分配。

1 tariff: a tax imposed by the government of a country or by a supranational union on imports or exports of goods

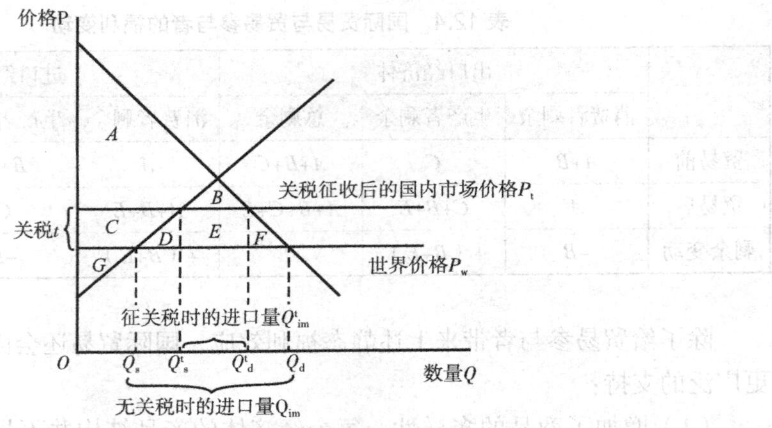

图 12.2　加征关税后的进口贸易

如图 12.2 所示，进口关税 t 的加征带来了几个效应：①价格效应。进口产品的国内市场价格由原来的世界价格 P_w 上升为含税价 P_t；②消费效应。国内消费量由征税前的 Q_d 减少到征税后的 Q^t_d；③生产效应。国内供应量由征税前的 Q_s 上升到征税后的 Q^t_s；④贸易效应。国内供求缺口即进口贸易量由征税前的 Q_{im}，即 Q_d-Q_s，减少到征税后的 Q^t_{im}，即 $Q^t_d-Q^t_s$。⑤税收效应。征税后，政府能从每单位进口量中获取 t 的关税收入，总税收收入将是进口量与关税税率 t 的乘积。显然，关税征收保护了国内生产者，使其能从更高的市场销售价格中获益，且政府也能获取关税收入，但却损害了消费者的利益，迫使其不得不以更高的价格消费该产品。从福利改变的视角来看，关税征收改变了征税前的福利分配结构，见表 12.5：

表 12.5　进口关税与贸易参与者的福利变动

	消费者剩余	生产者剩余	政府收入	总福利
进口关税征收前	$A+B+C+D+E+F$	G	−	$A+B+C+D+E+F+G$
进口关税征收后	$A+B$	$G+C$	E	$A+B+C+E+G$
变动	−（$C+D+E+F$）	$+C$	$+E$	−（$D+F$）

表 12.5 显示，进口关税的征收减少了消费者福利、带来了生产者福利和政府收入的增加，改变了国内福利的分配结构。令人遗憾的是，征税给征税国带来的整体静态福利的影响是负面的，造成了图 12.2 中的 D+F 的净损失，即无谓损失。其中 F 是消费净损失，来自消费者因关税而造成的消费下降，而 D 是生产净损失，是国内含税价格高于世界价格后，将一部分原本没有效率的生产者“留”了下来，

造成了生产效率上的净损失。

第二节 国际收支与外部平衡

国际贸易的持续发生，会引致一些生产要素跨越国境流动的需求，譬如贸易商人的跨境移动、贸易结算引致的资金跨境流动，此时的生产要素跨境流动是“伴生性”的。另外，没有比较优势的非贸易品，或者是贸易品在遭遇到更高的贸易成本（譬如进口关税的增加）而使贸易变得不可能后，人们就会想方设法让生产要素跨境流动起来，到境外去组织生产，以满足境外市场的需求，这也引致了更大规模的生产要素跨境流动的需求。

商品和服务的国际贸易、生产要素的跨境流动等，都是一个经济体发展对外经济与贸易联系的重要途径，属于国际收支的范畴。为了记录、衡量该经济体的国际收支情况，就产生了国际收支平衡表（balance of international payments，BOP[1]），即记录一经济体在特定时期（例如一个季度或一年）内所有资金流入与流出活动的表格，也即记录该经济体所有涉外经济活动的表格。国际收支平衡表记录的是收支的流量，而描述某特定时点上一个经济体与世界其他经济体（国家或地区）间的全部经济往来而形成的金融资产和负债的存量的记录表，就是国际投资头寸表（international investment position，IIP）。

一、国际收支平衡表

国际收支平衡表遵循复式记账[2]的原则，包括贷方（credit）、借方（debit）和差额（balance）三栏数据，每一笔国际经济交易一定会在平衡表里记录两次。凡是使资源从本国流出的业务，记贷方；使资源流入本国的业务，记借方。对应

1　balance of international payments (also known as balance of payments, abbreviated to BOP): the difference between the flow of money into and out of a country in a particular period of time (e.g., a quarter or a year)

2　复式记账法作为一种记账方法，以资产与权益平衡关系作为记账基础，对于每一笔经济业务，都要以相等的金额在两个或两个以上相互联系的账户中进行登记，以系统地反映资金运动变化结果。

地，贷方业务使得本国资产减少（或负债增加），而借方业务则使得本国资产增加（或负债减少）。

国际收支平衡表的记载项目主要有经常账户（current account）、资本和金融账户（capital and financial accounts）、净误差与遗漏（net errors and omissions）等大项，每大项下又包括若干小项，见表 12.6。

表 12.6 国际收支平衡表

	贷方（亿美元）	借方（亿美元）	差额（亿美元）
经常账户			
货物贸易			
服务贸易			
初次收入（雇员报酬、投资收益）			
二次收入（转移支付）			
资本和金融账户			
资本账户（capital account）			
金融账户（financial account）			
非储备性质的金融账户			
直接投资			
证券投资			
金融衍生工具			
其他投资（货币、存贷款、应收款）			
储备资产净变化			
货币黄金			
特别提款权			
在国际货币基金组织的储备头寸			
外汇储备			
净误差与遗漏			

国际收支平衡表中：

（1）经常账户。这是最重要的账户，包括货物、服务、收入（即表中的初次收入）和单边转移（unilateral transfers，即表中的二次收入）四个二级项目，分别反映了因国际贸易、跨境服务、收入汇寄和转移支付所引起的资源流动。账户差额为正，表明经济体有盈余，即有产品和服务等经常项目的对外净输出。

（2）资本和金融账户。反映了某一经济体一定时期内对外资本流动与金融交易收支的状况，其中资本账户对应着非金融类的资本流动或业务，如固定资产的交易、继承、赠与、保险支付等，包括因移民而引致的实物资产流进流出；而金融账户则反映了金融交易活动带来的资本流动，其中又包含了非储备性质的金融账户和储备资产账户，前者记录了直接投资、证券投资、金融衍生工具等投资行为，后者则记录了官方政府为国际支付所准备的国际硬通货，如货币黄金、特别提款权[1]、外汇储备（美元、欧元、英镑、日元等被国际社会普遍接受的货币）等。资本和金融账户差额为负，表明实物或金融资本流入本国；差额为正，表明实物或金融资本流出本国。

（3）净误差与遗漏。经常账户、资本和金融账户是国际收支平衡表中的主体，理论上讲，因为每笔经济交易都被等额地在借贷两方同时记录了，所以它们的余额加总起来应该等于零。但实际统计工作中，它们的和往往不为零，这时就需要净误差与遗漏项来进行平衡。因此，净误差与遗漏项被定义为主要账户之和的负值，这样就可以确保整个国际收支平衡表之和必然等于零。当然，净误差与遗漏既可能是因为实际工作中的统计误差引起的，也可能是那些没有被观察到的经济交易所带来的资源跨境流动引起的。

二、国际投资头寸表

国际收支变动会改变一个经济体对外资产和负债的存量，而这一存量则通过国际投资头寸表来反映。不过稍微复杂一点的情况是，一个经济体公开发布的国际投资头寸表通常是以某种特定货币作为计价单位的，譬如美元，但因其资产与负债的实际计价货币可能是多样的，这就会涉及汇率折算和汇率波动的问题。

1. 汇率

所谓汇率（exchange rate），是不同货币间相互兑换的比率，也叫汇价、国际汇兑、外汇牌价。汇兑过程中，一定量的一种货币如果能够换到更多的另一种货币，就是货币的升值（appreciation）；反之，一种货币如果变得不值钱了，可以换到的另一种货币减少了，就是货币的贬值（depreciation）。

通常，通过银行柜台或借助于外汇市场，用一种货币兑换另一种货币，使用的汇率叫双边汇率（bilateral exchange rate），它可以反映两种货币之间的相对强弱，

1　特别提款权（Special Drawing Rights, SDRs）是国际货币基金组织（IMF）分配给其成员使用的、一种可用于完成国际支付的账面资产，创设于 1969 年，由美元、欧元、英镑、日元等四种货币按照一定的比例组成的一个货币篮子。2015 年 SDRs 改革，IMF 把人民币加入这个货币篮子，权重略高于 1/10。SDRs 的作用在于，如果成员经济体发生国际收支逆差，则可以动用其在 IMF 账户上的 SDRs 来向 IMF 指定的其他成员换取外汇，完成国际支付。

但它却不能全面反映某种货币（相对于所有重要货币）的强弱，譬如人民币对美元贬值了，但同时对欧元又升值了，这时就需要有效汇率（effective exchange rate），即一种货币相对于其他一篮子货币的加权平均汇率，其中的权重通常使用的是货币发行国对其他国家的贸易量。

汇率的标价方式有两种：一种是用本币表示 1 单位外国货币的价格，叫直接标价法（direct quotation）；另一种是用外币表示 1 单位本国货币的价格，叫间接标价法（indirect quotation）。以中国的人民币（本币）标价为例，650 元人民币兑换 100 美元，就是直接标价法；而 15.38 美元兑换 100 元人民币或 0.1538 美元兑换 1 元人民币，就是间接标价法。

在一个经济体的资产与负债的存量统计中，通常需要把以各种不同货币计价的资产与负债通过汇率换算成拟公布的特定计价货币，譬如美元。此时，汇率的波动就会影响存量统计的结果，譬如，一个经济体使用美元为计价货币公布其资产与负债存量，那么它持有的欧元资产，在欧元兑美元升值的条件下，同一笔资产在当期计入统计表的数值就要大于上一期（或基期）。

2. 国际投资头寸表

因为汇率折算、汇率波动以及其他一些调整规则的存在，国际投资头寸表中资产与负债的存量数据变动未必与国际收支平衡表中的流量数据精确相等，但大体上还是接近的。

国际投资头寸表本质上是一个经济体对外的资产负债表，大体内容如表 12.7 所示。

表 12.7 国际投资头寸表

	存量（亿美元）
净头寸	
资产	
直接投资	
证券投资（股权、债券）	
其他投资（货币、存款、贷款等）	
储备资产（外汇储备、黄金、SDRs 等）	
负债	
直接投资	
证券投资（股权、债券）	
其他投资（货币、存款、贷款等）	

国际投资头寸表最值得关注的是资产减去负债之后的“净头寸”。

三、开放经济中的国民收入核算与外部平衡

外部经济交往所产生的国际收支必然会改变 GDP 的核算逻辑。

在封闭经济体系中，以支出法计，总产出 Y 等于国内消费 C、国内投资 I 和政府支出 G 三部分的加总，即 $Y = C + I + G$。

经济开放之后，多出了贸易部门，设净出口为 NX，则国民收入核算恒等式通常会改写为 $Y = C + I + G + NX$。但问题是，NX 只能反映出贸易部门的经济交易行为，并不能完全涵盖一个经济体的对外经济交往的所有交易，譬如并未包含其对外经济实物的交往。更全面的分析应该考虑使用国际收支平衡表中的经常账户（CA），因此，更全面的支出法 GDP 核算恒等式应该是：

$$Y = C + I + G + CA$$

将上式右边的 C、I、G 移到左边，可改写为 $Y - C - I - G = CA$，而在经济学意义上，总支出 Y 减去居民消费 C 和政府支出 G 就是国民总储蓄 S。故此可得：

$$S - I = CA$$

这是一个非常有意义的恒等式，表明一个经济体的经常账户差额等于这个经济体的总储蓄减去其国内总投资。这就是说，如果经常账户顺差，就意味着该经济体的国内储蓄不足以通过国内投资来消化，得把储蓄“出口”一部分到国外去，因而形成了其国际收支平衡表中的经常账户盈余；反之，如果经常账户逆差，则意味着国内储蓄不如国内投资的规模大，得“进口”国外的储蓄以支撑国内较大的投资规模，形成其国际收支平衡表中的经常账户赤字。

从经济学的角度解读，一方面，储蓄的“出口”与“进口”意味着生产资源在更广泛的国际范围内得到了配置，提升了经济效率；但另一方面，如果资源流动的过程中形成了较大的差额，就出现了经济的外部失衡问题。更进一步，如果逆差经济体没有足够多的国际硬通货来偿付其国际债务的本息，就会爆发国际收支危机，甚至引发严重的国际经济动荡。

第三节 经济全球化与区域经济一体化

"全球化"这一概念，最早在20世纪60年代由"罗马俱乐部"提出；到了80年代中期，开始迅速在世界范围内流行开来。从商品的跨国界交换到生产要素的跨国界配置，再到经济贸易规则甚至政治文化进程的"趋同"，人类经济逐渐进入"全球化"阶段。

一、经济全球化：含义、本质及其内容

国际货币基金组织1997年指出，经济全球化（economic globalization）[1]是由于跨国商品与服务贸易及国际资本流动规模和形式的增加，以及技术的广泛、迅速传播，使世界各国经济的相互依赖性增强。

一般认为，经济全球化就是指随着社会生产力的不断发展，世界各国、各地区经济，包括生产、流通和消费等领域，相互联系、相互依赖、相互渗透，以前那些由于民族、国家、地域等因素所造成的阻碍日益减少，世界经济越来越成为一个不可分割的有机整体。经济全球化要求各国更加开放，经济更加市场化，从而使各国经济相互依赖程度提高，以实现世界经济一体化。经济全球化得以蓬勃发展，主要是基于以下原因：

（1）以信息技术为中心的科技革命成果迅速转化为生产力，引起了生产国际化，加速了创新技术的扩散；

（2）跨国公司迅速发展，其贸易和投资以全球战略为目的，将产业链、产品价值链的不同环节布局于世界各地，以充分利用各地的技术、资本、劳动力、市场，使生产要素能够在全球范围内优化配置；

（3）贸易和投资自由化成为各国吸引跨国公司的基本政策，阻碍生产要素全球自由流动的壁垒大大降低，贸易和投资的传导机制极大地推动了经济的全球化；

（4）国际经济组织的推动，尤其是国际货币基金组织、世界银行、世界贸

1 economic globalization: the widespread international movement of goods, capital, services, technology and information, primarily comprising the globalization of production, finance, markets, technology, organizational regimes, institutions, corporations, and employees

易组织等，使经济全球化能够更有序进行，使各国都从中获益。与此同时，欧盟、北美自由贸易区、亚太经合组织等区域性经济合作组织也起到了不可忽视的作用。

从根本上说，经济全球化是人类社会生产力发展的必然结果和客观要求，是商品生产跨越国界发展的结果，是人类社会追求资源配置效率的必由之路。生产力发展到新阶段促成了经济全球化，而经济全球化反过来又进一步促进了生产力的发展。

经济全球化发展到当前阶段，其主要内容包括：

1. 生产全球化（the globalization of production）

生产全球化是指随着科学技术的发展和高精尖产品及工艺技术的出现，生产领域的国际分工和协作得到增强。生产全球化改变了国际分工的内容，使以自然资源为基础的分工发展为以现代工艺和技术为基础的分工，使垂直型国际分工发展为水平型国际分工，使注重产品前后联系的分工发展为重视产品型号、产品零部件以及产品工艺流程的分工。在此基础上，形成了世界性的生产网络，各国国内的生产活动成为世界生产的一个组成部分，成为产品生产过程的一个环节。跨国公司越来越成为世界经济的主导力量。例如，美国波音公司生产的波音客机所需的450万个零部件，来自6个国家的1500家大企业和1.5万家中小企业。波音公司所完成的不过是飞机的设计、关键零部件的生产和产品的最终组装而已。据统计，目前全世界有40%的产品是由跨国公司生产的。

2. 贸易全球化（the globalization of trade）

贸易全球化是指随着科学技术的发展和各国对外开放程度的提高，流通领域中国际交换的范围、规模、程度得到加强。特别是新技术革命释放出来的巨大生产能力使国内市场显得相对狭小，对广阔的世界市场的开辟势在必行，世界市场的形成使各国市场逐渐融为一体，并极大地促进了全球贸易的发展。国际贸易范围不断扩大，世界市场容量越来越大，各国对世界市场的依赖程度也日益增大。

3. 金融全球化（the globalization of finance）

伴随着国际资本大量迅速地流动，各国相互开放金融领域，多数国家的金融机构和金融业务跨国发展，使各国的金融命脉更加紧密地与国际市场联系在一起。迅速扩展的跨国银行、遍布全球的电脑网络，促成了全世界巨额资本和庞大的金融衍生品的全球流动。

4. 投资全球化（the globalization of investment）

在国际投资中，资本流动规模持续扩大并呈现多元化格局。资本投向由单向发展为双向，过去只有发达国家输出资本，现在发展中国家也对外输出资本，包括向发达国家输出资本。

经济全球化既带来了资源的优化配置和效率的提高、深化了生产和分工体系、强化了经济体之间的相互依赖，同时也带来了资源错配、经济发展不平衡以及经济治理亟待加强等一系列挑战。

二、区域经济一体化

区域经济一体化（regional economic integration）是指区域内两个或两个以上的国家或地区之间，在一个由各国授权组成的具有超国家性质的共同机构的协调下，通过制定统一的经济政策、贸易政策甚至社会政策等，消除国别间阻碍经济贸易发展的壁垒，实现区域内的共同协调发展和资源的优化配置，以促进经济贸易发展，并最终形成一个经济贸易高度协调统一的整体。

区域经济一体化要求参与国之间消除各种贸易壁垒及阻碍生产要素自由流动的歧视性经济政策，因此从本质上就会要求参与国的对外贸易、财政金融、人员劳务等经济领域内的国家主权部分或全部地让渡给共同建立起的超国家机构，通过一系列的协议和条约形成具有一定法律约束力和行政管理能力的地区经济合作组织，在成员国之间达到权利和义务的平衡。

与经济全球化不同，区域经济一体化往往以地缘、文化、市场理念等的接近性为前提，实现区域内经济体间的资源配置一体化。

区域经济一体化起源于经济最发达和市场机制发展最充分的西欧。作为一种新生事物，以欧洲经济共同体为典型的全球经济一体化组织始建于 20 世纪 50 年代，其初期发展阶段进展顺利，产生了巨大的辐射效应，被 20 世纪 60 年代新独立的大批亚、非、拉美国家纷纷效仿，先后出现了一些以关税同盟、共同市场和共同体命名的区域经济一体化组织。然而，在其后的 20 年左右时间里，除欧共体外，绝大多数区域经济一体化组织或进展缓慢，或陷于停滞瘫痪状态，个别甚至解散，根本原因在于这些地区的市场经济还很不发达，成员国之间缺乏进行贸易合作的物质基础。一方面，各国的经济发展水平都比较低，经济结构相似，因此难以形成产业间贸易；另一方面，内部政治纷争和外部环境的干扰致使不少一体化协议沦为一纸空文，连初级的经济合作和协调都难以奏效。

与经济全球化遵循非歧视性原则的开放性一体化不同，区域经济一体化追求的是较为封闭的一体化进程，它意图实现的是区域内的资源一体化配置，对内一体化、自由化，但对非成员经济体却是具有保护性的。当然，区域经济一体化进行到一定阶段后，也可以通过吸纳新成员、向外“输出”一体化方案等推动经济全球化进程，因此，在这个意义上区域经济一体化和经济全球化是相互影响、相互促进的。

就区域经济一体化的具体形式来说，主要包括：

（1）自由贸易区（free trade area）。自由贸易区是一体化水平比较低的组织形式，它指在成员国间废除关税和数量限制，实现商品的自由流动。在自由贸易区内，各成员国相互取消关税和其他贸易限制，但仍保持各自对来自非成员国进口商品的限制政策，它是区域经济一体化的初级阶段。最典型的自由贸易区是“北美自由贸易区”（NAFTA），2020 年 7 月 1 日，“美国—墨西哥—加拿大协定”（USMCA）正式取代运行了 26 年的 NAFTA。

（2）关税同盟（customs union）。关税同盟是指成员国之间彻底取消了在商品贸易中的关税和数量限制，使商品在各成员国之间自由流动。关税同盟还对非成员国实行统一的关税和贸易政策。共同的外部关税消除了非成员国进行转运的可能，比如安第斯集团、东南亚国家联盟、阿拉伯马格里布联盟等。比起自由贸易区，关税同盟沿着一体化方向登上了一个新台阶。

（3）共同市场（common market）。共同市场是比关税同盟高一层次的一体化国家集团。共同市场要求在关税同盟的基础上，成员国之间实行资本和劳动力等生产要素的自由流动，各成员国也采取统一的对外关税税率，比如：加勒比共同市场、中美洲共同市场、独立国家联合体、中非国家经济共同体、西非国家经济共同体、南美共同市场等。

（4）经济同盟（economic union）。经济同盟是指成员国间不但商品和生产要素可以完全自由流通，建立对外共同关税，而且要求成员国制定和执行某些共同的经济政策和社会政策，逐步消除政策方面的差异，使一体化的程度从商品交换扩展到生产、分配乃至整个国民经济，形成一个庞大的经济实体。经济同盟一般都成立了超国家的机构，其决策对所有成员国都具有约束力。当经济联盟发展到采用统一货币时，就成了货币同盟，如欧元区。

（5）完全经济一体化（complete economic integration）。它是经济一体化的最高阶段，既要求成员国在经济上实行统一的政策，还要求成员国在政治上有共同的权力机构，拥有各国政府授权的中央议会及执行机构。

第四节 开放经济中的宏观经济政策

一、宏观调控目标与宏观政策工具的搭配使用

开放经济中，政府的宏观调控，除了充分就业、价格稳定和经济增长等内部均衡目标外，还有国际收支平衡这个外部均衡目标。

实现这些目标的政策工具，除前面章节所说的财政政策与货币政策外，还有汇率政策等。通常财政政策和货币政策的使用会改变社会总需求或国民经济总支出的水平，因此被称为“支出调整政策”或“支出改变政策”；而汇率政策并不改变一个经济体的社会总需求或国民经济总支出的水平，它改变的只是总需求或总支出的开支方向，故被称为“支出转换政策”或“支出转移政策”。从广义上讲，支出转换政策除汇率政策之外，还包括关税、出口补贴、进口配额等对外贸易政策工具，只不过汇率政策之外的其他广义上的支出转换政策工具往往只能影响国际收支经常项目下的贸易项，对实现外部均衡的目标不具有全局性影响。因此，此处只讨论狭义上的支出转换政策工具——汇率政策，它能影响国际收支平衡表中的几乎每一个项目。

那么，实践中如何通过这些政策工具的搭配使用来实现内、外部均衡的开放经济调控目标呢？参见表 12.8。

表 12.8　内、外部失衡及其对应的调控政策组合

内、外部失衡的各种可能组合		对应的宏观调整政策组合
组合一	内部经济衰退、失业率上升 外部国际收支逆差	内部失衡调控：宽松的财政政策与宽松的货币政策 外部失衡调控：提高外币汇率（本币贬值）
组合二	内部经济衰退、失业率上升 外部国际收支顺差	内部失衡调控：宽松的财政政策与宽松的货币政策 外部失衡调控：降低外币汇率（本币升值）或宽松的财政政策与宽松的货币政策

续表

内、外部失衡的各种可能组合		对应的宏观调整政策组合
组合三	内部经济过热、物价上涨 外部国际收支逆差	内部失衡调控：紧缩的财政政策与紧缩的货币政策 外部失衡调控：提高汇率（本币贬值）或紧缩的财政政策与紧缩的货币政策
组合四	内部经济过热、物价上涨 外部国际收支顺差	内部失衡调控：紧缩的财政政策与紧缩的货币政策 外部失衡调控：降低汇率（本币升值）

表 12.8 中，当内部失衡与外部失衡同时出现时，可以通过支出调整政策（财政政策与货币政策）和支出转换政策（汇率政策）的搭配使用来达成开放经济宏观调整的目标，且通常来说，支出调整政策主要用于内部经济失衡的调控，而支出转换政策主要用于外部经济失衡的调控。当然，外部经济失衡的调整也是可以使用支出调整政策的，只不过，在组合一中，为了实现对国际收支逆差的调控，应该采用紧缩的支出调整政策，这与实现内部失衡调控目标所要求的宽松政策是相冲突的；而在组合四中，为了实现对国际收支顺差的调控，应该采用宽松的支出调整政策，但却与实现内部失衡调控目标所要求的紧缩政策是背道而驰的。

二、米德冲突与蒙代尔指派法则

有一个问题不容忽视：表 12.8 中各种内、外部失衡的组合及其调控政策组合并没有考虑各个经济体的汇率政策责任。在有些场合下，一国政府负有维持本币币值稳定的义务，或有维持本币币值稳定的承诺，实行的是固定汇率制度。固定汇率政策意味着政府不能使用狭义的支出转换政策（即汇率政策）来实现外部的国际收支平衡目标，因此，支出调整政策既要调控内部经济的失衡，又要调控国际收支的失衡。在表 12.8 中组合二和组合三的情况下，内、外部失衡调控所要求的支出调整政策的宽松或紧缩的方向是一致的，达成内、外部失衡调控的目标是可以实现的；但在组合一和组合四的情况下，由于内、外部失衡调控所要求的支出调整政策的宽松或紧缩的方向是不一致的，这时，支出调整政策就会陷入左右为难的困境，从而无法使内、外部经济同时恢复均衡。这一现象由英国经济学家詹姆斯·米德（James Meade）率先发现，因而被称为“米德冲突”。

后来，诺贝尔经济学奖获得者罗伯特·蒙代尔（Robert A. Mundell）提出了米德冲突的解决方案，指出：在固定汇率制度下，当出现“国内经济衰退”和“国际收支逆差”并存的失衡组合，或出现“国内经济过热”和“国际收支顺差”并存的失衡组合时，财政政策调节国内经济较为有效，货币政策调节外部经济较为有效，两种政策一松一紧搭配使用，就能达到内外经济同时均衡的目标。这一解决方案，一般称为“蒙代尔指派法则”（Mundell's Assignment Rule）。

三、开放宏观经济中的其他政策工具

除上述财政政策、货币政策和汇率政策外，还有关税、出口补贴等政策工具，经常被用于开放经济的宏观调控。

1. 关税

关税是进出口商品经过一国关境时，由政府所设置的专门执行国家有关进出口政策法令和规章的行政管理机构——海关——对进出口商品所征收的税收。

征收关税具有增加国家财政收入、保护国内产业、调节国民经济、维持国际收支平衡、维护对外关系等积极作用。但是关税是一把双刃剑，它同时也有消极作用：进口商品的征税提高了商品的价格，增加了消费者的开支；关税减少了进出口的流量，不利于开展国际贸易；关税的过度保护就是保护落后，抑制了本国企业的创新能力；高关税还助长了走私行为。

2. 非关税壁垒

非关税壁垒是指除关税以外的一切限制进口的措施。随着新贸易保护主义的抬头，非关税壁垒以其隐蔽性强、灵活性强、歧视性强而日益盛行。

非关税壁垒政策既可以通过影响商品进出口的成本来间接影响进出口商品数量，也可以通过数量限制来直接影响进出口贸易。

3. 鼓励出口的政策

鼓励出口的政策包括出口信贷、出口信贷国家担保制、出口补贴等具体形式。其中：

出口信贷（export credit）是一国为鼓励出口而由本国银行对本国出口商、外国进口商或外国进口商银行提供的贷款。

出口信贷国家担保制（export credit guarantee system）是指由国家设立的专门机构出面，对本国出口商或商业银行向外国进口商或银行提供的信贷进行担保，往往需要确定担保的项目与金额、担保对象、担保期限和费用等内容。

出口补贴（export subsidy），也称出口津贴，是一国政府对出口商品的现金补贴或财政上的优惠待遇，可以分为直接补贴（直接给予出口商现金补贴）与间接补贴（退税、减免税、优惠汇率等）。

4. 外汇管理政策

外汇管制的方法被很多发展中国家直接用于调整国际收支的平衡和保持汇率的稳定。所谓外汇管制，是指一国政府通过法令对国际结算和外汇买卖加以限制，以平衡国际收支和维持本国货币汇率的一种制度。外汇管理的对象可以是人，也可以是物。前者分为对自然人（居民、非居民）和法人的管理，对于居民的管理较严；后者是对外币、外汇支付工具、外汇有价证券和黄金的管理，由央行设立的外汇管理局进行外汇管理，并指定专门的银行经营外汇业务。

对于贸易外汇收支，出口商必须把出口所得的外汇收入按照官定汇率卖给外汇管理机关，进口方也必须在外汇管制机关按照官定汇率申请购买外汇。

对于非贸易外汇收支，采用直接限制（按期结汇给国家指定银行）、最高限额（对非贸易支出规定最高限额）、登记制度（对一定数额的外汇收入和支出进行登记）和特别批准方式管理。对于资本输出、输入的管理，发达国家比较宽松，发展中国家则量入限出。

在汇率管制方面，实行间接控制和直接管制。间接控制主要是指政府利用外汇平衡基金干预汇市，以维持汇率稳定。直接管制主要是通过选择可管理的浮动汇率制度实现。

对于货币输出、输入的管制是限制现钞的输出和输入，超过限额需申报批准，严禁黄金输出。

5. 调节国际收支的措施

国际收支调节政策主要包括外汇缓冲政策（用融资手段弥补）、财政和货币政策、汇率政策和直接管理的手段，选用何种具体调节措施往往随国际收支不平衡的引致因素的差异而不同。对于国际收支的短期不平衡通常通过央行对外借贷和外汇平衡基金干预进行调节，对于国际收支因产业结构调整而产生的长期不平衡则要采用必要的财政和货币政策、货币升值贬值甚至外汇管制进行调节，调节必须有助于产业结构改善。通常在短期逆差时采用央行对外联络借款、减少外汇平衡基金的方法调整，在长期逆差时采用紧缩的财政和货币政策进行调整，在一国实行固定汇率制时，还可通过宣布货币贬值调节。在国际收支发生短期顺差时，采用央行对外贷款、增加外汇平衡基金的方法调整，在长期顺差时采用松动的财政和货币政策调整，在一国实行固定汇率制时宣布货币升值调整。

实践专题之十二 中国的对外开放

中国对外开放的目的是融入全球经济，在更宽广的世界范围内和更大可能的限度里，更有效率地配置资源。中国的对外开放大致经历如下：始于政策性开放，再到有选择的制度性开放，直到现阶段的全面制度性开放[54]。

一、1978—2012：从政策性开放到有选择的制度性开放

1978 年 12 月，党的十一届三中全会召开，开启了中国的改革开放与现代化进程。中央决定利用东南沿海的有利条件先行先试，积累经验。这种通过一系列开放政策来促进对外开放的渐进式推进模式，被称为“政策性开放”。随后，对外开放的范围和领域不断扩大，沿着“经济特区→沿海开放城市→沿海经济开放区→沿江经济区→内地中心城市→沿边地区”的次序不断扩大。1980 年我国正式设立深圳、珠海、汕头和厦门等 4 个经济特区；1984 年开放上海、青岛、天津、大连等 14 个沿海城市；1985 年将长江三角洲、珠江三角洲、闽东南三角地区和环渤海地区开辟为沿海经济开放区；1987 年又批准威海为第 15 个沿海开放城市；1988 年批准海南建省并成为第五个经济特区；1990 年上海浦东获得批准开放，比照实行经济特区和经济技术开发区的有关政策；1992 年国家又先后开放了芜湖、九江、岳阳、武汉、重庆等 5 个内陆城市、13 个沿边城市和 18 个内陆省会与区首府城市，享受沿海开放城市的优惠政策。至此，中国全方位、多层次、宽领域的对外开放格局已基本形成。政策性开放具有以下显著特征：一是政策性开放不触动封闭的计划经济体制；二是开放政策的不平衡和渐进性；三是对外开放与对内约束共存；四是政策易变。由此可见，从政策性开放到有选择的制度性开放是一种必然选择。

我国对外开放制度变迁是有阶段性特征的，并且与国内经济体制改革相互联系。1994 年我国进入一个整体推进经济体制改革的新阶段，我国的对外开放也开始进入全面加速推进的时期，对外开放也从靠政策激励逐渐转向依靠完善的法制、高效的管理、优越的投资环境和广阔的市场前景来引导和规范。这一时期的对外开放开始从政策试点转向制度建设，对外开放的广度与深度大幅提高，称为制度性开放。这时的对外开放政策出现了新的特点，主要表现为对外资的政策由

管理型开放转向全面鼓励开放，同时各级政府也纷纷采取种种措施推动外贸出口，这种出口导向型开放又被称为有选择的制度性开放。这时期的开放又可分为两个阶段：加入世界贸易组织（WTO）前的准备阶段（1994—2001 年）和融入 WTO 阶段（2002—2012 年）。

从加入 WTO 前的准备阶段（1994—2001 年）来看，党的十四届三中全会决定建立社会主义市场经济体制后，我国在财税体制、金融体制、外汇管理体制等方面进行了一系列的改革。我国迎来了开放的新时期，这时期的开放呈现以下特点：

一是大力招商引资，积极参与国际分工。20 世纪 90 年代中期，中国开始逐步对外商投资企业实施国民待遇，扩大外资企业的市场准入力度，开放原来禁入的商业等服务领域，进一步开放金融领域和国内市场，促进了外商直接投资的大幅度增长。20 世纪 90 年代中期以后，外商投资企业已发展成我国经济中的一支重要力量。外商投资企业的出口占我国总出口的比重不断上升，到 2001 年已达 50% 以上。

二是出口鼓励措施促进了对外贸易的快速增长，并一直保持贸易顺差。1994 年起贸易差额由负转正，且不断上升，到 1998 年贸易顺差达 434.7 亿美元。

三是对外开放的重点转向产业开放，并扩大服务贸易领域的开放。1994 年我国制定了《90 年代国家产业政策纲要》，这是我国出台的首个产业政策，推动各地积极引导外商投资于基础设施、基础工业、高新技术产业、出口创汇型产业。自 1997 年起，我国逐步扩大服务贸易领域的对外开放。2000 年前后，我国进一步放宽对外商投资的限制，允许外商在商贸、运输、教育、金融、电信、中介机构等服务领域的投资，简化审批手续。

四是开始实施“走出去”战略。1978—1998 年的对外开放是“引进来”，1999 年开始提出并实施“走出去”战略。与此同时，开始重视对外开放中兼顾区域平衡。

从融入 WTO 阶段（2002—2012 年）来看，2001 年 12 月 11 日我国正式加入 WTO，我国对外开放也变为在 WTO 制度框架下的开放。我国在享受多边贸易自由化的同时，也要按 WTO 的非歧视、透明度、公平竞争、可预见性等原则，不断推动贸易、投资等领域的自由化。在 WTO 贸易规则约束下，我国对外开放被写成法律文本而得以固定下来，而且 WTO 还设置了相应的机制和机构负责监督和执行，从而在制度上保证了对外开放的稳定发展。入世后，我国逐步取消不符合 WTO 规定的优惠政策，加快清理和完善我国政府的经济管理文件，主要运用法律、制度来规范对外开放。不过，我国总体上实行的是鼓励出口、限制进口的政策方针，特别是出口退税、优惠引资等。这一时期的对外开放呈现以下特点：

一是货物贸易高速增长，贸易不平衡加剧。2001年贸易顺差为225.5亿美元，2005年突破1000亿美元，两年后突破2000亿美元，到2008年接近3000亿美元。由于国际金融危机的影响，贸易顺差在2009年有所下降，到2012年又恢复增长，达2311亿美元。

二是把“引进来”和“走出去”相结合，外商投资规模不断扩大，对外投资增长加快。2012年我国成为第三大投资国，对外投资已遍及全世界200多个国家和地区。

三是服务业成为我国对外开放的重点。2002年新修订的《外商投资产业指导目录》，鼓励类增加了76条，限制类减少了37条，大幅扩大了服务业开放。2012年我国服务贸易总额仅次于美国、德国，居世界第三位。服务贸易逆差也不断上升，由2001年的59.3亿美元增加到2012年的897.5亿美元。

四是我国对外贸易摩擦日益频繁。2001—2012年国外共对中国发起反倾销调查645起，占同期全球反倾销调查总数的26%；对我国实施反倾销措施515起，占同期全球总数的28.8%。自2004年国外对我国发起反补贴调查以来，我国又成为反补贴调查的头号对象国，到2012年国外一共对我国发起62起反补贴调查，占全球总数的33.5%；共实施反补贴措施42起，占全球总数38.5%。除WTO成员方共向WTO争端解决机构投诉我国29起外，针对我国的“特保”调查、“337条款”、技术性贸易措施等也层出不穷。同时，我国也开始积极运用WTO规则维护自身利益：2001—2012年我国共发起反倾销调查184起，实施反倾销措施146起，发起反补贴调查6起，实施反补贴措施4起，向WTO争端解决机构投诉11起。

五是积极参与双边或区域经贸合作，构建我国的自由贸易区网络。

二、2013年至今：全面的制度性开放

经过1978—2012年的对外开放，我国开始步入大国全面开放阶段。作为世界经济大国、贸易大国和投资大国，我国的国际影响力大幅度提升，与发达国家的制度差异与贸易摩擦也日益凸显。我国的对外开放还存在许多不平衡不协调的地方，如内陆沿边与沿海开放不协调、进口与出口不平衡、制造业与服务业开放不匹配等。为此，我国开始从顶层设计角度创新我国的对外开放模式，推动形成

全面开放新格局。这一时期的对外开放举措主要包括：

（1）通过自由贸易试验区、开放型经济新体制综合试点、服务业扩大开放综合试点等促进高水平对外开放。自贸试验区是我国新一轮开放的重要平台。自2013年9月上海自由贸易试验区批准设立，至2020年底，我国已经设立了21个自由贸易试验区，共70个自由贸易试验片区，见表12.9。

表12.9　中国自由贸易试验区建设进程一览

时间线	名称	区域（片区）	进程与意义
2013年9月	中国（上海）自由贸易试验区	上海外高桥保税区、上海外高桥保税物流园区、洋山保税港区、上海浦东机场综合保税区，共4个片区	首发
		2015年4月扩区，增加了陆家嘴金融片区 、金桥开发片区、张江高科技片区3个片区	上海自贸试验区2.0版
		2019年7月，扩区，增加临港新片区	上海自贸试验区3.0版
2015年4月	中国（广东）自由贸易试验区	广州南沙新区片区、深圳前海蛇口片区、珠海横琴新区片区，共3个片区	2018年5月，印发三地自由贸易试验区深化方案2.0版
	中国（天津）自由贸易试验区	天津港片区、天津机场片区、滨海新区中心商务片区，共3个片区	
	中国（福建）自由贸易试验区	平潭片区、厦门片区、福州片区，共3个片区	
2017年3月	中国（辽宁）自由贸易试验区	大连片区、沈阳片区、营口片区，共3个片区	东、中、西部全覆盖
	中国（浙江）自由贸易试验区	舟山离岛片区、舟山岛北部片区、舟山岛南部片区，共3个片区 2020年9月，扩区。新增宁波片区、杭州片区、金义片区等3个片区	
	中国（河南）自由贸易试验区	郑州片区、开封片区、洛阳片区，共3个片区	
	中国（湖北）自由贸易试验区	武汉片区、襄阳片区、宜昌片区，共3个片区	
	中国（重庆）自由贸易试验区	两江片区、西永片区、果园港片区，共3个片区	
	中国（四川）自由贸易试验区	成都天府新区片区、成都青白江铁路港片区、川南临港片区，共3个片区	
	中国（陕西）自由贸易试验区	中心片区、西安国际港务片区、杨凌示范区片区，共3个片区	

续表

<table>
<tr><th>时间线</th><th>名称</th><th>区域（片区）</th><th>进程
与意义</th></tr>
<tr><td>2018 年 10 月</td><td>中国（海南）自由贸易试验区</td><td>海南岛全岛</td><td>2020 年
6 月升级为海南自由港</td></tr>
<tr><td rowspan="6">2019 年 8 月</td><td>中国（山东）自由贸易试验区</td><td>济南片区、青岛片区、烟台片区，共 3 个片区</td><td rowspan="6">正式形成“东、中、西”+“沿海、沿江、沿边”的全覆盖自贸试验区新格局</td></tr>
<tr><td>中国（江苏）自由贸易试验区</td><td>南京片区、苏州片区、连云港片区，共 3 个片区</td></tr>
<tr><td>中国（广西）自由贸易试验区</td><td>南宁片区、钦州港片区、崇左片区，共 3 个片区</td></tr>
<tr><td>中国（河北）自由贸易试验区</td><td>雄安片区、正定片区、曹妃甸片区、大兴机场片区，共 4 个片区</td></tr>
<tr><td>中国（云南）自由贸易试验区</td><td>昆明片区、红河片区、德宏片区，共 3 个片区</td></tr>
<tr><td>中国（黑龙江）自由贸易试验区</td><td>哈尔滨片区、黑河片区、绥芬河片区，共 3 个片区</td></tr>
<tr><td rowspan="3">2020 年 9 月</td><td>中国（北京）自由贸易试验区</td><td>科技创新片区、国际商务服务片区、高端产业片区，共 3 个片区</td><td></td></tr>
<tr><td>中国（湖南）自由贸易试验区</td><td>长沙片区、岳阳片区、郴州片区，共 3 个片区</td><td></td></tr>
<tr><td>中国（安徽）自由贸易试验区</td><td>合肥片区、芜湖片区、蚌埠片区，共 3 个片区</td><td></td></tr>
</table>

制度创新方面，自由贸易试验区主要通过小范围内的“事权”改革，形成经验，再向对应范围（全国或关内）复制推广，见表 12.10。

表 12.10 中国自由贸易试验区改革试点经验复制推广情况概览

<table>
<tr><th rowspan="2">复制推广时间</th><th rowspan="2">确认文件</th><th colspan="2">推广范围、领域及其经验数量</th><th rowspan="2">试点经验推广总件数</th></tr>
<tr><th>全国范围推广</th><th>特殊范围推广</th></tr>
<tr><td>2015 年 1 月</td><td>国发〔2014〕65 号，国务院关于推广中国（上海）自由贸易试验区可复制改革试点经验的通知</td><td>投资管理领域 9 项；贸易便利化领域 5 项；金融领域 4 项；服务业开放领域 5 项；事中事后监管措施 5 项</td><td>在海关特殊监管区域复制推广 6 项（涉及海关监管制度创新、检验检疫制度创新）</td><td>34 项</td></tr>
</table>

续表

<table>
<tr><th rowspan="2">复制推广时间</th><th rowspan="2">确认文件</th><th colspan="2">推广范围、领域及其经验数量</th><th rowspan="2">试点经验推广总件数</th></tr>
<tr><th>全国范围推广</th><th>特殊范围推广</th></tr>
<tr><td>2016 年 11 月</td><td>国发〔2016〕63 号，国务院关于做好自由贸易试验区新一批改革试点经验复制推广工作的通知</td><td>投资管理领域 3 项；贸易便利化领域 7 项；事中事后监管措施 2 项</td><td>在海关特殊监管区域复制推广 7 项</td><td>19 项</td></tr>
<tr><td>2018 年 5 月</td><td>国发〔2018〕12 号，国务院关于做好自由贸易试验区第四批改革试点经验复制推广工作的通知</td><td>服务业开放领域 5 项；投资管理领域 6 项；贸易便利化领域 9 项；事中事后监管措施 7 项</td><td>在海关特殊监管区域推广 2 项；在海关特殊监管区域即保税物流中心（B 型）推广 1 项</td><td>30 项</td></tr>
<tr><td>2019 年 4 月</td><td>国函〔2019〕38 号，国务院关于做好自由贸易试验区第五批改革试点经验复制推广工作的通知</td><td>投资管理领域 5 项；贸易便利化领域 6 项；事中事后监管措施 6 项</td><td>投资管理领域：“推进合作制公证机构试点”</td><td>18 项</td></tr>
<tr><td>2020 年 7 月</td><td>国函〔2020〕96 号，国务院关于做好自由贸易试验区第六批改革试点经验复制推广工作的通知</td><td>投资管理领域 9 项；贸易便利化领域 7 项；金融开放领域 4 项；事中事后监管措施 6 项；人力资源领域 5 项</td><td>在自贸试验区推广 3 项；二手车出口业务试点 1 项；保税监管场所 1 项；成都铁路局 1 项</td><td>37 项</td></tr>
</table>

由表 12.10 可知，由国务院发文确认复制推广的经验共 138 项，其中在海关特殊监管区等特殊领域推广的 23 项，全国复制推广的 115 项。而在全国复制推广的 115 项改革经验，其涉事（权）领域分布如表 12.11 所示。

表 12.11　中国自由贸易试验区在全国复制推广改革试点经验的涉事（权）领域分布

	投资管理	贸易便利化	金融	服务业开放	事中事后监管	人力领域
2015 年 1 月	9	5	4	5	5	——
2016 年 11 月	3	7	——	——	2	——
2018 年 5 月	6	9	——	5	7	——
2019 年 4 月	5	6	——	——	6	——
2020 年 7 月	9	7	4	——	6	5
累计	32	34	8	10	26	5

2016 年 5 月，国家批准济南、南昌、唐山、漳州、东莞、防城港 6 个城市和浦东新区、两江新区、西咸新区、大连金浦新区、武汉城市圈、苏州工业园区 6 个区域开展构建开放型经济新体制综合试点。此外，2017 年北京市实施服务业扩大开放综合试点。2021 年 4 月，国务院发布关于同意在天津、上海、海南、重庆开展服务业扩大开放综合试点的批复，这是服务业扩大开放综合试点的首次扩围，其目的是优化试点布局，推进先行先试和差异化探索，有序扩大服务业对外开放，积累试点经验向全国复制推广，促进我国服务业高质量发展，建设更高水平的开放型经济新体制。

（2）扎实推进“一带一路”建设。自 2013 年习近平总书记提出“一带一路”倡议以来，贸易投资合作范围不断扩大。截至 2021 年 12 月，中国已与 140 个国家、32 个国际组织签署了 206 份共建“一带一路”合作文件，更诞生了像亚洲基础设施投资银行、蒙内铁路、卡拉奇—拉合尔高速公路、巴基斯坦卡洛特水电站等一批具有标志性意义的合作项目成果，目前已签署合作意向或落地的项目超 3000 项。

（3）市场准入不断放宽，外资准入限制不断减少。2015 年和 2017 年两次修订《外商投资产业指导目录》，大幅度减少限制性措施，进一步放宽行业准入限制，特别是服务业。发布了《中西部地区外商投资优势产业目录（2013 年修订）》，并于 2017 年重新修订，不断扩大中西部地区鼓励外商投资范围。除涉及实施准入特别管理措施的外资企业外，2016 年我国将外商投资企业的设立及变更由审批改为备案管理；2018 年起开始全面实施市场准入负面清单制度，最新出台的负面清单只保留了 48 条特别管理措施，大幅度扩大服务业开放程度，基本放开制造业，对汽车、金融领域的对外开放制定了路线图、时间表，同时放宽农业和能源领域的市场准入。

（4）主动扩大进口，促进贸易平衡发展。我国采取了一系列措施扩大进口，包括近年来多次以暂定税率方式大幅自主降低进口关税税率。截至 2017 年底，我国已调减了 900 多个税目产品的税率，2018 年又扩大降税范围，对药品、汽车和部分日用消费品大幅度降税。此外，2018 年 11 月起开始举办中国国际进口博览会，为各国扩大对华出口提供新机遇。

（5）加快推进多边、区域经贸合作。坚持以多边贸易体制为主，维护多边贸易合作平台，落实 WTO《贸易便利化协定》，推动相关领域的政府职能转变和“放管服”改革。区域经贸合作也不断推进，2013 年以来，中国先后与瑞士、冰岛、澳大利亚、韩国、格鲁吉亚、马尔代夫签署自贸协定，正在谈判的自贸协定有13个，涉及30个国家和地区。2017年中国与印度、韩国、斯里兰卡、孟加拉国、老挝5国共同签署了《亚太贸易协定第二修正案》，并于2018年7月1日起正式实施。此外，中美、中欧投资协定谈判也在积极推进中。2022年1月1日，《区域全面经济伙伴关系协定》（Regional Comprehensive Economic Partnership, RCEP）正式生效。

（资料来源：杨艳红、卢现祥《中国对外开放与对外贸易制度的变迁》[52]。另，第二部分的部分数据和资料整理更新到2022年）

本章小结

1. 以比较优势的实现为目的的专业化分工生产和国际贸易会给一个经济体带来分工的利益和贸易的利益，并提升其整体福利水平。国际分工和国际贸易为更广泛范围内的资源配置提供了新的途径。

2. 以关税为代表的贸易壁垒会改变分工和贸易所带来的福利分配格局。

3. 商品的跨境交换以及随之而来的生产要素的跨境流动要求，使得世界上大多数经济体由封闭经济状态进入了开放经济体系。记录特定时期（例如一个季度或一年）内一个经济体与其他经济体间的国际经济交往的工具叫国际收支平衡表，国际收支平衡表包含了经常账户、资本与金融账户、净误差与遗漏等内容；而描述某特定时点上一个经济体与世界其他经济体间的全部经济往来而形成的金融资产和负债的存量的记录表，就是国际投资头寸表。

4. 经济全球化和区域经济一体化是当前世界经济发展的两大趋势。

5. 经济全球化是指跨国商品与服务贸易的发展、国际资本流动规模和形式的增加，以及技术的广泛、迅速传播，使世界各国经济的相互依赖性增强，包括了生产全球化、贸易全球化、金融全球化、投资全球化等主要内容。

6. 区域经济一体化是指区域内两个或两个以上的国家或地区之间，在一个由各国授权组成的具有超国家性质的共同机构的协调下，通过制定统一的经济政策、贸易政策甚至社会政策等，消除国别间阻碍经济贸易发展的壁垒，实现区域内的共同协调发展和资源优化配置，以促进经济贸易发展，并最终形成一个经济贸易高度协调统一的整体。区域经济一体化包括自由贸易区、关税同盟、共同市场、经济同盟和完全经济一体化等组织形式。

7. 开放的宏观经济调控目标既包括了充分就业、价格稳定、经济增长等内部目标，也包括了国际收支平衡的外部目标。通常情况下，财政政策和货币政策等支出调整政策会用来实现内部均衡目标，而汇率政策等支出转换政策会用来实现外部均衡目标。

8. 固定汇率制度下，由于狭义的支出转换政策（即汇率政策）不可用，会导致有些场合下支出调整政策左右为难，陷入“米德冲突”。当发生米德冲突时，可遵循蒙代尔指派法则，用财政政策实现内部均衡目标，用货币政策实现外部均衡目标，两个政策一松一紧搭配使用，以实现对内、外部失衡的调控。

本章专业术语解释

1. **国际贸易**：跨越国家边界的商品与服务的交换活动

international trade: the exchange of goods and services across international borders

comercio internacional: intercambio actividades de bienes y servicios a través de fronteras o territorios internacionales

thương mại quốc tế: trao đổi hàng hóa và dịch vụ xuyên quốc gia

国際貿易とは：国境を越える商品とザービスの相互交換活動

2. **比较优势**是指一个生产者在生产一种产品时放弃了更少的其他产品生产，即该产品生产的机会成本小于其他生产者。

Comparative advantage refers to the fact that a producer gives up less production of other products when producing one product, that is, a producer can produce a particular commodity at a relatively lower opportunity cost over others.

Ventaja comparativa se refiere a que un productor puede producir un bien en particular a un costo de oportunidad relaivo más bajo que otros.

Lợi thế so sánh là một người lao đông trong khi sản xuất một sản phẩm nào đó thì từ bỏ sản xuất sản phẩm khác với chi phí cơ hội thấp hơn, tức là cơ hội sản xuất sản phẩm này thấp hơn những người lao động khác.

比較優位とは、生產者は他の商品をより少なく生産し、ある商品に特化することである。すなわち当該商品の機会費用は他の生産者より少ないである。

3. **关税**是指一国政府或超国家联盟对进出口商品征收的一种税收。

Tariff is a tax imposed by the government of a country or by a supranational union on imports or exports of goods.

Arancel es un impuesto que impone el gobierno de un país o de una unión supranacional sobre las imprortaciones o exportaciones de bienes.

Thuế quan là một loại thuế xuất nhập khẩu.

関税とは、輸出輸入品に対する課税の事である。

4. **国际收支平衡**，缩写为 BOP，是在特定时期（例如一个季度或一年）内流入一国的所有资金与流出该国的资金差额。

Balance of international payments (also known as balance of payments, abbreviated to BOP) is the difference between the flow of money into and out of a country in a particular period of time (e.g., a quarter or a year).

Balanza de pagos conocida también como Balanza de pagos internacionales, abreviada BOP, es la diferencia entre todo el dinero que ingresa al país en un período de tiempo praticular (por ejemplo, un trimestral o un año) y la salida de dinero al resto del mundo.

Cán cân thanh toán quốc tế viết tắt là BOP，là trong một khoảng thời gian nhất định (ví dụ là một quý hoặc một năm), sự chênh lệch giữa dòng vốn chảy vào và chảy ra nước này.

国際収支の均衡とは、一定期間内（1年、三か月）一国に流入する資金と流出する資金の差額である。BOP の略である。

5. **经济全球化**是指商品、资本、服务、技术和信息的广泛国际流动。它主要包括生产、金融、市场、技术、组织制度、机构、公司和员工的全球化。

Economic globalization refers to the widespread international movement of goods, capital, services, technology and information. It primarily comprises the globalization of production, finance, markets, technology, organizational regimes，institutions, corporations, and employees.

Globalización económica se refiere al movimiento internacional generalizado de bienes, capital, servicios, tecnología e información. Comprende principalmente la globalización de la producción, las finanzas, los mercados, la tecnología, los regímenes organizacionales, las instituciones, las empresas y los empleados.

Toàn cầu hóa kinh tế là sản phẩm, vốn đầu tư, dịch vụ, kĩ thuật và thông tin được lưu thông rộng rãi trên phạm vi quốc tế. Chủ yếu bao gồm sự toàn cầu hóa của sản xuất, tài chính, thị trường, kĩ thuật, cơ cấu tổ chức, cơ quan, công ty và nhân viên.

経済のグローバル化とは、商品、資本、サービスと情報が広範囲的に国際間に流動することである。主に生産、金融、市場、技術、組織制度、機構、企業と従業員のグローバル化。

6. **区域经济一体化**是指邻近国家达成协议，通过共同制度和规则来提升经济合作水平的一个过程。

Regional economic integration is a process in which neighboring countries enter into an agreement in order to upgrade economic cooperation through common institutions and rules.

Integración económica regional es un proceso en el que los países vecinos llegan a un acuerdo con el fin de mejorar la cooperación económica a través de sistemas y reglas comunes.

Liên kết kinh tế khu vực là những thỏa thuật giữa các nước láng giềng, qua các chế độ, quy tắc chung để nâng cao mức hợp tác về kinh tế.

地域経済の一体化とは、近隣国との協定を結び、共同の制度と決まったルールで経済協力を高めるプロセスである。

综合练习

一、单项选择题

1. 贸易开放后，某一经济体成为了某种产品的进口方，这会导致（　　）。

A. 国内该产品产出减少，市场价格降低

B. 国内该产品消费减少，市场价格降低

C. 国内产出和消费均减少，市场价格降低

D. 国内出现闲置要素，要素配置效率下降

2. 关税的征收，不会改变产品的（　　）。

A. 市场价格　　B. 贸易量

C. 生产量　　D. 生产成本

3. 一个经济体在对外经济交往中的商品贸易规模，往往能够体现在其国际收支平衡表中的（　　）中。

A. 经常项目　　B. 金融项目

C. 资本项目　　D. 净误差与遗漏

4. S–I=CA 这个等式说明了经济体内部存在储蓄—投资缺口（即 S–I 不等于 0）时，需要外部经济（CA）来调节。对此理解不当的是（　　）。

A. 国内储蓄大于国内投资，可以把多余的“储蓄”出口到国外

B. 国内储蓄不足以支撑国内投资，需要把不足的部分“进口”进来

C. 缺口的国内外调剂其实是资源在更广范围内的配置过程

D. 缺口的国内外调剂会导致不公平贸易，引起要素配置效率下降

5. 生产要素可以自由流动的区域经济一体化组织形式是（　　）。

A. 自由贸易区　　B. 关税同盟

C. 经济联盟　　D. 以上均不对

6. 封闭经济的宏观调控目标不包括（　　）。

A. 价格稳定　　B. 国际收支平衡

C. 经济增长　　D. 充分就业

7. 根据“蒙代尔指派法则”，固定汇率制度下，如果同时出现了国内经济过热、物价上涨和国际收支顺差时，应该采取的调控政策组合是（　　）。

A. 宽松的财政政策调节国内失衡，紧缩的货币政策调节国际收支顺差

B. 宽松的货币政策调节国内失衡，紧缩的财政政策调节国际收支顺差

C. 紧缩的财政政策调节国内失衡，宽松的货币政策调节国际收支顺差

D. 紧缩的货币政策调节国内失衡，宽松的财政政策调节国际收支顺差

二、判断题

1. 关税的征收一定是有利于贸易参与方的。（　　）

2. 比较优势的存在是引致贸易行为的根本原因，而价格的国际差异是发生贸易的直接原因。（　　）

3. 用本币表示单位外国货币的价格的标价方法叫直接标价法。（　　）

4. 财政政策和货币政策都属于支出调整政策。（　　）

5. 米德冲突是指宏观调控政策在内、外部经济失衡的调整上出现了方向选择上的冲突。这种冲突在开放的宏观经济中是不可避免的。（　　）

6. 国际收支平衡表中的净误差与遗漏项主要由未被报告的国际经济交往事项组成。（　　）

7. 开放经济中，支出调整政策和支出转移政策都能用于内、外部经济同时失衡时的调控。（　　）

三、问答题

1. 关税征收的经济效应有哪些？

2. 什么是经济全球化？它包括什么内容？

3. 请简述开放经济中的内、外部失衡及其调控。

参考文献

[1] 叶坦．“中国经济学”寻根［J］．中国社会科学，1998（4）：59-71.

[2] 叶世昌．经济学译名源流考［J］．复旦学报（社会科学版），1990，32（5）：16-20.

[3]《图解经典》编辑部．图解《说文解字》：画说汉字［M］．许慎，原著．北京：北京联合出版社，2014.

[4] 汤可敬．说文解字今释［M］．许慎，原著．长沙：岳麓书社，1997.

[5] 李政军．经济学基础［M］．成都：西南财经大学出版社，2020.

[6] 冯玮．日本通史［M］．上海：上海社会科学院出版社，2012.

[7] 中国社会科学院语言研究所词典编辑室．现代汉语词典：珍藏本［M］．7 版．北京：商务印书馆，2019.

[8] 霍恩比．牛津高阶英汉双解词典［M］．李旭影，等译．9 版．北京：商务印书馆，2018.

[9] N. 格里高利·曼昆．经济学原理：微观经济学分册［M］．梁小民，梁砾，译．6 版．北京：北京大学出版社，2012.

[10] 保罗·萨缪尔森，威廉·诺德豪斯．微观经济学［M］．于健，译．19 版．北京：人民邮电出版社，2012.

[11] 丹尼·罗德里克．经济学规则［M］．刘波，译．北京：中信出版社，2017.

[12] 保罗·克鲁格曼，罗宾·韦尔斯，玛萨·奥尔尼．克鲁格曼经济学原理［M］．黄卫平，赵英军，丁凯，等译．北京：中国人民大学出版社，2011.

[13] 杨柏，许劲．微观经济学（双语版）［M］．北京：人民邮电出版社，2013.

[14] 潘凤，闫振坤．中国崛起与中国经济学的构建：历史比较视域下的中国经济学理论特质研究［J］．江海学刊，2019（6）：104-110，254.

[15] 周文．新中国 70 年中国经济学的创新发展与新时代历史使命［J］．中国高校社会科学，2019（5）：4-14.

[16] 谢伏瞻，高尚全，张卓元，等.中国经济学70年：回顾与展望：庆祝新中国成立70周年笔谈（上）[J].经济研究，2019，54（9）：4-24.
[17] 保罗·萨缪尔森，威廉·诺德豪斯.经济学[M].萧琛，等译.16版.北京：华夏出版社，1999.
[18] N.格里高利·曼昆.经济学基础[M].梁小民，梁砾，译.7版.北京：北京大学出版社，2017.
[19] 罗伯特·S.平狄克，丹尼尔·L.鲁宾费尔德.微观经济学[M].李彬，译.9版.北京：中国人民大学出版社，2020.
[20] 米尔顿·弗里德曼，罗斯·弗里德曼.自由选择：个人声明[M].胡骑，席学媛，安强，译.北京：商务印书馆，1982.
[21] 邓小平.邓小平文选（第二卷）[M].北京：人民出版社，1994.
[22] 李铁映.社会主义市场经济理论的形成和重大突破[J].经济研究参考，1999（B0）：3-21.
[23] 胡家勇.试论社会主义市场经济理论的创新和发展[J].经济研究，2016，51（7）：4-12.
[24] 邓玲.理论上站得住 实践中行得好 社会主义市场经济理论是重大创新[J].理论导报，2015（3）：8-9.
[25] 程霖，陈旭东.改革开放40年中国特色社会主义市场经济理论的发展与创新[J].经济学动态，2018（12）：37-47.
[26] 刘俊英.中国经济市场化进程研究[D].开封：河南大学，2003.
[27] 习近平.习近平谈治国理政（第一卷）[M].北京：外文出版社，2018.
[28] 高鸿业.西方经济学（微观部分）[M].8版.北京：中国人民大学出版社，2021.
[29] 赫伯特·西蒙.现代决策理论的基石：有限理性说[M].杨砾，徐立，译.北京：北京经济学院出版社，1989.
[30] 李政军.微观经济学十讲[M].北京：中国人民大学出版社，2020.
[31] D.格林沃尔德.现代经济词典[M].《现代经济词典》翻译组，译.北京：商务印书馆，1981.
[32] 俞炜华，赵媛.经济学的思维方式[M].西安：西安交通大学出版社，2021.

[33] 石涛 . 中国国有企业改革 70 年的历史回眸和启示 [J]. 湖湘论坛，2019，32（5）：15-26.
[34] 王晓明 . 新中国成立 70 年来国有企业发展的实践探索与经验总结 [J]. 北方经济，2020（8）：77-80.
[35] 韩欢 . 市场化改革与经济发展效率研究：动力机制与实证检验 [J]. 浙江万里学院学报，2019，32（5）：15-20.
[36] 高锡荣 . 中国电信市场改革效率之消费者福利分析 [J]. 中国软科学，2008（2）：23-32.
[37] 宗良 . 我国电信产业市场结构管制的效果分析 [D]. 南京：河海大学，2007.
[38] 史蒂文·N. 杜尔劳夫，劳伦斯·E. 布卢姆 . 新帕尔格雷夫经济学大辞典 [M]. 贾拥民，等译 . 2 版 . 北京：经济科学出版社，2016.
[39] 黄亚钧，郁义鸿 . 微观经济学 [M]. 北京：高等教育出版社，2000.
[40] 中华人民共和国国务院新闻办公室 . 中国的稀土状况与政策 [N]. 人民日报，2012-06-21（15）.
[41] 李绍飞 . 中国稀土政策历史沿革 [J]. 瞭望，2011（30）：23.
[42] 杨柏，邹小勤 . 宏观经济学（双语版）[M]. 北京：人民邮电出版社，2013.
[43] 高鸿业 . 西方经济学（宏观部分）[M]. 8 版 . 北京：中国人民大学出版社，2021.
[44] N. 格里高利·曼昆 . 经济学原理：宏观经济学分册 [M]. 梁小民，梁砾，译 . 8 版 . 北京：北京大学出版社，2020.
[45] 徐文舸 . 中国经济波动特征的典型化事实研究：现象、原因及启示 [J]. 宏观经济研究，2020（11）：5-18.
[46] 苏剑，陈阳 . 中国特色的宏观调控政策体系及其应用 [J]. 经济学家，2019（6）：15-22.
[47] 刘伟，苏剑 . 中国特色宏观调控体系与宏观调控政策：2018 年中国宏观经济展望 [J]. 经济学动态，2018（3）：4-12.
[48] 苏剑 . 宏观经济学（中国版）[M]. 2 版 . 北京：北京大学出版社，2021.

[49] 张旭，李伦.绿色增长内涵及实现路径研究述评[J].科研管理，2016，37（8）：85-93.

[50] OECD. Declaration on green growth [R]. OECD Meeting of the Council, Paris, 2009.

[51] OECD. Towards green growth [R]. OECD Meeting of the Council, Paris, 2011.

[52] 杨艳红，卢现祥.中国对外开放与对外贸易制度的变迁[J].中南财经政法大学学报，2018（5）：12-20，162.